공감리더십

Compassionate Leadership

공감리더십

초판 인쇄 2025년 5월 26일
초판 발행 2025년 6월 9일

지은이 고성훈
펴낸이 박찬익 | **책임편집** 권효진 | **편집** 이수빈
펴낸곳 박이정 | **주소** 경기도 하남시 조정대로45 미사센텀비즈 8층 F827호
전화 031)792-1195 | **팩스** 02)928-4683 | **이메일** pijbook@naver.com
홈페이지 www.pijbook.com | **등록** 2014년 8월 22일 제305-2014-000029호
ISBN 979-11-5848-992-2(03180) | **가격** 20,000원

이 저서는 2020년 대한민국 교육부와 한국연구재단의 저술출판지원사업의 지원을 받아 수행된 연구임.
(NRF-2020S1A6A4040072)

공감리더십
Compassionate Leadership

고성훈 지음

박이정

서문

　공감은 육체적, 정신적, 심리적인 아픔과 상처로 고통을 받는 타인에 대해 시간적, 정신적, 물질적인 돌봄의 행위로 반응하는 사랑의 감정이다. 누구나 이러한 공감적 돌봄의 행위를 필요로 하고 있고, 타인에게도 전달해 주고 싶은 감정이지만 디지털 혁명의 4차 산업혁명 시대를 살아가는 현대인들에게 외면당하고 있는 감정일수도 있다는 생각이 든다. 그럼에도 불구하고 필자는 공감에 기반한 공감리더십을 집필하면서 조직 내 리더들이 공감리더십을 통해 조직을 더욱 공감조직화 시키고, 긍정적인 조직으로 변모시키기를 바라는 마음이 간절하였다. 왜냐하면 공감리더십을 통해 형성된 공감적 조직문화가 결국 조직의 성과로 이어지기 때문이다. 우리는 어쩌면 모든 진실이 외면된 가식적인 조직과 모든 것이 조작된 공동체 내에서 생활하고 있을 수 있지만 타인의 고통에 정직하게 돌봄적 행위로 반응하는 공감리더십 만큼은 진정성을 지니길 바랄 뿐이다.

　공감리더십 책이 출판되기까지 보이지 않는 곳에서 필자의 전인격을 형성해주신 하나님과 사랑하는 가족들에게 진심으로 감사를 드린다. 그리고 여러모로 공감적 리더십을 보여주시면서 지지와 격려를 해주셨던 세계적인 조각가 안필연 대표이사님께 감사한 마음을 전해드린다.

2025년 4월 19일
광교산 밑자락 경기대학교 연구실에서
고 성 훈

목차

1장
공감은 무엇인가

1.1. 고통에 돌봄의 행위로 반응하는 공감

필자가 공감(compassion)에 관한 연구를 시작했던 시기는 경영학 인사조직 박사과정 때부터이다. 그 당시 지도교수님의 권유로 연구를 시작하게 된 공감, 즉 컴페션에 관한 연구는 현재까지 지속적으로 수행되고 있고, 국·내외 우수한 등재학술지에 게재한 공감에 관한 논문이 50여 편에 이르고 있다.

처음에는 미국 미시건 대학의 더튼 교수가 작성한 공감에 관한 논문을 읽으면서 "왜 경영학자가 종교학이나 인문학에서 다루고 있는 공감에 관심을 갖을까?" 라는 생각을 하였다. 공감의 개념은 원래 윤리학 또는 신학에서 탄생한 개념으로 예를 들면 신학에서 예수님이 길을 가다가 불쌍한 한센병 환자를 보았을 때 궁휼의 마음으로 그의 병을 고쳐 주었을 때 경험하는 감정이 공감이다. 그런데 이러한 공감의 감정을 미국 경영학자인 더튼 교수와 그의 동료들이 긍정조직학파(POS)를 형성하여 2001년 9·11 테러사건 이후 활발하게 연구해 오고 있다는 것이 필자에게는 너무도 의아하면서도 신선했다.

본서 공감리더십 책은 여러 학문분야에서 꾸준히 연구하고, 관심을 기울였던 공감의 개념과는 다르게 미국 미시건 대학의 더튼 교수와 그의 동료들이 연구해왔던 '타인의 고통에 기반해서 돌봄의 행위로 반응하는 공감'에 기반하여 성립하는 리더십인 공감리더십에 관해 독자 여러분들께 설명 드리고자 한다. 심리학, 상담학, 간호학, 경영학, 철학 등에서 공감의 개념을 많이 사용하고 있고, 공감과 관련된 많은 연구가 수행되고 있지만 타인의 고통을 전제로 행위로서 반응하는 공감에 관한 연구 또는 저술은 희소하다고 할 수 있다.

따라서 필자는 본서 공감리더십을 집필하면서 독자 여러분들에게 우선적으로 말씀드리고 싶은 것은 공감리더십에서의 공감은 반드시 타인의 고통(suffering)이 발생했을 때 시간적, 정신적, 물질적인 돌봄의 행위를 의미한다는 것이다. 그리고 공감리더십은 리더가 부하직원들에게 공감적 돌봄의 행위를 보여주는 리더십이다. 그렇다면 타인의 고통에 행위로서 반응하는게 되는 공감에 대해 더 구체적으로 살펴보도록 하겠다.

타인의 고통을 전제로 유발되는 공감은 미국 미시건 대학교의 더튼 교수와 그의 동료들을 중심으로 1990년 이후 부터 연구되어 오고 있고, 조직 내 구성원들의 회복과 힐링의 원천으로 작용하고 있다.[1] 사회과학에는 크게 두 가지 연구의 흐름이 있는데, 양적연구

---

1) 로버트 퀸· 킴 카메론·제인 듀톤(2009). 『긍정조직학 POS』, 박래효 옮김. 서울: POS북스.

(실증적 연구 또는 정량적 연구)는 연구자가 통상적으로 설문지를 배포 후 수집한 설문을 표본으로 하여 통계적인 결과를 산출하여 연구결과를 도출해 내는 연구이다. 이에 반하여 질적 연구는 통계프로그램을 사용하지 않고(김영천, 2003, 2006, 2013), 연구자가 정보제공자에 대해 인터뷰를 한다든지 아니면 제인구달 박사처럼 아프리카에 거주하면서 침팬지를 관찰하는 참여관찰을 해서 연구결과를 도출해 내는 연구이다.

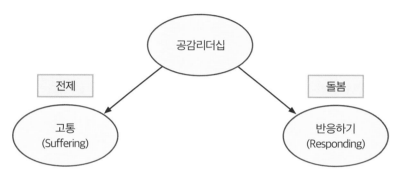

<타인의 고통을 전제로 돌봄의 행위로 반응하는 공감리더십>

필자가 공감리더십 책을 집필하는데 동기부여가 되었던 학자들은 경영학 조직행동 분야에서 처음으로 고통을 전제로 유발되는 감정인 공감을 연구한 미시건 대학의 더튼과 그의 동료교수들이다. 이들은 공감이라는 감정은 타인의 고통(suffering)이 발생했을 때 성립하며, 타인의 고통을 경감시키려는 행위(Acts)로서 시간적, 물질적, 정신적으로 반응하는 인간 본연의 감정이라고 정의내리고 있다(Lilius et al.,2008; Frost et al.,2000). 즉, 공감은 보편적인 성격을 지니는 감정으로서 인간이면 누구나 태어날 때부터 지니고 있는 이타적인 감정이지만 사람에 따라서 그 정도에 차이가 있을 것이다.[2]

필자는 공감적 돌봄의 행위를 많이 필요로 하는 사회복지 시설의 예를 들면서 공감의 필요성을 설명하도록 하겠다. 독자여러분들도 이미 알고 있듯이 사회복지사들이 응대하는 고객들은 누구보다도 공감적인 돌봄을 필요로 하는 사람들이다(유인애, 고성훈, 문태원, 2019). 사랑하는 자식들이 명절에도 찾아오지 않아서 홀로 고시원에서 연명하고 있는 독거노인을 비롯하여 소년·소녀 가장들까지 사회복지사들이 하는 주된 업무는 이들에게 공감적인 보살핌을 제공하는 것이다.

만약 사회복지사들이 고시원에서 홀로 명절을 지내고 있는 독거노인을 위해 정부의 요

2) 요하힘 바우어(2022). 『공감하는 유전자』, 장윤경 옮김, 서울: 매일경제신문사.

청으로 도움을 주기 위해 파견되었다고 가정하자. 홀로 외롭게 명절을 보내고 있는 독거노인으로서는 매우 감사할 일이지만 독거노인 어르신께서 만약 정신적, 심리적, 육체적으로 전혀 고통을 느끼지 못한 채 사회복지사의 돌봄은 본서에서 언급하고 있는 공감에 해당하지 않는다. 왜일까? 서두에서도 여러분들께 말씀드렸듯이 공감리더십에서의 공감은 반드시 타인이 고통이라고 인식하는 무엇인가가 발생하고, 이러한 고통에 시간적, 정신적, 물질적인 돌봄의 행위가 유발되었을 때 느끼는 감정이 된다.

사회복지 시설 내에서 고객들을 접하고 공감적인 돌봄을 제공하는 사회복지사들은 고통의 감정에 반응하며 정신적인 상담뿐만 아니라 시간적인 돌봄의 행위를 제공하고, 더 나아가서 물질적적으로 공감을 제공하기도 한다. 이들이 고객들에게 베푸는 공감적 돌봄의 행위는 자신의 에너지가 발산되는 것이기 때문에 때로는 공감적 피로감을 유발시키기도 한다. 필자가 존경하는 프랑스의 성자 아베 피에르 신부님은 80년 이상 노숙자들을 위한 공감적 행위로서 엠마우스 공동체를 만들어서 집을 지어주고,[3] 때로는 쓰레기 더미에서 재활용품을 주어가면서 이들을 위한 봉사활동을 평생하셨다.[4] 그렇지만 어느 해인가 타인에 대한 공감행위가 너무도 과도해서 공감피로(compassion fatigue)를 호소하셨고, 몇 년 동안 수도원에 칩거하면서 외부와의 접촉을 끊은 적도 있었다.

사회복지 시설 내에서 근무하시는 복지사분들도 이러한 공감 피로가 종종 발생할 것으로 예측이 된다. 이러한 측면에서 시설 내에서 사회복지사분들은 서로의 고통에 공감적인 행위로서 반응하며 회복력과 완충작용을 경험하기도 한다. 고통(suffering)을 기반으로 성립하는 감정인 공감은 사회복지 조직 내에서 복지사들이 서로 정신적, 시간적, 물질적으로 주고받는 행위(Acts)를 통하여 나타나기도 하고, 사회복지사들이 고객들에게 베풀어주는 공감적 행위를 통해서도 나타난다(Lilius et al.,2008).

<공감적리더의 외로움>

---

3) 아베 피에르, 『이웃의 가난은 나의 수치입니다』, 김주경 옮김. 우물이 있는 집. 2004.
4) 아베 피에르(2000). 『당신의 사랑은 어디 있습니까』, 김용재 옮김, 서울 : 바다출판사.

사회복지 시설 내에서 고객들을 돌봐주고 있는 사회복지사들은 다른 직업과는 다르게 좋든 싫든 간에 공감적 행위를 떠나서 일을 하지 않을 수가 없다. 고객들 가운데는 병들어 누워 있는 고객도 있고, 중증 장애를 앓고 있는 고객들뿐만 아니라 장애를 갖고 있는 고객들도 상당수 있을 것이다. 이렇게 공감적인 돌봄의 행위를 필요로 하는 이들을 상대로 일을 하는 사회복지사들 역시 공감적 행위를 통해 위로와 격려를 받기 때문에 조직 내에서 사회복지사들 간의 공감을 주고받는 행위는 큰 의미를 갖게 된다.

　예를 들면 동료 사회복지사가 외부에서 고객 돌봄 서비스 일을 한 후 시설 내에 들어왔을 때 지친 동료를 위해 카카오톡 메시지로 아름다운 꽃 사진을 보내주면서 위로의 말을 하게 되면 이것이 바로 공감적 행위[5]가 되는 것이다. 위 꽃 사진은 필자의 가족 한분이 멀리서 보내온 그림인데, 힘들 때마다 가끔 꽃 사진을 보고 있으면 마음의 평안과 안식을 얻곤 한다.

1-1. 쉬어가는 이야기: 한국최초 루게릭 요양병원

　우리는 모두 누군가의 공감과 배려 속에서 살아갑니다. 하지만 때로는 그 공감이 절실한 이들이 있습니다. 루게릭병 환자들처럼요. 한국에는 오랫동안 루게릭병 환자를 위한 전문 요양병원이 없었습니다. 이 병은 근육이 점차 마비되어가는 희귀질환으로, 환자들은 점점 더 많은 돌봄이 필요합니다. 그러나 그들을 받아줄 수 있는 의료시설은 부족했습니다. 이런 현실을 바꾸기 위해 한 사람이 나섰습니다. 가수 '션'과 루게릭병 환우들과 그 가족들이 함께 힘을 모아 한국 최초의 루게릭 요양병원 건립을 추진한 것입니다. 기부 마라톤, 크라우드 펀딩 등 다양한 방식으로 후원금을 모았고, 마침내 희망의 공간이 탄생했습니다. 이 병원의 탄생은 단순한 의료시설 건립을 넘어, 우리 사회가 얼마나 '공감'할 수 있는가를 보여주는 상징적인 사례입니다. 공감은 단순한 감정이 아니라, 행동으로 이어질 때 진정한 변화를 만듭니다. 공감리더십은 루게릭병 환우들의 고통을 주목하는데서 시작되고, 그들의 아픔과 고통을 가슴으로 느끼며, 돌봄의 행위로서 반응하는 것을 통해 나타나게 됩니다. 이러한 측면에서 루게릭 요양병원 건립을 추진한 가수 '션'은 공감리더십의 사례가 될 수 있습니다.

---

5) 박성희. 1994.『공감, 공감적 이해』. 서울 : 원미사.

1.2. 예수가 보여 준 공감[6]

본서 공감리더십에서 의미하는 공감의 개념은 예수가 지상에서 공생에 기간 동안 하나님 나라의 복음을 선포하면서 고통당하는 자들을 위로하고, 병든 자들의 고통을 가슴아파했던 긍휼(compassion)의 개념과 일치한다.[7] 본서의 공감은 타인의 고통이 발생했을 때 그 고통을 경감시키는 완충장치로서 돌봄의 행위를 의미하는데, 성경 복음서에 등장하는 예수가 병든자들에게 베풀었던 공감적 행위가 바로 공감리더십에서의 공감에 해당한다.

공감적 리더가 조직 내에서 부하직원들의 아픔과 고통에 반응해서 진정서 있는 돌봄적 행위인 공감이 바로 예수가 가난하고, 상처받은 자들에게 베풀어 주었던 긍휼의 마음이 된다(눅 6:36; 참조. 마 5:48).[8] 독자여러분들 중에 성경을 읽어보았던 분들은 아시겠지만 예수가 지상에서 복음을 선포하셨던 말씀들을 모아 놓은 성경을 복음서라고 하는데, 4복음서를 마태복음, 마가복음, 누가복음, 요한복음이라고 한다. 복음서 중에서 예수의 인간적인 감정을 가장 세부적으로 자세히 묘사하고 있는 복음서는 바로 마가복음이다.[9]

4복음서에는 예수가 나사렛이라는 동네에 태어나서 목수의 아들로 성장하다가 30살에 공생애를 시작한 후 33살쯤 인류의 구원을 위해 십자가에 못 박힌 후 3일 만에 부활해서 하늘로 올라갔다는 내용이 각각의 성경 기자에 의해 서술되어 있다. 3년 동안 예수의 행적을 그리스도인들은 공생애라고 표현하는데, 예수의 공생에 기간 동안 하나님나라의 복음을 선포하면서 그가 보여주었던 거의 모든 행위가 바로 '공감적 행위'였던 것이다. 즉, 아픈 병자들이 찾아와서 '제발 나의 병을 고쳐주세요'간청을 하면 예수는 성자 하

---

6) 김성희. (2013). 예수의 공감 사역: 마가복음의 σπλαγχνίζομαι를 중심으로. 신약논단, 20(3), 685-720.

7) 하재성(2014). 『긍휼, 예수님의 심장』, SFC출판부(학생신앙운동 출판부).

8) 마커스 보그(Marcus Borg)는 눅 6:36을 "Be compassionate as God is compassionate"로 해석한다. 개역한글성경에는 "하나님의 자비하심처럼 너희도 자비하라"고 해석되어있다. 보그는 이 구절을 자비(mercy)보다는 깊은 공감(compassion)으로 해석할 것을 제안한다. 왜냐하면 자비는 수직적 관계에서 상위자가 하위자에게 베푸는 의미지만 공감은 수평적 관계에서 마음을 같이하는 것이기 때문이며, 예수를 통한 하나님의 마음은 수평적 깊은 공감에 가깝기 때문이라고 설명한다. 또한 신이 인간이 된 예수가 공생에 3년 동안 사람들에게 보여주었던 공감적 행위는 위계질서가 있는 수직적 관계가 아닌 수평적 관계에서 당시에 소외되고 상처 입은 자들의 고통에 반응한 공감리더십이었다.

9) 마가는 마태나 누가 요한에 비해 예수를 가장 인간적으로 그리고 있는 복음서로도 유명하다. 같은 이야기라도 마가는 매우 생생하고 세부적으로 그리고 있는 반면, 마태나 누가는 마가의 장황한 설명을 짧게 요약하거나 세부적인 묘사를 생략한다. 예를 들어, 막 1:41에 예수가 불쌍히 여겼다는 컴페션의 마음이 다른 복음서에는 생략되어 있고, 1:43의 엄히 경고하는 이야기도, 6:6의 불신에 대한 이상히 여김, 8:12의 깊은 탄식, 10:14의 분냄, 10:21의 영생에 대해 묻는 사람에 대한 사랑의 마음 등 예수의 인간적인 감정들이 다른 복음서에서는 생략된다. John R. Donahue, and Daniel J. Harrington, The Gospel of Mark (Collegeville: The Liturgical Press, 2002), 16-17.

나님이자 인간으로서 눈물을 흘리면서 긍휼의 마음으로 기도 후 그 환자의 병을 치유하여 주었다. 이미 2000여 년 전에 예수는 공감적 리더로서 공감리더십을 선보였던 참 인간이자 참 신이었던 것이다.

필자가 가장 좋아하고, 역사상 가장 위대한 신학자 칼 바르트의 말대로 예수는 진정한 신이면서 진정한 인간[10]이었기 때문에 죄(sin)만 가지고 있지 않고, 인간이 가지고 있는 모든 감정을 지니고 계셨다. 참 인간이신 예수가 보여준 긍휼, 기쁨, 사랑, 감사, 분노, 놀람 등의 감정에 대한 언급은 4복음서에 총 60번 나오고 있고, 그 중에서 요한복음이 28번으로 가장 많고, 마가복음에 16번, 마태복음에 10번, 그리고 누가복음은 6번 인간 예수님의 감정을 언급하고 있다.[11] 이러한 감정들 중에서 긍휼의 감정이 현재 본서 공감리더십에서 설명하고 있는 공감의 감정에 해당한다. 그 당시 병들고 상처 투성이었던 사람들의 고통을 외면하지 않고, 예수는 돌봄의 행위로서 공감리더십을 몸소 실천하다가 유대인들에 의해 십자가 위에서 30대에 생을 마감하였다.

> 거기에서 떠나 그들의 회당에 들어가시니 한쪽 손 마른 사람이 있는지라 사람들이 예수를 고발하려 하여 물어 이르되 안식일에 병 고치는 것이 옳으니이까 예수께서 이르시되 너희 중에 어떤 사람이 양 한 마리가 있어 안식일에 구덩이에 빠졌으면 끌어내지 않겠느냐 사람이 양보다 얼마나 더 귀하냐 그러므로 안식일에 선을 행하는 것이 옳으니라 하시고 이에 그 사람에게 이르시되 손을 내밀라 하시니 그가 내밀매 다른 손과 같이 회복되어 성하더라[12]

공감리더십은 21세기 현대에 와서 탄생한 리더십 개념이 아니라 이미 2천년 전에 예수가 지상에서 실천했던 리더십이다. 예수의 감정들을 표현하는 헬라어 동사들 가운데 공감을 가장 잘 나타내는 동사는 απλαγχνιξομαι(aplanchnixomai)이다. 이 단어는 성경 한글 개역개정판에서 통상적으로 '불쌍히 여기다' 또는 '긍휼히 여기다'의 의미로 해석되어 왔는데, 이 단어의 기원과 의미를 추적해서 살펴보면 '공감하다'의 의미로 해석될 수 있다. 참 신이신 예수님이 참 인간이 되신 후 3년의 공생애 기간 동안 고통당하는 민초(오클로스)들

---

10) 칼 바르트(2015). 『칼 바르트 교의학 개요』, 신준호 옮김. 서울 : 복있는 사람.
11) Stephen Voorwinde, *Jesus' Emotions in the Gospels* (London: T&T Clark, 2011), 2.
12) 신약성경 마태복음 12장9~13절

에게 보여주셨던 인간적인 감정 중 가장 핵심적인 감정은 사랑과 긍휼, 즉 공감이었다.

조직 내에서 구성원들의 고통에 반응하여 돌봄의 행위로서 베풀어지는 공감리더십은 미국 미시건 대학의 제인 더튼(Jane E. Dutton) 교수와 그의 동료들이 연구했던 공감에 기반을 두고 있지만 이들 긍정조직학파가 연구해왔던 공감 역시 그 기원을 추적해서 올라가다보면 2천년 전 예수가 지상에서 사역하면서 보여주었던 공감적 행위와 일치하게 된다.

1-2. 쉬어가는 이야기: 왜 내가 이러한 고통을 당해야 할까?

"왜 하필 내가 이러한 고통을 당해야합니까? 도대체 신(God)인 당신은 어디 계시는 것입니까? 계시다면 말씀해보세요. 행동하시는 신(God)이라고 하지 않으셨습니까? 언제까지 침묵하시렵니까?"

법정(法頂)스님은 고통을 통해 인간은 성숙해 간다고 말씀하시지만 막상 극한 고통에 직면한 당사자의 절규는 보는 이의 상상을 초월합니다. 더구나 '선한사람에게 뜻하지 않게 찾아드는 불행'은 우리로 하여금 신(God)의 존재까지 의심하게 만들기도 합니다.

유대인의 랍비 헤롤드 쿠시너(Harold Kushner)는 "신(God)은 이 혼돈의 세상조차 관리하는데 어려움을 겪으시나 보다. 신(God)은 정의의 신(God)이시지만 단지 그것을 시행할 능력이 없을 뿐이다"라고 말합니다. 반면 엘리 위즐은 쿠시너에 의해 묘사된 신(God)에 대하여만일 그러한 신(God)이라면 왜 일찌감치 다스리는 일을 그만두고 누군가 더 강력한 자에게 자리를 물려주지 않는가?"라고 되받아 칩니다. 소설가 박완서씨는 남편의 죽음이 후 얼마 못가서 의사인 아들의 교통사고 사망소식 앞에서 십자가를 땅에 내동댕이치며 신(God)의 존재를 부정해 버렸습니다.[13]

유신론자, 무신론자, 그리고 종교인, 무종교인을 떠나서 너무도 인간이 감당하기 어려운 고통을 직면한 사람 앞에서 우리가 해 줄 수 있는 것은 공감(compassion)의 마음입니다. 남편과 자식의 연이은 죽음 앞에서 십자가를 내팽겨치며, 신(God)의 존재를 부정하는 그분 옆에서 함께 마음속으로 그 고통을 아파하면서 나의 아픔처럼 고통당하는 자의 심정을 이해해주는 것이 예수가 공생애 기간 동안 이땅에서 보여주었던 긍휼의 마음 즉, 공감입니다.

---

13) https://news.cpbc.co.kr/article/1110023

역사적 예수의 연구자이면서 '예수 세미나'의 정회원이기도 한 마커스 보그(Marcus Borg)에 따르면 하나님 나라에 대한 예수의 가르침과 하나님 나라의 성격을 가장 잘 규정하고, 드러내는 단어가 바로 공감(compassion)이라는 것이다[14]. 인간 본연의 감정이면서 보편적인 성격을 갖는 공감은 하나님이 긍휼과 사랑을 지닌 신이라는 것을 나타내 주고 있고, 피조물인 우리가 하나님의 형상대로 지음 받았기 때문에 어떻게 공감적인 행위를 해야 하는지를 잘 설명해주고 있다.

공감은 역사적 예수의 정신과 긍휼의 마음을 가장 잘 표현하는 단어이면서 고통받고, 상처입은 인간에 대한 예수의 사랑을 집약적으로 표현하는 단어가 된다[15]. 영어의 'compassion'은 라틴어의 'compassio'에 기원을 두고 있다. 접두사인 com(cum)은 '함께'(with)라는 의미를 지니고 있고, passio는 '고뇌,' '수난,' '고통,' '역경' 등의 뜻을 지니므로 이 둘의 단어를 결합하면 '함께 고뇌하다' 또는 '함께 아파하다'라는 의미를 지니게 된다.[16] 즉, 다른 사람의 고통을 눈으로 주목(noticing)한 후 마음으로 느끼고(feeling), 행동으로 반응(responding)하면서 그 고통을 타인과 함께 나누라는 의미를 지니는 것이 공감의 의미가 된다.[17]

필리스 트리블(Phyllis Trible)은 공감이라는 단어는 히브리어와 아람어적 관련어가 여성 자궁(rahm)의 복수형이라고 지적하면서 공감을 라하밈(rhamim)이라고 한다, 즉, 타인의 고통에 대해 공감의 마음을 갖는 것은 여성의 자궁이 아이를 보호하고 양육하는 어머니의 마음을 갖는 것과 같다. 자궁속의 아이가 어머니와 하나의 탯줄로 연결되어 있듯이 고통당하는 사람의 고통을 공감이라는 줄로 연결되어 함께 아파하고, 이해하는 것 공감의 마음이라고 필리스 트리블(Phyllis Trible)은 설명한다.[18]

어머니인 여성의 자궁으로부터 느끼는 마음은 단지 머릿속 인지적 측면에서의 감정이 아니라 온몸의 내부 속 깊은 곳으로부터 느껴지는 마음이다. 다시 말하면 신이 인간이 되신 예수님이 공감의 마음으로 대중들의 고통에 반응했다는 것은 마치 어머니의 자궁처

---

14) 마커스 보그(2019).『놀라움과 경외의 나날들』, 김기석·정준화 옮김. 경기도 : 한국기독교 연구소.

15) Borg, 앞의 책(1994), 46-61.

16) 가톨릭대학교 고전 라틴어 연구소 편찬, 『라틴-한글사전』 (서울: 가톨릭대학교출판부, 1995), 168.

17) Warren Thomas Reich, "Speaking of Suffering: A Moral Account of Compassion," Soundings 72(1989), 84; 김용운, "하느님의 자비에 대한 이해: 'Compassion'의 개념을 중심으로," 『신학전망』 151(2005), 185-193.

18) Phyllis Trible, God and the Rhetoric of Sexuality (Philadelphia: Fortress Press, 1978), 32-34: 창 43:30; 43:14; 왕상 8:50; 13:23; 사 47:6; 시 103:13; 합 3:2; 호 1:6.

럼 아이에게 새 생명을 주시고, 우리를 공감적인 돌봄으로 돌보시고 양육하신다는 의미를 지니는 것이다. 우리가 고통을 당하면 그분도 함께 아파하시고, 우리가 고통으로 울고 있으면 그 분도 함께 울고 계시는 것은 왜 일까? 아이와 탯줄로 연결되어 있는 어머니의 심정으로 우리의 고통을 예수님은 함께 온 맘으로 느끼시기 때문에 예수님은 우리의 고통에 공감으로 반응하시는 것이다.

독자여러분들 역시 살아오면서 어머니의 사랑과 공감을 많이 느끼면서 살았을 것이다. 특히 어머니는 아버지와는 다르게 자신의 뱃속에서 10개월을 품고, 탯줄로 연결된 상태에서 아이를 출산하기 때문에 아이의 고통이 곧 어머니의 고통이 되고, 아이가 아프고 힘들어할 때 자신이 아플 때 보다 더 가슴아파하고 눈물을 흘리게 된다. 저와 여러분들 모두 이러한 어머니의 사랑과 공감은 경험을 통해 익히 알고 있다.

필자는 고등학교 시절 대학 입시를 준비하면서 참으로 힘든 하루하루를 보내고 있었다. 윤동주 시인과 애국가를 작곡한 안익태 선생의 모교이기도 한 숭실고등학교를 다녔던 필자는 수능시험과 대학 본고사입시를 치룬 후 대학에 진학을 해야 했기 때문에 참으로 사법고시 준비하던 시절 보다 더 열심히 입시공부를 했던 기억이 난다. 필자가 재수를 하지 않고, 대학에 진학한 후 한참 지난 후에 알게 된 사실은 고등학교에서 사교육 한번 받아보지 못하고, 공교육과 혼자 힘으로 대학에 진학하려고 고군분투 하는 아들을 위해 어머니는 3년 동안 내 옷만 별도로 빼내어 세탁기에 돌리지 않고, 손빨래를 하셨다고 한다. 아들의 입시에 대한 고통과 고난에 함께 동참하면서 새벽4시에 일어나셔서 도시락 2개를 챙겨주시는 것도 모자라 묵묵히 3년 동안 아들이 좋은 대학에 진학할 수 있도록 기도하면서 손빨래를 하셨다는 말씀을 들었을 때 그분의 사랑과 헌신을 느끼지 않을 수가 없었다.

조직 내에서 리더가 부하직원들에게 행하는 공감적 행위 역시 어머니의 자식에 대한 마음처럼(김초혜, 2004) 사랑과 헌신이 수반된 공감리더십이 되어야 할 것이다. 가식적이거나 정치적인 리더십이 아닌 진정한 사랑과 헌신의 마음에서 우러나온 리더십, 즉 구성원들의 고통에 돌봄적 행위로 반응하는 것이 공감리더십의 본질이 된다.

어머니의 자궁 같은(womb-like) 예수님의 마음을 가장 잘 표현하고 있는 헬라어는 앞에서도 이미 말씀드렸듯이 απλαγχνιξομαι(aplanchnixomai)이다. απλαγχνιξομαι는 내 몸의 내장이 아픈 것과 동일하게 상대방 역시 그 고통을 함께 느끼는 것과 같은 공감의 마음을 내포하고 있는 것이다. 몸의 내장이 아플 만큼의 공감은 수직적 상하관계에서는 불가능한 감정이다. 아이가 밤새 아플 때 부모님은 얼마나 밤새 함께 아파할까? 아이와 부모가 수직적 관계이면 함께 아파하는 공감이 가능할까? 공감은 나(Ich)와 당신(Du)을 완전히 동일시 여기면서 점점 나와 당신이 하나가 되어가는 수평적 관계에서 가능한 마음인 것이다.

조직 내에서 리더와 부하직원이 엄격한 수직적 관계의 구조라면 리더는 구성원들의 고통과 아픔을 내 몸의 내장처럼 절실히 느끼지 못할 것이다. 그러나 공감적 리더가 부하직원과 수평적 관계를 유지하면서 항상 인격적인 대화를 나누게 되는 구조라고 한다면 리더는 구성원들의 고통과 아픔에 애정어린 마음으로 함께 아파하고, 함께 눈물 흘리면서 진정성 있는 돌봄의 행위를 제공하게 될 것이다.

<공감은 거대한 파도를 이루게 된다>

예수님 긍휼과 공감을 가장 잘 표현하는 단어인απλαγχνιξομαι는 복음서 마가복음에 총 4번 나오고 있다(막 1:41; 6:34; 8:2; 9:22)[19]. 나병환자(한센병 환자)를 고치는 장면에서 예수의 공감적 행위가 가장 잘 표현이 되었다(막 1:41-45). 어느 나병환자가 예수께 와서 엎드리어 간절한 마음으로 "원하시면 저를 깨끗하게 하실 수 있나이다"라고 예수님께 자신의 병을 치유해 달라고 요청했다. 즉, 고통에 평생 시달리고 있었던 나병환자는 아이러니하게도 고통을 느끼지 못하는 나병을 앓고 있었는데, 당시 사람들은 나병환자를 벌레 보듯이 했기 때문에 그가 겪어야 했던 정신적, 육체적 고통은 이루 말할 수 없었을 것이다. 예수님은 그의 고통을 외면하지 않으시고, 긍휼의 마음으로 그를 "불쌍히 여기며"(απλαγχνισθείς) 손을 내

---

19) 막 1:41 예수께서 불쌍히 여기사 손을 내밀어 그에게 대시며 이르시되 내가 원하노니 깨끗함을 받으라 하시니

막 6:34 예수께서 나오사 큰 무리를 보시고 그 목자 없는 양 같음으로 인하여 불쌍히 여기사 이에 여러 가지로 가르치시더라

막 8:2 내가 무리를 불쌍히 여기노라 그들이 나와 함께 있은 지 이미 사흘이 지났으나 먹을 것이 없도다

막 9:22 귀신이 그를 죽이려고 불과 물에 자주 던졌나이다 그러나 무엇을 하실 수 있거든 우리를 불쌍히 여기사 도와 주옵소서

밀어 말씀으로 선포하며 "내가 원하노니 깨끗함을 받으라"고 하며 그의 나병을 치유해주셨다.

공감적 행위는 고통이 발생했을 때 행위로서 반응하는 것인데, 예수는 고통을 경험하고 있는 나병환자를 가슴으로만 함께 아파하는 것이 아니라 그의 질병을 말씀으로 고쳐주면서 행위로서 반응을 했다. 따라서 예수의 행위는 당시에 고통당하고, 아파하는 대중들에게 공감적 리더십으로서 다가왔을 것이다. 나병은 유대인들 사이에서 신이 내린 저주의 질병으로 인식되었을 텐데[20], 예수는 당대 유대인들의 생각을 뛰어넘어 공감의 마음으로 나병환자를 불쌍히 여기면서 치유의 손길로 그에게 다가갔던 것이다.

공감적 행위는 특정한 부류의 사람들에게 행해지는 돌봄이 아니다. 고통당하고 상처입고, 가슴이 터지도록 아파하는 모든 사람들에게 제공하는 돌봄의 행위가 바로 공감적 행위이다. 이러한 의미에서 예수가 한센병(나병) 환자에게 진심어린 손길을 내밀면서 공감의 행위를 보였다는 것은 현대의 공감적 리더가 본받아야 할 모습인 것이다. 지금과는 다르게 예수가 살았던 2천년 전 유대 시대에는 한센병 환자는 신이 저주해서 내린 질병으로 생각하였기 때문에 그 누구도 그들 곁으로 가려고 하지 않았다. 그들의 아픔에 공감하기는커녕 오히려 한센병 환자들이 겪고 있는 무고통의 고통이 어쩌면 마땅히 받아야 할 벌을 받는다고 생각했을지도 모른다. 그러나 예수는 모든 사람들이 외면하고, 소외시키는 한센병 환자에게 다가가서 그들의 병을 치유해줬을 뿐 아니라 인격적으로 그들을 대하면서 수평적인 공감적 리더의 면모를 보여주셨다.

구약의 모세의 율법에 따르면 한센병(나병)환자들은 부정한 자로 취급되어 일반 사람들과는 거리를 두면서 분리되어 살아야했고, 그들을 만지는 사람 또한 부정한 사람으로 취급되었기 때문에 나병환자들은 가장 소외 받는 부류의 사람들이었다. 예수는 늘 그렇듯이 인간의 상식을 뛰어넘어 행동하신다. 신이면서 인간인 예수는 가장 가난하고 비천한 나사렛 말구유에서 태어나지 않았는가? 그리고 예수는 당대에 가장 천대받고, 손가락질받는 세리와 창기들과 식사하면서 그들을 인격적으로 대우해주지 않았는가? 이번에도 예수는 나병환자의 도움의 손길을 외면치 않으시고, 그의 손을 잡아주면서 공감적인 치유의 은혜를 베푸셨던 것이다.

'소록도의 천사' 마가렛 피사렉(Margareth Pissarek)씨가 2023년 9월 29일 오스트리아

---

20) 마틴 로이드 존스(2021). 『마틴 로이드 존스의 내 구주 예수』, 홍종락 옮김. 서울: 두란노.

현지에서 88세 나이로 선종했다. 마가렛 피사렉의 삶에서 인상적인 에피소드 중 하나는 "소록도의 작은 결혼식" 이야기이다. 마가렛 피사렉과 마리안느 스퇴거는 소록도에서 한센인들을 돌보며 살아가던 중, 한센병 환자 한 쌍이 결혼을 원하지만 가족과 사회의 편견 때문에 어려움을 겪고 있다는 사실을 알게 되었다. 두 간호사는 이들의 결혼을 적극적으로 돕기 위해 손수 작은 결혼식을 준비했다. 결혼식 날, 마가렛과 마리안느는 신부의 웨딩드레스를 직접 만들어주고, 신랑에게도 단정한 옷을 마련해주었다. 소박하지만 따뜻한 예식이 열렸고, 두 사람은 많은 축복 속에서 부부가 되었다.

이 일화는 그녀가 단순히 간호사로서의 역할을 넘어, 한센인들의 인권과 존엄성을 존중하며 진심 어린 사랑과 공감을 실천했다는 것을 보여주는 공감리더십의 사례가 된다.

<공감적 리더는 천사보다 아름다울 수 있다>

예수가 지상에서 소외되고, 버림받은 한센병 환자들을 위해 공감의 행위를 베풀었던 것처럼 마가렛 수녀님 역시 남의 나라인 한국 소록도에서 평생 한센병 환자들에게 공감적 행위를 제공하면서 돌아가신 예수와 같은 공감적 리더였다.

예수가 모든 사람들에게서 손가락질 받고, 소외되고, 절망하는 한센병(나병)환자를 공감의 마음으로 공감적 행위를 베풀었던 것은 예수를 따랐던 무리들에게 공감적 리더십으로 다가왔을 것이다. 공감 리더십은 고통 받는 사람에게 시간적, 정신적, 물질적으로[21] 공감적 돌봄의 행위를 베푸는 리더십인데, 참 신이면서 참 인간인 예수가[22] 그 당시에 가장 소외되고, 따돌림 받았던 한센병 환자에게 치유의 공감을 베풀었던 것은 공감리더십이 신학적 학문에 기초를 두고 있다는 것을 암시한다.

1.3. 인격적 관계에서의 공감

유대인의 철학자이자 대화의 철학자이고, 만남의 철학자인 마틴 부버는 『나와너』[23]라는 짧은 책 안에 타인을 그것(Es)이 아닌 당신(Du)으로 대하는 것을 공감이라고 표현한다. 즉, 타인을 그것인 Es로 간주한다는 것은 비인격적인 객체이자 생명이 없는 기계(machine)로 대우한다는 것이고, 이름이 부여되지 않은 신화의 시대에 해당하는 것이다. 하지만 내가 타인을 그것이 아닌 당신(Du)으로 간주한다는 것은 타인은 인격적인 주체이면서 이름이 있는 생명체인 것이다. 이러한 시대는 신화의 시대가 아닌 작가가 작품에 싸인을 하고, 내가 타인을 공감하는 철학의 시대이면서 공감[24]의 시대가 되는 것이다.

본서 공감리더십에서 공감적 리더는 철학자 마틴부버가 언급했듯이 타인을 Es가 아닌 Du로서 인정하는 리더이고, 비인격적인 객체가 아닌 인격적인 주체로 인정하는 리더가 된다. 따라서 공감리더십의 철학적 기반은 마틴부버의 사상을 근간으로 하고 있는 것이다. 아마도 마틴부버는 유대인의 철학자이기 때문에 그의 사상의 근간은 성경에 기반을 두고 있을 것이다. 성경에 등장하는 성자 하나님과 성부 예수님은 인간을 인격적인 주체로 대하시면서 사랑을 베풀어주셨기 때문에 인간 역시 타인을 대할 때 인격적인 주체로 대우해야 함을 마틴 부버는 강조하고 있다.

만남의 철학자이면서 인격 철학자인 부버는 그의 책에서 근원어를 치밀하게 분석해 나가면서 내가 당신을 그것(Es)이 아닌 당신(Du)으로 대해야 함을 강조하고 있다. 즉, 내가 타인을 인격적인 주체로 공감할 때 철학의 시대와 공감의 시대가 열리게 된다는 것이다.

---

21) Dutton, J. E., Frost, P. J., Worline, M. C., Lilius, J. M. & Kanov, J. M. (2002). Leading in times of trauma. Harvard Business Review, 80(1), 54-61.
22) 칼 바르트(003). 『교의교의학 1/1』, 박순경 옮김. 서울: 대한기독교서회.
23) 마틴부버. 2001. 『나와너』. 표재명(옮긴이). 서울 : 문예출판사.
24) 박성희(2009). 『공감』. 서울 : 이너북스.

먼저 그의 책에 등장하는 근원어에 대해서 살펴보도록 하자.

세계는 사람이 어떠한 태도를 취하는지에 따라서 이중적인 태도로 나타나는데, 이중적인 태도는 사람에게도 이중적으로 나타나게 된다. 사람의 태도 또한 내가 상대방에게 말할 수 있는 근원어(Groundwortte)의 이중성에 따라서 이중적으로 나타나게 된다. 쉽게 풀어서 말하자면 내가 당신을 비인격적인 그것으로 대우하는지 아니면 내가 당신을 인격적인 당신으로 대우하는지에 따라서 상대방을 대하는 태도가 이중적으로 나타난다는 것이다.

예를 들면 독자 여러분들이 근무하는 직장에서 상사가 갑질을 했다고 가정해보자. 그때의 상사는 부하직원을 인격적인 주체, 즉 인격체로 바라보는 것이 아니라 비인격적인 객체이자 기계, 물질로서 바라보는 것이다. 그러다보니 갑질을 하는 상사는 부하직원에게 막말을 하게 되고, 그의 이름을 부르는 대신에 하대하는 호칭을 사용하는 것이다. 이러한 시대를 필자는 신화의 시대로 간주한다. 신화의 시대는 아래와 같이 도식화 할 수 있는데, 독자여러분들께서 쉽게 이해할 수 있도록 도식화 시켰다.

<표 1> 신화의 시대

신화의 시대	
작가	작품에 싸인을 하지 않음
상사	부하직원의 이름을 부르지 않음
관계	비인격적인 객체
소통	예술가, 작품, 관객이 소통하지 않음
나(Ich)	그것(Es)

마틴 부버의 사상은 필자가 대학 강의시간에 공감능력 강의를 하면서 항상 소개하고 있는데, 그의 책에 등장하는 짝말의 개념은 언뜻보면 어렵게 느껴지지만 독자여러분들을 위해서 쉽게 설명하면 다음과 같다.

마틴부버가 강조하는 근원어는 두개의 단어들이 조합으로 이루어진 짝말이다. 즉, 근원어 하나는 '나-너(Ich-Du)' 라는 짝말이고, 다른 근원어 하나는 '나-그것(Ich-Es)' 이라는 짝말이다. 근원어 '나-너'와 근원어 '나-그것'에서 앞에 나오는 '나'는 서로 다른 것이며, 이것이 사람의 이중성을 뜻한다.

마틴부버는 조직 내 모든 인간관계의 구조를 '나-너(Ich-Du)' 라는 짝말과 다른 짝말인

'나-그것(Ich-Es)'의 관계로 파악한다. 철학의 시대에는 상사가 갑질을 하는 것이 아니라 부하직원을 Du(당신)로서 인식하면서 인격적인 주체로 간주한다. 즉, 짝말의 관계는 '나-너(Ich-Du)'가 성립하게 되고, 상사는 사랑의 마음으로 부하직원의 이름을 불러주면서 수평적인 관계를 갖게 된다. 독자여러분들의 이해를 돕기 위하여 이러한 관계를 도식화 하면 아래와 같다.

마틴부버는 근원어를 말할 때 하나의 존재가 성립한다고 말한다. 내가 '너'를 말하는 것으로 '나-너'의 '나'가 함께 말해지게 되고, '그것'을 말하는 것으로 '나-그것'의 '나'가 함께 말해진다는 것이다. '나-그것'의 '나'와는 다르게, '나-너'는 나의 모든 전인격적인 존재를 기울여야만 말할 수 있다고 부버는 주장한다. 왜 그럴까? 내가 당신을 '그것'으로 말할 때는 그것을 비인격적인 기계처럼 아무런 생각 없이 대우할 수가 있지만 내가 당신을 '너'로서 말할 때는 인격적인 주체이자 생명력 있는 인격체로 대우하는 것이기 때문에 심혈을 기울여 존중하는 마음으로 상대방을 말하게 되는 것이다.

<표 2>철학의시대

철학의 시대	
작가	작품에 싸인을 하게 됨
상사	부하직원의 이름을 부르게 됨
관계	인격적인 주체
소통	예술가, 작품, 관객이 소통함
나(Ich)	당신(Du)

요즘 21세기 현대시대에 인격적인 관계 속에서 상사가 부하직원의 이름을 정확히 불러주는 것이 어쩌면 당연한 것처럼 느껴질 수도 있다. 필자가 초등학교, 중·고등학교 시절만 해도 선생님이 학생들의 이름을 불러주는 경우는 거의 없었다. 야, 너, 거기, 뒤에서 몇 번째 줄 너, 이런 식으로 선생님들께서 학생들의 이름을 부르면서 공감리더십을 보여주었던 기억은 나한테서 거의 없다. 그러다보니 자연스레 학생들 역시 선생님들의 성함을 기억하기 보다는 비하적인 별칭을 만들어 선생님들을 비하하기 일쑤였다. 필자에게서 학창시절은 철학의 시대가 아닌 신화의 시대였던 것이다.

철학의 시대는 '직립의 사회'이자 '대화의 사회'라고 말할 수가 있다. '대화의 사회'에서는 서로가 얼굴과 얼굴을 마주보며(face to face) 인격과 인격(personality and personality) 간의 만남이 이루어진다. 상사와 부하직원이 마주면서 회의를 하게 되고, 서로 서로가 인격적인 대화를 하게 된다. 즉, 대화의 사회에서는 마틴 부버(Martin Buber, 1878-1965)가 사용한 용어대로 그것(Es)이 당신(Du)으로 나에게 다가오게 된다.

1-3. 쉬어가는 이야기: 모든 이기주의에서 벗어나 있으며

필자는 사법시험 공부하느라 서울대학교를 10년 만에 졸업한 후 대학원 석사과정을 공부하면서 다시 대학에 학사편입을 해서 불어과에 입학한 후 태어나서는 처음으로 프랑스어를 배우게 되었다. 그 당시 불어로 수업시간에 읽었던 책이 소설가 장 지오노의 '나무를 심는 사람'이라는 책인데, 그 책의 서문은 지금도 필자가 초심을 잃을 때면 책을 끄집어내어서 다시 읽는 구절이 있다. 프랑스어를 한국어로 번역을 해보면 아래와 같다.

"그의 행동이 온갖 이기주의에서 벗어나 있고, 그 행동을 이끌어 나가는 생각이 더없이 고결하며, 어떠한 보상도 바라지 않고"

제대로 읽지도 못하는 불어로 원서를 읽어나갔지만 진실의 언어는 인간의 언어를 뛰어넘듯이 침묵과 고독 속에서 타인을 위하여 묵묵히 나무를 심어나가는 주인공의 진실 된 행동이 가슴속에 크게 와 닿았다. 타인의 고통에 가슴아파하며 공감의 마음을 갖는다는 것은 그 어떠한 보상과 대가없이 자신의 이기주의에서 벗어나 타인에 대한 사랑의 마음에서 나오는 감정이며, 결국 사랑의 마음으로 나타나는 공감리더십은 세상과 이웃들을 긍정적인 방향으로 인도하게 될 것이다.

필자가 대학 초년생 때 '선영아 사랑해'라는 광고 문구가 대유행을 한 적이 있었다. 버스에서도 지하철에서도 티비 광고에서도 '선영아 사랑해'라는 문구가 항상 눈에 띌 정도로 엄청난 유행을 탄 적이 있었다. '선영아 사랑해'라고 고백하였을 때 그때의 선영이는 바로 나(Ich)의 인격(人格)과 동일한 '너'로서 다가오는 것이다. 공감리더가 부하직원인 선영이의 이름을 정확히 불러주면서 그를 인격적인 주체로 대우하게 될 때, 그 부하직원인 선영이는 공감 리더에게 사랑의 대상이 되는 것이다.

그러나 '신화시대'는 그러하지 못하다. 신화의 시대에서는 너(Du-Subjectivity)는 인격적인 존재에까지 도달하지 못하고 대화가 단절된 상태로 전락하게 된다. 즉, '부르는 존재'와 '응답하는 존재'(responsible being)사이의 인격과 인격간의 만남은 없어지고 오직 너를

'그것'(Es)으로 서만 인정할 뿐이다. 예를 들면 조직 내에서 상사가 부하직원의 이름을 불러주지도 않으면서 갑질과 폭언을 하고, 막중한 업무스트레스를 가중시키는 경우 상사와 부하직원의 관계는 Ich-Es의 관계로 전락하게 된다. 이러한 사회에서 '선영아 사랑해'라는 고백 뒤에 따라오는 선영이는 인격적인 주체(personal subjectivity)로서의 '너'가 아니라 단지 성적 소유물이자 소유(所有)의 대상으로 인식될 뿐이다.

사랑(love)을 하나의 '우주적인 작용'(welthaftes wirken-Love is a cosmic force)으로 파악했던 '마틴부버' 견해가 신화시대에는 그 자리를 펼 수 없게 되는 것이다. '어닝 파노프스키'가 그의 예술철학 논문에서 신화시대에서 철학의 시대로 넘어오면서 비로소 예술가(artist)가 자신의 작품에 이름(signature)을 새겨 넣었다고 말하는 것은 흥미로운 일이다. 대화의 시대에서는 예술가와 관람자, 작품은 마치 라인홀드 니버가 언급한 하나님(Gott)-이웃(Du)-나(Ich)가 균형 있는 관계를 유지하듯 서로가 인격적인 주체(subjectivity)로서 수평적인 관계를 유지하며 소통하고 있다.

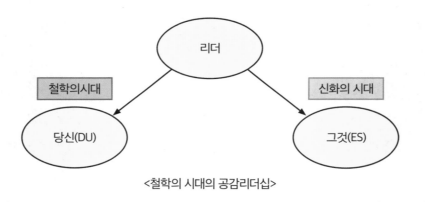

<철학의 시대의 공감리더십>

'나'는 그 자체로서 홀로 존재하는 것이 아니라 근원어인 '나-너'라는 짝말 또는 '나-그것'이라는 짝말을 통해서만 존재할 수 있다는 것은 어떤 의미일까? 조직 내 리더가 홀로 존재한다면 리더가 될 수 있을까? 반드시 부하직원들이 있어야하면 리더는 리더십을 발휘할 수 있을 것이다. 리더가 만약 공감 리더십을 발휘하기 위해서는 부하직원들을 대할 때 비인격적인 '그것'이 아닌 인격적인 '너'로서 대해야 부하직원들은 리더를 공감적 리더로 간주하게 될 것이다. 리더가 만약 부하직원들을 기계와 같이 생명력이 없는 객체로서 대우하고, 이름을 부르지 않고, 구성원들의 고통에 반응하지 않는다면 공감적 리더십을 발휘할 수 없을 것이다. 공감 리더십은 마틴 부버가 근원어로 지칭한 '나와 너'의 짝말과

같이 부학직원들을 '그것'이 아닌 '너'로 대우하는 것을 의미한다.

타인인 누군가 '나'라는 존재를 생각하면서 말할 때는 그 의미는 반드시 '나-너' 또는 '나-그것' 둘 중에 하나를 생각하면서 말하게 되는 것이다. 예를 들면 독자 여러분들이 회사 생활을 할 때 정말 죽도록 미운 상사가 있다고 가정해보자. 동료 직원과 커피를 마시면서 여러분이 미워하는 상사를 분노하면서 욕하게 될 때 '나'라는 존재는 상사를 '너'가 아닌 '그것'으로 생각하면서 말하게 된다는 의미이다. 내가 미워하는 상사는 내 머릿속에서 공감적 리더가 아닌 비인격적인 리더로서 자리 잡고 있는 것이다.

<공감리더십은 모든 이기주의에서 벗어나 있다>

조직 내 공감적 리더는 부하 직원들을 대할 때 '그것'이 아닌 '너' 또는 '당신'으로 대하면서 인격적이고, 수평적인 관계를 유지해 나가게 된다. 이렇게 공감적 리더가 존재하는 시대를 필자는 철학의 시대라고 표현하고 싶다. 철학의 시대는 신화의 시대와는 다르게 작가가 자신의 작품에 싸인을 하면서 자신의 이름을 드러내게 되고, 타인을 부를 때 어이, 김씨, 고씨 이렇게 부르지 않고, 그 사람의 이름을 부르면서 공감적 리더와 부하직원이 동일시(identification)되는 현상을 보이게 된다.

대화의 철학자 이자 인격의 철학자인 마틴부버는 아마도 '나와 너'라는 책을 써내려가면서 조직 내에서는 공감적 리더의 출현을, 우리 사회에서는 공감적 관계의 형성을, 정치 질서에는 공감적 패러다임의 출현을 꿈꾸었을 것이다. 그의 노력과 헌신 덕분에 마틴 부버의 짤막한 '나와 너'의 책은 경영학 분야에서 관계마케팅을 탄생시켰고, 의학 분야에서는 인격의학을, 그리고 조직학 분야에서는 수평적 조직을 탄생시켰으며 리더십 분야에서는 공감 리더십을 선보이게 하는데, 큰 공헌을 하였다.

아래 글은 필자가 20대 대학생 때 생명에 관한 수필을 써 내려가면서 모아두었던 글 중의 일부분이다. 리더가 공감리더십을 구성원들에게 보여준다는 것은 생명의 소중함을 인식한다는 의미일 것이다.

생명(life)은 귀한 것입니다.
다이아몬드(diamond)처럼 변하지 않기 때문이 아니라
작은 새처럼 연약하기 때문입니다.
생명을 사랑한다는 것은 생명의 연약함을 사랑함을 뜻합니다.
그 생명은 돌보아 주기를 원하고 주의를 기울여 줄 것을 바라며
지도해주며 그리고 지지해 주기를 바랍니다.
생명의 소중함을 알고 관심을 기울이기 시작할 때
우리는 '생명을 살리기 위한 치열한 몸짓을 시작' 할 것입니다.
그러면 생명을 위한 그 치열한 몸부림. 그 힘(power)은 어디에서 오는 것일까요?

1.4. 에너지를 발산하는 공감

공감리더십 저서에 등장하는 공감의 개념은 미국 미시건 대학의 긍정조직학파(POS)들이 저술한 『긍정조직학』[25]에 등장하는 공감이다. 즉, 본서의 앞부분에서도 계속해서 독자여러분들께 말씀드렸듯이 공감은 타인의 고통에 시간적, 정신적, 물질적인 돌봄의 행위로 반응하는 감정이다. 이들 긍정조직학파들은 긍정심리학에 기반하여 조직학을 연구해 오기 시작하였는데, 독자여러분들의 이해를 돕기 위하여 우선적으로 『긍정심리학』[26]에 나타난 공감에 대해 살펴보도록 하겠다.

미국 심리학회 회장을 지냈고, 긍정심리학을 창시한 마틴 셀리그만(Martin E. Seligman, 1942~) 교수의 『긍정심리학』에서는 두 수녀에 대한 비교부터 시작되는데, 세실리아 수녀와 마거리트 수녀의 수명을 비교하는 것이다. 수녀라는 삶은 매우 규칙적이고, 단조로우며, 모든 조건이 동일하다. 수녀들은 규칙적인 생활을 하고, 술 담배도 하지 않고, 결혼도 하지 않고, 아이를 낳은 적이 없는 성직자이다. 사회경제적 지위도 동일하고, 수녀들 모두

---

25) Cameron, K. & Dutton, J. (Eds.). (2003). Positive organizational scholarship: Foundations of a new discipline. Berrett-Koehler Publishers.
26) Seligman, M. E. (2004). Authentic happiness: Using the new positive psychology to realize your potential for lasting fulfillment. Simon and Schuster.

수도회 소속으로서 동일하게 훌륭한 의료 혜택을 누리고 있다. 수녀들처럼 외부 조건이 동일한 집단이 또 있을까? 수도회 소속인 수녀들에게 있어서 외부 조건들은 수녀의 삶에 거의 영향을 미치지 않는다. 그럼에도 불구하고, 수녀들 개개인의 수명과 건강 문제에 있어서는 개인차가 발생한다. 다시 말하면 수녀들의 외부조건은 동일하지만 내부조건이 각각에 미치는 영향 때문에 수녀들의 수명이 차이가 난다는 것이다.

필자가 30대 시절 국내 신학대학원에서 가톨릭 신학을 전공한 때가 있었다. 그때 필자는 여러 수녀님들과 함께 대학원 공부를 하면서 소속된 수도회에서 일어나는 일들과 여러 에피소드를 접하면서 참으로 흥미 있는 대화를 했던 기억이 난다. 수녀님들은 복장도 비슷하고, 화장도 안하며[27], 수도회에서 필요한 용돈을 받아서 생활하는 것도 동일하다. 하지만 수녀님들 중 어떤 분은 종신서언까지 가면서 평생을 성직자로 살아가는 분이 있는 반면 어떤 분은 여러 가지 이유로 종신서언을 하지 않고, 수녀복을 벗는 분도 있다. 왜일까? 외부조건이 모두 동일하다고 하면 내적인 부분에서 차이가 있기 때문에 성직생활의 지속여부에 차이가 있는 것이 아닐까?

1-4. 쉬어가는 이야기: 신의 목소리를 품은 여인, 피티아

그리스의 태양이 부드럽게 산자락을 어루만지던 어느 날, 델포이의 신전에는 한 여인이 조용히 앉아 있었다. 그녀는 더 이상 평범한 인간이 아니었다. 그녀의 이름은 피티아. 아폴론의 신탁을 전하는 여사제였다. 신전 깊숙한 곳, 지하의 균열 틈새로부터 올라오는 기묘한 연기 속에서 그녀는 무아의 상태에 들어간다. 사람들은 그녀의 입을 통해 신의 뜻이 흘러나온다고 믿었다. 어떤 이들은 전쟁을 앞두고 찾아왔고, 또 어떤 이들은 가족의 병을, 사랑의 갈피를 묻기 위해 먼 길을 달려왔다. 하지만 사람들은 알지 못했다. 그 신탁이 단순한 신의 음성만이 아니라, 피티아의 공감에서 비롯된 것이라는 사실을. 신의 언어는 늘 난해했고, 모호했다. 그러나 그녀는 사람들의 눈빛에서, 목소리의 떨림에서, 절망의 숨결에서 그들의 진짜 질문을 읽어내곤 했다. 신의 메시지를 받아들인 그녀는, 그것을 가장 인간적인 방식으로 풀어내었다. 누구보다 인간의 고통에 가까웠고, 그래서 누구보다 신의 음성을 따뜻하게 바꿀 수 있었던 사람이었다.

피티아의 신탁은 늘 비유로 가득했지만, 그 속엔 사람들의 눈물을 닦아주는 한 줄

---

27) 사복수녀님들은 화장을 하는 경우도 종종 있다.

기 온기가 있었다. 그녀는 단순히 미래를 예언하는 자가 아니었다. 그녀는 누군가의 삶에 작은 희망의 불씨를 건네는 이, 신과 인간 사이를 잇는 가장 공감적인 리더였다. 델포이 신전의 차가운 돌기둥 사이를 스치는 바람은, 오늘도 그녀의 속삭임을 기억하고 있다.

"신의 음성은 때로, 가장 인간적인 마음에서 울려 퍼진다."

필자는 대학원 시절 수녀님들과 대화를 하면서 이러한 부분에서의 차이는 자신이 속한 수도회 내에서의 공감적 행위를 얼마나 주고받는지에 따라 다르다고 생각했다. 하나님께 부르심(calling)을 받아 서언을 한 후 수녀가 된 이후에도 자신이 속한 수도회 공동체에서 지속적인 공감적 행위를 주고받는 수녀님들은 하나님의 부르심에 정직히 응하면서 끝까지 성직의 길을 가는 것이 즐겁게 느껴질 것이다. 하지만 비록 하나님의 부르심을 받고, 성직자가 되기 위해 수도회에 들어간 이후에 공감적 돌봄의 행위를 받지 못한다면 이분들이 걸어가는 그 길은 고난과 가시밭길이며, 기쁨이 없는 후회와 번민의 길이 될 것이다. 이러한 측면에서 수녀님들에게 접하는 외부조건은 동일할지라도 공감적 행위와 같은 내부조건이 동일하지 않기 때문에 각자의 수녀님들이 느끼는 행복감은 다를 것이다.

또한 수녀님들뿐만 아니라 대부분의 성직자들은 공감적 에너지를 외부로 발산하면서 평생을 살아간다. 즉, 상처받고 어려움과 고통에 처한 사람들을 외면하지 않고, 이들에게 늘 공감적 행위를 베푸는 삶이 성직자의 사명이자 삶이기 때문에 공감적 에너지를 받는 것이 아니라 대부분 외부로 발산하게 된다. 그러다보니 이분들은 때때로 공감고갈(compassion fatigue)을 경험하면서 힘들어하는 경우도 종종 있게 된다.

여러분들이 사랑을 주기만 하고, 받지를 못하면 어떠한 현상이 일어날까? 부모님의 사랑이 헌신적인 퍼주는 사랑이라고 하지만 나이가 들수록 자식들에게서 사랑과 돌봄을 받지 않는가? 공감과 사랑의 행위는 서로 주고받는 관계일 때 건강하다고 생각한다.[28]

공감적 리더가 공감리더십을 조직 내에서 실천하면서 아침부터 퇴근할 때까지 공감적 돌봄의 행위를 부하직원들에게 제공하며 정작 자신의 아픔과 고통을 치유 받지 못한다면 결국 리더는 탈진과 공감고갈을 경험하지 않을까? 독자여러분들도 공감 에너지를 외부로 발산만 했을 때 자신의 내면상태를 경험해 보았을 것이다.

---

28) 박성희 외(2017). 『공감정복 6단계』. 서울 : 학지사.

긍정심리학의 저자 마틴셀리그만 교수는 행복에도 공식이 있다고 설명하고 있다. 행복은 'H = S + C + V'로 표현되는데, H는 영속적인 행복의 수준이다. S는 이미 태어날 때부터 설정 된 행복의 범위이고, C는 행복에 영향을 미치는 외적 환경이다. V는 개인이 통제할 수 있는 내적 환경 즉, 만족감이나 기쁨과 슬픔 같은 감정까지 포함한다. 이렇게 행복(H)은 이미 설정된 행복의 범위(S), 외적 환경(C), 내적 환경(V)의 결합으로 이루어지는데, 흥미로운 것은 '이미 설정 된 행복의 범위'를 가지고는 행복지수를 크게 향상시킬 수 있는 방법이 전혀 없으며, 외적 환경의 영향으로 행복지수를 향상 시킬 수 있는 것도 겨우 8%에 불과하다는 것이다. 따라서 결국 행복지수에 크게 영향을 미치는 것은 92%를 차지하는 내적 환경에 달려 있다는 결론이 나온다.

물론 필자 역시 마틴셀리그만 교수의 견해에 동의를 하면서도 대학교 강의시간에 긍정심리학에 대한 강의를 하면서 학생들에게 질문하였던 적이 있다.

"정말로 여러분들은 외적환경보다도 내적인 환경과 만족감에 의해 더욱 행복감이 상승하게 되나요?

학생들의 대답은 다음과 같았다.

"교수님. 저의 경우는 내적만족감 보다도 현재 월50만원의 용돈을 정기적으로 누군가로부터 받게 된다면 정말 행복할 것 같아요."

다수의 학생들에게 질문을 한 것은 아니었지만 상당수의 학생들이 과연 내적만족감이 외적환경보다 더 큰 행복감을 가져다줄까? 의아해하는 눈치였다. 어찌되었든 간에 긍정심리학의 창시자 마틴셀리그만 교수의 연구와 견해에 의하면 이미 설정된 행복의 범위 또는 외적환경 보다도 내적 환경과 내적만족감이 끊임없는 상승곡선을 그리면서 유한이 아닌 무한대의 행복감을 가져다준다는 것이다.

이러한 이유에서 공감리더십을 발휘하는 공감리더들은 비록 자신의 에너지를 매일매일 일터에서 발산하게 되더라도 기쁨과 평안한 마음을 갖게 되고, 수치로 측정할 수 없는 만족감을 얻게 되는 것이다. 필자는 대학교 졸업 후 20년 이상을 학위과정을 해 오면서 기쁜 마음으로 한 해 한 해 석·박사 과정을 수행해 나갔지만 때로는 지치고, 절망스러운 날도 있었다. 가장 힘들었던 순간은 그 다음날이 종합시험 치루는 날이고, 중요한 논문발표를 하는 날임에도 불구하고 학비와 생활비를 벌기 위하여 강의 수강 후 학원 강의와 과외아르바이트를 하러 갈 때면 발걸음이 떨어지질 않았다.

"이 시간에 다른 사람들은 시험공부를 하고 있고, 세미나 준비를 하고 있을 텐데... 내가 지금 여기서 무엇을 하고 있는 걸까"

학원 강의와 과외수업을 다 마치고, 집에 오는 길에 잠시 헬스장에서 40분정도 하루의 피곤을 운동으로 해소한 후 집에 도착하면 새벽1시가 되는 경우가 다반사였다. 그리고 또 새벽에 일어나서 학교 도서관으로 향하여 대학원 수업을 준비하고, 마친 후에 다시 학원 강의와 과외수업, 운동 후 집. 이렇게 로봇과 다람쥐 쳇바퀴 돌아가는 생활을 15년 남짓하게 되니 목표로 했던 모든 학위과정을 마무리하게 되었다. 긴 터널의 끝이 보이지 않는 학위과정 기간이었고, 자신이 목표로 한 비전과 사명이 있었기에 묵묵히 매일매일 한 걸음씩 걸어 나갔지만 가끔 일어나기에도 힘들만큼 절망스러웠을 때는 나카타니 아키히로 일본작가가 쓴 책[29]의 글귀를 읽으면서 힘을 얻곤 하였다.

책에서 저자는 아무도 알아주지 않고, 아무도 관심을 갖지 않으며, 아무도 칭찬해주지 않지만 자신이 이루고 싶은 비전 즉, 평생을 투자해서도 이룰 수 없는 일을 찾게 된다면 그 비전에 혼신의 힘을 다하라고 말한다. 필자가 나름대로 평생에 걸쳐서 공부해야 할 비전을 설정해 놓고, 현재까지 살아오면서 "평생을 투자해서도 이룰 수 없는 꿈"을 발견한 것에 대해 혼자 기뻐하고 또 기뻐하였다.

비록 학창시절 학위과정을 오랜 시간 지속하면서 외적환경이 필자에게 큰 도움을 주지 못하는 상화이었지만 평생을 노력하고, 투자해도 이루지 못하는 꿈, 그리고 아무도

<평생을 투자해도 이룰 수 없는 꿈>[30]

가지 않으려고 하는 그 길을 내가 가고 있다는 내적만족감과 희열이 고독과 애정결핍을 견딜 수 있는 원동력이 되었다고 생각한다. 이러한 측면에서 필자는 마틴셀리그만 교수

---

29) 나카타니 아키히로(2011).『20대에 하지 않으면 안 될 50가지』, 이선희 옮김. 서울 : 바움.

30) 필자가 대학 연구실을 나오면서 찍은 사진. 이날 경기도에는 어마어마한 폭설이 내렸었다. 365일 중 360일 남짓 연구실에서 밤12시까지 연구와 공부에 몰입을 하는 이유는 평생을 투자해도 이룰 수 없는 꿈을 위해서다. 자신이 원하는 일을 하면서 매일 매일을 살아간다는 것은 기쁨이자 축복이다.

가 긍정심리학에서 언급했던 행복의 공식에 어느 정도 동의를 하고 있다.

앞부분에서 수녀님들의 예를 들었듯이 이분들이 비록 하나님의 부르심을 받아서 성직의 길을 묵묵히 걸어갈지라도 소속된 공동체 내에서 내적인 만족감을 주는 서로간의 공감적 행위가 없다면 행복지수는 향상이 안 될 것이다. 마틴셀리그만 교수가 제시한 행복공식에 의하면 수녀님들은 이미 설정된 행복의 범위와 외적환경이 어느 정도 모두 동일하기 때문에 내적인 만족감이 행복지수에 영향을 미칠 수 있다. 수녀회 역시 구성원들이 모인 공동체이면서 조직이고, 원장수녀도 있고, 선배 후배 수녀도 있다. 따라서 이러한 공동체 조직 내에서 모든 수녀님들이 공감적 리더십을 경험하고, 각자의 고통에 반응하는 공감적 행위를 주고받게 된다면 내적만족감은 향상되면서 행복지수 역시 올라가게 될 것이다.

특히나 성직자 그룹은 공감적 에너지를 고통에 처한 사람들에게 발산하는 역할을 하고, 정작 자신들은 공감피로(compassion fatigue)를 호소하는 경우가 대부분이기 때문에 수녀님들이 모인 수녀회, 수사들이 모인 수도원, 스님들이 모인 사찰 등의 공동체 내에서 서로간의 고통에 반응하는 공감리더십과 공감적 행위가 없이는 이들의 내적만족감은 향상되기 힘들 것이다.

1.5. 긍정적 조직 만들기의 원천인 공감

필자는 경영학 인사조직 전공자로서 특히 긍정조직학을 주전공으로 지금까지 꾸준히 연구 활동을 해오고 있다. 공감리더십 역시 긍정조직학파들이 연구해 온 컴페션을 기반으로 한 리더십이므로 본서에서는 긍정조직학에서의 공감 부분을 비중 있게 다루고자 한다.

긍정조직학[31]은 조직과 조직 내 구성원들에게서 나타나는 긍정적 성과물이나 긍정적 정서가 전개되는 과정 및 개개인의 조직 구성원들의 긍정적 특성들을 연구하는데 주로 관심을 갖는 학문이고, 미국의 미시건 학파들을 중심으로 현재까지 꾸준히 연구 활동을 해오고 있다. 긍정조직학은 개인(individual level), 팀(team level), 조직(organizational level)성

---

31) 로버트 퀸·킴 카메론·제인 듀톤(2009). 『긍정조직학 POS』, 박래효 옮김. 서울: POS북스.

과의 우수성, 구성원과 조직의 번영, 조직의 성장, 조직 구성원들의 풍요로움, 공감을 통한 구성원들의 회복력, 미덕과 덕행 등과 같은 화두를 가지고 어떻게 하면 조직 구성원과 조직을 더 긍정적으로 회복시킬 수 있는지에 초점을 둔다(이성화, 고성훈, 문태원, 2016).

다시 쉽게 말하자면 긍정조직학은 조직 구성원들과 조직을 긍정적으로 만들기 위하여 긍정적 현상을 가능하게 하는 가능요인(과정, 능력, 구조, 방법)들을 연구해오고 있고, 긍정적 현상을 가능하게 하는 동기들 즉, 공감, 이타심, 이타주의, 자기 이익을 생각하지 않는 헌신 등에 관심을 가지면서 그에 따른 결과물과 성과들에 관심을 갖고 있다(이승윤, 고성훈, 2017). 긍정조직학은 사회과학의 한 분야인 경영학의 분과이기 때문에 구성원들과 조직이 긍정조직화가 되었을 경우 과연 성과(performance)향상이 나타나는지에 관심을 갖는다. 인문학과 경영학의 가장 큰 차이점은 바로 성과를 창출하느냐 그렇지 않느냐하는 것이기 때문에 긍정조직학 역시 성과향상에 관심을 갖는 것이다. 이와 같은 긍정적 현상들은 긍정, 조직, 학문 3가지 개념으로 살펴볼 수 있을 것이다.

1-5. 쉬어가는 이야기: 너는 가능성(Moglichkeit)이다 너는 희망(hoffnung)이다

젊음은 가능성(可能性)입니다.

가능성은 예측 할 수 없는 미래를 두려워하지 않고 무언가를 꿈꾸는 잠재력이라고 저는 늘 생각해 왔었습니다. 인간은 꿈꾸는 자가 될 때 자신이 살아있음을 느끼게 됩니다. 살아있는 생명이라 함은 곧 비전(vision)을 가슴에 꼭 품고 살아가는 사람을 의미하겠지요. 이러한 의미에서 영국의 존 스토트(John Stott) '비전은 현재적 불만으로부터 시작된다'라고 말하곤 했습니다. 그러나 젊음은 시간 속의 젊음이 되어서는 안됩니다. 철학자 하이데거의 지적대로 존재하지 않는 단어 현재. 바로 '현재'라는 시간의 물결 속에 지금 이 순간 넘실넘실 떠 다니는 '설레임' 이어야만 합니다. 젊음의 가능성은 시간과는 무관하게 순간순간 내면적인 혁명을 경험할 때 자신의 존재가 순간순간 흔들림을 당할 때 그 참다운 빛을 발할 수 있다고 저는 생각합니다.

뿌리를 하늘로 향한 풍란(風蘭)

조그만 땅부스러기만 있으면 살아남을 수 있는 열대성 식물 풍란은 자신에게 그 면적마저 허락되지 않자 거대한 나무줄기를 타고 기어올라가기 시작했습니다. 갖은 고생 끝에 그 거목의 꼭대기까지 기어 올라간 풍란은 이번에는 하늘을 향해 기어 올라가기 시작했습니다. 하늘을 향해 뿌리를 뻗치고 구름 속에서 양분을 빨아 들여서 풍란은 세상에 다시없는 희한한 꽃을 피울 수 있었던 것입니다. 가능성의 손잡이는 미래에 대한 문을 활짝 열수 있는 힘을 가진 동시에 반드시 고통(suffering)을 동반하기 마련입니다. 풍란이 지금까지 볼 수 없었던 '창조적인 꽃'을 피우기 위해 거목을 기어올라가야 하는 수고를 감내해야만 했습니다. 이렇듯 가능성은 또 다른 고통의 선택을 의미하곤 합니다. 가능성과 희망이 내 안에 살아 있을 때 우리는 무엇과의 만남을 기대합니다. 저는 조직 내 리더들이 공감리더십을 실천하기를 기대하고 있고, 혼기를 눈앞에 둔 여성은 진실 되게 사랑할 수 있는 대상과의 만남을 희망하며, 아나키스트들은 현존하는 질서에 반기를 들고 무정부주의(anarchism)를 꿈꾸고 있을 것입니다. 현재적 불만으로부터 시작된 자신의 비전은 고통의 과정을 거쳐 풍란처럼 창조적 꽃을 피우게 되지만 이 꽃 역시 완전한 아름다움을 지닌 꽃은 될 수가 없습니다.

　가능성과 희망은 우리의 가슴에 활활 불을 지피우고 두 눈을 저 먼 곳을 향하게 하는 무엇이지만 '완벽과 완전'이라는 먼 미래를 생각하게 할 때면 "거기까지야! 너의 상상의 날개는 그 지점에서 그만 접어야 해" 라는 씁쓸한 수호천사의 소리를 듣게 됩니다.

　우리에게 아직 꿈이 있는가?

　그렇다면 매일같이 꿈꾸는 자가 되자.

　나에게 아직도 가능성이 남아있는가?

　그렇다면 사랑할 것을 혼신의 힘을 다해 진정으로 사랑하도록 하자.

　그렇지만 '가능성의 시작은 완전함의 한계를 반드시 동반한다'라는 냉철한 이성을 잃어버리지는 말자.

1.5.1. 공감을 통한 긍정성

　긍정조직학은 조직구성원과 조직의 긍정적인 상태라는 것이 과연 무엇을 의미하는지 이해하고자 하며 아울러 그러한 긍정적 상태가 개인과 조직에게 어떤 역동성을 가지고 있고, 그에 따른 성과(output = performance)들이 어떻게 나타나는지를 알고자 한다. 예를 들면 공감리더십 책을 읽는 독자 여러분들이 속한 조직 내에서 여러분들이 상사 또는 동료, 부하 직원들에게서 공감적 행위를 경험하였다고 한다면 여러분의 심리 상태가 긍정적인 상태가 될까요? 내가 고통에 처했을 때 시간적, 정신적, 물질적인 공감적 돌봄의 행위를 받았을 때 긍정적인 심리상태를 보이지 않는 사람은 드물 것이다. 이처럼 긍정조직학은 개인 또는 조직이 부정적 상태가 아닌 긍정적 상태가 되는 것이 관심을 기울이면서 공감(compassion), 감사(gratitude), 미덕(virtue), 용서(forgiveness)[32]등의 선한 인간의 감정들을 연구해가고 있다.

긍정조직학은 조직 구성원들이 공감적 돌봄의 행위 같은 감정을 주고받았을 경우 긍정적 심리상태가 되어 어떠한 탁월성을 보이는지 그러한 현상을 연구하며, 미덕과 같은 선한 행위를 어떠한 상황에서 베푸는지, 또한 회복력과 활력, 번영과 같은 긍정적 상태는 어떠한 때에 발생하게 되는지 긍정적 현상들을 집중적으로 다루고 있다.

1.5.2. 조직 내 공감

긍정조직학은 조직 내에서 발생하는 긍정적 과정과 긍정적 상태에 초점을 맞추고 있다. 긍정조직학은 조직이론 전체를 통해 긍정성의 발생, 원인, 결과를 설명하고 예측한다. 즉, 조직 내 구성원들이 공감 리더십을 경험했을 경우 이러한 공감리더십은 어떠한 원인에 의하여 발생이 되었는지 조직문화와 조직 전체의 시스템을 검토해 본 후 공감리더십을 통해 조직 구성원이 어떠한 긍정적인 성과를 산출해 내게 되는지에 관심을 갖는다.

긍정조직학은 조직 연구에서 통상적으로 소외시 되어 왔던 조직 구성원들의 긍정적 상태, 긍정적 과정 및 긍정적 관계를 보여주고자 시도한다. 예를 들어, 조직의 구조조정이 재무성과와는 어떤 관계를 갖는지 밝히고자하며 구조조정을 통해 감정고갈을 경험하는 구성원들이 공감을 경험했을 경우 어떠한 회복력을 보이게 되는지에 관한 긍정적 과정도 연구하게 된다. 또한 긍정조직학은 조직 내 공감적 행위와 미덕, 감사와 같은 행위들이 어떻게 구성원들의 소명의식(vocation)[33]을 자극하여 업무에 있어 의미성을 만들어 내는지를 보여주고 있다. 조직 내 구성원들이 업무에서 같은 성과를 창출해 낼 수 있지만 자신이 하는 업무에 소명의식을 갖고, 의미를 부여하는 정도는 제각각 다를 것이다.

32) Cameron, K. & Caza, A. (2002). Organizational and leadership virtues and the role of forgiveness. Journal of Leadership & Organizational Studies, 9(1), 33-48.
33) 원용일(2022). 『직장인이라면 다니엘처럼』, 서울: 브니엘 출판사.

1.5.3. 학문속의 공감

긍정조직학은 기존의 조직학 관련 책과는 다르게 긍정적인 현상에 대해 보다 엄격하고 체계적이며 이론에 기반한 토대를 마련하는데 목적을 가지고 있다. 긍정조직학은 긍정조직화와 구성원들의 성과 창출에 대한 대안과 그 대안으로서 근거를 실증적(양적, 정량적) 또는 질적(정성적) 연구를 통한 사회과학적 방법론에 기반을 두고 있다. 단순히 긍정조직학파의 저자들이 자신의 목소리만을 내는 것이 아니라 철저히 선행연구와 사회과학적 방법론에 기반하여 학문 속에서의 긍정조직학, 학문 속에서의 공감, 학문 속에서의 긍정적 조직화를 연구해 나가고 있는 것이다.

긍정조직학과 관련된 분야들은 긍정심리학, 조직개발과 강점탐구, 친사회적 행동과 조직시민행동(OCB), 기업의 사회적 책임(CSR)등이다.

첫째, 긍정심리학은 앞에서도 잠시 언급했듯이 긍정조직학의 기반이 되는 학문이 된다. 1998년 미국 심리학회 회장이었던 마틴 셀리그만이 긍정심리학이라는 분야를 개척하였고, 기존의 심리학과는 다른 관점에서 부정적 정서를 바라보고 있다. 즉, 기존의 심리학이 부정적 정서를 없애는 쪽에 초점이 맞춰져 있었다면 긍정심리학은 이와는 다르게 긍정적 정서를 강화시켜서 그 사람이 지니고 있는 강점을 개발시키려고 노력한다. 긍정심리학은 인간은 원래 연약하고 불완전한 존재라는 전제하에 인간의 삶에서 개인의 강점들을 최상의 상태로 만드는 것과 긍정적 경험, 긍정적 개인 특질, 긍정적 집단에 관심을 가지면서 조직 내 구성원들이 지닌 강점들을 최대한 개발시켜서 약점들을 보완해 나가려고 시도한다.

만약 당신이 조직의 리더로서 여러모로 리더십에 많은 약점을 지니고 있을지라도 구성원들이 어려움에 처했을 때 고통에 반응할 수 있는 공감리더십은 어떠한 방식으로든 실천할 수 있을 않을까? 공감리더십은 리더가 마음만 먹는다면 부하직원에게 시간적, 정신적, 물질적인 공감적 돌봄의 행위[34]를 얼마든지 실천할 수 있는 리더십이다. 이와 같이 당신이 조직 내에서 공감리더십을 실천함으로 인하여 당신이 지니고 있는 리더십의 약점이 보완되어지고, 당신의 강점은 개발되어 간다는 것이 긍정심리학의 관심사이다.

둘째, 조직 개발과 강점 탐구는 긍정조직학에서 중요하게 다루는 분야이다. 조직 개발은 개인수준(individual level)이 아닌 조직 수준(organizational level)에서 조직의 기능, 특히

---

34) Dutton, J. E., Worline, M. C., Frost, P. J. & Lilius, J. (2006). Explaining compassion organizing. Administrative science quarterly, 51(1), 59-96.

조직 내 구성원들의 내적 특징들을 긍정적으로 변화시키고 개발하여 향상시키는 일련의 기법과 전략들을 활용한다. 개인수준에서 구성원들이 공감적 행위를 주고받았을 때 조직문화는 공감적 조직문화로 점점 변화되어 갈 것이다. 공감과 관련된 선행연구[35]에서는 공감적 돌봄의 행위를 경험하는 구성원들은 자신이 경험하는 공감적 행위를 회사 내에서 여러 사원들에게 입소문처럼 퍼트리면서 공감적 조직문화 형성에 긍정적인 영향을 미친다고 말한다. 정말 그렇지 않을까요? 만약 독자 여러분께서 야근으로 지쳐서 잠시 잠이 든 순간에 동료 직원이 따뜻한 커피와 샌드위치를 책상위에 올려놓으면서 '당신의 시간이 헛되지 않습니다'라는 메모를 남겨 놓았다면 이를 경험한 여러분은 그 다음날 여러 사람에게 이것을 소문내지 않을까요?

긍정조직학에서 장점 탐구란 구성원들의 장점과 강점을 개발하여 인적자원개발에 활용하는 것이다. 기존 인적자원개발(HRD)이 조직 구성원들의 약점을 보완하여 인력을 활용하려고 했다면 긍정조직학에서의 인적자원개발은 조직 구성원들의 강점과 장점을 개발하여 조직의 성과향상을 위한 인력을 활용하는 측면이 강하다.

셋째, 친 사회적 행동과 조직 시민행동은 조직이 긍정적 조직화가 되었을 때 나타나는 일종의 결과물일 수가 있다. 친 사회적 행동이란 내가 누군가에게 도움을 주거나 이익을 주는 선한 행동을 의미한다. 이러한 친 사회적 행동들은 의무감에서 하는 행동이 아니라 그 어떠한 보상도 바라지 않고 행하는 행동이라는 점에서 선한 행동이라고 할 수 있다. 긍정조직학을 연구해 온 미국 미시건 대학의 더튼 교수는 공감과 관련 된 논문[36]들을 작성하면서 구성원들이 공감을 받았을 때 자신이 받은 공감적 돌봄의 행위들에 감사하여 다른 사람에게 역시 공감적 행위를 베풀면서 조직은 점점 긍정적 조직으로 변화되어 간다고 말하고 있다.

아무런 대가와 아무런 보상도 바라지 않고 타인과 조직, 더 나아가 국가를 위해서 무언가를 할 수 있을까? 필자는 어떠한 보상도 바라지 않고, 자신의 이기심을 떠나 이타적으로 행동한 사람을 생각할 때 늘 그렇듯이 장 지오노의 소설[37]에 등장하는 주인공을 떠올리곤 한다. 소설 속의 주인공은 어떠한 보상도 바라지 않고, 일관된 행동으로 묵묵히

35) Weiss, H. M. & Cropanzano, R. (1996). Affective events theory. In B. Staw & L. L. Cummings (Eds.). Research in organizational behavior. Greenwich, CT: JAI.

36) Kanov, J. M., Maitlis, S., Worline, M. C., Dutton, J. E., Frost, P. J. & Lilius, J. M. (2004). Compassion in organizational life. American Behavioral Scientist, 47(6), 808-827.

37) 장지오노(2005). 『나무를 심은 사람』, 김경은 옮김. 서울: 두레.

나무를 심어나간다. 어느 해인가는 침묵 속에 나무를 심는 일을 계속해 나가면서 말하는 것을 잃어버리기 까지 했다고 한다. 소설 속 주인공의 행동이 더 없이 고결하고, 온갖 이기주의에서 벗어나 있고, 그의 행동이 세상 속에서 뚜렷한 흔적을 남긴 것이 분명하다고 하면 우리는 잊을 수 없는 인격과 마주대하는 셈이 된다.

<세상에 뚜렷한 흔적을 남긴 인격>[38]

넷째, 긍정조직학 연구자들은 공감과 기업의 사회적 책임(CSR)은 깊은 상관관계를 가진다고 말한다. 예를 들면 조직 내 구성원들은 자신이 속한 기업이 사회적 책임을 감당하면서 사회에 선한 행위들을 할 때 자신 역시 조직 내에서 누군가에 공감적 행위를 하려고 하는 컴페션이 발생하게 될 것이다[39]. 즉, 기업의 사회적 책임을 인식하는 구성원들은 조직 내에서 공감적 돌봄의 행위를 보이기 때문에 이들의 성과는 더 향상될 수 있다는 연구결과[40]가 존재한다. 공감적 리더가 있는 조직이 기업의 사회적 책임을 위하여 더 많은 예산을 편성하게 된다면 구성원들은 CSR활동에 정기적으로 참여를 하게 되고, 그 결과 조직 내 구성원들의 공감적 행위가 향상되기 때문에 공감의 조직문화가 이루어지게 될 것이다.

---

38) 필자는 세상에 뚜렷한 흔적을 남기고 싶어서 현재까지 열심히 학위과정을 공부하면서 살아왔다. 역사 속 공감적 리더들은 세상을 선한 방향으로 변화시킨 고결한 인격의 소유자들이었다.

39) 고성훈·문태원(2013). 기업의 사회적 책임활동 인식이 조직몰입에 미치는 영향에 관한 연구: 컴페션을 매개효과로. 경영과 정보연구, 32(3), 189-220.

40) Hur, W. M., Moon, T. W. & Ko, S. H. (2018). How employees' perceptions of CSR increase employee creativity: Mediating mechanisms of compassion at work and intrinsic motivation. Journal of Business Ethics, 153(3), 629-644.

긍정조직학은 조직을 새로운 관점에서 바라보게 한다. 기존의 네트워크 연구와 사회적 자본에 대한 연구들에서 더 나아가 활력을 주는 생산적 관계에 대해 연구하는데 도움이 될 수 있으며, 조직의 적응문제를 다루는 전형적 연구들에서 더 나아가 재충전과 회복력에 대한 새로운 패턴을 제공한다. 앞에서도 밝혔듯이 긍정조직학은 조직구성원들에게 긍정적인 정서 형성을 위해 노력하고 있는데, 그 중에서 구성원들이 경험하는 공감적 돌봄의 행위는 이들에게 회복력과 재충전의 원동력이 된다. 또한 공감리더십을 보이는 상사는 구성원들과 수평적이면서 인격적인 관계를 유지하며 긍정적 조직화에 한걸음 더 나아갈 수 있을 것이다.

긍정 조직학은 긍정심리학으로부터의 교훈에 대해서도 기술하고 있다. 기존의 과학적 심리학은 병리적 측면에만 관심을 두었고, 부정적 정서를 없애고 치유하는데 관심을 기울이느라 인간의 삶을 긍정적으로 만드는 연구에는 소홀한 면이 있었다. 그동안 좋은 삶은 어떠한 삶인가에 대해 언급할 때 대중 심리학자의 강연이나 웅변가, 그리고 이 분야에 경험이 없는 유명 인사의 말 그 이상을 벗어나지 못한 한계점을 지니고 있었다. 하지만 긍정심리학은 행복하고 풍요로운 삶을 위한 기존 접근방법을 바로잡고, 만연된 부정적 질병 모형에서 내세우는 역설들에 대해 이의를 제기하며 아래와 같은 교훈들을 제시하고 있다.

■ **메타-과학적 교훈(신규 학문 육성에 관한 교훈)**

1. **긍정사회과학은 일반 대중은 쉽게 받아들이지만, 학계에서는 잘 수용하지 않는다는 사실을 인식하자**

   보통 사람들은 긍정사회과학을 흥미롭게 생각하지만, 학계에서는 긍정사회과학에 대해 회의적이다. 긍정심리학이라는 새로운 용어를 사용하게 되면 많은 심리학자들에게 지금까지 자신들이 연구해왔던 것들을 부정하게 되어버리기 때문이다. 앞서 말한 것과 같이 긍정조직학은 기존의 연구들을 부정하는 것이 아니라 그동안 학문적 관심을 받지 못했던 긍정적 일탈 현상에 대해 관심을 불러일으키고자 하는 것이다.

2. **이 분야를 지지하는 하부 조직을 창조하자**

   긍정조직학 발전을 위해 그 활동을 지탱할 수 있는 적절한 기반을 다져야 한다.

3. **원로 리더들을 인정하자**

   원로 리더들은 새로운 학문을 정립하는데 매우 중요한 역할을 하는 사람들이다. 원로 리더들은 안정적인 지위를 바탕으로 학자들의 출판 기회, 자금조성 기회, 수업 기회를 만들 수 있기 때문이다.

4. 젊은 학자들을 인정하고 격려하자

긍정심리학의 경우, 젊은 긍정심리학자들을 인정하고 격려해온 결과 긍정심리학에 대한 관심이 높아졌다.

5. 확실한 연구 결과를 출간하자

애매모호한 처방책을 제시할 것이 아니라 구체적 연구결과를 내어야한다.

6. 나쁜 동료들을 경계하자

긍정사회과학은 다루는 현상에 대해 가능한 한 가장 객관적인 사실들을 제공하여야 한다. 즉, 과학적 도구에 의한 탐구를 강조하였다.

7. 엘리트주의를 경계하면서, 긍정사회과학을 보편화하자

긍정사회과학 분야는 단지 권위자에 의해 개척되는 것이 아니다. 열정적인 학자는 누구나 초대 받을 수 있다.

8. 지적 선구자들을 인정하되, 자신의 위치도 확고히 정하자

노자, 공자, 아리스토텔레스와 같은 선구자들의 사상을 부정하지말되 긍정사회과학의 새로운 분야를 개척하자

9. 긍정사회과학에 대한 영감에 따라 그 과학을 정의해줄 핵심작업인 이론 및 연구분야로 최대한 빨리 나아가라

10. 유니콘보다는 말을 연구하라

특별한 것을 찾으려고 하기보다는 일반적이고 보편적인 것에 초점을 두라는 것이다. 말발굽 소리를 들었다면, 환상적인 유니콘보다는 보통의 말들이 그런 소리를 냈을 가능성을 우선 생각해 보라는 것이다.

11. 연구와 실천이 가능한 자연스러운 곳을 발견하자

스포츠, 예술 공연, 우정과 로맨스, 학교, 직장 등 인간의 덕행이 이루어질 수 있는 가장 자연스런 곳을 찾아라.

12. 종단적 연구를 수행하고, 연구 참가자의 말을 경청하며, 또한 가능한 한 엄격한 측정 방식을 사용하라

종단적 연구란 일정기간에 걸쳐서 반복적으로 동일 연구대상에 대한 자료를 수집하는 연구설계이다.

13. 긍정적 독립변수와 긍정적 종속변수를 선택하라

무기력한 사람이 아닌, 자기비하를 하는 사람이 아닌, 긍정적 에너지를 가지고 있는 사람들과 조직을 대상으로 해야 한다.

이와 같이 마틴셀리그만이 창안한 긍정심리학이 긍정조직학의 이론적 기반이 되면서 일반 과학에 도전하는 새로운 영역을 어떻게 개척해 나가고, 육성해야 하는지에 대한 교훈을 얻을 수 있었다. 긍정심리학은 부정적 정서를 제거함으로 조직을 긍정적으로 만들어 나가는 것이 아니라 구성원들이 지니고 있는 긍정적 정서를 개발시키고, 강화시킴에 의해 긍정적 조직화를 만들어 나가게 된다. 이러한 맥락에서 공감리더십 역시 리더가 공감적 행위를 구성원들에게 제공하여 긍정적 조직문화에 일조를 하게 되고, 구성원들 각자는 공감을 주고받음으로 회복력과 긍정적 정서를 지니게 된다.

이글을 읽고 있는 독자 여러분들이나 저나 동일하게 고통없이 행복한 삶을 살기를 원한다. 그러나 직장 내 조직생활에는 피할 수 없는 스트레스와 고통이 얼마나 곳곳에 존재하고 있는지 여러분들은 경험을 통해서 너무도 잘 알고 있을 것이다. 미약하나마 긍정심리학에 기반한 긍정조직학은 공감적 돌봄의 행위와 공감리더십을 통해 조직을 긍정적으로 만들어 나가고, 지친 구성원들에게 정신적, 신체적 회복력을 제공하는데 일조하기 위해 꾸준히 이론적 기반을 다져나가고 있다.

1.5.4. VIA체계와 공감

긍정조직학에서는 미덕(virtue)과 조직에 대해서 설명하고 있다. 긍정조직학은 개인차원(individual level)과 조직차원(organizational level)을 나누어서 설명하는데, 독자들은 약간 어렵더라도 경영학적 측면에서 이러한 분류를 이해하는 것이 공감리더십 책을 읽어나가는데, 이해가 빠를 것이다. 개인 차원에서는 조직 구성원 개개인의 긍정적인 심리특질을 연구대상으로 하지만 조직차원에서는 개인이 아닌 조직의 문화 또는 조직의 성과 등을 연구대상으로 한다. 긍정조직학에서는 개인 차원에서 조직 구성원들의 긍정적인 심리 특질을 분류하고, 연구 결과들을 설명하고 있고, 조직차원에서 서로 다른 조직들을 대상으로 한 긍정적인 특질 내용을 조사하였다. 아래의 개인차원에서의 VIA체계 분류는 Perterson &

Seligman(2006)[41]이 개발한 행동 내의 가치 있는 강점들인데, 6개의 큰 범주 안에 24개의 항목들이 자리 잡고 있다. 쉽게 말하자면 조직 내에서 구성원들이 가치 있는 행동들을 했을 때 강점으로 드러날 수 있는 항목들을 24개로 정리한 것으로 이해하면 된다.

■ 개인 차원의 성격 강점-행동 내 가치(VIA: Values In Action)분류

VIA는 성격심리학적 접근이다. 성격은 안정적이고 일반적이지만 개인적 환경에 의해 형성되며 변화가 가능하다. VIA분류는 인간의 선함에 대한 철학적, 종교적 논의에서 일관되게 나타난 6개의 핵심 긍정적 특질이다.

1. 지혜와 지식

지식의 습득 및 사용과 관련된 인지적 강점

ex) 창의력/독창성/재능, 호기심/흥미, 판단/적극적인 열린 마음, 학구열, 관점

2. 용기

내·외부의 반대 앞에서도 목적 달성 의지를 발휘하는 정서적 강점

ex) 용감/용맹, 근면/인내/노력, 정도/정직/진실성, 활력/열정/열의

3. 사랑

애정있고 친절함을 포함하는 대인 관계 강점

ex) 친밀성/상호 애착, 친절/관대/배려/이타심/상냥함, 사회지능

4. 정의

건강한 공동체 생활의 기초가 되는 시민적 강점

ex) 시민의식/의무/충성/팀워크, 공정성/공평, 리더십

5. 절제

과도함을 억제할 수 있는 강점

ex) 용서/자비, 중용/겸손, 신중함/주의, 자제/자기통제

6. 초월

좀 더 큰 우주를 지향하면서 의미를 부여하는 강점

ex) 아름다움과 우수성 감식/인식/경탄, 감사, 희망/낙관주의, 즐거움/유머, 영성/신앙심/목적의식

---

41) Peterson, C. & Seligman, M. E. (2006). The values in action (VIA) classification of strengths. A life worth living: Contributions to positive psychology, 29-48.

위에 Perterson & Seligman(2006)이 제시한 24개의 항목들은 개인차원에서 가치있는 행동 요소들이 된다. VIA체계 다섯 번째 카테고리 안에는 용서의 항목이 있다. 조직 내 개인차원에서 구성원들이 서로 서로 업무적인 실수를 용서하거나 아니면 공감적 리더가 부하직원의 실수를 용서하면서 감싸주는 행위를 한다면 조직은 더욱 긍정적 조직문화로 변화되지 않을까?

그렇다면 이번에는 개인차원이 아닌 조직 차원에서의 미덕을 살펴보기로 하자. 조직 차원에서의 미덕이란 조직 문화의 한 부분으로써 그 조직의 도덕적 특성을 의미하는 것이다. 조직 차원의 미덕은 이익과 수익만을 위한 것이 아니라 조직의 도덕적 목적을 위한 것이다. 예를 들어, 학교는 학생들에게 헌신적인 여러 미덕적인 교사들을 고용할 수 있다. 그런데 만약, 어떠한 이유에서 그 교사들이 학교를 떠나게 되어서 그와 같은 헌신이 지속되지 못한다면 이 학교는 조직 차원의 미덕을 가지고 있다고 보기 힘들 것이다. 왜냐하면 조직차원에서의 미덕은 개인차원에서의 개개인 구성원들이 미덕적인 성향을 지니고 있을 때 가능하기 때문이다.

조직차원에서 미덕적인 조직을 만들기 위해서는 첫째, 좋은 사회가 만들어져야 한다. 고대 로마인들은 그래비타스(현실중시)와 베리타스(진리)와 같이 우리가 성격 강점이라고 부르는 개인적 덕목들을 인정했을 뿐만 아니라, 사회 전체를 특징짓는 자치도시 차원의 시민적 미덕 또한 인정하였다. 자치 도시인 로마에서 다루었던 공평, 행운, 정의, 인내, 섭리, 안전 등의 기타의 미덕들을 보면, 많은 부분이 뒤에 기술되는 좋은 조직의 특징과 중복된다. 아시아지역에서는 로마에서처럼 조직 차원의 미덕을 명확하게 적지는 않았지만, 기본적으로 사회 질서를 중시하였고 각자가 맡고 있는 역할을 강조하였다. 미덕을 지닌 사회는 좋은 사회로 평가되고, 고대에서부터 미덕에 대한 중시는 큰 비중을 차지했음을 볼 수 있다.

둘째, 긍정조직학은 조직 차원에서의 미덕적인 조직을 만들기 위해서는 좋은 일터가 되어야 한다고 강조한다. 우수한 조직들은 꼭 기업의 이익과 수익에만 관심을 갖지는 않는다. 좋은 직장은 몇 가지 조직 차원의 미덕을 지니고 있다. 뚜렷한 도덕적 목적이나 비전이 있고, 목적이나 비전이 그 조직에서 실제로 행동을 이끌 수 있어야 한다. 또한 도덕적인 조직은 조직구성원들을 공정하게 대우한다. 구성원들을 업무에 필요한 도구와 비인격적인 객체로 보지 않고, 인격적인 주체이자 독립적인 유기체로서 대우해 준다. 이는 조직 구성원들에게 자율권을 주는 것이고, 근로자들과 그 가족에게까지도 인격적이면서 인간적인 관심을 보이는 것이다.

셋째, 조직 차원에서의 미덕적인 조직을 만들기 위해서는 좋은 학교가 있어야 한다. 왜 좋은 학교가 필요할까? 좋은 학교에서 좋은 학생들과 우수한 학생들이 배출되고, 이들이 회사에 입사해서 미덕적인 조직을 만드는데, 기여하기 때문이다. 교육은 평생에 걸쳐서 이루어지는 산업이다. 학교에서 이루어지는 교육은 지금 여기에서뿐만 아니라 학생이 학교를 떠난 뒤에도 일생에 걸쳐 영향을 미친다는 것을 의미한다. 우수한 학교가 어떠한 학교인지를 논의할 때는 학생의 성취도에 대해서만 관심을 두기 보다는 학생들 개개인에 관심을 두어야 한다. 학교 내에서 학생들에게 공감교육을 강화시키고, 공감적 리더로 성장할 수 있도록 교육시킨다면 이들이 입사 후 조직 내에서 공감적 리더로서 역량을 발휘하는데 큰 어려움이 없을 것이다. 좋은 학교는 사명이나 비전이 뚜렷하고 학생 개개인에 관심을 기울이며, 그들의 노력과 발전에 대해 보상해주기를 아끼지 않는다.

결론적으로 좋은 조직들을 분석해보면 다섯 가지 공통점이 있었다. 목적(조직의 도덕적 목적에 대한 공유 비전으로서 기념 및 축하행사에 의해 강화되는 것), 안전(위협, 위험, 착취로부터의 보호), 공정성(보상 및 처벌 규칙과 이의 일관된 추진 수단들), 인간애(상호 배려와 관심), 존중(조직 내 모든 사람을 지위에 관계없이 개별적으로 대우)의 5가지 미덕을 지니고 있었다. 이러한 다섯 가지 미덕 중에서 인간애에 해당하는 공감을 조직 내에서 실천하고, 경험한다면 부하직원들은 상사로부터 공감 리더십을 기대할 수 있을 것이다. 공감적 돌봄의 행위와 공감리더십을 통해 조직은 긍정조직학에서 강조하는 긍정적 조직으로 하나씩 변모해 나갈 것이다.

다음으로 조직의 미덕과 성과에 대해 알아보도록 하자. 미덕이라는 용어는 '강점' 또는 '우수성'을 의미하는 라틴어인 virtus에 뿌리를 두고 있다. 플라톤과 아리스토텔레스는 미덕을 개인과 사회에 선을 만들어내려는 욕구와 행위라고 표현하였다. 최근 미덕은 인간의 조건 중 최상의 상태이며, 가장 고귀한 행위이자 결과요, 인류의 우수성과 본질, 인간이 가장 열망하는 것이라고 설명하고 있다. 조직 내에 존재하는 미덕이 성과와 어떤 관련성을 갖는지 알아보겠다. 왜냐하면 미덕은 미덕의 하위차원의 개념으로서 공감적 행위를 이해하기 위해서는 조직 내 미덕이 성과와 어떠한 연관성을 갖는지 알아야하기 때문이다.

1.5.5. 조직적 미덕과 공감

조직적 미덕이란 '전부 아니면 전무'상태를 의미하는 것이 아니다. 개인이나 조직은 덕을 완벽하게 갖추고 있지도 않고, 그렇다고 전혀 없는 것도 아니다. 조직의 미덕에 관한 3가지 핵심 특징은 인간에 대한 영향, 도덕적 선, 사회적 개선이라 할 수 있다.

첫째 미덕은 인간의 성장과 도덕적 품성과 관계되고, 인간의 강점, 자아 통제, 회복력과 관계되며, 인간의 의미 있는 목적, 초월적 원칙 등과 관계된다.

둘째, 미덕은 도덕적 선과 관련된다. 사랑, 지혜, 성취감처럼 본래가 좋은 것이며 그 자체가 바람직해야 한다. 옳지 못한 욕구나 행동은 미덕에 포함되지 않는다.

셋째, 미덕은 사회적 개선을 만드는 특징이 있다. 이는 단순한 자기중심적 이익을 넘어서서 행위자의 욕구 만족 수단 이상의 사회적 가치를 창출한다. 미덕은 그 자체가 보상이며, 외부의 인정, 혜택, 이권을 얻기 위한 것이 아니다. 보답을 바라면서 하는 용서나, 동정, 용기는 미덕이 아니다.[42] 미덕이 어떠한 대가나 보답을 바라면서 하는 행위가 아닌 것은 공감리더십과 일치한다. 공감리더십 역시 타인의 고통에 돌봄의 행위로서 시간적, 정신적, 물질적으로 반응하는 선한 행동이라는 측면에서는 미덕과 같은 성격을 지닌다. 기업의 사회적 책임(CSR) 또한 긍정적인 기업 명성을 획득하기 위한 것으로 보아 미덕으로 보지 않는다. 아래 <표 3>은 미덕과 유사한 다른 개념들 간의 차이를 나타내고 있다.

<표 3> 미덕과 유사한 개념

	유사개념	미덕
윤리	나의 의무는 무엇인가? 어떻게 해악을 피할 수 있나?	고귀할 수 있는 것이 무엇인가? 선을 어떻게 이룰 수 있나?
도덕	무엇이 옳은가? 무엇이 도덕인가?	무엇이 최선인가? 무엇이 명예스러운가?
가치	근본적 가정, 기대, 지향점은 무엇인가? 무엇이 규범이고 무엇이 거짓인가?	무엇이 선인가? 무엇이 생명력을 주는가?
효과성	목적 달성, 가치 창출, 성공적 수행이 가능한가? 우리는 성공적으로 경쟁하는가?	최선의 상태를 추구하고 있는가? 인간의 최고 잠재력이 발휘될 수 있도록 추구하는가?
핵심역량	우리의 일을 어떻게 성취하나? 다른 사람보다 훨씬 더 잘할 수 있나? 남과 다른 점은 무엇인가	우리의 목표에 심오한 목적이 있는가? 타인의 강점을 키울 수 있나?

---

42) 조승원 (2019). 경찰관들이 경험하는 컴페션 (Compassion) 과 미덕 (Virtue) 이 조직 동일시에 미치는 영향: 긍정적 감정의 매개효과와 집단적 자긍심의 조절효과. 디지털융복합연구, 17(5), 1-10.

사회적 책임	회사에 대해 기대하는 것은 무엇인가? 우리가 공헌한 것에서 어떤 이익을 얻을 수 있나?	선행이란 무엇인가? 타인의 성장을 어게 도울 수 있나?
시민의식	공정한 우리의 몫은 무엇인가? 우리는 어떻게 공동체에 되돌려줄 수 있나?	우리가 이룰 수 있는 최상의 상태는 무엇인가? 해야 할 옳은 일은 무엇인가?

　이익산출과 수익에 도움이 되지 못하는 미덕은 조직연구에서 별 이목을 끌지 못했다. 즉, 조직에서 미덕의 본래적인 선은 실용적 결과를 갖지 못할 경우 주목을 끌지 못할 가능성이 크다. 왜 그럴까? 미덕 역시 공감리더십과 마찬가지로 경영학 인사조직 분과에서 연구하는 주제이고, 경영학은 다른 학문과는 다르게 성과를 산출하는 것이 가장 큰 목적이기 때문이다. 그러므로 경영학 실증연구에서도 성과변수가 종속변수로 삽입되었을 때 좋은 연구로 평가받기도 한다. 하지만, 조직에서의 미덕이 긍정적 성과와 연결된다고 기대할만한 근거와 타당성은 여러 곳에서 나타나고 있다. 미덕이 개인의 성과와 긍정적 연관성을 갖는다는 것을 지지하는 많은 증거들이 긍정심리학 연구에서 나타나고 있고, 조직 차원에서의 미덕이 조직성과와 긍정적인 관련을 갖는다는 연구 역시 긍정조직학 연구에서 밝히고 있다.

　다음으로 미덕과 그 효과성에 대해 살펴보자. 덕행과 바람직한 개인성과 간에는 양의 상관관계가 있기 때문에, 조직 수준의 덕행에서도 긍정적 결과들이 도출될 수 있을 것이라는 가정을 할 수 있다. 덕행과 그 효과성은 인원 감축을 실시한 아래의 연구에서 찾아볼 수 있다.

- 연구1: 수많은 연구들에 의하면 인원 감축을 단행한 조직에서는 개인과 조직 차원에서 모두 부정적 현상이 공통적으로 일어난다고 본다. 하지만 덕행을 장려하고 베푸는 문화, 회사가 개개인을 동정하는 문화 등이 조성되면 구조 조정 후 남아 있는 직원들도 CEO를 이해하게 되고 신뢰하게 된다. 결국엔 조직의 덕행 강조 후, 조직의 재무적 성과가 올랐다는 연구이다.
- 연구2: 인원 감축을 하였는데도 불구하고, 덕행 점수가 높은 조직들은 높은 생산성, 높은 질적 성과, 낮은 종업원 이직률을 보였다.
- 연구3: 덕행 점수가 높은 조직들은 수익성이 좀 더 높게 나타났으며, 덕행은 인원 감축의 부정적인 효과를 완화시켰다.[43]

---

43) 로버트 퀸· 킴 카메론·제인 듀톤(2009). 『긍정조직학 POS』, 박래효 옮김. 서울: POS북스.

앞의 세 연구에서, 조직의 미덕은 인원 감축으로 생긴 조직의 부정적 효과를 완화하고 조직의 성과와도 긍정적 관련성을 갖는다는 점을 보여주고 있다. 미덕은 긍정적 결과를 촉진할 수 있는 증폭적 특성과 부정적 결과로부터 조직을 보호하는 완충적 특성을 갖는다.

미덕의 특성 중 증폭효과에 대해 살펴보자. 미덕은 특히 긍정적 정서, 사회적 자본, 친사회적 행동이라는 3가지 결과와 관계를 갖기 때문에 긍정적 효과를 증폭시키는 효과를 가진다. 첫째, 프레드릭슨, 셀리그만, 파인먼과 기타 연구자들은 덕을 베푸는 행위가 개인에게 긍정적 감정을 일으켜 덕행이 반복적으로 일어나게 하고, 긍정적 안녕감을 확산시킨다고 본다. 미덕의 증폭적 효과에 대한 둘째, 미덕이 사회적 자본 형성과 관련된다는 점이다. 미덕은 조직 구성원 사이에서 높은 질적 관계를 형성하려는 경향 때문에 발생하는데 사람들은 좀 더 많은 정보와 좋은 정보를 교환하고, 긍정적 에너지를 느끼며, 관계의 강화를 원하고, 가치있는 자원들을 충분히 교환하고 싶어한다. 그렇기 때문에 조직의 미덕은 사회적 자본을 강화하며, 결과적으로 조직의 성과를 높인다. 셋째, 미덕은 친사회적 행동을 키운다. 친사회적 행동은 개인이 타인에게 이익이 되는 방향으로 행동할 때 발생한다. 친 사회적 행동은 긍정적 정서의 나선을 따라 미덕을 베푸는 행동으로 이어지게 된다.

미덕의 증폭효과는 마치 공감리더가 제공하는 공감적 행위가 구성원들의 개인차원에서 조직차원으로 확산되는 것과 동일하다. 공감적 행위를 받은 구성원들은 개인차원에서 서로 서로 공감에 대한 대화를 나누면서 공감리더십에 관해 이야기 할 것이다[44]. 구성원들이 입소문처럼 퍼트리는 공감적 행위들은 마치 미덕의 증폭작용처럼 개인 차원에서 조직차원으로 확산되고, 조직 내 공감적 조직문화를 만드는데 기여하게 될 것이다.

다음은 미덕의 완충작용에 대해 살펴보자. 미덕은 회복력, 결속력, 효능감 강화 등을 통해 조직이 인원 감축에 따른 부정적 효과를 겪을 때에 조직에 대한 충격을 완충해 줄 수 있다. 용기, 희망, 낙관주의, 믿음, 정직 또는 성실, 용서, 동정 등과 같은 덕들은 심리적 고통, 중독, 역기능적 행동에 맞설 수 있게 하는 예방 접종과 같은 작용을 한다. 조직 차원에서의 미덕은 위협에 대처할 수 있는 능력과 외상 흡수 능력, 역경 회복 능력을 강화해준다. 미덕은 대인 관계와 사회적 자본을 강화하며, 인원 감축에서 생기는 문제를 해결하는 해독제 역할을 한다. 미덕은 긍정적 영향, 사회적 자본, 긍정적 활동과의 관련성을

---

44) Miller, K. I.(2007). Compassionate communication in the workplace: Exploring processes of noticing, connecting, and responding. Journal of Applied Communication Research, 35, 223-245.

통해 조직을 재충전하거나 새로워질 수 있도록 돕는다. 미덕은 또한 관계를 강화함으로써 조직의 유연성을 돕거나, 예상치 못한 잠재적 손실을 겪는 상황에서 적절하게 반응할 수 있는 역량을 키워준다.

1.5.6. 긍정적 조직 만들기

긍정적 조직 만들기와 조직의 비극에 대해 알아보자. 긍정조직학에서는 긍정적 조직을 만들기 위한 세 가지 가정을 기술하고 있다. 1) 조직이란 실수와 오류가 반드시 동반된다. 2)인간은 지금 당장은 아니지만 나중에 실수였다는 점이 드러나게 될 수 있는 행동들을 저지르게 된다. 3) 조직에서 긍정성이란 건강한 기능에 의해서 만들어진다기보다는 있을 수 있는 실수와 비례해서 생긴다. 사람들은 조직을 만들 때 생각보다 훨씬 취약한 기반을 만들게 되고 뜻밖의 사건을 겪게 될 가능성이 많다. 따라서 이 장에서는 조직이 취약한 상황에 처하게 될 때, 그 취약성을 극복하고 억제하며 개선해 나가는 행위들 속에서 긍정성의 모습을 찾고자 한다.

조직이 취약할 수 있다는 점을 긍정성의 연속체라는 개념을 통해 고려해 보면 '정상적'이라는 개념은 '결함 있는', 비효과적인', '해로운', '위협 앞에서 경직되는' 의 개념이 된다. 정상적 조직화의 기준이 이렇게 바뀔 때, 긍정 조직화라는 것은 사고예방, 신뢰할 수 있는 성과, 니어미스로부터의 회복, 예상 밖의 사태를 관리하기 등의 모습으로 바뀔 수 있다.

대부분의 사람들은 조직 실패들을 겪을 때 절망감, 분노, 비난, 의혹, 불신, 개혁안을 결의하기 등의 모습으로 대응한다. 비극의 어느 곳에선가 긍정적 의미가 내재되어 있을 것이라는 점을 모르기 때문이다. 긍정조직학은 다르게 관찰하는 방식에 대한 것이다. 다르게 관찰한다는 것은 비극적 사건이 가진 맥락을 깊이 있게 조사해보는 것이다. 이를 통해 후견지명적 편향(사건의 결과에 대해서 미리 부정적(또는 긍정적)으로 평가를 내리고 그에 맞는 조건들을 찾아가는 방식)을 예방해야한다. 하지만 이것은 언어의 한계 때문에 생각보다도 훨씬 더 어렵다. 사건이 전개되는 과정을 '긍정적'이라거나 '부정적'인 의미를 내포한 어느 한 단어로 단정하게 된다면 그 심층구조를 놓칠 수 있으며, 옳고 그름에 대한 정의는 언제든 달라질 수 있다. 따라서 긍정성과 비극적 사건을 병치 시켜볼 필요가 있다.

인간이 조직을 만드는 경우, 종종 예기치 못한 사건들로 인해 모호한 사건의 흐름으로 끌려가는데 긍정 조직화는 불확실한 상황 속에서 예상치 못한 사건들을 다루면서 긍정성과 비극이 서로 만나게 되는 아래 4가지 접점에서 일어나게 된다.

첫째는 실수로 나타난다. 조직화에는 실수가 필연적으로 따른다. 긍정 조직화란 실수를 없애자는 게 아니라 오류와 실수가 있을 수 있다는 점을 인정하고 일어나선 안 될 실수에 대해 예민하게 대응, 실수의 발생을 억제하고자 하는 것이다. 또한 실수를 이해한다는 일은 실수가 가지고 있는 긍정성과 비극 사이의 잠재적인 기반이 같다는 것을 이해하는 일이다. 긍정 조직화는 완벽한 미래에 대해 예측하면서 오류를 바로바로 고쳐 나갈 수 있을 때 그 가능성이 높아질 수 있다. 또한 실패를 나타내는 초기의 경고에 대한 징후, 즉 행위자가 간과하고 지나칠 수도 잇는 실패의 징후를 다른 사람들이 초기에 발견해낼 수 있도록 하는 것을 의미한다. 이는 기대되는 긍정적 결과에만 집중하기보다는, 다음에 일어날 수 있는 세부적 일들을 꼼꼼히 챙기면서, 진행과정에 관심을 기울이며, 회복 능력을 구축하는 것을 의미한다.

둘째는 지혜로 나타난다. 지혜는 더 많이 알수록 자신이 알지 못함을 더 많이 깨닫게 되는, 변증법적으로 생성되는 생각의 질이다. 부정적 조직화는 다음의 두 가지 방식으로 지혜를 훼손할 수 있다. 1) 부정적 조직화는 무지의 중요성을 무시할 때 발생한다. 무지를 고려하지 않는 것은 자만과 오만과 관계되며 오류가 없다고 지각하는 것과 관계된다. 2) 무지를 경시하는 경우보다도 오히려 지식의 중요성을 경시할 때 부정적 조직화는 지혜를 파괴하게 된다. 즉, 핵심 정보를 알고 잇는 사람들이 그 정보를 제공하지 않을 때와 같은 경우이다. 부정적 조직화로 인해 훼손된 지혜를 되찾고 지식과 무지의 가치를 잘 조화시키기 위해서는 '양가성'에 대한 고려가 필요하다. 양가성은 두 개의 반대되는 경향성이 각자 생존의 가치를 가지는 경우 그 두 가치의 중간적 상태를 갖는 방식보다는 두 가치가 서로 교대로 나타나는 것이 더 적합하다고 보는 것으로 대립적 성향을 평균화하는 것이 아닌 최적의 타협을 이루어가는 것이다.

셋째는 엔트로피로 나타난다. 엔트로피는 열역학 제2법칙을 인간 사회 시스템에서 일반화하기 위하여 초기 조직 이론에서 사용한 용어로 에너지의 사용으로 인해 에너지의 손실이 발생하고 이 발생한 손실로 인해 원래의 상태로 환원될 수 없는 현상이다. 조직에 있어서 신뢰성을 가진다는 것은 무질서로 흐르는 경향에 맞서 질서를 지키고 조직을 유지하는 것이다. 그런 의미에서 신뢰성을 구축하는 것은 곧 긍정적 조직화 활동이 된다.

넷째는 방어로 나타난다. 제임스 리슨의 '스위치 치즈 모형'에서 조직에는 조직을 위협하는 위험요소들이 있고, 이에 대한 방지책으로 그 위험을 막아주는 방어물들이 다양한 형태로 만들어 지는데 이 방어물들은 위험 요인들에 의해서 취약하게 될 때 손실이 발생할 수 있다 스위스 치즈조각에서 방어물들의 취약점은 구멍을 상징하며 방어물들이 취약할수록 치즈의 구멍은 커지게 된다. 긍정적 조직화를 통해 강력한 방어물들을 생성하여 치즈의 구멍 즉 조직을 위협하는 위험요소들을 억제할 수 있다.

<표 4> 확대해서 본 지혜

분석수준	긍정적 조직화의 형태
미시수준	존중을 통한 상호작용(respectful interaction)
집단간수준	주의를 기울이는 관계구축(heedful interrelating)
조직수준	관심을 집중하는 조직화(mindful organizationing)
LCES 구조	
[감시(Lookouts), 의사소통선(Communication links), 피난 경로(Escape routes), 안전지대(Safety zone)]	
STICC 과정	
[상황(situation), 과업(task), 의도(intent), 관심(concerns), 측정(calibration)]	

존중을 통한 상호작용을 위해 다음의 3가지요소로 구성된 지속적 해결안이 필요하다. 첫째, 사람은 타인이 보고한 것들을 신뢰(trust)해야 하고 이를 자신의 신념과 행동의 기반으로 삼아야한다. 둘째, 사람은 신뢰성(trustworthy) 있는 관찰자로서 자신이 관찰한 것을 정직하게 보고 해야 한다. 그렇게 될 때 타인은 자신이 관찰한 것을 통해 타당한 믿음을 가질 수 있다. 셋째, 사람은 자기존중감(self respect)을 유지해야 한다. 이는 자신의 지각과 신념을 존중하고 자신과 타인을 과소평가하지 않으면서 자기의 지각과 신념을 타인이 보고한 내용과 통합하는 것을 의미한다. 만일 이 3요소 중 하나 이상 누락될 때 불행한 사고가 일어나기 쉽다. 공감리더는 부하직원들을 신뢰해야 하고, 부하직원은 리더를 신뢰해야하는데, 이러한 신뢰를 형성하는 연결고리가 바로 '공감적 행위'가 된다. 공감리더십은 리더와 구성원 간의 신뢰뿐만 아니라 깊은 관계의 질(HQC)을 형성하게 되고, 서로를 존중하고 배려하는 조직문화가 형성 될 것이다.

미덕은 집단 수준(Meso level)에서 주의를 기울이는 관계구축을 형성한다. 실수는 반드시 일어나기 마련이다. 지속적 변화 상황에서 매우 높은 상호 의존성을 띠며, 예상치 못한 상황에 접했을 때의 능력을 임기응변과 적응이라고 하며 이를 가능하도록 훈련을 시키고 이 결합 능력을 키우는 것이 '주의를 기울이는 관계 구축'의 개념이다. 주의를 기울이는 관계 구축의 첫 번째 특징은 사람은 자신의 일을 맥락과 관계가 없는 고립된 행동으로 보지 않으며 체제에 공헌하는 행동으로 본다는 것이다. 두 번째 특징은 표상이다. 이것은 공헌 행동이 서로 어떻게 얽혀 있는지를 시각화한다. 세 번째로는 복종이다. 일단 공헌과 표상으로 '집단 현실'이 가능하게 되고, 집단 과정이 확고히 만들어지게 되면', 그에 대해 무엇이 필요하지를 묻고 맞추기 위해 의도된 방식으로 행동 한다는 것이 복종이다.

또한 미덕은 조직수준(Macro level)에서 관심을 집중하는 조직화를 이루게 된다. 비극이 발생할 수 있는 가능성은 조직의 실패사건, 단순화, 조직운영, 회복력, 전문성이라는 요소를 조직이 어떻게 다루는가에 의해 결정된다. 실패한 시스템의 건강을 나타내면서 실패의 원인을 조사하는데 시간을 투자라는 조직, 세상에 대한 가정을 단순화하라는 재촉을 거부하면 서 조직의 운영과 효과를 관찰하는데 더 많은 시간을 할애하며, 예상치 못하게 발생하는 사건을 관리하기 위해서 시간을 쓸수록 신뢰도를 높이기 쉽다. 세심한 조직화를 잘 이루기 위해서는 사건들이 갖는 의미의 형성에 관심을 두며 이것이 활성 화 될 때 사람들은 예기치 않은 작고 미약한 위험 징후들을 더 잘 감지할 수 있고 초동 단계에서 더 잘 대처할 수 있다.

1.5.7. 공감과 미덕을 통한 감사

긍정조직학에서는 조직에서의 감사 행위에 대해 기술하고 있다. 긍정조직학에서 감사를 중요하게 생각하는 이유는 무엇일까? 그 이유는 감사는 인간의 보편적인 덕이기 때문이다. 감사는 긍정적 조직성과를 내는 데 없어서는 안 될 신뢰와 호의의 원천이다. 따라서 조직학을 위해 감사의 심리학적 가능성을 탐구해야 할 필요가 있다.

심리학 용어로 감사는 받은 이익에 대한 긍정적 인식이다. 감사에는 3가지 구성요소인 1) 은혜 제공자 2) 선물 또는 이익 3) 수혜자 가 존재한다. 감사란 단어는 '은혜', '자비심 많음', '고마워함'을 의미하는 라틴어 gratia에서 파생되었는데 이는 감사에 '개인이 과분한 가치를 누린다는 것을 인정하고자 하는 의지'라는 정의가 반영된 것으로 흔히 사람들은 감사를 과분한 혜택이라고 생각하는 경향이 있다. 하지만 감사는 인간 스스로 자유스럽게 선택할 수 있는 삶의 한 방식이라는 점을 주목해야한다.

역사적으로 감사는 중요한 시민적 덕목으로 묘사되어졌다. 고전적 저술가들은 감사의 정서적 측면 보다는 의무적인 측면을 강조하였다. "은혜를 베푼 사람을 존경해야 할 의무가 있다." 칸트(1963), "감사는 정의(justice)와 관련된 두 번째 덕목이다." 토마스 아퀴나스, "감사는 훌륭한 시민정신을 보여주는 필수조건이다." 화이트(White, 1996). 이들의 주장들에서 살펴보면 감사는 즐거운 감정 그 이상의 의미를 갖는다. 감사는 개인의 삶을 행복하게 만드는 하나의 미덕인 것이다. 하지만 감사를 미덕으로써 혹은 감정적 상태로써 좀 더 최적 상태의 조직 기능을 이끌어낼 수 있는 방식으로 설계된 과학적 연구는 없었다.

맥클로 외 4인(2001)은 감사를 도덕 감정이라고 이론화하였다. 감사는 공정, 동정, 죄책감, 수치심 등과 같이 도덕적 삶에서 특별한 위치를 차지한다. 감사는 자신이 친 사회적 행동의 수혜자라는 점을 인정할 때 생기게 된다. 감사는 도덕적 지표, 도덕적 동기, 도덕 강화인자의 역할을 하는 개념으로 볼 수 있다.

경영학에서 관심을 갖는 것은 긍정적 결과를 이끌어내는 감사이다. 감사가 중요한 이유는 감사가 긍정적 기분 및 친 사회적 행동과 함께 긍정적 성과와 연결되기 때문이다. 한 연구에 따르면 일상적으로 감사하는 상황에 있는 실험 참가자들은 골치 아픈 일에 관심을 쓰거나 사회적 비교 상태에 놓이는 사람보다, 타인의 개인적 문제를 도와주거나 정서적 지지행동을 보여주는 경우가 훨씬 많아 보였다. 즉, 감사는 기분을 좋게 할 뿐만 아니라, 선행을 하도록 이끌어 주는 것이다.

또한 감사 성향이 높은 사람을 감사 성향이 낮은 사람들에 비해 더 친화적 행위에 많이 관여하며, 대인관계에 미치는 영향이 매우 크다는 사실을 알게 한다. 이로 인해 감사를 표현하는 것과 감사해 할 줄 아는 행동은 성공적으로 활동해나가기 위한 기본적 태도이며, 개인과 사회에 잠재적으로 중요한 결과들을 가진다. 감사 성향이 높은 사람들은 긍정적 분위기를 강화하고 조직 갈등에 대한 해결을 촉진할 수 있다는 점을 알려준다.

1-5.7. 쉬어가는 이야기: 감사의 힘

작년에 필자는 여름에 제주도 연수를 다녀온 후 학교 연구실에 도착하였다. 너무도 더운 8월의 날씨인지라 오후에 햇볕이 연구실에 강렬하게 비춰왔다. 연구실 창문에는 브라인드가 설치되어있음에도 불구하고 8월의 태양은 너무 강렬하였다. 그래서 필자는 궁여지책으로 옷가지를 꺼내들고 책상과 의자에 양발로 올라선 후 브라인드에 옷을 걸어놓아야겠다는 아이디어를 생각해냈다. 한발은 책상에 올라섰고, 다른 발은 의자에 올라서서 브라인드에 옷가지를 걸려고 하는 순간 바퀴달린 의자가 쭉 미끄러지면서 필자는 공중에서 밑으로 뚝 떨어졌고, 떨어지는 순간 오른쪽 팔을 땅에 닿으면서 팔꿈치 골절상을 당하게 되었다. 그 후로 2달 정도 오른쪽 팔에 깁스를 하면서 지냈는데, 오른쪽 팔을 사용하지 못한 채 연구와 강의를 한다는 것이 너무도 힘들고 고통스러웠었다. 특히 컴퓨터 작업을 할 때 양손을 모두 사용할 수 없다는 절망감과 불편함은 이루 말할 수 없었다. 평소에는 양손 모두를 사용할 수 있는 것에 대해 전혀 감사한 마음을 갖지 못하였고, 의식조차 못하고 살았는데, 오른쪽 팔꿈치 골절상을 당하고 난 이후부터 양손으로 컴퓨터작업을 하는 것이 얼마나 감사하고, 또 감사한지 깨닫게 되었다. 감사를 하면 세상을 바라보는 시각이 바뀌게 되고, 감사를 하면 불평보다는 포용과 관용의 마음이 생기게 된다. 그래서 필자는 지금도 작은 일에 감사하면서 살려고 노력한다. 물을 마실 수 있다는 것도 감사하다. 현재도 병 때문에 물을 마시지 못하는 분들이 얼마나 많이 있는가.

조직에서 감사와 긍정적 정서들은 어떠한 관계를 갖을까? 긍정적 정서를 개발하는데 노력을 한다면 긍정적 조직 기능관점에서 바라볼 때 장점 탐구적 변화관리를 통해 덕이라는 자본을 구축하게 된다. 장점탐구의 목표는 조직 내에서 결핍된 것에 초점을 두는 것이 아니라, 그들이 최상의 선을 실현할 수 있도록 개인의 장점과 잠재력을 지지하는 방법으로 조직생활의 긍정적 핵심을 추구하고 창조하는 것이다. 감사 행동의 개발은 조직 분위기 향상이라는 직접적 효과뿐만 아니라, 인지 전략으로써 조직에서 개인의 행복감을 높이고, 분노 및 시기 같은 해로운 감정들을 줄일 수 있기 때문에 조직에서 중요한 요소가 된다.

긍정적 정서는 개인의 생각과 행동에 대한 방식을 변화시켜 개인적 자원과 대인 관계적 자원 을 개발할 수 있고, 인지능력의 범위를 넓혀 유연하고 창조적인 생각이 가능하도록 하여 조직에게 다가온 스트레스와 역경에 대한 대처능력을 개발하여 조직의 성과를 향상시키게 된다.

또한 감사는 친 사회적 성과들을 만들어 낸다. 감사는 도움을 주는 사람과 받는 사람 모두에게 도덕적, 사회적 행동을 갖게 하고 동기를 부여하기 때문에 개인들에게 좋은 감정을 만들 뿐만 아니라, 유익한 사회적 성과가 확산되게 한다. 사람들은 감사를 경험하고 표현함으로써 자신을 변화시킬 수 있고, 그것을 확장함으로써 자신들이 소속된 조직을 보다 더 창조적이고, 지적이며, 탄력적이고, 사회적은 통합된 건강한 조직으로 바꿀 수 있다. 개인의 긍정적 정서들은 타인들을 통해 퍼질 수 있기 때문에 조직과 공동체에 변화를 일으킬 수 있다. 이는 정서가 전염성을 지니고 있기 때문이다.

특히 조직 리더들이 보여주는 긍정적 정서들은 더욱 전염되기 쉽고, 집단과 조직을 통해 전염된 긍정적 정서들은 조직에서 연쇄적 사건들을 만들어낸다. 이러한 방식의 연쇄작용은 감사가 긍정적 성과를 이끄는 것으로 증폭 효과라고 한다. 감사는 공감과 미덕처럼 긍정적 정서를 형성해 내며, 경영학적 관점에서 성과향상에 긍정적인 영향을 미치

<매일의 삶이 감사하다>[45]

기 때문에 공감리더십 연구에도 상당한 의미를 갖는다. 아직까지 필자는 감사의 변수를 사용하여 실증적 연구논문을 작성해 본 적은 없지만 공감리더십을 경험하는 구성원들이 리더에게 감사의 마음을 갖는다면 공감리더십이 성과변수에 미치는 영향력은 더 향상될 것으로 기대한다.

일터에서 감사는 해로운 정서들에 대한 해독제로서도 작용한다. 조직에서 감사가 가진 영향력은 일터에서 해로운 정서와 태도를 상쇄시킬 수 있는 능력 때문이다. 감사는 부정적인 정서의 능력과 힘을 약화시킨다. 감사는 해로움과 양립할 수 없는 정서와 태도를 개발하게 되면 그로 인한 피해를 어느 정도 상쇄시켜 해독제로서의 역할을 갖는 것이다.

감사에 대한 태도를 갖기 위해서는 감사에 대한 훈련을 통해 습득할 수 있으며 이는 개인적 이익과 대인 관계적 이익을 유지할 수 있다. 쉘튼에 의하면 1) 자신에 대한 자아 인식과 자신과 의 대화를 통해 도덕적 성장을 하면서 2) 자신에게 주어진 선물들이 무엇인지 생각하며, 3) 자신의 하루를 점검하고, 4) 도덕적 성숙도를 높이기 위한 안목을 가지고 행동변화에 대한 결심을 촉구하는 것이다. 이 같은 4가지 요소는 건강한 도덕적 삶을 발전시키는 요소라고 하였다.

감사 행위는 인간 사이에서 조화롭게 잘 살려는 특징을 이루는 인간의 덕이며 이는 자

---

45) 사진은 필자의 친 누나가 그린 그림이다. 감사는 많은 열매를 맺게 된다.

신들의 도덕과 대인관계 생활을 원만하게 이루어 나간다. 감사는 친 사회적 행동, 긍정적 마음 상태, 수혜자와 제공자 모두의 성과를 높일 수 있게 되며 조직생활을 개선시키는 방법이다[46].

1.5.8. 공감과 미덕을 통한 회복력

회복력이란 무엇인가? 회복력이란 어려운 상황에서 긍정적 적응력을 유지하는 것이다. 회복력을 언급하기 위해서는 일련의 기대되는 어떤 행동에 대하여 어떤 존재가 '잘 혹은 보다 더 잘 수행하고 있는가' 하는 부분과 '그 존재가 좋은 결과를 내기 어렵게 하는 위협적 상황에 처해 있는가' 하는 두 가지 판단 모두가 필요하다.

조직 이론에서는 회복력을 종종 개인 또는 조직의 특징이나 능력으로 보았는데, 구체적으로는 첫째, 역경 속에서도 긴장에 대처하면서 활동을 보전하는 능력, 둘째, 불행한 사건들을 극복하거나 털고 일어설 수 있는 능력이라고 정의해 왔다. 즉, 회복력이란 예상치 못한 불확실한 환경에서 그에 대한 적응력과 역경을 극복하여 더 강해지고 긍정적으로 환경을 이끌어가는 상대적이면서 가변성을 가진 힘을 말한다.

그렇다면 회복력을 왜 연구하는가? 현대사회에서는 테러리즘 증가, 전쟁의 위협, 경기 후퇴, 기타 최근의 사회적, 기술적, 경제적 흐름 속에서 긴장감이 보다 더 커지고 일상화 되면서 위협과 위기가 부딪히게 된다. 이 때 존재는 언제나 인지의 폭이 좁아지게 되고 통제능력이 제한되면서 정보처리의 제약이 생기며 존재의 경직된 반응을 이끌 수 있다. 만약 이 위협과 위기가 상대적으로 작거나, 특별히 새롭지 않아 통제가 가능하다면 개인과 집단, 조직은 긍정적으로 적응할 수 있다고 보는 관점은 긍정심리학과 긍정조직학의 출현과 연결된다.

긍정심리학은 사람들에게 상당한 능력을 부여하고 회복력을 하나의 본질적 덕으로 의미를 부여하였으며 성장의 구협과 효능성과 숙달의 근원이 될 수 있는 요소라고 보았다. 긍정조직학에서는 강점과 번영을 조직 분위기가 어떻게 지원할 수 있으며 조직의 상당한 능력 에 대한 것을 강조한다. 긍정조직학에서는 조직이 역경 속에서 어떻게 능숙하게 행동하고 번영하는지를 설명해주는 회복력을 매우 중요시한다. 회복력이라는 영역은 도전

---

46) Dutton, J. E., Glynn, M. A. & Spreitzer, G. (2008). Positive organizational scholarship. The SAGE handbook of organizational behavior, 1, 693-712.

적인 조건에서의 긍정적 조절 또는 적응의 원인과 과정에 대한 통찰을 제공할 수 있기 때문에 학문적으로 매우 주목할 만한 가치가 있다.

개인차원에서 회복력은 첫째, 회복력은 사람들이 역량을 개발할 수 있는 충분한 양의 질적 자원이 확보 될 때 잘 발달하기 쉽다. 둘째, 회복력은 개인의 숙달 동기 시스템이 활성화될 때 일어날 가능성이 크다. 즉, 성공할 수 있게 해주고 효능감을 개발하게 해주는 경험, 그리고 노력으로 인 해 성공할 수 있도록 동기 부여되는 경험을 가질 때 회복력은 발달한다고 말한다. 개인은 경험 및 전문화된 지식의 개발, 개인적 훈련, 문제를 해결하기 위한 지식과 적절한 의사결정 권한이 있을 때 회복력은 발생하며, 이 때 익숙하지 않은 도전적 환경에서 실패와 좌절을 경험하더라도 회복 능력, 적응 행동을 유지할 수 있는 능력이 뒤따르며 유능감과 효능감 이 강화되어 자기 강화적 성격의 결과로 이어진다.

집단 수준의 회복력에 집중한다면 그 성과는 더욱 향상된다. 첫째, 집단 수준의 회복력이란 새로운 지식이 흡수, 사용되기 위해서는 사전에 축적된 지식이 필요하고 이는 그 지식을 사용할 능력을 향상시킨다. 둘째, 집단과 팀 구성의 다양성과 집단 멤버십이 다양해지면 장애와 역경에 직면하더라도 이를 감지하고 기억하며 통제하는 집단 능력이 강화됨으로써 회복력을 촉진할 수 있다. 셋째, 각 집단멤버들이 가진 다양한 경험이 중요하다. 폭 넓은 전문성을 가진 사람들로 구성된 팀은 자신들의 환경 변화를 잘 포착하고 필요한 변화에 능동적으로 대응할 수 있게 된다. 위 3가지로 집단 수준의 요인으로 인해 위기나 스트레스를 줄여 긍정적 조절가능성을 높여 집단적 능력과 성과를 향상시키며 각 개개인들의 동기와 인내력을 증가시키면서 자신감으로 도전과 맞설 수 있게 된다.

조직 수준에서의 회복력의 근원지는 조직의 전반적 역량과 성장을 향상시키는 조직 과정 속에 존재한다. 또한 빠른 피드백과 상황이 발생할 때 그 상황을 다룰 지식과 자원을 유연하게 재배치하고 목표를 달성함으로써 성과를 향상시킨다. 조직 수준에서의 중요한 점은 경직된 직무기술서나 중앙집권화와 같은 유연성을 억제하는 구조들은 회복력에 부정적으로 작용 한다는 것이다. 따라서 불확실성의 시대에서 장기적인 시각으로 조직의 적응성을 높이며 특정 역량을 강화하고 관심을 집중시켜야 한다.

조직의 회복력은 효능감을 복원할 수 있는 능력에 달려 있다. 개념적 여유와 임시적 문제해결 네트워크를 개발하고 풍부한 의사소통 매체를 활용한다면 조직에서의 회복력은 빠르게 복원할 수 있다. 개념적 여유는 해결방안들을 파악하는데 가능한 관점들의 수를 증가시킴으로써 조직역량을 확장하며 새로운 관점들을 중시하면서 성장을 촉진시킨다. 조직 수준에서 회복력은 불완전한 지식을 다룰 수 있게 하는 유연한 사고와 조직 시스템이 기반이 되어야하며 조직의 다양한 연결망을 활용하면서 개방된 상호작용을 통한 개개인들의 능력을 넘어서는 장애와 충격에 대처할 수 있게 해준다.

공감은 미덕과 함께 인간본연의 감정으로 인식되면서 최근에 긍정조직학파에 의해 많은 연구가 이루어져왔고, 공감이 긍정심리자본의 하위차원인 회복력에 긍정적인 영향을 미친다는 실증적 연구결과[47]도 밝혀졌다. 조직 내 구성원들은 공감리더가 제공하는 공감적 행위 때문에 신체적, 정신적, 심리적으로 위로를 받고, 회복력을 경험하게 된다. 회복력은 단순히 신체적인 피로감이 풀리는 것을 넘어서서 공감리더의 따뜻한 말 한마디에 심리적인 회복이 이루어지기도 하고, 리더와의 진솔한 상담을 통해 정신적인 회복력도 경험하게 된다. 조직에서 부하직원은 쉽게 상사에게 선뜻 접근해서 자신의 속마음을 터놓고 상다받기가 쉽지 않다. 하지만 공감리더는 부하직원들을 인격적인 주체로 대하면서 진정성 있는 돌봄의 행위로 반응하기 때문에 구성원들은 공감리더와의 진지한 대화가 가능한 것이다. 이렇듯 미덕의 하위차원인 공감이 조직 내 구성원들의 회복력을 일으키는 원동력이 되므로 미덕을 통한 긍정적 조직은 개인차원과 팀 차원, 조직 차원에서 모두 회복력을 경험하게 된다.

위협 앞에서 경직된 반응을 보인다는 것은 상당한 스트레스를 유발하므로 정보처리가 제약되고, 통제력이 제한되며 과정을 형식화하고 자원을 보존하는 데 치중 하는 것으로 일련의 조직 반응들이 고정화 되어 부정적 적응을 유발한다. 이러한 위협 앞에서 역량, 성장, 효능성 등을 개발하고 향상하는 과정 속에서 생기는 회복력을 가진 반응들은 폭넓은 정보처리와 통제의 완화 그리고 인지, 관계, 정서 등의 여유 능력의 활용을 통해 긍정적 적응을 통해 부적응을 상쇄 할 수 있다.

기존 조직이론에서의 회복력은 크게 중요시되지 않았으며 체계적인 이론과 연구는 잘 이루어지지 않았으며 조직 내의 다양성과 유연성은 무시되어 왔다. 그렇기 때문에 미래

47) Ko, S. H. & Choi, Y. (2019). Compassion and Job Performance: Dual-Paths through Positive Work-Related Identity, Collective Self Esteem, and Positive Psychological Capital. Sustainability, 11(23), 6766.

Ko, S. H., Choi, Y., Lee, S. H., Kim, J. Y., Kim, J. & Kang, H. C. (2022). Work overload and affective commitment: The roles of work engagement, positive psychological capital, and compassion. Social Behavior and Personality: an international journal, 50(6), 72-86.

의 회복력에 관한 연구는 긍정적 적응에 대한 기준 결정과 함께 위협이 되는 조건들을 정의하고 명확한 기준을 확립하는 것이다. 회복력이 생기는 과정에서 학습은 중요한 원인이자, 그 결과이면서 그에 대한 변화가 뒷받침되어야 한다. 따라서 조직들은 자신이 가진 강점 역량 영역에만 초점을 맞추고 부족한 부분을 소홀히 하는 역량 함정에 빠지지 말아야 한다. 현대사회에서 불확실하고 매우 다양한 방식으로 빠르게 변화하는 위협 앞에서 어떻게 하면 위험요인이 맞서 싸울 것인가, 위험요인을 어떻게 분류하여 그에 맞는 유연한 회복력을 가질 것인가를 파악해야 한다.

긍정조직학은 조직과 그 구성원들이 자기 효능감을 바탕으로 역경 속에서도 우수한 성과를 달성할 수 있다고 본다. 어려운 환경에서 긍정적인 적응 과정을 탐구함으로써, 일반적인 상황에서는 명확히 드러나지 않을 수 있는 조직의 적응력에 대한 통찰을 확장할 수 있다. 회복력은 조직의 역량을 강화하고, 효능감을 회복하며, 성장을 촉진하는 새로운 방식으로 작용하는 일상적인 요소들로부터 형성된다.

1.5.9. 공감리더십과 강점개발

우리가 살고 있는 세상은 본질적으로 우리들의 약점에 대해서 관심을 쏟는 경향이 있다. 부족한 것이 무엇인지, 우리와 다른 점은 무엇인지에 관심을 쏟는다. 그러나 우리들은 다른 사람들의 차이점을 이해하고, 그들이 가진 재능을 좀 더 많이 활용할 수 있도록 사람들을 돕는 것이 중요하다. 이는 측정과 피드백을 통해 자신들이 가진 재능을 인식하게 될 때 사람들은 자신의 잠재능력을 더 잘 파악할 수 있다.

마틴 셀리그만은 긍정심리학을 위한 체계적 틀을 형성하는 3가지의 영역(개인특질 및 대인관계 특질, 긍정적인 주관적 경험, 긍정적인 조직과 공동체)을 강조한다. 사람들의 최적 상태를 가능 하게 해줄 수 있는 재능을 확인해서 그것을 자아와 통합하여, 행동변화를 이루어 능력개발을 위한 강점을 개발하는데 접근하는 것이다. 많은 사람들의 경우, 자신들의 재능을 확인하고 이해하는 것은 자신을 둘러싼 세상환경에서 자신을 보는 방식에 변화를 촉발하는 긍정적 전환점이 될 수 있다. 마틴셀리그만 교수의 강점개발에 관한 연구 내용 중 첫째, 영자들을 대상으로 경영에서 강점이 어떻게 활용되는지 알아보는 실험을 한 결과 경영자의 재능을 측정하는 구조화된 인터뷰 척도와 경영자의 미래의 성과 사이에는 실질적 예측 타당성 이 있다. 실험 결과 강점이 아닌 것들 보다 강점을 개발하고 강조하는 강점 기반적 접근 방식을 쓰는 경영자는 성공할 확률이 두 배 이상 높았다.

둘째, 종업원을 대상으로 직장에 대한 몰입도를 조사한 결과 '나는 매일 직장에서 최선을 다할 기회를 갖는다.'라고 답한 종업원의 조직이 생산성과 만족도, 기업성과 모두 우수하였다. 종업원들의 재능을 이용할 수 있도록 하는 기회가 가능한 환경을 조성하는 것이 중요하며, 이럴 때 작업 집단들의 생산성은 향상된다.

셋째, 통제 집단에 대한 사전-사후 연구에서 조직 구성원들을 대상으로 재능을 확인해주고 피드백 해주며 강점을 개발하는 활동 등에 대해서 연구를 하였다. 실험 집단과 통제 집단 두 그룹으로 나누어 실험을 한 결과 통제 집단 보다 피드백을 해주고 재능을 확인해 준 실험집단의 몰입도와 생산성이 모두 눈에 띄게 향상 되었다. 또한 실험을 하며 들어간 비용에 비해 올라간 몰입도와 생산성의 가치는 매우 차이가 컸다. 이는 경제적으로도 종업원들의 가치를 올려주는 일이며, 기업성과에도 영향을미치고, 사회 전체적으로 긍정적으로 작용하는 투자라고 할 수 있다.

넷째, 교육 분야의 연구들에서는 학생들을 대상으로 재능을 확인시켜주고 피드백을 실시한 결과 강점 개발 욕구, 자신감, 효능감 등이 모두 향상된 결과를 보였다. 실험 집단의 학업에 대한 성취도와 학업 성적은 사전 에 비해 월등한 차이를 보였다. 즉, 교육 분야에서도 강점 개발은 매우 중요하게 작용한다.

최근 연구결과를 살펴보면 높은 성과를 올리는 최고경영자들은 자신들이 관리하는 사람들의 강점을 개발하는 데 초점을 두는 관리방식을 사용한다는 점을 알 수 있다. 최고경영자들은 심리적으로 가장 효율적이라 할 수 있는 것에 자신의 시간을 할애한다는 점에서 시대에 앞선 사람들이다. 개인들은 강점 기반 접근 방식을 적용하는 종업원들의 생산성은 커지며 조직 수준으로 확대된다면 효과의 크기는 더욱 증가한다.[48]

개성, 행동 유전학, 지능, 흥미, 가치 등에 대한 여러 연구들에 의하면 개인들 사이에는 상당한 차이점들이 있다. 고차원적 유전 요소의 발견을 통해서 알 수 있는 사실은 가장 효과적인 인간의 성장과 개발 방법은 자신들이 어떤 사람인가와 역학관계를 갖는가는 점이다. 즉, 자신의 정체성과 자신의 재능, 강점을 알면서 변화 가능한 요인들에 효과적인 변화를 준다면 강점은 개발 될 것이며, 성과는 향상 될 것이다.

현재까지 여러 증거를 통해서 볼 때 강점에 기반을 둔 관심 기울이기는 종업원의 몰입

---

48) Peterson, C. & Seligman, M. E. (2006). The values in action (VIA) classification of strengths. A life worth living: Contributions to positive psychology, 29-48.

도, 학업 성적, 생산성, 희망감 등의 성과를 이룰 수 있다는 점을 보여주고 있다. 이제는 이러한 연구들과 개입 방식들이 종단 연구로 확대하는 것이 중요하다. 강점기반적 개입 활동 효과가 지속성을 갖는지 파악하는 것과, 이것들이 장기적인 상승나선과 어떤 관계를 갖는지 파악하는 것도 중요하다.

또한 약점을 보완하는 데 초점두기와 강점에 초점을 두되 약점을 관리하기에 대한 효과를 구체적으로 검증하기 위한 좀 더 많은 연구 설계가 필요하다. 원하는 긍정적 결과물들을 끌어내는 개입 방식들은 개인에 따라 다를 것이므로 사람들이 가진 강점에 따라, 주변 조직 환경에 따라 분명한 기준을 가지고 적용되고 연구되어야 한다.

마틴 셀리그만 교수는 기존 심리학이 약점을 보완했던 측면과는 다르게 구성원들의 강점을 개발시키고, 장점을 최대한 살리는 방향에 초점이 맞춰져있다. 독자여러분들도 리더가 계속해서 여러분들의 약점을 언급하면서 그 약점을 고치고, 보완하라고 다그친다면 기분이 어떠할까요? 여러분들이 자신의 약점을 이미 알고 있지만 상사가 그 약점만 계속 콕 집어서 고치라고 반복적으로 말한다면 기분이 상한 상태로 약점보완을 위해서 노력하게 될 것이다. 하지만 공감리더십은 구성원들에게 상처 주는 말을 해서는 안 된다. 설령 공감리더가 부하직원의 약점을 알고 있고, 어떠한 점을 고쳐야 하는지 알고 있더라도 셀리그만 교수의 긍정심리학에서 언급한 강점개발처럼 부하직원의 강점과 장점을 계속 부각시키면서 약점이 자동적으로 보완되게 하는 것이 중요하다. 왜냐하면 공감리더십의 돌봄의 행위 안에는 타인의 인격에 대한 배려와 사랑이 함께 공존하고 있기 때문이다.

1.5.10. 공감리더십과 초월적 행동

긍정조직학에서는 초월적 행동(Transcendent Behavior)에 대해 기술하고 있다. 초월적 행동은 개인적 또는 환경적 제약 요인들을 극복하고 비범한 긍정적 변화를 이루어 내는 자기 결정적 행동이다. 그와 같은 행동은 변화의 희생자가 된다거나 변화에서 단순히 살아남으려고 하는 것이 아니라 건설적이고 영향력이 높은 변화를 이루어내려는 욕구를 강화한다.

Lewin(1951)은 인간의 행동(B: Behavior)이 2가지 변수들, 즉 사람(P: Person)과 환경(E: Environment)의 함수로 이루어진다고 주장하였다. 이 P/E의 구분은 행동 결정에서 그 각 요인의 역할과 상대적 중요성에 대한 오랜 논의의 대상이 되어 왔다. 이후 반듀라

Bandura(1986)는 사회인지이론(1986)에서 행동, 사람, 환경은 방정식의 형태가 아닌 삼각형의 형태로 구성된다고 밝혔다. 다시 말해 행동이론가들은 환경이 행동에 미치는 효과를 설명하였고, 인지적 관점에서는 사람이 행동에 미치는 효과(E에 대한 지각을 포함하여)를 강조하였다.

우리는 환경의 제약이나 개인적 한계를 극복하는 행동을 초월적이라고 생각하고, 또한 그 개인 자신이나 환경에 비범한 변화를 만드는 행동을 초월적이라고 생각한다. 비윤리적 행동이나 타인에게 공연한 피해를 주는 행동은 그에 해당하지 않는다. 이 정의와 일치하는 초월적 행동의 한 가지 중요한 특징은 그것이 현저하게 자기 결정적이라는 점이다. 초월적 행동은 환경의 제약이나 개인이 주관적으로 인식한 한계에 이끌리는 것이 아니고 그에 의해 제약을 받는 것도 아니다.

일터에서의 초월적 행동은 제약 사항들을 극복하는 특징을 정의하는 것과 일치하는데, 사람들이 자신들에게 요구되는 것 이상으로 성취를 이루어내고, 제약을 제거하거나 극복하며, 기회를 만들고 포착함으로써 보통 이상의 변화를 만들 때 나타나는 것이다. 데이비드 그로스먼David Grossman은 중간수준급 프로그래머였지만 전략가인 존 패트릭John Patrick과 함께 일하면서 IBM에 인터넷 사업의 가능성을 보여주었고, 회사를 산업의 리더로 탈바꿈시켰다.

초월적 행동이 가져다주는 개인적 효과는 어떠한 것이 있을까? 개인이 성장하는 계기가 되고 개인의 능력을 확장시켜 주는 초월적 행동(B→P)은 확실히 개인에게 이익이 된다. 그러나 우리는 조직을 변화시키도록 영향을 주는 초월적 행동(B→E) 역시 개인에게 2가지 폭넓은 긍정적 효과, 즉 최적 수준의 행동 기능과 주관적 안녕이라는 효과를 만든다고 가정할 수 있다.

최적의 행동 기능은 최소의 비용으로 원하는 높은 성과와 효과적 목표를 달성하는 것이다. 주관적 안녕(SWB: Subjective Well-Being)은 사람들의 자신의 삶에 대한 평가, 즉 정서적, 인지적 평가를 가리킨다. SWB는 시간적으로 과거를 만족스럽게 보면서, 현재에 대해서는 행복과 몰입을 경험하며, 미래를 희망적, 낙관적으로 예측하는 특징을 갖는다. 초월적 행동은 위의 긍정적 결과에 의해 공리주의적 행동, 쾌락추구적 행동, 억압된 행동, 강박 행동과 같은 다른 동기적 행동들과 구분된다.

그렇다면 초월적 행동으로 인한 산출물은 무엇이 있을까? 초월적 행동의 산출물로는 특정 유형의 의사결정들과 과업의 성과들이 포함된다. 다른 목표들을 최소한도로 희생하면서, 특정 목표에 대한 효과를 극대화시키거나 여러 목표들을 최적화하는 의사결정은 초월적 행동이라 할 수 있다. 높은 수준의 인지적 도덕발달에 의하여 이끌리는 윤리적 결정은 종종 초월적 산물들이다. 그것들이 비범한 긍정적 변화를 만든다면 말이다. 일반적으로 과업성과를 생각해 볼 때, 대부분의 성과란 정상범위 안에 들어있는 것이지만 초월적 성과는 이전의 과업, 환경 또는 개인적 한계를 극복함으로써 탁월해지게 되는 것이다.

초월적 행동에 대한 동기적 영향으로 내재적 동기 부여(Intrinsic motivation)가 있다. 내재적 동기부여는 종종 개인적 흥미와 개인이 관심을 기울이고 있는 일의 특성에서 비롯된다. 즐거움, 흥미, 도전, 몰입 등의 감정이다. 몰입은 긍정적 정서와 각성으로 특징되는 최적의 심리적 경험으로서 행복, 즐거움, 깨어있음, 흥분, 집중의 감정을 갖는다. 도전은 요구되는 것 이상을 달성하거나 타인들이 한계라고 지각하는 것을 극복하고, 타인이 간과할 수도 있는 것을 기회들로 더 많이 창조함으로써 긍정적 결과를 만들고자 하는 상태이다.

또한 목표(Goals)가 초월적 행동에 동기부여를 하게 된다. 우리는 목표와 개인적 가치가 일치하는 자아조화가 일어날 때 초월적 결과를 만드는 행동이 일어날 가능성이 높다고 본다. 목표가 사회적인 것이라면 더욱 더 좋다. 사회적 목표는 긍정적 일탈, 생성성, 변혁적 리더십 등 여러 가지 관련 구성체에 내재되어 있다. 긍정적 일탈은 사람들의 행복을 위해 기존의 규범을 벗어나는 의도적 행동을 가리킨다. 생성성은 타인과 자기의 성장에 대하여 관심을 갖고 돌보는 행동에서 시작한다. 끝으로 변혁적 리더십은 부하들이 집단을 위하여 기꺼이 자기 이익을 초월하게 만들고 그에 따라 사람과 조직에 긍정적인 변화를 이끌어낸다.

그렇다면 긍정적 결과로 가는 경로는 어떠한 것인가? 첫째, 개인에게 혹은 문화적으로 가치 있는 목표는 주관적 안녕감을 높인다. 둘째, 초월적 행동이 가진 효과들이 사회적 자본과 기타 매개 효과를 통하여 개인과 조직 모두의 효과성을 높인다. 그리고 그에 따라 나타나는 이익은 조직이 좋은 사람들을 유치하고 유지할 수 있게 한다. 이 두 번째 경로에서 얻어지는 매개적 자원들과 성과들은 장기적으로 축적되어 초월적 행동이 오랜 시간에 걸쳐서 좀 더 효과적으로 일어날 수 있도록 이끌어준다.

우리는 앞에서 초월적 행동을 보여준 공감리더십의 사례들을 살펴보았다. 피에르 신부가 재벌가의 아들을 포기하고, 타인에 대한 봉사와 헌신의 길인 사제의 길을 선택한 것[49], 이태석 신부가 의사로서의 보장된 길을 포기하고 하나님의 부르심에 정직히 응답하고자 사제가 된 후 가장 위험하고, 다른 선교사들 조차도 가기를 꺼려하는 남수단에 자원해서 떠난 것, 박사학위가 4개 이상인 슈바이처 박사가 교수직과 목사직, 그리고 음악가의 위치를 내려놓고 아프리카 의료선교를 한 행위들은 모두 초월론적 생위들에 속하며 이러한 공감적 행위들은 훗날 숫자로 환산 불가능한 양적·질적 결과물들을 생산해 내게 되었다.

그러면 왜 좀 더 많은 초월적 행동이 존재하지 않는가? 우선 히긴스Higgins가 설명하듯이 사람들은 시도해보려는 관점(성취, 열망)보다는 방어적 관점(안전, 책임, 의무 등에 대한)을 더 많이 가지고 있다. 초월적 행동은 성공하기가 쉽지 않다. 때로는 사람과 조직을 위해 소요되는 비용이 이익보다 큰 경우도 있다. 초월적 행동은 문화적, 전략적, 또는 정치적 규범을 어기거나 기회 비용이 너무 높으면 역기능적일 수 있다. 초월적 행위가 주목받지 못하는 이유는 최소한 두 가지 가능성이 있다. 첫째, 많은 사람들은 어린 시절 이후 성장과정을 통해 사람이 자기중심적이고, 물질주의적이며, 경쟁적이고 또한 시장경제에 몰두한다고 듣는다. 둘째, 아마도 대부분의 사람들은 초월적 행동에 대해서는 자기 효능감의 수준이 낮다. 어쩌면 초월적 행동이라는 것이 비범하게 높은 수준의 자기 효능감을 필요로 할지도 모른다.

1.5.11. 공감리더십과 원칙중심 행동

긍정조직학에서는 계속해서 용기 있는 원칙 중심 행동(Courageous Principled Action)에 대해 기술하고 있다. 헨리 데이비드 소로우(Henry David Thoreau, 1817-1862)에 따르면 "원칙에서 비롯되는 행동 즉, 옳은 것을 지각하고 실행하는 행위는 사물과 관계를 변화시킨다. 이것은 본질적으로 혁명적이며, 과거에 존재하는 행동과는 완전히 다른 것이다." 조직의 형태는 '행동의 틀'이며, 이 틀은 곧 조직에서 종업원들이 세상을 해석하는 방식이 된다. 그리고 행동의 이 틀은 암시적 혹은 명시적으로 종업원의 사고, 행동, 감정을 통제할수 있다. 핵심은 행동 형성의 틀이라 할 수 있는 조직은 어떤 행동들에 대해서는 과도할정도로 강조하고 어떤 행동들은 억제하는 경향이 있다는 것이다. 그러나 사람들은 조직에서 무엇이 '옳은가'에 대해서 자신들의 감정과 본능적 감각에 따라서 금지하고 있는 행

---

49) 아베 피에르(2002). 『피에르 신부의 고백』, 백선희.이병률 옮김, 서울 : 마음산책.

동을 시도하기도 한다.

우리의 목적은 4가지 '이상적인' 조직 형태들(시장, 관료집단, 종족집단, 조직화된 무정부 상태)과 관련된 이론들을 살펴보고, 조직의 형태와 용기 있는 원칙 중심 행동 사이의 관계를 보여주고자 한다. 학자들에 의하면 각 조직 형태별로 서로 경쟁적인 가치들이 존재하며, 이 경쟁적 가치들은 행동의 지배적 레퍼토리를 대체할 수 있다.

용기 있는 원칙 중심 행동은 기존의 조직 틀을 파괴함으로써 사회적 역동성을 해방시켜 준다. 이 역동성은 긍정적인 나선형 상승이 이루어질 수 있는 가능성을 열어 놓으며, 따라서 조직의 변화에 기여할 수 있다. 조직에서 용기 있는 원칙 중심 행동을 확인하는 논제에서 3가지의 기본적 가정들이 나오게 된다. 첫째, 어느 특정 조직 형태에서 그 조직과는 다른 가치들이나 그 조직에서 제한하고 있는 행동들을 실행하려면 용기와 원칙 모두가 필요하다. 둘째, 용기 있는 원칙 중심의 행동들은 조직의 형태와 관련된 규칙들을 가지고 있다. 셋째, 조직 체계에서 용기 있는 원칙 중심 행동은 필연적이라 할 수 있는데 이는 그런 행동이 사회 체계 속에서 억압되어 있던 가능성들을 해방시켜 주기 때문이다.

조직의 형태와 용기 있는 원칙 중심 행동에 대해 살펴보면 기존의 판에 박힌 일이나 현상유지가 아닌, 최상의 조직 목표와 일치하는 행동을 취하기 위해서 사람들이 자신의 직관, 감정, 대인관계, 인지적 자원을 이용해야 할 때, 원칙 중심 행동은 용기 있는 행동이 된다. 이런 정의에서 볼 때 용기 있는 원칙 중심 행동은 종종 어렵고, 좌절될 수 있으며 인기 없는 행동일 수 있다. 그러나 원칙중심행동은 개인 및 조직에서 최고의 인간적 가치인 도덕 가치들이 이끄는 방식에 의해 이루어진다.

공감리더는 조직 내에서 긍정조직학에서 언급 된 원칙중심의 행동을 실천해야 할 것이다. 그렇다면 공감리더는 어떠한 원칙중심의 행동을 해야 할까? 예를 들면 원칙중심의 행동에는 '용기'도 포함이 되는데, 부하직원이 내부고발자가 되어 조직의 안좋은 면을 감사팀에 말했다고 하자. 이것을 눈치 챈 회사 직원들은 그 내부고발자를 업무에서 배제하고, 왕따 시키는 사태까지 발생하였다. 이러한 조직 내 인간관계에서 어려움과 고통을 겪고 있는 내부고발자는 공감리더에게 자신을 보호해 달라는 요청을 하게 되었는데, 공감리더 역시 회사의 일원이고, 회사로부터 급여를 받는 구성원이라 난처한 상황에 처하게 된 것이다. 용기 있는 원칙 중심의 행동은 이러한 상황에서 리더가 평소와 동일하게 공감적 행위를 제공하는 것이고, 내부고발자를 격려하고, 위로하면서 회사의 안좋은 면을 낱

낱이 드러날 수 있도록 도와주는 것이다.

다음은 조직 형태와 용기 있는 원칙 중심 행동이다. 시장과 위계조직, 종족집단 및 관료주의는 각각의 자신만의 특정한 가치들을 선호하면서도 각 조직에 대한 경쟁적 가치는 억제하려고 한다. 또한 이들 조직들은 조직 내 구성원들의 행동을 조직화하고 통제한다. 용기 있는 원칙 중심 행동은 기존 조직의 관성적인 규범과 형태를 거부하고, 원칙에 근거한 합리적인 행동을 추구해 나가기 때문에 기존 조직에 의해 억눌려있던 행동들이 수면위로 올라올 수 있다.

첫째, 시장에서의 충성도와 신뢰측면에서 원칙 중심 행동이다. 시장은 경쟁, 야망, 주도권 등과 같은 가치들과 관련된 행동들을 강화해 준다. 그러나 경쟁, 야망, 주도권 등은 인간관계와 공동체에 잠재적 손실을 미칠 수 있는 개인주의적 가치들이다. 이런 상황에서 공통 가치들, 즉 충성심, 정직성, 신뢰는 지나친 경쟁 남용과 경쟁 과도화를 예방할 수 있다. 시장 경쟁에서 충성, 정직, 신뢰 등을 연구하는 학자들은 경제사회학 분야에서 찾아볼 수 있다.

둘째, 위계에서의 일탈측면에서 원칙 중심 행동이다. 위계는 행동을 통제하기 위하여 규칙, 역할, 일상업무, 다른 관료적 제도 등을 사용함으로써 복종, 규칙, 책임감 등을 조성하기 위한 것이다. 그러나 규칙과 기계적 절차가 진부한 경우, 특정 상황에서 부적절한 경우, 또는 조직에서 구성원들이 취해야 할 적절한 행동들을 충분히 다루고 있지 못한다면, 구성원들은 규칙을 깨부수고 일상적 업무를 바꾸어 가는 것이 필요하다. 원칙에 중심을 둔 일탈의 공통적 형태들에는 문제에 대한 설득이나 내부고발이 포함된다. 또한 조직 기능을 위해 보다 덜 극단적인 방식으로 영향을 미칠 수도 있다.

셋째, 종족집단에서 급진주의 측면에서 원칙중심 행동이다. 종족은 공유된 목적, 전통, 집단행동 통제 등을 사용함으로써 충성, 응집, 결속 등의 가치를 촉진한다. 그러나 지나친 충성, 응집, 결속력 등은 획일성과 자민족 중심주의를 초래할 수 있으며 환경이 주는 기회와 위협들이 가혹할 때 조직에 해로울 수 있다. 이 상황에서 조직은 다양한 사고방식들을 지닌 구성원들이 개인적 직관과 야망을 보여주는 것이 필요하다. 온건적 급진주의자들에 대한 연구는 상대적으로 균일한 조직에서 어떻게 해서 다양한 사람들이 개별적 변화를 시도하는지에 대해서 다룬다.

넷째, 조직화된 무정부에서의 책임감이다. 조직화된 무정부가 좀 더 많은 문제들을 해결할 필요가 있고 좀 더 많은 기회들을 탐색할 필요가 있을 때, 그러한 문제들과 기회들에 달려들어 책임을 맡을 사람들이 종종 필요하게 된다. 학자들은 시장 형태에 대해서는 충성, 신뢰에 초점을 두고, 위계조직에 대해서는 원칙에 중심을 둔 일탈 행동에 초점을 두며, 종족집단에 대해서는 온건한 급진주의에 초점을 둔다. 아울러 조직화된 무정부에 대해서는 책임감에 초점을 둔다. 그러나 용기 그 자체는 놀랍게도 이들 대부분의 문헌에서 빠져 있다. 조직 참여자들과의 인터뷰에 따르면 용기가 자신들의 경험에 가장 밀접하게 관련되어 있다고 말하고 있는데도 말이다.

다섯째, 조직 형태와 용기 있는 원칙 중심 행동과의 상호 관계는 어떠할까? 조직 구성원들이 조직 형태에 따른 조직의 핵심 가치들과 경쟁되는 가치들을 실행할 때, 조직에서 용기있는 원칙 중심 행동이 일어난다. 이것이 사실이라면 용기있는 원칙 중심의 행동은 대인관계의 개발, 기존의 규칙과 역할에 대한 적응, 목표의 변경, 문제와 선택기회들에 대한 새롭게 접근하는 방법 등을 제시하기 때문에, 변화를 위한 가능성들을 높여준다. 용기있는 원칙 중심 행동은 조직에 위험스러운 것이라고 인식될 수 있기에 용기있는 행위자는 조직으로부터 소외되거나, 조직을 더나야 하거나 혹은 다른 사람의 분노를 유발하기도 한다. 그러나 용기있는 원칙 중심 행동은 또한 다른 사람도 똑같이 행동하도록 영감을 주는 긍정적인 감정을 일으킨다.

1.5.12. 공감리더십과 상승나선

조직에서의 긍정적 정서와 상승 나선(Positive Emotions and Upward Spirals in Organizations)에 대해 살펴보자. 긍정조직학은 개인이나 조직 구성원이 긍정적 정서인 즐거움, 흥미, 자부심, 만족, 감사, 사랑 등을 경험하게 되면 왜 개인과 조직의 수행 성과에서 변화가 일어나고, 상승 나선으로 나아가게 되는지를 설명해준다. 확장 및 구축 이론에 따르면 긍정적 정서는 사람들의 사고 능력과 행동 능력을 확장시키는데, 사람들은 이렇게 확장된 능력들을 가지고 장기적으로 자신들의 개인적, 사회적 능력을 지속적으로 개발할 수 있다. 어떤 사람이 긍정적 정서를 경험하게 되면 이것은 조직의 다른 구성원들에게 확산될 수 있고, 고객에게까지 전달될 수 있다. 그러므로 긍정적 정서는 조직이 기능을 잘하도록 해줄 수 있고, 발전할 수 있게 도와줄 수 있는 것이다.

정서에 대한 현재의 관점들은 어떠할까? 정서에 대한 정의는 상대적으로 짧은 순간에 걸쳐 전개되는 복합적 반응 경향들이라는 개념이 제일 적절하다. 정서는 기분과 관계가 있지만 개인에게 의미 있는 상황에 대한 것이라는 점에서 기분과는 다르다. 정서는 정동 특성, 즉 적대감, 신경증 또는 낙관주의 등과도 다르다. 정서에 대한 여러 이론가들이 제시하는 모델에서 핵심적인 것은 정서가 구체적 행동 경향과 관련된다는 점이다. 예를 들어 공포는 회피 충동과 연결되고, 분노는 공격 충동과 연결되며, 혐오는 추방 충동과 연결되어 있다. 이 모델들에서 핵심 아이디어는 특정 정서를 진화시켰던 것은 구체적 행동 경향들이라는 점이다. 또 다른 핵심 아이디어는 구체적 행동 경향성과 심리적 변화는 서로 함께 한다는 것이다.

긍정적 정서의 확장 및 구축 이론 관점에서 긍정적 정서가 자주 나타나는 경우는 사람들이 안전감과 만족감을 느낄 때이다. 따라서 순간적으로 사고-행동이 일어나는 관계에서 빠르고 결정적인 행동을 선택하는 심리적 과정은 긍정적 정서를 일으키는 데에는 필요하지 않을 수 있다. 그 대신 즐거움, 흥미로움, 자부심과 같이 현상학적으로 서로 구별되는 긍정적 정서들은 사람들에게서 순간적으로 일어나는 생각-행동 레퍼토리를 확장하고 마음에 일어나는 생각과 행동의 폭을 넓혀준다. 중요한 점은 긍정적 정서 상태들이 지속되는 동안에 생긴 개인적 능력들은 나중에도 지속될 수 있다는 것이다. 즉, 확장 및 구축 이론은 생각-행동 레퍼토리가 확장된다는 견지에서 긍정적 정서의 모습들을 설명하는 것이다. 그리고 지속적 개인 자원들을 구축한다는 견지에서 그 기능을 설명한다. 그런 과정 속에서 이 이론은 긍정적 정서가 진화된 적응적 의미를 갖는다는 새로운 조망을 제공한다.

최근의 연구는 중립적 정서상태나 부정적 정서상태와는 달리 긍정적 정서상태는 순간적으로 사고-행동 레퍼토리와 사람들의 관찰 범위를 넓혀준다는 점을 제시한다. 또한 긍정적 정서는 중립적 정서상태와 부정적 정서에 비해서 사람들의 자아개념을 확장하고 가까운 타인들을 좀 더 많이 포용하게 한다는 것을 보여 주었다. 중요한 점은 긍정적 정서가 갖고 있는 확장 효과들은 만족/평온과 같이 활성화 상태가 낮은 것에서뿐만 아니라 즐거움과 재미와 같이 활성화 상태가 높은 것에 이르기까지 모두에서 나타난다는 것이다. 긍정적 정서는 인지를 확장하는 효과와 함께 부정적 정서를 덜 느끼게 조정하는 독특한 능력을 가지고 있다. 실험 연구에 의하면 긍정적 정서를 경험하면 부정적 정서가 미치는 심혈관에 해로운 효과를 진정시키거나 없앨 수 있다.

긍정적 정서가 가지고 있는 확장효과와 원상회복 효과들로 인해 사람들은 역경에 대처하는 방법을 확장하고 개선시킬 수 있는 능력이 늘어난다. 이를 지지하는 증거에 의하면 긍정적 정서들이 형성되면 자아와 관계된 중요 정보에 대한 관심과 정보처리가 촉진됨을 알 수 있다. 이와 같은 발견들에 따르면 긍정적 정서들은 최적 기능을 만들고 정서적 안녕을 제고하는'상승 나선'을 만든다는 가설이 가능하다. 확장 및 구축 이론은 긍정적 정서와 그에 따른 확장적 사고가 역시 서로 영향을 미쳐, 행동과 안녕에서 비교적 유익하게 향상되는 상승 나선을 만드는 것으로 예측할 수 있다.

조직 상황에서 긍정적 정서에 대해 살펴보자. 스토우Staw, 서튼Sutton, 펠로드 Pellod(1994)의 연구에 의하면 긍정적 정서를 갖는 경우 급여수준의 향상이 이루어질 수 있을 뿐만 아니라 감독자들의 평가도 향상된다는 것을 예측할 수 있다. 그러므로 긍정적인 정서를 경험하는 사람들은 시간이 갈수록 자신들을 좀 더 효과적이고 사회적으로 잘 적응하는 종업원으로 변화된다는 것을 보여주고 있다.

조직 혁신은 각 사람들의 긍정적 정서가 조직의 다른 멤버들을 통해 공명될 수 있기에 가능하다. 이것은 정서가 전염되기 때문이다. 조직의 리더들이 보여주는 긍정적 정서는 특히 전염성이 높다. 긍정적 정서가 조직을 통해서 확산될 수 있는 또 다른 길은 타인에 대한 긍정적 의미를 전달하는 연쇄 사건들을 만드는 것이다.

사회심리 실험에서는 긍정적 정서를 느낀 사람들은 중립적 정서 상태에 있는 사람들에 비해서 타인들을 좀 더 많이 도와준다는 점을 보여준다. 중요한 점은 도움주기 행위는 긍정적 상태에서 일어날 뿐만 아니라 마찬가지로 긍정적 정서를 만들 수도 있다는 것이다.

도움을 주는 사람이 경험한 긍정적 정서 외에 도움을 받는 사람들은 감사함이라는 상보적인 긍정적 정서를 느낄 가능성이 높다. 감사의 감정은 도덕적 행동을 반영하고 인식하여 도덕적 행동을 동기부여시킨다. 왜냐하면 자신을 도운 사람에게 어떤 방법으로든 다시 갚아 주려는 충동을 느끼기 때문이다. 도움을 주고받는 사례를 단지 목격하거나 듣는 사람들도 마찬가지로 긍정적 정서를 경험할 수 있다. Haidt(2000,2003)에 따르면 이와 같이 옆에서 그런 행동들을 보는 사람들은 종종 긍정적인 느낌이 고양되는 것을 경험한다. 느낌이 고양되는 것을 경험하게 되면 사람과 집단, 조직, 공동체를 변화시킬 수 있는 잠재력이 생긴다. 사람들의 느낌이 고양되어 행동하는 정도에 따라 그들은 보다 훌륭하고 더 도덕적인 사람이 되고자 하는 목적에 도달할 수 있다. 이 과정이 지속되면 조직은 좀 더 동정적이고 조화로운 곳으로 변화될 것이다.

긍정적 정서는 조직 내에서 퍼지는데 대인간의 의미 깊은 만남에서 비롯되고, 그 만남을 창조하기 때문이다. 즉 사람의 긍정적 정서가 행동으로 나타난 결과를 타인이 해석하기 때문이다. 따라서 확장 및 구축 이론에 의하면 조직 환경에서 긍정적 정서가 조성될 경우 사람들의 활동이 좀 더 활성화될 뿐만 아니라, 조직들의 기능이 더 향상됨을 예측할 수 있다.

따라서 공감리더십을 경험하는 구성원들은 긍정적 감정, 긍정심리자본, 긍정적 업무관련 정체성 등과 같은 긍정적 정서를 형성하게 되고, 더 나아가 집단적 자긍심, 조직 동일시, 정서적 몰입, 업무성과 같은 성과 향상을 경험하기 때문에 긍정적 정서의 상승 나선은 끝이 없는 무한대의 개념인 것이다. 사랑과 헌신이 끝이 없는 무한의 개념인 것처럼 고통에 반응하는 돌봄의 행위로서 공감리더십은 무한대로 구성원들에게 긍정적 상승나선을 그리게 하는 원동력이 될 뿐만 아니라 개인차원에서의 업무성과 및 조직 차원에서의 조직성과 향상까지도 기대할 수 있을 것이다.

1.6. 경영학에서 고통을 전제로 한 공감

미국 미시건 대학의 제인 더튼(Dutton J. E) 교수와 그의 동료들은 1990년부터 지금까지 꾸준히 경영학 인사조직 분야에서 공감에 관한 연구를 수행해 오고 있다. 통상적으로 경영학이라는 학문은 경제학에서 파생되어 나온 학문으로 인식되는데, 경영학의 분과는 마케팅, 인사조직, 회계학, 금융재무, 전략, 경영정보, 국제경영 등이 있다. 필자는 이중에서 인사조직과 마케팅 전공으로 경영학박사를 받은 후 현재까지 더튼 교수와 긍정조직학파(POS)의 영향을 받아 컴페션과 관련한 논문들을 적성해오고 있다.

제인 더튼 교수와 그의 동료들은 경영학 분야에서 실증적 연구에 사용하는 공감에 관한 척도 3문항을 개발[50]할 정도로 공감에 관한 선구자적인 역할을 하였다. 척도라는 용어가 독자여러분들께는 다소 어려울 수가 있는데, 쉽게 설명 드리면 설문지에 등장하는

---

50) Lilius, J. M., Worline, M. C., Maitlis, S., Kanov, J., Dutton, J. E. & Frost, P. 2008. The contours and consequences of compassion at work. Journal of Organizational Behavior, 29(2), 193-218.

설문문항이라고 생각하시면 된다. 예를 들면 독자여러분들께서는 제품을 구

매 후 환불이나 제품 교환 시 상담사와 통화 후 고객만족도 조사를 위한 설문을 받아보신 적이 있을 것이다. 상담에 관한 고객만족도 조사지 설문문항으로 "상담사는 고객의 불편사항에 친절히 응대하였습니까?" 이러한 설문문항이 바로 척도(construct)가 된다.

미국 미시건대학의 긍정조직학파의 일원인 Lilius교수와 그의 동료들은 2008년에 공감에 관한 척도 3문항을 개발하였고[51], 필자 역시 공감에 관한 논문을 작성할 때 이분들이 만들어 놓은 3개의 문항을 사용하고 있다. 공감에 관한 3개의 문항은 아래와 같다.

① 당신은 조직 내에서 상사로부터 시간적, 정신적, 물질적인 돌봄의 행위를 종종 경험합니까?
② 당신은 조직 내에서 부하직원으로부터 시간적, 정신적, 물질적인 돌봄의 행위를 종종 경험합니까?
③ 당신은 조직 내에서 동료로부터 시간적, 정신적, 물질적인 돌봄의 행위를 종종 경험합니까?

<상처 입은 자들의 그늘이 되어준 긍정조직학파>

51) Lilius, J. M., Worline, M. C., Maitlis, S., Kanov, J., Dutton, J. E. & Frost, P. (2008). The contours and consequences of compassion at work. Journal of Organizational Behavior, 29(2), 193-218.

따라서 독자 여러분들께는 경영학 인사조직 분야에서 공감에 관한 선구자적인 역할을 했던 미국 긍정조직학파(POS)의 일원인 더튼 교수의 공감에 관한 연구업적을 아래 <표 5>를 통해 정리해 두는 것이 본 저서를 이해하는데 큰 도움이 될 것이다. 아래 <표 5>의 논문들 중에서 공감에 관한 척도를 개발한 논문인 "The contours and consequences of compassion at work"을 제외하고는 모두 질적 연구[52] 논문이 된다.

<표 5> 공감에 관한 미국 긍정조직학파 논문

저자	논문제목	논문제목(번역)	게재 저널	출판년도
Dutton, J. E., Workman, K. M. & Hardin, A. E.	Compassion at work	일터에서의 공감	The Annual Review of Organizational Psychology and Organizational Behavior	2014
Dutton, J. E. & Workman, K. M.	Commentary on 'Why Compassion Counts!' Compassion as a Generative Force	왜 공감이 중요한가! 생성적 힘으로써의 공감	Journal of Management Inquiry	2011
Kanov, J. M., Maitlis, S., Worline, M. C., Dutton, J. E., Frost, P. J. & Lilius, J. M.	Compassion in organizational life	조직 생활에서 공감	American Behavioral Scientist	2004
Lilius, J. M., Worline, M. C., Maitlis, S., Kanov, J., Dutton, J. E. & Frost, P.	The contours and consequences of compassion at work	일터에서 공감의 결과들과 윤곽들	Journal of Organizational Behavior	2008
Dutton, J. E., Worline, M. C., Frost, P. J. & Lilius, J.	Explaining compassion organizing	공감의 조직화 설명하기	Administrative science quarterly	2006

---

52) 쉬운 용어로 설명을 드리면 양적연구는 통계를 사용해서 데이터를 분석하는 연구이고, 질적연구는 설문 또는 통계기법을 사용하지 않고 상대방을 인터뷰하거나 관찰을 통해서 연구자가 기술해나가는 연구가 된다.

저자	논문제목	논문제목(번역)	게재 저널	출판년도
Lilius, J. M., Worline, M. C., Dutton, J. E., Kanov, J. M. & Maitlis, S.	Understanding compassion capability	공감의 능력 이해하기	Human relations	2011
Rynes, S. L., Bartunek, J. M., Dutton, J. E. & Margolis, J. D.	Care and compassion through an organizational lens: Opening up new possibilities	조직의 렌즈를 통해 본 돌봄과 공감 : 새로운 가능성 열기	Academy of Management Review	2012
Dutton, J. E., Frost, P. J., Worline, M. C., Lilius, J. M. & Kanov, J. M.	Leading in times of trauma	트마우마 시대를 이끄는	Harvard business review	2002
Dutton, J. E., Roberts, L. M. & Bednar	Pathways for positive identity construction at work: Four types of positive identity and the building of social resources	일터에서 긍정적 정체성 구축을 위한 방법들 : 긍정적 정체성과 사회적 자원 구축의 4가지 유형들	Academy of management review	2010
Dutton, J. E.	Breathing life into organizational studies	조직연구에 생기를 불어넣기	Journal of management Inquiry	2003
Dutton, J. E., Glynn, M. A. & Spreitzer, G.	Positive organizational scholarship	긍정조직학	The SAGE handbook of organizational behavior	2008

더튼 교수와 그의 동료들은 긍정조직학파(POS)를 형성하여 공감, 긍정적 정체성, 긍정적 감정 등이 결과 변수에 미치는 영향에 관한 질적·양적 연구를 1990년대 이후 지금까지 꾸준히 수행해 오고 있다.

1-6. 쉬어가는 이야기: 네가 아프면 나도 아파

포르투갈 응용심리대학교의 루이 올리베이라 교수 연구팀은 2023년 3월 23일 국제학술지 사이언스에 어류의 공감 능력에 관한 연구 결과를 발표했다. 이 연구에서는 열대어인 제브라피시를 대상으로 동료 물고기의 공포를 감지하고 이에 반응하는 능력을 조사했다. 연구팀은 제브라피시의 옥시토신 생성 및 수용과 관련된 유전자를 제거한 결과, 이들이 다른 물고기의 불안 상태를 인지하거나 행동을 변화시키지 못하는 것을 발견했다. 그러나 이러한 유전자 변형 물고기에게 옥시토신을 주입하자, 동료의 감정을 다시 감지하고 그에 반응하는 능력이 회복되었다. 이러한 결과는 옥시토신이 인간의 공감 능력뿐만 아니라 어류의 감정 전이에도 중요한 역할을 한다는 것을 시사한다. 또한, 이는 공감과 같은 사회적 행동이 약 4억 5천만 년 전 공통 조상으로부터 진화적으로 보존되어 왔을 가능성을 보여준다. 물고기도 사람처럼 동료 물고기의 고통에 가슴아파하는 공감능력을 지닌 연구결과이다. 인간이 지니고 있는 아름다운 감정 중 하나가 타인의 고통에 함께 아파하는 공감의 감정일 것이다. 인간이 꽃보다 더 아름다운 존재일 수 있는 것은 상대방이 아프니까 나도 아픈 공감의 마음이 있어서 그런 것이 아닐까 생각한다.

<동료의 고통을 인지한 물고기의 공감 반응을 관찰하는 실험에 사용된 제브라피시>

국내에서는 2012년에 고성훈·문태원이 경영학 인사조직 분야에서는 처음으로 공감이 이직의도에 미치는 영향관계[53]에 관한 실증적 연구를 수행하면서 조직행동 전공에서 공감 연구에 관한 첫 문을 열게 되었다. 그리고 그 이후 오아라 외(2013)는 공감과 정서적 몰

---

53) 고성훈·문태원. (2012). 공감이 이직의도에 미치는 영향: 긍정적 정체성과 조직몰입의 이중매개효과를 중심으로. 인사조직연구, 20(3), 29-76.

입 및 직무성과의 관계에 관한 연구를 수행하였고, 이 외에도 필자는 경영학 분야에서 공감에 관한 양적·질적 연구는 2012년 이후 꾸준히 수행되고 있다. 아래 <표 6>은 필자가 국내·외 경영학 분야에서 수행한 공감에 관한 연구들을 정리한 것인데, 독자 분들이 향후 공감리더십 본서를 이해하는데, 큰 도움이 될 것으로 믿는다.

<표 6> 공감에 관한 저자의 국내·외 논문

게재 년월	원어논문명	국내·외 학술지	학술지명	발행처	권	호	참여 구분
202412	문화예술기관 조직 내 구성원이 경험하는 컴페션과 감사 및 주관적 안녕감의 관계에 관한 연구: 잡 크래프팅과 감사의 이중매개	KCI등재지	비즈니스 융복합연구	한국 비즈니스학회	9	6	교신저자
202412	특성화고등학교 학생들이 경험하는 컴페션의 역량과 주관적 안녕감: 감사와 긍정적 감정의 이중매개	KCI등재지	경영컨설팅연구	한국 경영컨설팅학회	24	6	1저자
202412	특성화고등학교 학생이 경험하는 긍정리더십과 컴페션, 감사 및 주관적 안녕감의 관계	KCI등재지	비즈니스 융복합연구	한국 비즈니스학회	9	6	
202411	공공문화예술 기관 내 구성원들의 컴페션과 주관적 안녕감의 관계: 감사의 매개효과와 진정성의 조절된 매개효과를 중심으로	KCI등재지	전문경영인연구	한국 전문경영인학회	27	4	1저자
202410	Revisiting Compassion and Job Performance: A Constructive Study in South Korean Public Art Institutions	SSCI	Behavioral Sciences	MDPI	14	10	교신저자

게재 년월	원어논문명	국내·외 학술지	학술지명	발행처	권	호	참여 구분
202410	공공문화예술 기관 내 구성원들이 경험하는 컴페션의 역량이 주관적 안녕감에 미치는 영향: 감사의 조절된 매개효과와 긍정심리자본의 매개효과	KCI등재지	비즈니스 융복합연구	한국 비즈니스학회	9	5	1저자
202406	조직에서의 컴페션: 자기효능감과 심리적 안녕감의 역할	KCI등재지	로고스 경영연구	한국 로고스경영학회	22	2	1저자
202401	Compassion Catalysts: Unveiling Proactive Pathways to Job Performance	SSCI	Behavioral Sciences	MDPI	14	57	교신저자
202312	고통에 반응하는 컴페션과 조직시민행동의 관계: 긍정적 조직정체성과 긍정심리자본의 이중매개 효과	KCI등재지	전문경영인 연구	한국 전문경영인학회	26	4	1저자
202312	기업의 사회적 책임 인식과 조직시민행동의 관계: 컴페션과 긍정적 조직 정체성의 이중매개	KCI등재지	로고스 경영연구	한국 로고스경영학회	21	4	1저자
202312	긍정리더십이 잡 크래프팅에 미치는 영향: 긍정적 감정과 조직 동일시의 이중매개	KCI등재지	경영컨설팅 연구	한국 경영컨설팅학회	23	6	1저자
202312	소비자가 인식하는 CSR진정성이 반소비자 인식에 미치는 영향: 컴페션과 기업태도의 이중매개효과	KCI등재지	비즈니스 융복합연구	한국 비즈니스학회	8	6	1저자
202312	긍정리더십과 직무성과의 관계: 컴페션과 긍정적 감정의 이중매개효과	KCI등재지	비즈니스 융복합연구	한국 비즈니스학회	8	6	1저자
202310	컴페션이 조직구성원의 창의성에 미치는 영향: 진정성과 긍정심리자본의 이중매개	KCI등재지	경영컨설팅 연구	한국 경영컨설팅학회	23	5	1저자

게재 년월	원어논문명	국내·외 학술지	학술지명	발행처	권	호	참여 구분
202309	Employees' Perceptions of Corporate Social Responsibility and Their Extra-Role Behaviors: A Psychological Mechanism	SSCI	SUSTAINABILITY	MDPI AG	15	18	1저자
202308	컴페션과 감정고갈의 관계: 긍정심리자본과 조직동일시의 이중매개	KCI등재지	전문경영인 연구	한국 전문경영인학회	26	2	1저자
202308	컴페션과 직무성과의 관계: 긍정적 감정과 조직 동일시의 이중매개효과	KCI등재지	경영컨설팅연구	한국 경영컨설팅학회	23	4	1저자
202307	Consumers' Corporate Social Responsibility Perception and Anti-Consumer Awareness: Roles of Compassion and Corporate Social Responsibility Authenticity in South Korea	SSCI	Behavioral Sciences	MDPI	13	8	1저자
202306	컴페션과 조직 동일시의 관계: 긍정적 감정과 집단적 자긍심의 이중매개효과		로고스 경영연구	한국 로고스경영학회	21	2	1저자
202206	The Relationship between Compassion Experienced by Social Workers and Job Performance: The Double Mediating Effect of Positive Psychological Capital and Affective Commitment	SCOPUS	Open Psychology Journal	Bentham Science Publishers B.V.	15		1저자
202206	Work overload and affective commitment: The roles of work engagement, positive psychological capital, and compassion	SSCI	SOCIAL BEHAVIOR AND PERSONALITY	SOC PERSONALITY RES INC	50	6	1저자

게재 년월	원어논문명	국내·외 학술지	학술지명	발행처	권	호	참여 구분
202204	그린뉴딜 특화형 스마트도시 조성을 위한 탐색적 연구-경기도 3기 신도시 정책 및 뉴스트렌드를 중심으로-	KCI등재지	한국지적정보 학회지	한국지적 정보학회	24	1	공동저자
202111	Effect of corporate social responsibility perception on job satisfaction	SSCI	SOCIAL BEHAVIOR AND PERSONALITY	SOC PERSONALITY RES INC	49	11	1저자
202107	The effect of university organizational culture on organizational silence and faculty ? student interaction	SCOPUS	management science letters	GROWING SCIENCE	11	7	교신저자
202107	Customers' Experiences of Compassion and Brand Attitude: Evidence From Low- Cost Carriers	SSCI	FRONTIERS IN PSYCHOLOGY	FRONTIERS MEDIA SA	12		1저자
202101	Positive leadership and organizational identification: Mediating roles of positive emotion and compassion	SCOPUS	Problems and Perspectives in Management	LLC CPC Business Perspectives	19	1	1저자
2021	Compassion and workplace incivility: Implications for open innovation	SCOPUS	Journal of Open Innovation: Technology, Market, and Complexity	MDPI AG	7	1	1저자
202005	Roses with or without thorns? A theoretical model of workplace friendship	SCOPUS	Cogent Psychology	Cogent OA	7	1	공동저자
202003	기업의 사회적 책임(CSR) 인식이 조직 구성원들의 창의성에 미치는 영향 : 컴페션의 매개효과와 CSR진정성의 조절효과	KCI등재지	디지털 융복합연구	한국 디지털정책학회	18	3	1저자

게재 년월	원어논문명	국내·외 학술지	학술지명	발행처	권	호	참여 구분
202001	The effects of compassion experienced by SME employees on affective commitment: Double-mediation of authenticity and positive emotion	SCOPUS	management science letters	GROWING SCIENCE	10	6	1저자
201911	Compassion and Job Performance: Dual-Paths through Positive Work-Related Identity, Collective Self Esteem, and Positive Psychological Capital	SSCI	SUSTAINABILITY	MDPI AG	11	23	1저자
201906	컴페션(Compassion)이 조직 동일시에 미치는 영향 : 긍정적 감정과 긍정심리자본의 이중 매개효과	KCI등재지	디지털 융복합연구	한국 디지털정책학회	17	6	1저자
201906	공감(compassion)이 업무성과에 미치는 영향 : 질적 연구를 통한 연구모형 개발을 중심으로	KCI등재지	융합정보 논문지	중소기업 융합학회	9	6	1저자
201904	컴페션(compassion)이 잡 크래프팅(Job Crafting)에 미치는 영향 : 긍정심리자본의 매개효과와 심층행동의 조절효과	KCI등재지	디지털 융복합연구	한국 디지털정책학회	17	4	1저자
201903	사회복지사들이 경험하는 컴페션이 정서적 몰입에 미치는 영향 - 긍정심리자본의 매개효과와 조직 동일시의 조절효과 -	KCI등재지	경영과 정보연구	대한경영 정보학회	38	1	교신저자

게재 년월	원어논문명	국내·외 학술지	학술지명	발행처	권	호	참여 구분
201903	조직 내 북한이탈주민이 경험하는 컴페션이 조직시민행동과 심층행동에 미치는 영향: 긍정심리자본의 매개효과	KCI등재지	로고스 경영연구	한국 로고스경영학회	17	1	1저자
201812	How Employees' Perceptions of CSR Increase to Employee Creativity: Mediating Mechanisms of Compassion at work and Intrinsic Motivation	SSCI	JOURNAL OF BUSINESS ETHICS	SPRINGER	153	3	교신저자
201812	조직구성원들이 경험하는 컴페션과 긍정 리더십이 집단적 자긍심과 직무성과에 미치는 영향 : 긍정적 조직 정체성의 매개효과	KCI등재지	전문경영인 연구	한국전문 경영인학회	21	4	1저자
201811	컴페션이 정서적 몰입과 조직 동일시에 미치는 영향 : 긍정적 업무관련정체성(PWRI)의 매개효과	KCI등재지	경영컨설팅 연구	한국경영 컨설팅학회	18	4	1저자
201811	탈북민들이 경험하는 컴페션이 직무성과와 조직시민행동에 미치는 영향: 심층행동의 매개효과	KCI등재지	디지털 융복합연구	한국 디지털정책학회	16	11	1저자
201810	Bridging Service Employees' Perceptions of CSR and Organizational Citizenship Behaviors : The Moderated Mediation Effects of Personal Traits	SSCI	CURRENT PSYCHOLOGY	SPRINGER	37	4	1저자

게재 년월	원어논문명	국내·외 학술지	학술지명	발행처	권	호	참여 구분
201810	Social Capital and Organizational Citizenship Behavior: Double-Mediation of Emotional Regulation and Job Engagement	SSCI	SUSTAINABILITY	MDPI	10	10	1저자
201810	사회복지사들이 경험하는 컴페션이 집단적 자긍심에 미치는 영향: 긍정적 업무관련 정체성의 매개효과와 조직 동일시의 조절효과	KCI등재지	디지털 융복합연구	한국 디지털정책학회	16	10	1저자
201809	조직 미덕(virtue)과 상사-구성원 관계(LMX)가 무례함과 정서적 몰입에 미치는 영향 - 성실성의 조절효과 -	KCI등재지	경영과 정보연구	대한경영 정보학회	37	3	교신저자
201808	조직미덕과 상사-구성원 관계가 조직 내 무례함과 정서적 몰입에 미치는 영향 : 질적 연구를 통한 연구모형 개발을 중심으로	KCI등재지	전문경영인 연구	한국전문 경영인학회	21	2	교신저자
201806	오케스트라 조직 내에서 경험한 컴페션이 직무성과에 미치는 영향 - 심리적 안녕감과 자기효능감을 매개로 -	KCI등재지	경영과 정보연구	대한경영 정보학회	37	2	교신저자
201706	The Effect of Acts of Compassion Within Organizations on Corporate Reputation : Contributions to Employee Volunteering	KCI등재지	경영과 정보연구	대한경영 정보학회	36	2	교신저자

게재 년월	원어논문명	국내·외 학술지	학술지명	발행처	권	호	참여 구분
201705	공유된 긍정 정서(Shared Positive Affect)의 기제, 선행요인과 결과에 대한 고찰 및 긍정 조직학(Positive Organizational Scholarship)에의 적용	KCI등재지	인사조직 연구	한국인사 조직학회	25	2	공동저자
201612	조직구성원에게 인식된 조직의 미덕이 직무성과와 잡 크래프팅에 미치는 영향- 긍정심리자본의 매개효과를 중심으로 -	KCI등재지	경영과 정보연구	대한경영 정보학회	35	5	교신저자
2016	Positive Work-Related Identity as a Mediator of the Relationship between Compassion at Work and Employee Outcomes	SSCI	HUMAN FACTORS AND ERGONOMICS IN MANUFACTURING SERVICE INDUSTRIES	WILEY-BLACKWELL	26	1	공동저자
201511	내적·외적 미덕적 행위가 업무성과에미치는 영향: 질적 연구를 통한 연구모형 개발을 중심으로	KCI등재지	경영과 정보연구	대한경영 정보학회	34	4	1저자
201412	조직미덕이 조직구성원의 태도에 미치는 영향	KCI등재지	경영과 정보연구	대한경영 정보학회	33	5	1저자
2014	Bridging corporate social responsibility and compassion at work Relations to organizational justice and affective organizational commitment	SSCI	CAREER DEVELOPMENT INTERNATIONAL	EMERALD GROUP PUBLISHING LIMITED	19	1	공동저자
201309	기업의 사회적 책임활동 인식이 조직몰입에 미치는 영향에 관한 연구 : 컴페션을 매개효과로	KCI등재지	경영과 정보연구	대한경영 정보학회	32	3	1저자

게재 년월	원어논문명	국내·외 학술지	학술지명	발행처	권	호	참여 구분
201209	공감이 이직의도에 미치는 영향 : 긍정적 정체성과 조직몰입의 이중매개효과를 중심으로	KCI등재지	인사조직 연구	한국인사 조직학회	20	3	1저자

위의 <표 6>에서 보여주고 있는 공감과 관련한 필자의 연구실적에 대해 독자분들이 이해하기 쉽도록 자세한 설명을 드리도록 하겠다. 국내논문을 투고할 수 있는 학회 연구지는 보통 연구재단 등재지, 연구재단 등재후보지, 기타 학술지로 나뉘게 되는데, 필자가 2012년도부터 현재까지 국내논문을 투고해서 출판한 논문은 모두가 연구재단 등재지에 해당한다. 흔히 학자들은 연구재단 등재지를 약자로 KCI등재지라고도 말하곤 하는데, 쉽게 설명드리면 KCI등재지는 연구재단의 엄격한 심사를 통과한 후 인증을 받은 학술지로 이해하시면 된다. 또한 연구재단 등재후보지는 연구재단 심사를 통해 KCI등재지에서 다시 KCI등재후보지로 강등된 경우도 있고, 등재후보지에서 아직 연구재단의 인증을 통과하지 못해서 KCI등재후보지로 머물고 있는 상태의 학술지를 가리킨다.

한편, SSCI 또는 SCOPUS는 해외우수학술지를 가리키는 약어인데, SSCI저널은 해외 사회과학분야 우수학술지로서 SCOPUS학술지에 비해 조금 더 우수한 저널로 학자들 사이에서는 인식이 된다. SSCI와 SCOPUS학술지는 서로가 우열의 관계는 아닌데, 필자의 경험상 교수임용 또는 교수승진 심사에서 SCOPUS저널보다 SSCI저널에서 조금 더 가중치 점수를 받았던 기억이 있다. 필자가 재직하고 있는 대학에서는 국내 KCI등재지에 단독으로 논문을 게재시키면 40점의 점수를 부여하지만 SSCI저널에 단독으로 논문을 게재시키면 100점의 점수를 부여하는 것을 보면 우리대학은 SSCI저널에 게재된 논문의 가치를 KCI등재지에 게재된 논문의 가치보다 2.5배 정도 더 높게 인식한다는 것을 알 수 있다. 그만큼 해외 SSCI저널에 논문을 주저자로 게재시키게 되면 그 논문은 질적으로 우수한 논문으로 평가받는 다는 것을 독자여러분들께서는 알아주셨으면 한다.

필자가 경험했던 논문에 관한 에피소드를 소개하면 다음과 같다. 본서에서도 밝혔듯이 필자가 처음으로 국내 연구재단 등재지에 논문을 게재시킨 때는 2012년이고, 국내 경영학 인사조직 분야에서는 공감에 관한 처음 논문인 "공감이 이직의도에 미치는 영향 : 긍정적 정체성과 조직몰입의 이중매개효과"에 관한 연구였다. 필자는 20대에 사법고시를 공부하느라 학부대학도 10년 만에 졸업을 하였고, 30살에 국내 대학원에 진학해서도 경영학이 아닌 인문학, 신학, 불어학 등의 학위과정을 공부했기 때문에 경영학 석·박사과정에 진학해서 사회과학분야의 경영학 논문을 작성하는 것이 너무도 힘들었었다. 그 중에서 가장 힘들었던 부분은 논문문체로 학술논문을 작성하는 것이었다.

필자는 경영학을 빠른 시일에 마스터하고자 인사조직전공과 마케팅 전공 2개의 전공으로 학위과정을 하였고, 2곳의 일반대학원 박사과정에 동시에 적을 두고 공부에 몰입하였다. 어느 해인가는 3개의 전공을 동시에 학위과정을 하기 위해 대학원 3곳에 적을 두고 요일을 번갈아 가면서 학교도 번갈아 가면서 등교했던 기억이 난다. 대학원 중간고사 또는 기말고사 날짜가 학교별로 겹치는 때에는 이쪽학교에서 빠른 속도로 중간고사 시험지를 작성한 후 초스피드를 발휘해서 저쪽학교 이동한 후 바로 중간고사를 치루었던 때도 있었다. 숨을 헐떡거리면서 열심히 답안지를 작성해 내려가면서 필자는 몸과 체력은 천근만근이었지만 내가 의미 있게 생각하는 일을 하기 위해 매일매일 전진해 나가고 있다는 뿌듯함과 내적만족감에 너무도 행복했었던 시절이었던 것 같다.

필자가 집필한 공감리더십에는 필자의 학력과 약력이 간략히 적혀있다. 필자가 본서의 출판을 위해 출판사에 보내준 학력은 학사, 석사, 박사 총8개의 학위이지만 이 외에도 필자는 독자분들께 공개 안한 석·박사 학위가 몇 개 더 있다. 자신이 지니고 있는 학위를 자랑하기 위해 이러한 말을 끄집어내는 것이 아니라 누가 인정해주던 인정해주지 않던 자신이 의미 있게 생각하고, 자신이 죽기 전까지 꼭 이루어내고 싶은 일에 인생의 모든 시간을 투자하는 것이 자신과 신(God)만이 알고 있는 비밀창고속의 보물임을 말씀드리고 싶은 것이다.

대학원 경영학 박사과정 졸업할 때쯤 지도교수님이 공감에 관한 논문을 써보자고 제안했을 때 필자는 정말 시큰둥했었다. 공감은 통상적으로 종교학, 윤리학, 신학 등에서 온 개념으로 어렸을 때 부터 지금까지 여러 책을 통해 많이 접하고, 공부했던 개념이라 필자에게는 그다지 매력적인 연구주제로 다가오지 않았었다. 하지만 필자는 좋던 싫던 무엇을 시작하면 반드시 열매를 맺고, 반드시 결과와 성과물을 산출해 내게 된다. 즉, 시작을 하면 절대 포기는 없고, 반드시 완주를 한다는 의미다. 이렇게 지도교수의 권유로 시작한 공감에 관한 연구는 2012년 우리나라 경영학 인사조직 분야에서 가장 좋은 저널인 한국인사조직학회 인사조직 연구에 처음으로 공감과 성과변수의 영향관계를 실증한 논문으로 출판이 되게 되었다.

여러 전공의 학위과정을 동시에 한 덕분일까? 경영학 논문을 작성해서 경영학분야의 저널에 논문을 투고하면 심사자들이 공통적으로 지적한 부분이 "문체가 너무 수필문체 같다.", "논문이 아니라 인문학 수필을 읽는 느낌 같았다." 등의 피드백이었다. 연구자의 문체는 하루아침에 바뀌는 것이 아니기에 필자는 경영학 분야의 논문을 작성할 때 드라이한 논문문체를 흉내내기 위해 여러모로 많이 애썼던 기억이 있다.

무엇인가 의미 있고, 가치 있는 열매를 맺기 위해서는 어느 정도의 긴 시간과 노력이 필요한 것 같다. 경영학 인사조직 분야에서 처음으로 공감에 관한 주제로 논문을 게재하기까지 몇 년의 시간이 필요했고, 그 시간만큼 필자 역시 눈물과 땀으로 대가를 치러야했다. 필자는 거대한 파도와 거대한 반향을 불러오기 위한 열매는 더 큰 노력과 더큰 대가를 치루어야 한다는 것을 잘 알았기에 매일매일 철저히 큰 대가를 지불하면서 연구와 학업을 병행했었다.

잠깐 앞부분에서 독자여러분들에게 필자가 3곳의 대학에 적을 두고 박사과정 3개 학위과정을 했었다는 에피소드를 언급했었다. 학위과정을 끝까지 마무리하기 위해 8년 정도 3곳의 대학에 적을두고 학위과정을 했던 기억이 있는데, 이때에 평균 한 학기에 일반대학원 정식 수강학점을 합해보면 40학점 정도 되는 것 같았다. 누구보다도 공감을 주기보다는 공감을 필요로 하는 시기였고, 한 학기 수 십개의 텀페이퍼를 제출하고 나면 6월말 또는 12월말 쯤 되었는데, 내가 숨을 쉬고 살아있다는 것이 신기할 따름이었다. 학업에 대한 고통에 나 스스로 공감적 돌봄의 행위를 주고받았지만 아무도 인정해주지 않고, 아무도 내가 이렇게 힘들게 살아가고 있다는 것을 알아주지 않아도 앞으로 내가 의미 있고, 가치 있다고 생각하는 일에 나의 모든 젊음을 투자하고 있다는데 행복하고 또 행복해했었다.

2장
공감과 유사한 개념들

2.1. 공감과 동정심(Sympathy)

희랍어의 sympatheia에서 유래한 동정이라는 단어는 '함께'(syn)와 '고통하는'(pathos)의 두 부분 결합된 합성어이다. 동정의 감정은 주요 관심의 대상이 된 사람과 나를 상상 속에서 처지를 바꾸어 봄으로써 발생하는 것인데(smith, 1759/1982), 상상적으로 바꾸어 본다는 것은 나 자신의 인격적 성질 속에서 발생하는 것이 아니라 내가 동정하는 감정을 갖는 상대방의 인격 안에서 발생하는 것이다.

공감이라는 개념은 19세기 말부터 보편적으로 사용되기 시작한 반면 동정심의 개념은 상당히 오래전부터 사용되어져 왔다. 공감과 동정심 모두 타인의 심리 상태를 인지함으로써 시작된다는 점에서 동일하고, 두 개념 모두 대리적인 반응이라는 공통점을 지니고 있다. 또한 공감과 동정심 모두 정서적, 감정적 반응을 포함하고 있다. 이러한 공통점들이 공감과 동정심의 개념을 혼동시키는 또 하나의 원인이 되곤 한다.

학자 위스페는 공감과 동정심의 정의에 관해 다양한 학자들의 견해가 있음을 인식한 후 이들을 포괄적으로 검토하였고, 공감과 동정심의 개념을 별도로 정의 내렸다. 그는 동정심을 다음과 같이 정의하였다. "동정심은 타인이 겪는 고통을 경감시켜 주어야 할 것으로 정확히 인지하는 것"이다. 동정심과 공감의 개념 사이에는 미묘한 차이가 발생한다. 자아를 유지하면서 타인의 경험과 느낌을 있는 그대로 체험하고 '이해'하는 것이 공감이라면, 동정심은 타인을 위하여 무엇인가 돌봄을 통해 도우려는 느낌이 동정심이다. 다시 말하면 동정심의 목적은 타인에 대한 '복지'에 있는 것이다.

<공감의 발생순서>

공감과 동정심 모두 타인의 고통을 경감시켜주어야 할 무엇으로 인지한다는 점에서 공통점이 있고, 그 고통을 이해하고 느낀다는 점에서도 동일하다. 하지만 공감은 타인의 고통에 반드시 행위로서 반응을 나타내야하지만 동정심은 반드시 행위(Acts)를 수반하지 않아도 된다는 점에서 다르다.

공감적 리더는 공감을 타인에게 제공하는데, 이때의 공감은 타인의 복지를 목적으로 하는 동정심과는 다르게 타인의 고통을 주목(noticing)하고, 타인의 고통을 자신의 고통처럼 함께 아파하며(feeling), 그 고통을 그냥 지나치는 것이 아니라 행위로서 반응(responding)하게 된다. 공감리더십을 정확히 이해하기 위해서 독자여러분들께서는 아래 도식을 반드시 숙지할 필요가 있다. 즉, 타인의 고통에 공감적 리더가 주목하기, 느끼기, 반응하기(행동)의 순서대로 돌봄의 행위를 제공하게 된다.

2-1. 쉬어가는 이야기: 선한 사마리아인의 비유

선한 사마리아인의 비유는 성경 누가 복음서에서 예수에 의해 말해진다. 옷이 벗겨지고, 두들겨 맞고, 반죽음으로 길 옆에 남겨진 한 여행자에 대한 것이다. 첫 번째, 한 유대인 제사장이, 그 다음에는 레위인이 그 여행자 옆을 지나가지만, 둘 다 그 사람을 피한다. 마지막으로, 한 사마리아인이 그 여행자를 우연히 발견한다. 유대인들은 사마리아인들을 경멸했지만, 사마리아인은 다친 그 사람을 돕는다. 예수는 가장 큰 계명의 맥락에서, "그러면 누가 저의 이웃입니까?"라고 물어본다. 저의 이웃은 바로 행동으로 다친 여행자를 도와준 사마리아인이라는 것이다. 선한 사마리아인은 여행자의 고통에 주목했고, 느꼈으며, 행동으로 반응을 했던 공감적 사람이었다.

2.2. 공감과 연민(Pity)

위스페(Wispe, 1986)는 공감의 목적은 타인을 '이해하는 것'에 있기 때문에 '앎'의 방식으로 설명가능하다고 주장한다. 또한 나와 타자와의 관계가 하나됨의 동일시되는 상태가 아니라 상대방과 내가 거리를 두고 있기 때문에 나 자신의 정체성을 유지하면서 타자를 향해 뻗어나가고, 내가 마치 타자인 것처럼 행동하게 만든다(박지희, 2015, 129-130쪽)[1]. 이와 같이 나의 감정이 타인의 내면세계를 이해하고, 타인의 내적 세계를 지향한다는 점에서 공감은 '의사소통적 실천'으로 볼 수 있다. 하지만, 나와 타자가 하나가 되는 동일시를 전제로 하거나 나와 타자가 전적으로 분리된 대칭적인 감정을 전제로 할 필요는 없는 것이다. 공감은 타인의 감정을 멀리서 이해하는 '원거리 관찰자'의 의미를 지니고 있고, 그 타

---

1) 박지희(2015). 공감 (empathy) 과 동정 (sympathy): 두 개념 대한 비교 고찰. 수사학, 24, 91-116.

자에 대해 지니게 되는 '비대칭적 능동적인 감정 작용'이다(김선호·성민규, 2014)[2].

한편 스피노자(Spinoza, 1677/2007)는 연민을 다음과 같이 정의내리고 있다. "타인의 불행에서 발생하는 슬픔", "우리들과 비슷하다고 인정하는 타인에게서 발생한 해악을 동반하는 슬픔"으로 정의내리고 있는데, 아리스토텔레스 역시 타인의 불행 또는 괴로움에 대해 느끼는 고통스러운 감정을 연민이라고 언급하고 있다. 연민에 대한 우리들의 생각은 타자에 대한 선(善)과 연결시키고 있고, 타자는 우리가 배려할 대상으로 인식되고 있으며, 연민은 인간적 의미를 이해할 수 있게 만들어 준다

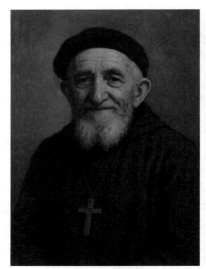

<행동하는 성자 아베 피에르>

(Nussbaum, 2003/2015a). '연민과 상상력의 정치학'이라는 실천이론을 연구한 누스바움은 연민에 내재해 있는 세 가지의 인지적 요소를 아리스토텔레스의 철학적 사유에 기반 하여 다음과 같이 설명하고 있다(Nussbaum, 2003/2015b, 562-583쪽).

첫째, 연민의 감정을 발생하게 하는 타인의 상황과 고통이 심각할 것이라는 믿음 또는 평가이다. 죽음, 물리적 폭행이나 학대, 노화되는 것, 질병과 굶주림, 친구의 죽음, 친구의 이별, 신체적 나약함, 외모가 흉해지는 것 등이 심각한 고통과 불행에 해당하는 양적 '크기'를 가진 것의 예가 될 수 있을 것이다. 하지만 상대방이 겪는 고통의 '크기'는 연민의 감정을 느끼는 사람이 '관찰자'의 관점에서 판단하고 평가하는 것이기 때문에, 실제로 고통과 불행을 당하는 당사자가 느끼는 불행과 고통의 크기와는 차이가 있을 수밖에 없다.

둘째, 연민의 대상이 고통을 경험해서는 안 된다는 '믿음'이다. 연민의 대상이 본인 잘못이나 실수로 인하여 당연히 고통이나 불행을 겪고 있다고 연민을 제공하는 사람이 믿고 있다면 상대방에게서 연민을 느낄 수는 없다. 연민은 고통과 슬픔을 발생하게 한 상황에 대해 당사자의 잘못이 없다고 믿거나 상대방이 겪는 고통이 잘못에 비해 너무 과하다고 생각될 때 유발되게 되는 감정이기 때문이다. 또한 연민은 어떤 사람이 감당할 수 없는 범위로 일이 걷잡을 수 없이 커지는 것과도 관련이 있다. 즉, 연민의 감정은 어떤 책

---

2) 김선호·성민규(2014). 커뮤니케이션 실천으로서 공감: 시론적 고찰. 언론과 사회, 22(1), 5-34.

임이나 누구 탓(blame)이라는 개념, 그리고 아무 잘못이 없거나 자신의 잘못을 넘어설 정도로 매우 나쁜 일이 일어날 수 있다는 믿음을 필요로 한다.

셋째, 상대방에 대하여 연민을 느끼는 사람 역시 고통과 불행을 당하고 있는 상대방과 유사한 가능성을 지니고 있다는 믿음이며, 나도 비슷하게 될 가능성에 대한 판단이다. 스피노자(Spinoza, 1677/2007) 역시 예전에 어떠한 감정도 가지지 않았던 상대방이 나와 유사한 측면을 가지고 있다고 판단하면 연민의 감정을 느낄 수 있다고 보았다. 우리와 유사한 대상이 어떤 정서에 자극되는 것에 대한 표상을 보고 그와 유사한 정서에 의해 자극되는 것을 '정서의 모방'이라고 할 수 있는데, 슬픔과 관련 있는 정서의 모방이 연민이라는 것이다.[3]

2-2. 쉬어가는 이야기: 행동하는 성자

공감과 연민의 차이는 타인의 고통에 반응하는 행위가 있는지의 여부이다. 스피노자 또는 아리스토텔레스 모두 연민을 '타인의 불행 또는 괴로움에 대해 느끼는 고통스러운 감정을 연민이라고 언급'하고 있다. 즉, 타인의 고통을 가슴속으로 느낀 후 구체적인 행위가 발생하지 않아도 연민의 감정은 성립한다. 하지만 공감은 행위까지 발생해야한다. 타인의 고통에 눈물과 사랑으로 반응하는 행위가 공감이다. 필자는 공감을 생각할 때 마다 떠오르는 인물이 프랑스 국민들이 가장 존경하는 인물로 7년 연속 꼽혔던 피에르 신부이다. 그는 '이웃의 가난은 나의 수치입니다'라고 말할 정도로 타인의 고통에 침묵하거나 가슴으로만 아파했던 것이 아니라 행동하는 성자로서 돌봄과 사랑을 실천했던 인물이다. 정작 자신은 애정결핍으로 힘들어했지만 타인에 대한 사랑만큼은 죽을 때까지 강렬히 타올랐던 피에르신부. 그는 진정으로 행동하는 성자였다.

2.3. 공감과 감정이입(Empathy)

공감의 개념을 한 마디로 정의하는 것은 매우 어렵고, 학자들 마다 다른 견해를 갖

---

3) 정수영(2015). 공감과 연민, 그리고 정동(affect): 저널리즘 분석과 비평의 외연 확장을 위한 시론. 커뮤니케이션 이론, 11(4), 38-76.

고 있어서 하나의 학문분과에서도 공감에 관한 정의는 상이하다. 지금까지 여러 학자들이 공감에 관하여 나름대로 정의 내렸던 개념은 다음과 같다. "공감은 타인의 생각과 감정을 포함하여 타인의 내적심리상태를 아는 것", "공감은 관찰 가능한 타인의 자세를 따라하거나 신경 반응과 일치하는 것", "공감은 타인이 느끼는 것을 함께 느끼듯이 느끼는 것", "공감은 자기 자신을 타인이 처한 상황 속으로 투사하는 것", "공감은 타인이 어떻게 생각하고, 어떻게 느끼는지를 헤아려 상상하는 것", "공감은 우리가 타인의 입장에 서서 타인이 생각하고 느끼는 것을 상상해 보는 것", "공감은 타인이 처한 고통을 인식하였을 때 그 고통에 대해 함께 느끼는 것", "공감은 고통을 겪고 있는 타인에 대해 동정하는 마음을 갖는 것" 등으로 정리될 수 있을 것이다(Batson, 2009). 따라서 공감의 개념은 사회과학뿐만 아니라 여러 문헌에서 감정이입, 동정심, 동감, 연민 등과 함께 혼용되어 사용되고 있는 실정이지만 본서 공감리더십에서의 공감은 '타인의 고통에 시간적, 정신적, 물질적 돌봄의 행위로 반응하는 감정'으로 정의하고자 한다.

2-3. 쉬어가는 이야기: 돌봄의 행위

필자는 경영학전공자로서 대학에서 학생들을 가르치고 있다. 매학기 전공강의 커리큘럼에 공감에 관한 강의도 추가적으로 삽입하여 학생들을 지도하고 있는데, 대학원학생의 경우 4학기 동안 필자의 전공과목을 반드시 수강해야 졸업장을 받게 된다. 처음 대학원에 입학해서 공감적 행위, 돌봄의 행위에 대해 전혀 관심이 없던 학생들도 졸업할 때쯤이 되면 누가 시키지 않아도 자발적으로 간식을 챙겨 와서 급우들에게 나눠주는 공감적 행위를 보이게 된다. 돌봄의 행위는 누가 시켜서 강제적으로 하는 행위가 아니라 타인의 고통에 대해 사랑의 눈으로 자발적으로 베푸는 선의의 행동인 것이다. 저녁식사를 거르고 수업에 임하는 급우들에게 작은 간식거리를 제공해 주는 행위가 바로 물질적 공감인 것이다. 타인에 대한 사랑이 없으면 실천하기 어려운 것이 바로 공감적 행위이다.

영어로 Empathy 용어는 인문학 미학에 그 근원을 두고 있고, 독일어 Einfühlung(아인 휘흐룽)으로 번역하면 '내 안에 들어와서 느끼다'의 의미를 갖는다. Einfühlung이란 용어는 피셔(R. Vischer)라는 학자가 미학 심리학과 형태지각에 관한 연구에서 1873년에 처음으로 사용하였다. 그의 미학적인 인식 심리학 관점은 미의 대상에게 자기 자신의 자아를 투영하는 것과 관련되어 있다(Eisenberg & Strayer, 1987, 18). Einfühlung에 함축된 뜻은 '함께 느낀다', '감정을 개입시키다'의 뜻으로 번역되고 있는데, 영어 비평가이자 소설가인 리(Vernon Lee)에 의해 번역이 되었고, 영어로 표현하면 'feeling into'로 표현할 수 있을 것이다. 즉, 타인이 고통의 감정을 느낄 때 자기 자신 역시 타인이 느끼는 고통의 감정이 내 안에 들어와서 느끼는 것처럼 함께 아파하는 것이 Einfühlung이다.

독일어 동사 Einfühlen을 분리해서 살펴보면 ein(안에)과 fühlen(느끼다)의 단어가 결합한 합성어로 '안에 들어가서 느낀다'는 의미에 근거를 두고 있다. 우리말로 번역하면 '감정이입'정도로 표현할 수 있는데, 우리가 느끼는 감정이 자신이 인식하고, 지각하는 형태속으로 들어가서 흡수되었을 때 비로소 감정이입 현상이 발생한다는 것을 시사해주고 있는 것이다(Eisenberg & Strayer, 1987).

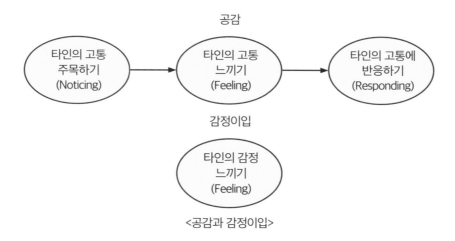

<공감과 감정이입>

감정이입이 타인의 감정을 함께 느끼고, 개입시키는 폭 넓은 의미를 지니고 있는 반면본서에서 의미하는 공감은 고통(suffering)이 있을 때 발생하는 감정으로 타인의 고통에행위(Acts)로서 반응하는 인간본연의 감정인 것이다. 공감과 감정이입의 감정은 의미가거의 비슷하지만 공감은 타인의 고통을 주목하고, 느끼고, 반응하는 3단계의 과정을 거치지만 감정이입은 타인의 고통을 굳이 전제로 하지 않아도 되고, 타인의 감정을 내 안에서 느끼는 2단계의 감정이라는 점에서 구별이 된다.

2.4. 공감과 동일시(Identification)

동일시는 경영학 인사조직에서도 많이 사용되는 용어인데, 통상적으로 '동일시는 자동적으로 발생하는 무의식적인 정신과정으로 어떤 한 개인을 타인과 한 가지 측면 또는 여러 가지 측면에서 하나가 되게 하는 것'으로 정의 되고 있다. 일반적으로 사람들은 자신의 자기정체성을 확립하기 위해서 동일시의 감정을 사용하기도 하고, 또한 여러 불안요소에 대처하고 방어하기 위해서 동일시를 사용하기도 하는 데, 이러한 동일시의 과정에서 공감능력이 획득되기도 한다.

동일시와 공감은 분명히 구분되는 감정이다. 동일시는 동일시 대상과 점점 하나가 되어가고 있음을 느끼는 과정이라면 공감은 궁극적으로 타인과 분리된 상태에서 타인이 경험하는 감정 상태를 자신이 이해하고, 대리적으로 느낀다는 점에서 동일시와 공감은 구분이 된다. 서로 분리된 두 사람이 하나의 개체처럼 같아지는 과정이 동일시라면 하나의 개체와 또 다른 개체인 타인이 분리된 상태에서 서로의 감정을 이해하고 공유한 후 다시 원래의 분리된 상태로 돌아가는 것이 공감인 것이다.

예를들면 경영학 인사조직 분야에는 조직 동일시(OI: organizational identification)라는 개념이 있다. 조직 동일시는 조직 내 구성원들이 조직의 정체성을 닮아가면서 점점 조직과 하나가 되어가는 과정이다. 구성원들이 공감적리더를 만났을 때 회사 생활이 즐겁지 않을까? 야근으로 온몸이 지치고, 정신과 몸이 만신창이가 된듯한 기분으로 회사에 출근했을 때 공감적리더인 팀장님이 맛있는 점심을 사주면서 위로의 말을 건넸을 때 조직이 좋아지면서 점점 조직과 가까워진다는 생각이 들지 않을까? 이것이 바로 조직 동일시의 개념이다.

하지만 공감은 나와 타인이 분리된 상태에서 타인의 고통을 이해하는 것으로부터 출발한다. 공감은 타인의 고통을 나의 고통처럼 느끼기는 하지만 하나(oneness)가 되는 동일시의 개념과는 다르게 다시 분리된 나 자신으로 돌아가는 감정이다. 예를들면 여러분들 중 누군가가 회사의 사장으로 출근을 하고 있는데, 무더운 여름날 땀을 엄청 흘리면서 회사 내 화장실 청소를 하고 있는 여사님을 마주치게 되었다고 가정하자. 사장님은 안쓰러운 마음에 자판기에서 좋은 음료수 한 병을 뽑아서 여사님께 드렸을 때 이러한 행위는 타인의 고통에 물질적 돌봄의 행위로 반응한 공감이 되는 것이고, 동일시는 아닌 것이다. 사장님이 용역업체 직원인 여사님께 공감적 행위를 베풀었지만 그분을 닮아가거나 동일시하는 현상을 보인 것이 아니라 철저히 타인과 분리된 상태에서 공감적 행위를 한 것이기 때문에 동일시가 아니라 공감에 해당하게 된다.

미국 작가인 나다니엘 호손(Nathaniel Hawthorne)이 1850년에 발표한 큰 바위 얼굴(the Great Stone Face)이라는 단편소설에서 동일시의 개념을 매우 쉽게 나타내 주고 있다. 한 마을에 거대한 바위 절벽이 사람 얼굴을 닮은 형상을 하고 있었다. 마을 사람들은 오랜 전설을 전해 들으면서 언젠가 이 바위 얼굴을 꼭 닮은 위대한 인물이 메시아처럼 나타나 마을을 번영하게 할 것이라고 믿었다. 소년 어니스트는 어머니로부터 이 전설을 듣고 깊이 감명 받았고, 그는 큰 바위 얼굴을 매일 매일 바라보면서 그 역시 바위 속의 인물을 기다렸다. 언젠가 큰 바위 속 얼굴과 꼭 닮은 마을의 지도자가 나타날 것이라고 믿었던 것이다. 결국 매일 매일 큰 바위 얼굴을 보면서 가슴 속 깊이 지도자의 출현을 소망하고 또 소망하였던 소년 어니스트가 자라서 큰 바위 얼굴과 꼭 닮은 마을의 지도자가 되었던 것이다.

2-4. 쉬어가는 이야기: 큰 바위 얼굴

큰 바위 얼굴 소설은 필자가 초등학교 재학시절에 국어교과서에 실린 글이다. 필자는 아버지의 사업 실패로 충남 천안에서 2년 동안 살면서 그곳에서 초등학교를 입학하였는데, 그 당시 국어교과서에서 큰 바위 얼굴 소설은 지금도 기억에 생생하다. 마을 인근 산 위에 큰 바위에 새겨져 있는 사람의 얼굴. 동네 마을 주민들은 언제 쯤 저 큰 바위 얼굴 속의 인물이 우리 마을에 메시아로 나타나서 마을 사람들을 행복과 번영의 길로 이끌어 줄 수 있을지 매일처럼 기대하고 있었다. 마을의 어린 소년 역시도 매일매일 큰 바위 얼굴을 보면서 마을의 참 지도자인 큰 바위얼굴과 똑같은 인물이 나타나 주기를 손꼽아 기다리고 있었다. 10년, 20년, 30년의 시간이 흐르면서 어린 소년은 자신이 매일처럼 바라보면서 소망했던 큰 바위얼굴과 똑같은 얼굴로 바뀌어 있었고, 이 소년이 바로 이 마을의 메시아와 같은 리더가 된 것이다.

동일시는 내가 속해 있는 조직이 너무 좋고, 너무 닮고 싶어서 그 조직을 떠나지 않고 점점 하나가 되어가는 감정이다. 소설 속의 소년 역시 큰 바위얼굴을 너무도 닮고 싶어서 매일매일 바라보고, 간절히 염원했을 때 정작 자신이 수십 년 후에 큰 바위얼굴로 변하지 않았는가?

<큰 바위 얼굴과 동일시>

2.5. 공감과 투사(Projection)

여러분들은 일상생활에서 투사의 감정을 많이 경험하고, 말하곤 할 것이다. 예를 들면 '내가 당하는 고통을 너도 한번 당해봐. 그러면 내가 얼마나 힘들었는지 너도 느낄 수가 있을 거야', 또는 '내가 힘들게 공부해 본 이것을 너도 한번 해봐. 그러면 내가 얼마나 힘들게 공부해서 이것을 성취했는지 너도 이해할 수 있을거야' 등이 투사의 예라고 할 수 있다.

2-5. 쉬어가는 이야기: 자신만의 착각

어떤 직장인은 새로 부임한 상사가 자신을 싫어한다고 느꼈다. 그는 상사가 차가운 태도를 보인다고 생각하며 불편해했다. 하지만 실제로 상사는 새로운 환경에 적응하느라 바빴을 뿐, 특정인을 싫어할 이유가 없었다. 이 직장인은 자신의 불안과 긴장감을 상사의 태도에 투사한 것이었다.

필자는 직장 근처 아파트에 거주하고 있는데, 특별한 일이 없는한 연구실에서 밤 12시를 전후해서 퇴근을 한다. 어느 날인가 아파트 엘리베이터를 타기 위해 1층 로비에 들어섰는데, 젊은 여성 한분이 늦은 시각에 엘리베이터가 내려오기를 기다리고 있었다. 필자와 그 여성분은 어쩔 수 없이 1층에 내려온 엘리베이터를 함께 탔는데, 여성분이 먼저 층수를 누르게 되었다. 순간 아찔한 기분이 들었다. 이유는 필자도 같은 층에 내려야하는 이미 버튼은 눌러져있었다. 옆의 여성은 필자가 엘리베이터 버튼을 누르지 않고, 함께 고층까지 올라가는 동안 상당히 불안해하는 표정이었고, 짧은 침묵의 시간은 필자에게도 고통의 시간이었다. 목표로한 층수에서 엘리베이터 문이 열리는 순간 젊은 여성은 빠른 속도로 뛰면서 자신의 집으로 향하였다. 알고 보니 필자의 옆집에 사는 이웃사촌이었던 것이다. 이 여성분은 엘리베이터에 낯선 남자와 함께 탄 후 같은 층수를 향해 올라간다는 이유만으로 자신의 불안과 긴장감을 필자에게 투사했던 것이다.

투사는 '자신의 생각과 느낌, 태도 등을 무의식중에 타인 또는 다른 대상에 귀인 하는 행위'로 정의된다. 그러나 투사와 공감은 여러 측면에서 차이가 있다. 첫째, 공감은 타인의 정서를 인지하고 느끼는 인지적 과정과 정서적 과정이 포함되는데, 투사는 정서적 과정이 포함되지 않을 수도 있는 인지적 과정이다. 공감은 상대방의 고통을 주목하는 인지적 과정을 거쳐 타인의 고통을 자신의 고통처럼 아파하고, 느끼는 정서적 과정을 포함하게 된다. 하지만 투사는 정서적 과정이 포함되지 않을 수도 있는데, 예를 들면 '나는 이렇게 고통 받고 힘들어 하는데 너는 왜 이렇게 행복해서 웃고 있지?' 이때 나는 상대방의 행복한 웃음을 인지는 했지만 그 행복을 내가 함께 정서적으로 받아들이는 것이 아니라 '내가 고통 받고 있기 때문에 너도 나의 고통을 함께 경험해봐'라는 식의 투사를 하게 된다. 이때 투사는 상대방의 정서를 가슴으로 느끼지 않고, 단지 인지했을 뿐이다.

둘째, 공감은 감정의 흐름의 방향이 타인에게서 자기로 향하고 있다. 즉, 타인의 고통을 함께 느끼고 아파하는 것이 공감이기에 공감은 타인의 감정이 나에게로 향한다. 반면에 투사는 거꾸로 나의 감정을 자신에게서 타인에게로 향하게 한다. 자신의 감정을 타인에게 귀인시키는 것이 투사이기 때문에 감정의 방향이 나에게서 타인에게로 향하게 된다. '내가 행복하기 때문에 내가 경험하는 행복을 너도 경험해봐' 라는 식의 투사는 참으로 바람직한 투사가 되겠지만 반대로 '내가 아프고 고통당한 것만큼 너도 한번 가슴아파하면서 똑같이 고통을 당해봐'라는 식의 투사는 손가락 절단사건처럼 비참한 결과를 낳게 될 것이다.

셋째, 공감은 타인에 대한 이해로부터 출발하기 때문에 공감하는 사람과 타인이 분리가 되고, 중립적이 된다. 그러나 투사는 공감과는 다르게 두 대상이 철저히 분리되어 있는 것이 아니다. 자신의 감정을 타인에게 투사시키면서 마치 자신과 상대방이 하나의 일체를 경험하기도 하고, 동일시와 같은 현상도 보이기 때문에 공감처럼 서로가 분리되는 개념과는 완전히 다른 개념이다. 공감은 철저히 나와 상대방이 분리가 된다. 그렇기 때문에 상담자가 상담시간 동안 내담자를 완벽히 공감해주지만 상담시간이 끝이 나면 철저히 상담자와 내담자는 분리되어 각자의 영역으로 돌아가는 것이다. 타인의 고통을 인식하고, 느끼고, 행위로 반응한다고 해서 공감이 상대방과 분리되지 않는다고 생각하면 큰 착각이다. 독자여러분들께서는 이 부분을 주의 깊게 인식해주셨으면 좋겠다.

<경동원 아이들과 함께>

필자는 2024년 5월에 학교 인근에 있는 경동원 아이들과 함께 하는 초청행사에 참여했었다. 매년 1년에 두 번씩 학교에서 아이들을 초청해서 즐거운 시간을 마련하고 있지만 아이들을 볼 때마다 아파오는 가슴은 어찌할 수가 없다. 왜 일까? 부모님의 사랑을 받고 성장한 나로서는 지성인의 사명 중 하나는 자신이 받은 사랑을 필요로 하는 사람들에게 나주어 주어야 한다고 생각한다. 이러한 행위는 어떠한 대가를 기대해서도 아니고 어떠한 강요에 의해서도 아니다. 단순히 타인에 대한 사랑이 있기 때문에 그러한 것이다. 경동원 아이들에

정신적으로 성숙된 사람은 엄격한 자기 훈련을 통해 사랑할 능력을 갖춘 사람이며, 그 능력 때문에 세상은 그들의 도움을 절실히 요구하게 된다. 그러면 그들 또한 그 부름에 응하여 사랑을 실천할 수밖에 없다.

사랑이 있기 때문에 그렇다

<Amor Vincit Omnia>[4]

---

4) '사랑이 모든 것을 이루게 됩니다'의 뜻을 지닌 라틴어 명언

게 잠시나마 함께 즐거운 시간을 보내면서 그들의 마음이 따뜻해졌다고 하면 그것이 바로 공감적 행위가 되는 것이다. 아래 글은 필자가 힘들고 지칠 때마다 읽으면 마음이 편해지는 글이다. 미국의 정신과 의사이자 신학자인 스콧 펙(Margan Scott Peck)이 쓴 글의 일부분인데, 필자의 카톡에 저장해 놓고, 나의 사랑과 나의 재능을 필요로 하는 사람들과 함께 할 때 읽었던 글이다.

2.6. 공감과 미덕의 차이점

공감과 미덕의 가장 큰 차이점은 첫째, 공감은 고통(suffering)을 기반으로 성립하는 감정이지만 미덕은 고통을 전제로 하지 않는다. 고통으로 기반으로 성립하는 인간본연의 감정인 공감은 미국 미시건 대학의 긍정조직학파인 제인 더튼 교수와 그의 동료들이 1990년대부터 지금까지 활발히 경영학 인사조직 분야에서 연구해오고 있는 주제가 된다. 사회과학 전 분야에서 공감이라는 주제를 많이 다루고 있지만 타인의 고통이 발생했을 때 돌봄의 행위로서 반응하는 공감은 미국 긍정조직학파들이 척도(설문문항)개발을 통해 만들어 낸 공감(compassion)이 유일하다.

필자를 포함해서 독자 여러분들도 매일매일 고통이라는 감정을 느끼고 살아가고 있지 않은가? 최근에 필자는 식사를 하면서 몇 년 전에 신경치료를 했던 치아의 치통을 느껴서 치과에 방문하여 약처방을 받아왔다. 이러한 육체적 고통은 내 몸 안에 고통이라는 감각이 있어서 가능한 것이다.

오랜시간 동안 한센병 환자들의 고통을 연구해왔던 폴 브랜드 박사는 "하나님, 고통을 느끼게 해 주셔서 감사합니다!"라는 기도를 올렸다고 한다.[5] 이 역설적인 기도는 한센병 환자의 친구였던 폴 브랜드가, 고통을 느끼지 못해 손발이 심하게 손상되고 결국 절단해야만 했던 한센병 환자들을 보며, 고통을 느낄 수 있다는 것이 오히려 얼마나 큰 축복인지를 깨닫고 하나님께 올린 기도이다.

만약 인간에게 고통이라는 감정이 없다면 어떻게 될까? 부처가 행했던 고행도 없을 것이고, 예수의 십자가 사건도 없을 것이다. 그리고 임산부는 아기를 낳는 고통을 느끼지

---

5) 폴 브랜드·필립얀시(2001). 『고통이라는 선물(The Gift of Pain』. 송준인 옮김. 서울 : 두란노.

못하여 아마도 골반 뼈가 모두 으스러질 것이다. 이렇듯 신이 인간에게 고통을 준 것은 폴 브랜드 박사의 말처럼 선물인 것이다.

2-6. 쉬어가는 이야기: 고통을 모르는 소년

고통학의 전문가 폴 브랜드 박사가 처음 토미를 만난 건 무더운 인도의 한 마을 병동에서였다. 어린 토미는 맨발로 달려왔고, 얼굴엔 장난기 어린 미소가 번져 있었다. 그러나 그의 발등에는 고름이 흐르는 깊은 상처가 있었고, 발바닥은 붉게 벗겨져 있었다.

"토미, 발이 아프지 않니?"

브랜드 박사가 조심스럽게 묻자, 소년은 고개를 갸웃하며 말했다.

"아프다니요? 전혀요."

그날 밤, 브랜드 박사는 가만히 책상 앞에 앉아 두려움에 가까운 감정으로 자문했다. '만약 내가 고통을 느끼지 못한다면, 나의 몸은 얼마나 위험해질까?'

그제야 그는 깨달았다. 고통은 단지 고통이 아니었다. 그것은 몸이 보내는 경고이며, 살아 있다는 증거였다. 고통이 없다면, 우리는 자신이 무너져가는지도 모른 채 살아가게 될 것이다.

위의 쉬어가는 이야기에 등장하는 토미는 고통의 감각을 느끼지 못하는 한센병 환자이다. 고통의 감각이 없기 때문에 그 소년은 맨발로 마구 뛰어다녀도 발바닥이 아픈 것을 느끼지 못한다. 한센병 소년의 이러한 행위는 우리 삶에 고통의 감각이 왜 필요한지를 암시해주고 있다.

본서 공감리더십에서 언급하고 있는 공감은 타인의 고통을 기반으로 성립하는 인간본연의 감정이다. 반면에 미덕과 관련해서 Cameron(2003)은 3가지 속성에 관하여 언급하고 있다. 첫 번째 미덕의 속성은 회복력이 있다는 것이다(Baumeister & Exline, 1999;2000). 회복력의 속성은 공감과 미덕 모두 공통적으로 갖고 있는 속성이지만 공감은 고통에 대한 회복력을 제공하는 반면에 미덕은 반드시 고통을 전제로 하는 회복력은 아니다.

두 번째 미덕의 속성은 도덕적인 선(goodness)이다. 즉, 미덕은 조직 안에서 구성원들이 도덕적으로 인식할 때 선한 행위를 하면 미덕이 되는 것이다. 하지만 공감은 도덕적인 선과는 무관하게 타인의 고통에 시간적, 정신적, 물질적인 방법으로 돌봄의 행위를 제공해

주면 공감을 실천했다고 말할 수 있다.

　세 번째 미덕의 속성은 초월론적인 행위이다. 즉, 미덕은 어떠한 보상이나 대가를 위해서 용서 또는 이타적인 선을 행하는 것이 아니라 친사회적인 행동으로서 이타주의적인 행위를 한다면 미덕이라고 할 수 있다. 예를 들면 슈바이처 박사가 아프리카 의료선교를 위해서 교수직과 목사직을 내려놓고, 다시 의과대학에서 의학박사학위를 받은 후 어떠한 보상도 바라지 않고, 아프리카로 떠난 행위는 미덕도 될 수 있고, 공감도 될 수 있다. 왜 슈바이처 박사의 행위가 공감적 행위일까? 고통당하는 아프리카 사람들을 위하여 아프리카로 떠나는 '행동'으로 돌봄의 행위를 보여주었기 때문에 공감이라고 할 수 있는 것이다.

　다미안 신부가 보여준 행위는 전형적인 초월론적 행위였고, 공감적 행위였다. 하와이 군도에 한센병 환자가 급격히 늘어나던 시기에 정부는 감염된 환자를 격리 수용하는 법을 제정됐고, 이에 따라 한센병 환자들은 몰로카이(Molokai) 섬에 격리 수용됐다. 치료와 보호를 위한 격리수용이 아니었다. 한센병 환자들은 철저히 버려졌으며, 외면됐고, 잊혀졌다. 몰로카이 섬의 참상을 전해들은 다미안 신부는 33세의 나이로 그곳에 자원해 700여 명이 넘는 한센병 환자들을 사랑과 자비로 돌보기 시작했다. 집 없는 사람에게는 집을 지어주었고, 손가락이 없

<다미안 신부의 초월론적 행위>

는 사람을 위해서는 자신의 손으로 고름을 짜주고 싸매주었으며, 자포자기한 사람들에게는 재생의 은혜를 가르쳤다. 그는 처음부터 스스럼없이 한센병 환자들에게 다가갔고 자신이 한센병에 걸리지 않아 환자들의 고통을 다 이해하지 못하는 것을 안타까워했다. 그러나 결국에는 그 자신도 한센병을 앓게 됐다.

　한센병 환자들을 위해 헌신하다가 정작 자신 역시 한센병에 걸린 다미안 신부. 우리는 이렇게 이타주의적으로 행동하는 것을 뛰어넘어 아무런 보상 없이 모든 이기주의에서 벗어나 다른 이들이 흉내 낼 수 없는 미덕적 행위를 실천한 분들의 행위를 초월론적 행위라고 부르게 된다.

　공감과 미덕 두 개념 모두 구성원들과 조직을 위해서 꼭 필요한 감정들이다. 이 두가지

개념의 차이점을 굳이 구별하자면 고통(suffering)을 기반으로 하는지, 또는 행위가 수반되는지 안 되는지를 통해 구별할 수 있을 것이다. 그렇지만 공감과 미덕의 차이점을 넘어서 두 감정은 조직 내에서 구성원들에게 회복력과 긍정적 감정, 그리고 업무성과의 향상까지 유발시킨다는 점에서 꼭 필요한 감정들인 것이다.

3장
공감리더십과
다른 리더십의 차이점

1990년대부터 미국 미시간 대학의 경영학과 더튼(Dutton, J. E)교수를 중심으로 공감(compassion)에 관한 연구가 활발하게 이루어지고 있다. 특히 2001년 9·11테러 사건을 기점으로 더튼 교수를 중심으로 형성 된 긍정조직학파는 공감에 관한 양적·질적 연구를 현재까지 꾸준히 수행해 오고 있다. Lilius et al.(2008)[1]은 3가지 공감 설문항목 척도를 개발할 정도로 공감에 대한 깊은 연구를 수행해 오고 있다.

오래전부터 철학이나 심리학, 종교학, 신학, 인문학 등에서 주로 많이 언급해왔던 공감(compassion)을 왜 뉴밀레니엄 시대인 오늘날 경영학 분야에서 주요한 변수로 연구하는 것일까? 그리고 왜 현대인들은 고통에 반응하는 공감적 리더를 필요로 하는 것일까? 고통학의 대가이면서 한센병 환자들 수술에 대가인 폴 브랜드(Paul Brand) 박사는 『고통이라는 선물』[2] 책에서 '고통은 두려움과 회피의 대상이 아니라 선물'이라고 역설하고 있다. 만약 인간에게 고통이라는 감정이 없다면 어떻게 살아갈 수 있을까? 공감은 고통에 반응하는 인간 본연의 감정이기 때문에 필자는 먼저 공감(compassion)의 원래 의미와 어원을 살펴보도록 하겠다.

공감(compassion)이라는 말은 라틴어의 cum과 pati에서 파생된 compassio에서 유래한 말이다. 이 두 단어를 결합하면 '함께 고통 받는다'라는 의미가 되고, 공감에 해당하는 히브리어의 첫째 단어는 '라하밈'(rahamim)이다. 이것은 한 인간의 다른 인간에 대한 본능적 애착을 표현해 주는 말이지만 원래 셈족들은 이런 자비가 어머니의 품(히브리어, rèhèm)안에, 또는 내장 안에 자리 잡고 있다고 생각했다. 라하밈은 불쌍히 여기는 마음으로서 곧 행위로 나타나는 성질의 것이다. 공감을 표현하는 둘째 단어는 '헤세드'(hèsèd)이다. '헤세드'는 그 자체가 공감을 뜻하거나 두 사람을 결합시켜 주는 관계를 의미하며 이에 해당하는 그리스어 '스플랑크나'(σπλανχνα) 역시 몸의 내장을 가리킨다. '스플랑크나'는 가장 친밀하고도 강렬한 감정이 자리 잡고 있는 곳을 의미한다. 즉, 공감을 경험하는 사람들은 몸 안에 가장 강렬한 타인을 향한 무엇인가를 느끼게 된다.

경영학의 한 분과인 인사조직 분야에서 공감은 타인의 고통(suffering)을 기본 전제로 한다. 고통학의 연구와 한센병 환자 연구의 세계적인 학자인 폴 브랜드 박사(Paul Brand)는 『고통이라는 선물』 책[3]에서 인간의 신체 중에서 가장 잘 고안된 특징 가운데 하나가

1) Lilius, J. M., Worline, M. C., Maitlis, S., Kanov, J., Dutton, J. E. & Frost, P. 2008. The contours and consequences of compassion at work. Journal of Organizational Behavior, 29(2), 193-218.
2) 폴 브랜드·필립얀시(2001). 『고통이라는 선물(The Gift of Pain』. 송준인 옮김. 서울 : 두란노.
3) 폴 브랜드·필립얀시(2001). 『고통이라는 선물(The Gift of Pain』. 송준인 옮김. 서울 : 두란노.

고통이라고 생각한다고 말한다. 따라서 한센병 환자들에게 줄 선물을 한 가지 고르라고 한다면 당연히 고통을 선택한다는 것이다. 우리 인생의 경험에서 고통보다 더 보편적인 것은 없을 것이다. 필자가 지금 공감리더십의 책을 저술하면서 잠시라도 눈을 깜빡거리지 않고, 눈의 고통을 못 느껴서 눈을 계속 뜨고 있다고 하면 나의 눈은 실명이 될 것이다. 고통이라는 감각이 있기 때문에 눈을 깜빡이는 것이다. 고통은 탐욕스럽고, 상스러우며, 초라할 정도로 우리를 쇠약하게 한다. 고통은 때때로 잔인하게 다가오고, 우리를 비참하게 만들며 종종 끊임없이 절망의 늪으로 빠지게 만든다. 라틴어 어원인 포에나(poena)가 함축하고 있듯이, 고통은 우리가 살아 있기 때문에 궁극적으로 겪을 수 밖에 없는 징벌이다.

폴 브랜드 박사는 고통이라는 감각은 없어야 하는 감정이 아니라 하나님이 인간에게 주신 보편적인 감각이면서 한센병 환자들에게는 오히려 고통의 감각이 선물이라고 까지 표현하고 있다. 직장인들이 조직 내에서 근무할 때 육체적인 스트레스 뿐만 아니라 정신적인 스트레스를 통해 고통을 종종 호소한다. 조직 내 구성원들이 물질적, 정신적 고통을 경험하게 될 때 동료나 상하, 그리고 부하직원들은 서로의 고통에 대해 주목(noticing)하고, 느끼고(feeling), 반응(responding)하게 된다. 공감은 조직 구성원들의 고통을 마치 나의 고통처럼 함께 아파하고, 그 고통을 힐링(healing)하려는 행동까지 수반한다는 점에서 단순히 동정심(sympathy)이나 연민(pity)[4]과는 크게 구별이 된다.

오랜 세월동안 기업의 조직 내에서 테일러식 과학적 경영이 조직 구성원들을 단순한 객체(objectivity)또는 물질적 존재로 간주했다면 공감경영은 조직 구성원들을 인격적인 주체(subjectivity)로서 존중해 주고, 서로의 고통과 아픔을 함께 공유하는 힐링의 역할을 하게 된다. 신화의 시대 즉, 어둠의 시대에는 상사가 부하직원의 이름을 불러주지도 않았고, 예술가들이 자신의 작품에 싸인을 하지 않았다. 구성원들은 상대방을 주체가 아닌 객체로 인식했던 시대가 바로 신화의 시대이다. 그러나 철학의 시대는 그렇지 않다. 이 시대에는 상사가 부하직원들의 이름을 불러주면서, 이들을 주체로서 인식하고, 작가도 자신의 작품에 이름을 새기기 시작했다. 철학의 시대는 인격의 시대이자 빛의 시대인 것이다. 독자여러분들이 이해를 돕기 위해 신화의 시대와 철학의 시대를 <표 7>로 정리하면 아래와 같다.

---

4) 박성희(2004). 『공감학』. 서울 : 학지사.

<표 7> 신화의 시대와 철학의 시대

신화의 시대	철학의 시대
이름을 부르지 않음	이름을 불러줌
상대방을 객체(objectivity)로 인식	상대방을 주체(subjectivity)로 인식
작가가 자신의 작품에 싸인을 하지 않음	작가가 자신의 작품에 싸인을 함
내(Ich)가 너를 당신(Du)으로 인식	내(Ich)가 너를 그것(Es)으로 인식
권력형 리더	공감적 리더

구성원들의 고통에 반응하는 공감을 조직 내에서 구성원들이 서로 주고받는 시대는 철학의 시대이자 공감의 시대에 해당된다. 또한 구성원들의 고통과 아픔에 행위로서 반응하면서 이들에게 돌봄의 행위를 베푸는 리더가 바로 공감적인 리더인 것이다.

공감의 어원적 의미에서도 드러나듯이 공감은 '함께 고통 받다'라는 의미를 내포하기 때문에 단순히 마음속으로 조직 구성원들의 고통을 바라보거나 느끼기만 하는 차원을 넘어서서 이들에 대한 도움과 돌봄의 행위까지 포함하게 된다. 공감리더는 더 이상 조직 내에서 수직적인 구조 하에 상사가 조직구성원들을 비인격적인 객체(objectivity)로 간주하는 것을 허락하지 않고, 수평적인 구조 하에 상사와 부하직원, 그리고 동료들이 서로를 인격적인 주체(subjectivity)로서 바라보도록 하는 조직문화를 이루어 나가게 된다. 다시 말하면 공감리더는 구성원들과 조직의 고통을 마치 자신의 고통처럼 느끼면서 시간적, 정신적, 물질적으로 돌봄의 행위를 베풀게 되고, 태아를 품은 어머니의 심정으로 구성원들의 고통을 함께 아파하게 된다.

조직 내에서 조직구성원에 대한 고통이 발생했을 경우 생겨나게 되는 공감은 진정성을 지닌 조직 구성원의 내면행위(deep acting)를 통해 밖으로 표출되었을 경우 조직 내에서 조직에 대한 긍정적 정체성(positive identity)을 형성하게 되어 조직몰입(organizational commitment)으로 이어지게 되고, 결국에는 조직구성원들의 이직의도(Turnover Intention)를 감소시키는 결과를 가져온다는 연구결과가 있다.[5] 직장 내에서 공감을 경험하는 직장인들은 정체성이 긍정적으로 바뀌는 긍정적 정체성(POI)을 형성하게 되고, 더욱 직장에 잔류하면서 자신의 조직에 몰입하고 싶은 조직몰입이 향상되는 동시에 다른 직장으로

---

5) 장여옥(2016). 윤리적 리더십과 공감적 리더십이 청소년지도자의 직무만족과 이직의도에 미치는 영향. 청소년학연구, 23(2), 175-197.

이직하고 싶은 이직의도가 감소하게 된다.[6]

　이러한 연구결과가 시사하는 점은 조직은 인간의 아픔이 존재하는 장소이면서 동시에 인간의 치유가 존재하는 장소이기 때문에 공감이라는 인간 본연의 감정이 조직 내에서 불가피하게 발생하게 된다는 것이다. 인간은 사랑과 잔인성, 즉 동면의 양면과 같이 두 가지 본성[7]을 지니고 있는데, 사랑의 감정으로서 타인의 고통에 반응하는 공감이 조직 내에서 발생한다면 조직은 치유의 공간이 될 것이다.[8]

　고통에 정직하게 돌봄의 행위로서 반응하는 공감리더는 조직 내에서 조직 구성원들이 동료나 상사, 그리고 부하직원들이 겪고 있는 고통을 함께 아파하며 진정성을 지닌 내면 행위를 통해 그들의 고통을 경감시키려는 상호협력적인 반응을 보이게 되고, 결국에 가서는 조직에 머무르며 조직에 대한 긍정적인 정체성을 형성해나가게 될 것 이다. 따라서 공감리더십을 실천하는 기업은 조직 내 공감을 활성화시키기 위해서 조직 구성원간의 진정성이 포함된 의사소통과 감정교류를 장려하는 교육 및 육성 프로그램을 도입하는 것도 공감 리더십 실천의 좋은 활성화 방안이 될 것이다.

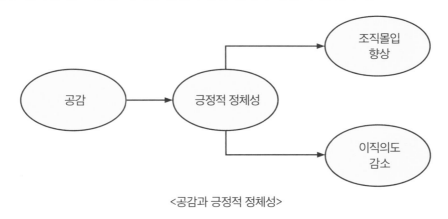

<공감과 긍정적 정체성>

　기존의 이론에 따르면 조직은 그 규모가 커질수록 보다 공리주의적이면서 생존을 위한 이익중심을 지향한다고 한다. 하지만 조직 내 조직구성원들이 타인과의 분리가 아닌 타인과의 동일시를 지향하는 공감리더십을 경험하게 된다면 조직에 대한 조직 구성원들

6) 고성훈·문태원(2012), 공감이 이직의도에 미치는 영향: 긍정적 정체성과 조직몰입의 이중매개효과를 중심으로. 인사조직연구, 20(3), 29-76.
7) 프란시스 쉐퍼(2019). 『이성에서의 도피(Escape from reason)』. 김영재 옮김. 서울 : 생명의 말씀사.
8) 프란시스 쉐퍼(2018). 『그러면 우리는 어떻게 살 것인가』. 김기찬 옮김. 서울 : 생명의 말씀사.

의 시각은 조직의 이기적이고 공리주의적인 시각에서 이타적이고 관계지향적인 시각으로 관점의 변화를 하게 될 것이다. 따라서 타인의 고통을 나의 고통처럼 느끼고, 반응하게 되는 공감 리더십은 그 속성상 관계 지향적이고, 이타 주의적이기 때문에 결국 조직구성원들과의 진정한 관계적 형성에 기여하게 되며, 거시적인 관점에서 기업의 관계지향적인 조직문화를 이룩하는데 공헌하게 될 것이다.

공감리더십을 실천하는 기업은 관계지향적 조직문화와 공감적인 조직문화를 형성하게 되면서 철학의 시대에 모든 사람들을 주체로서 인정하는 인격적인 시각을 갖게 된다. 아래 글은 독자여러분들도 잘 알고 있는 미국의 링컨대통령의 노예제도 폐지에 관한 연설문 중 일부분이다. 노예제도는 우리나라에도 있었던 제도였지만 반드시 폐지되어야 할 제도이고, 신화의 시대가 산출한 뼈아픈 산출물이었다. 노예제도가 있었던 시대에는 공감리더십이 자리 잡을 수 없었고, 관계 지향적 조직문화는 찾아볼 수가 없었다.

미국 국민들이 역대 가장 존경하는 대통령으로 꼽히는 링컨은 노예제도를 미워하지 않을 수 없었다라고 말한다.[9] 노예제도 자체가 무법한 것이기 때문에 그것을 미워한다는 것이다. 즉, 공화국으로서의 미국이 전세계에 모범을 보이지 못하도록 방해하기 때문에 노예제도를 미워한다는 링컨은 노예제도가 자유제도의 적이 될 수 있고, 미국 국민들을 위선자로 조롱하도록 만들 수 있다고 주장했다. 억압과 착취의 대상이었던 노예들의 고통에 링컨은 그 고통을 주목하면서 가슴으로 아파했고, 노예제도 폐지라는 정책을 통해 행위로서 반응했던 정직한 공감적 리더였다.

공감 리더십을 실천하는 리더는 조직 내 조직 구성원들이 돌봄(caring)을 받고 있다고 느끼게 하거나 내가 고통에 처했을 때 누군가 나와 함께 한다는 느낌, 그리고 나는 더 이상 조직 내에서 혼자가 아니라는 느낌을 갖도록 구성원들을 돕는다. 이러한 방식을 통해 공감적 리더는 조직을 서서히 치유해 나가게 되고, 조직구성원들의 정체성은 점점 긍정적 정체성으로 변화되게 된다. 즉, 공감리더십의 실천적 의미는 결국 타인의 고통에 대해 반응하게 되는 공감적 리더가 조직구성원들의 긍정적 정체성(POI)을 형성하게 하는 원인이 되며, 동시에 이들이 공감적 행위를 통해 조직을 등지지 않고 조직에 더욱 애착을 갖고 몰입하게 하는 동기부여의 원천이 된다는 것이다.

---

9) 전광(2003).『백악관을 기도실로 만든 대통령 링컨』, 서울: 생명의 말씀사.

3.1. 공감리더십과 감성리더십

감성리더는 나는 어떤 사람이 되고 싶은가에 대한 질문부터 출발한다. 즉, 자신이 어떤 사람인가에 대한 발견을 위해 열정적으로 질문을 해나가면서 끊임없이 자아의 정체성을 찾아서 고민하고 또 고민한다. 다시 말하면 감성리더는 조직 구성원들에게 감성적인 정서를 보이고, 이성보다는 감성에 호소하는 리더십을 발휘하고 있지만 자신의 정체성이 무엇이고, 어떠한 사람이 되어야 하는지에 대한 고민을 끊임없이 하게 된다.

하지만 공감리더십은 자신의 정체성 보다는 타인의 정체성에 관심을 기울인다. 즉, 조직구성원들의 정체성이 긍정적 조직 정체성(POI)으로 변모해 가기를 바라면서 공감적 리더는 구성원들에게 고통에 반응하는 돌봄적 행위를 제공한다. 또한 감성리더는 구성원들의 고통을 전제로 해서 감성에 호소하는 리더십을 발휘하는 것은 아니다. 구성원들이 고통의 감정을 지녔는지 그렇지 않은지가 중요한 것이 아니다. 감성리더는 구성원들을 어떻게 변화시키고, 어떠한 방법으로 변화시킬 것인지에 관심을 갖는다. 공감적 리더와 감성리더는 고통의 감정을 전제로 하는지 그렇지 않은지에 따라 차이점을 갖게 된다.

감성리더는 나를 지탱하는 관계의 힘이 무엇인가에 관심을 갖는다. 초점이 타인보다는 나에 집중되어 있는 것이 감성리더십이다. 하지만 공감리더십은 나보다는 타인의 심리상태에 초점을 맞추고 있고, 타인에 대한 이해로부터 출발하며 타인의 고통을 어떠한 방식으로 경감시킬지에 초점이 맞추어져 있다. 그러므로 공감리더십과 감성리더십은 관심의 초점이 나에게 맞추어져 있는지, 아니면 타인에게 맞추어져 있는지에 따라 차이점이 구별이 된다.

공감적 리더는 초월론적인 행위를 하면서 타인의 고통에 행동으로 반응한다. 즉, 공감적 리더는 리더 스스로 타인의 고통을 주목하고, 자신의 고통처럼 그 고통을 가슴으로 느끼며, 돌봄의 행위로서 그 고통에 정직하게 반응하게 된다. 예를 들면 이태석 신부가 가장 위험한 아프리카 남수단에 자원해서 의료선교를 떠난 행위는 내전으로 고통 받고, 상처받은 아프리카 사람들을 치료하고, 교육하고, 복음을 전하기 위해서 스스로 선택한 길이다.[10] 공감적 리더는 자신이 직접 고통에 반응하는 행동을 한다. 하지만 감성리더는 굳이 리더 자신이 행동할 필요는 없다. 감성에 호소하는 연설로 조직 구성원들의 행동

---

10) 이충렬(2021). 『신부 이태석 - 톤즈에서 빛으로』, 서울 : 김영사.

을 움직이고, 거대한 물결을 일으키게 된다면 감성적 리더십은 그 성과를 달성했다고 할수 있다. 따라서 공감리더십과 감성리더십의 차이점 중의 하나는 리더가 직접 타인의 고통에 반응하는지 안하는지의 여부이다.

3-1. 쉬어가는 이야기: 오바마 대통령 고별연설

우리의 젊음과 불굴의 투지, 다양성과 개방성, 그리고 위험을 감수하며 스스로를 끊임없이 재창조해 나가는 무한한 잠재력은 분명히 미래가 우리에게 속해 있음을 시사합니다. 그러나 이 가능성은 오직 민주주의가 온전히 작동할 때에만 실현될 수 있습니다. 국민의 품격을 제대로 반영하는 정치, 그리고 당파를 초월하여 절실히 필요한 공동의 목적 의식을 회복하려는 전 국민적 노력이 병행될 때에만 그것은 현실이 됩니다.

제가 오늘 밤 강조하고자 하는 바는 바로 우리의 민주주의 그 자체입니다(김복리, 2009). 민주주의는 결코 획일성을 강요하지 않습니다. 미국의 건국자들 역시 때로는 날카로운 의견 충돌과 갈등 속에서도 결국은 공동의 해결책을 모색했고, 그들은 우리 또한 그러하길 바랐습니다. 그들은 민주주의가 본질적으로 서로 간의 연대와 상호 책임감을 요구한다는 사실을 꿰뚫고 있었습니다. 겉으로 드러나는 차이점에도 불구하고, 우리는 함께 일어서고, 함께 무너진다는 운명 공동체라는 자각 말입니다. 8년 임기를 마치면서 내가 여러분들께 말하고 싶은 마지막 말은 바로 이것입니다.

Yes, we can. Yes, we did. Yes, we can.

오바마대통령 고별연설은 세밀하게 분석해 보면 대중들의 감성을 자극하면서 그들의 마음을 움직이는 감성리더십의 면모를 여실히 보여주고 있다. 감성지능이 높은 리더는 어렵고 힘든 고난의 순간에서도 자신의 내면을 잘 통제하며, 냉철한 이성으로 명확한 판단을 하게 된다. 이들은 위기를 기회로 만들면서 비전 뿐만 아니라 대안을 제시하고, 대안을 통해 꾸준히 생명을 살리는 역할을 하게 된다.

감성지능을 갖춘 리더가 이성적이 아니라는 착각은 버려야한다. 감성리더십의 소유자는 이성을 기반으로 감성을 상황에 따라 적절히 사용하는 리더이다. 이들은 협력할 시점과 비전을 제시할 때를 인식하면서 공감적인 경청과 부하직원에 대한 지시 사이의 균형을 맞추어 나간다. 감성적 리더는 이성적 측면의 분석과 감성적 측면의 직관을 결합한 통찰을 기반으로 중요한 사안의 본질을 파악한다.

　이런 리더들과 함께 일하는 사람들은 자신의 역량을 마음껏 발휘할 수 있으며, 그 조직은 유연하고 개방적이며 진정성 있는 분위기로 가득 찬다. 감성지능을 갖춘 리더의 열정과 긍정적인 에너지는 빠르게 조직 전체에 확산되어 생동감을 불어넣는다. 결국 감성지능은 리더십의 핵심적인 자질이며, 우리가 추구해야 할 리더십의 방향은 바로 이 '감성의 리더십'이다.

　공감리더십은 조직 구성원들에게 시간적, 정신적, 물질적인 돌봄의 행위를 제공해야한다. 하지만 감성리더십은 굳이 리더가 돌봄의 행위를 베풀 필요는 없다. 예를 들면 감성리더는 감성지능이 높은 조직을 만들고자 한다면 우선 조직이 조직적인 자기인식 능력을 갖출 수 있도록 에너지를 집중시켜야 한다. 다시 말해 감성 리더의 역할은 조직의 감성적인 기조가 현재 어떠한 상태인지를 정확히 인지하고, 조직 구성원들에게 어떤 부조화가 발생하는지를 자각하게 해주면 되지 굳이 돌봄의 행위를 제공할 필요는 없다는 것이다. 이러한 측면에서 공감적 리더와 감성리더는 돌봄의 행위를 수반하는지 여부에 따라 구별이 된다.

　공감리더십과 감성리더십은 칼로 자르듯이 두 리더십이 확연히 구별할 수 있는 것은 아니다. 왜냐하면 감성리더십을 지닌 리더가 부하직원의 고통에 반응해서 감성적인 돌봄의 행위를 베풀게 되면 이러한 리더십은 감성리더십이면서 동시에 공감리더십이 되기 때문이다. 현재 경영학 분야에 수많은 리더십이 소개되고 있지만 모든 리더십이 명확하게 구별되는 측면보다는 서로 공통분모를 지니면서도 그렇지 않은 부분이 있기 때문에 리더십의 명칭을 달리 할 뿐이다.

<이순신의 감성리더십>

3.2. 공감리더십과 긍정리더십

공감리더십은 조직 내에서 조직 구성원들이 돌봄을 받고 있다고 느끼게 하거나 누군가 함께하고 있다는 느낌, 그리고 내가 혼자가 아니라 누구와 관계를 맺고 있다는 느낌을 가질 수 있게 돕는다. 이러한 방식을 통해 공감리더십은 고통과 아픔에 처한 조직을 치유해 나가게 되고, 리더와 구성원간의 깊은 내적 소통을 통해 서로가 '살아있음'의 인식을 갖게 한다. 공감리더십은 조직 내 구성원들이 어려운 문제에 직면했을 때, 서로간의 관계를 강하게 만들어 주고, 리더의 공감적인 반응은 부하직원들의 약한 유대관계를 강한 유대관계로 변화시키게 된다(Frost et al., 2000).

한편, 긍정적 리더십은 긍정심리학과 긍정조직학을 기반으로 하고 있는데, 긍정적 정서를 강화시킴으로 인해 사람들의 삶의 질을 향상시키고, 조직구성원들의 긍정적 특질을 향상시키는데 초점을 맞추고 있다. 특히 긍정리더십은 Cameron 교수에 의해 연구가 희소하게 이루어졌는데, 긍정조직학에서 파생되어 나온 구성원들의 긍정적인 측면인 개인차원, 팀 차원에서의 그룹의 긍정적 측면, 조직 차원에서의 긍정 조직화를 강조했다. Cameron(2008)교수는 긍정리더십은 리더의 심리적 특징인 긍정적인 기분, 부하직원 과의 긍정적인 관계, 구성원들과의 긍정적인 의사소통, 그리고 현상에 대한 긍정적인 의미 해석으로 구성된다고 말한다.[11] 긍정리더십을 실천하는 리더의 긍정적인 감정은 강한 업무 환경을 요구하는 관료제적 조직 문화를 긍정적인 분위기로 변모시키는 역할을 하게 한다. 조직 내 구성원들은 긍정리더십을 경험함으로써 자비로운 배려의 행위를 통해 서로를 배려하고 용서하며 서로간에 감사의 마음을 표현하게 되며, 긍정적인 조직 문화를 형성하는데 일조하게 될 것이다. 긍정리더십은 단순히 서로 가까이 있거나 구성원들 간의 일회성 관계를 맺는 것 이상의 고품질 연결로 이어지기 때문에 직원들의 자비로운 행동을 촉진할 수 있다(Kahn, 1993). 긍정리더십은 구성원들이 조직 내에서 돌봄과 용서, 감사, 연민에 대한 이야기를 퍼뜨리고 조직 차원에서 자비로운 분위기를 조성하는 원동력이 될 수 있다(Miller, 2007).

---

11) 최영준·심원술(2016). 긍정 리더십이 직무열의에 미치는 영향 및 과정에 대한 연구. 대한경영학회지, 29(5), 793-827.

3-2. 쉬어가는 이야기: 행복에도 공식이 있다

　마틴 셀리그만 교수가 창안한 긍정심리학에 의하면 행복은 단순한 감정이 아니라 수식으로 표현될 수 있다는 것이다. 그는 행복을 $H = S + C + V$라는 공식으로 설명한다. H는 개인의 지속적인 행복 수준을 의미하고, S는 흔히 말하는 금수저, 은수저, 흙수저를 의미하는 타고난 행복에 대한 기준선이다, 이미 태어날 때부터 설정된 것이 S이다. C는 외적 환경을 의미하는데, 돈이나 명예, 권력 등의 외부환경을 의미한다. 마지막으로 V는 개인이 스스로 선택하고 나름대로 내면적으로 통제할 수 있는 내적 조건 또는 자율성을 의미한다. 필자는 매 학기마다 수강생들에게 마틴 셀리그만의 긍정심리학을 발표시키면서 몇가지 질문을 던지곤 하였다. "여러분들은 정말로 내면적으로 통제할 수 있는 V에 의해 가장 큰 행복감을 누리시나요?" 대부분의 학생들 대답은 "아니오"였다. 마틴셀리그만 교수는 행복의 조건에 가장 큰 영향을 미치는 요소가 V라고 말하고 있지만 필자가 매학기 대학 수강생들을 상대로 조사를 해보면 자신의 행복감에 가장 큰 영향을 미치는 요소는 외적환경 인 C였다. 물론 그 행복감이 얼마나 오래 지속이 되는지에 대한 질문은 하지 않았지만 MZ 세대 대학생들에게서 행복감의 가장 중요한 요소는 외부환경이라는 것을 알 수가 있었다. 독자여러분들 역시 자신의 행복에 영향을 미치는 요소는 어느 것인지 스스로 판단해보시기를 바란다.

　긍정리더십은 조직 내에 긍정적 정서가 부정적 정서보다 훨씬 강력한 근무환경이나 조직문화를 의미하는 긍정적 분위기를 만들어 낸다. 즉, 구성원들은 서로 간에 미덕적인 행위를 통해 배려하고, 용서하며, 감사를 주고받으면서 자신이 속해 있는 조직문화를 긍정적으로 만드는 것이다. 또한 긍정리더십은 구성원들 간에 단순히 서로 친해지거나 일회성의 관계를 뛰어넘어 높은 관계의 질(HQC)을 형성하게 된다는 측면에서 공감리더십과 성격이 유사하다.

　하지만 공감리더십과 긍정리더십은 차이점을 보이고 있다. 첫째로 공감리더십은 고통에 기반하여 행위로 반응하는 리더십인 반면에 긍정리더십은 긍정심리학을 기반으로 조직 구성원들에게 긍정적인 감정을 형성시킨다는 점에서 차이를 보인다. 미덕의 하위 차원이 공감이 되는데, 두 감정 모두 구성원들의 유대관계를 깊게 만들고, 조직을 긍정적 조직문화로 형성한다는 점에서는 동일하지만 긍정리더십은 공감리더십과는 다르게 굳이 고통에 반응하여 리더가 행위를 보일 필요는 없는 것이다.

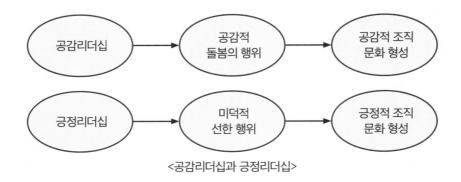

<공감리더십과 긍정리더십>

둘째로 공감리더십을 통한 조직 문화는 공감적 조직문화, 긍정적 조직문화를 모두 형성하게 되지만 긍정리더십은 긍정적 조직문화 형성에 큰 기여를 하게 된다. 긍정리더십은 구성원들 간의 공감적 소통과 공감적 관계, 공감적 돌봄의 행위를 강요하지 않는다.

그러나 공감리더십은 공감을 경험한 구성원들이 서로서로 공감에 관한 이야기를 공유하면서 공감적 조직문화 뿐만 아니라 긍정적 조직문화 형성에도 기여하게 된다. 미덕이 공감보다 큰 개념이기는 하지만 미덕은 선한 행위로서 고통에 반응하는 감정과는 무관하다. 하지만 공감은 반드시 타인의 고통이 발생했을 때 행동으로 반응하는 감정이기 때문에 공감의 감정을 통해 구성원들에게 애정 어린 돌봄의 행위를 제공하는 공감적 리더는 개인 차원을 넘어서 조직 차원에서의 공감적 조직문화 형성에 일조를 하게 된다.

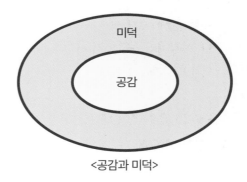

<공감과 미덕>

3.3. 공감리더십과 섬김의 리더십

조직 내에서 공감 리더십을 경험하는 구성원들은 긍정심리자본의 하위차원인 희망과 낙관주의, 자기효능감 및 회복력을 경험하게 된다. 필자가 작성한 국·내외 여러 논문[12]에도 나타나 있듯이 공감적인 행위는 긍정심리자본을 강화시키는 역할을 하게 되는데, 긍정심리자본은 아래 도식에도 나타냈듯이 희망, 낙관주의, 자기효능감, 회복력뿐만 아니

---

12) 고성훈·최용준(2019), 조직 내 북한이탈주민이 경험하는 컴페션이 조직시민행동과 심층행동에 미치는 영향: 긍정심리자본의 매개효과. 로고스경영연구, 17(1), 63-82.

라 공감적 행위는 업무로 인해 심신이 지쳐있는 구성원들에게 회복력을 향상시키는 역할을 하기 때문에 공감리더십은 긍정심리자본의 4가지 하위요소들을 향상시키는 역할을 하는 것이다.

돌봄의 행위로서 반응하는 공감리더십은 직무스트레스와 감정고갈 같은 업무상 힘들어하는 조직 구성원들에게 힐링과 치유를 제공해 주게 된다. 또한 긍정조직학파인 Lilius et al.(2008)의 연구와 Dutton et al.(2010)의 연구에서도 밝히고 있듯이 공감리더십을 경험하는 구성원들은 긍정적 감정과 긍정적 조직 정체성을 형성하여 조직 내에서 동료와 상사, 부하직원과 함께 공감적 행위를 주고받게 되고, 결국 직무성과 향상까지 가져오는 결과를 낳게 된다.

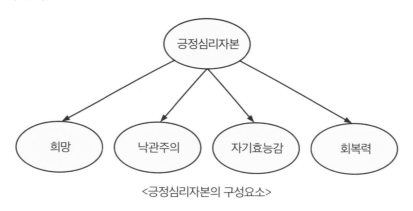

<긍정심리자본의 구성요소>

공감적 행위가 결국 직장 내에서 사원들의 직무성과 향상까지 가져오는 원인이 된다는 것은 참으로 놀라운 일이다. 필자는 2012년도부터 지금까지 꾸준히 공감 또는 미덕과 관련한 양적·질적 논문을 써오고 있는데, 조직 내에서의 공감적 행위가 사원들의 직무성과를 향상시키거나 또는 창의성, 조직몰입 등의 성과를 향상시키는 연구결과를 접하게 되면 스스로 많이 놀라게 된다. 그 이유는 공감리더십이 고통 받고 상처받은 사람들에게 따뜻한 위로와 사랑의 메시지를 전달하는 측면을 넘어서 경영학적인 의미에서의 성과향상까지 이룰 수 있기 때문에 그러하다.

<공감리더십과 직무성과>

한편, 섬김의 리더십은 리더가 부하직원과 인격적인 관계를 형성하면서 자신의 권위를 내려놓고, 마치 하인이 주인을 섬기듯이 부하직원을 섬기는 리더십이다. 이때 섬김의 리더는 부하직원을 '섬기고자 하는 마음'을 갖고 있어야 하는데, 이러한 마음이 가식적인 마음이 아닌 진정성을 지닌 마음이면 더욱 좋을 것이다. 섬김의 리더는 존재적 평등과 기능적 불평등을 인식하고 있어야하고, 끊임없는 자기수련을 통해 자신의 인격을 단련시켜야하며, 본질을 이해할 수 있는 통찰력이 있어야 한다[13]. 단순히 리더가 부하직원을 섬긴다고 해서 섬김의 리더십인 것은 아니고, 리더는 끊임없이 자기수련과 자신의 인격 단련을 통해 진정성 있는 '섬기고자 하는 마음'을 지녀야 하는 것이다.

3-3. 쉬어가는 이야기: 칼을 찬 유학자 남명조식

필자는 태어나서 처음으로 비행기를 탔던 때가 2001년 9월11일 캐나다 직항 대한항공 비행기였다. 9월11일. 바로 무시무시한 9/11테러사건이 미국에서 발생한 그날 나는 뱅쿠버 공항에 도착을 하였고, 뉴욕공항으로 가는 모든 비행기가 회항해서 캐나다 뱅쿠버 공항에 착륙하는 이유로 8시간 동안 비행기에 감금되어 나오지 못하는 상황을 경험했었다. 그리고 필자는 얼마 후에 친형이 유학하고 있는 캘리포니아 대학으로 옮겨서 공부를 했는데, 그 대학의 이공계도서관에 '칼을 찬 유학자 남명조식'이라는 한국 책이 꽂혀있는 것이었다. 너무도 신기한 나머지 필자는 그 자리에서 몇 시간 동안 그 책을 완독하였고, 그때부터 남명조식 선생에 대한 존경심을 갖게 되었다. 조식 선생은 당시 이황 선생과 함께 최고의 성리학자로 꼽혔던 분이었지만 평생 관직을 고사하면서 후학을 양성하였고, 자신의 부인에게도 존댓말을 사용하면서 섬김의 리더십을 보여주셨던 훌륭한 학자셨다. 그 당시에는 최고의 성리학자가 후학들과 아내에게 섬김의 리더십을 보인다는 것이 거의 상상도 못할 만큼 가부장적인 제도가 심한 때였지만 조식 선생은 그러한 신화의 시대에 이미 섬김의 리더십을 실천했던 위대한 학자였다.

그렇다면 섬김의 리더십과 공감 리더십의 차이점은 어디에 있을까? 필자는 가장 큰 차이점은 구성원들의 성과향상에 유의한 영향을 미치는지 여부라고 생각한다. 공감 리더십

---

13) 박재림·김수웅(2009). 『섬김의 리더십』. 서울 : 미래지식.

은 그동안 수행해온 실증적 연구결과를 기반으로 리더의 공감적 행위가 성과향상에 유의한 영향을 미친다는 것이 밝혀졌었다[14]. 하지만 섬김의 리더십은 매우 매력적이고, 21세기에 필요한 리더십임에도 불구하고 실증적 검증결과를 통해 성과향상에 긍정적인 영향을 미친다는 것이 밝혀지지 않았다.

필자는 경영학자로서 인사조직과 마케팅 2개의 전공으로 박사학위를 취득하였고, 양쪽 전공에 관한 논문을 계속해서 작성해왔었다. 경영학이 다른 사회과학 학문과 다른 점은 성과향상을 목표로 한다는 것이다. 공감리더십 역시 경영학 인사조직 분야인 조직행동 학자들이 만들어 낸 개념으로 다른 리더십과의 차이점은 성과향상을 목표로 한다는 것이고, 개인의 성과향상 뿐만 아니라 조직의 성과향상도 기대한다는 것이다.

섬김의 리더십이 타인의 말에 경청함으로 그 사람의 내면속으로 다가간다는 것은 공감 리더십과 유사하고, 리더의 말을 통해 구성원들을 치유할 수 있다고 밝힌 측면 역시 공감 리더십과 흡사하다. 공감적 리더 역시 정신적인 돌봄의 행위를 필요로 하는 구성원에게 상담을 통해 정신적 공감을 제공함으로써 회복력을 제공하게 되는데, 섬김의 리더 역시 말을 통해서 구성원들을 치유해 나가게 된다. 또한 섬김의 리더십이 권위주의를 타파하고, 개인주의를 타파하는 측면에서는 공감 리더십과 매우 유사하지만 경영학적인 의미에서 성과향상에 과연 유의한 영향을 미치게 되는지에 대해서는 실증적 연구를 통한 검증이 있어야 할 것이다.

3.4. 공감리더십과 영성리더십

공감리더십은 미덕의 하위차원인 초월론적인 요소를 포함하고 있다. 초월론적인 요소는 무엇일까? 예를 들면 이태석 신부가 의사의 길을 포기하고, 하나님의 부르심(calling)에 따라 사제서품을 받은 후 가장 위험하고, 가장 가난한 자들이 있는 남수단에 자원해서 고난의 길을 선택한 것이 초월론적 행동이라고 할 수 있다. 이처럼 공감리더십을 실천하는 리더들은 삶속에서 초월론적인 행동을 상당부분 보여주고 있다. 이태석 신부의 경

---

14) Ko, S. H. & Choi, Y. (2019). Compassion and Job Performance: Dual-Paths through Positive Work-Related Identity, Collective Self Esteem, and Positive Psychological Capital. Sustainability, 11(23), 6766.

우 홀어머니가 힘들게 장사를 해서 아들을 의대에 입학시켰기 때문에 다른 형제들에게 비해서 큰 기대와 꿈이 있었다고 한다. 그런데, 의사 이태석이 사제의 길을 간다고 하니까 어머니께서 "그냥 의사의 길을 가면 안되니?"라고 물으셨다고 한다. 이때 이태석은 이렇게 대답하였다고 한다. "어머니. 자꾸만 하나님께서 저를 부르시고 있고, 너무도 사제의 길을 가고 싶은데 어떻게 합니까? " 이태석은 눈물을 흘리면서 말했다고 한다.

3-4. 쉬어가는 이야기: 이태석 신부의 제자들

2024년 제67차 전문의 자격시험에서 총 2,727명의 신규 전문의가 배출된 가운데, 고(故) 이태석 신부의 제자인 토마스 타반 아콧(토마스)과 존 마엔 루벤(존)이 최종 합격자 명단에 이름을 올렸다. 두 사람은 이태석 신부 덕분에 한국을 알게 되었고, 의학을 공부해 의사의 길을 걷게 되었음을 밝히며, 전공의 수련 과정 동안 도움을 아끼지 않았던 인제대학교 백병원 교직원들에게도 깊은 감사를 전했다. 토마스와 존은 2009년, 이태석 신부의 권유와 수단어린이장학회의 지원으로 한국 유학을 시작했다. 그러나 이들이 한국에 도착한 직후, 이태석 신부는 대장암으로 세상을 떠났다. 그럼에도 두 사람은 신부님의 뜻을 이어가겠다는 다짐으로 학업에 매진했고, 2012년에는 이태석 신부의 모교인 인제대학교 의과대학에 입학했다. 낯선 나라에서 언어와 의학을 동시에 익혀야 하는 이중의 부담 속에서도, 전액 장학금과 기숙사 지원을 받으며 학업을 이어갔고, 각각 83회와 84회 의사국가시험에 합격해 마침내 의사가 되었다. "어려움에 연연하지 말라"는 신부님의 가르침을 가슴에 새기며, 두 사람은 고향 남수단 톤즈로 돌아가 이태석 신부가 미처 펼치지 못한 인술을 실현하고자 한다.

초월론적인 행위는 남들이 가기 싫어하는 곳, 남들이 관심을 기울이지 않는 곳, 남들이 선택을 꺼려하는 곳에 사랑의 마음과 기쁜 마음으로 자발적으로 가서 고통으로 힘들어하는 사람들에게 공감적 행위를 베푸는 것이다. 이태석 신부님의 제자인 토마스와 존이 한국에서 의사가 된 후에 남들이 선호하는 한국에 잔류하지 않고, 다시 고국으로 돌아가 총알이 날아드는 남수단에서 환자들을 치료한다면 그것이 바로 초월론적인 행위이자 공감리더십인 것이다.

영성 리더십 또한 공감리더십과 함께 초월론적인 행동과 요소들을 지니고 있다. 공감리더십은 단순히 구성원들의 고통에 돌봄적 행위로서 리더가 반응하는 리더십이지만 영성 리더십은 리더가 끊임없이 하나님과 소통하면서 그분의 소리에 귀를 기울이는 리더십이다[15].

경영학의 아버지 피터 드러커(Peter F. Drucker, 1909~2005)는 교회 공동체 내에서 일어나는 리더십에 대해 연구해야 한다고 역설한바 있다. 영성 리더십은 교회 공동체 내에서 구성원들에게 행해지는 리더십이라는 점에서 공감리더십

<이태석 신부님의 제자들>

보다는 범위가 좁을 수 있지만 공감적 리더가 하나님을 믿는 크리스천이라고 한다면 공감적 영성 리더십을 함께 실천할 수도 있을 것이다.

영성 리더십은 신이 인간이 되어 낮은 곳에서 낮은 자들을 치유하고, 돌봄의 행위를 베풀었던 예수그리스도의 사랑을 실천한다는 점에서 공감리더십과 유사하지만 신의 소리, 즉 성령하나님의 내면적 소리에 늘 리더가 귀 기울이고 있다는 측면에서 공감리더십과 차이점이 있다. 공감리더십은 아프고 고통에 처한 구성원들에게 리더가 사랑의 마음으로 돌봄의 행위를 제공하면 된다. 하지만 영성 리더십을 지닌 리더는 하나님의 소리와 인간의 소리 모두 귀 기울이면서 예수그리스도의 사랑에 기반하여 고통에 처한 구성원들뿐만 아니라 리더의 돌봄을 필요로 하는 사람들 모두에게 리더십을 발휘해야 한다는 점에서 구별이 된다.

신뢰받는 영성 리더는 모든 상황에서 공정함(fairness)을 유지해야 한다. 이것은 어떤 경우든 원칙이 모든 사람에게 동일하게 적용되어야 함을 의미한다. 특정 사람에게는 인격적으로 대우하고, 다른 사람에게는 엄격하게 대하거나, 호감 가는 이에게는 관대하게 적용하고 반대로 마음에 들지 않는 이에게는 원칙대로만 대하며, 지위가 높은 사람에게는 예우를 갖추고 아랫사람에게는 비인격적으로 대하는 식의 차별적인 태도는 영성 리더십에 어울리지 않는다. 영성 리더십은 개인적인 이해관계 속에서도 리더 스스로를 절제하

---

15) 진재혁(2017). 『영성 리더십』, 서울: 두란노.

고, 자기 부인을 통해 진정한 공정함을 실현하는 리더십이다[16].

영성 리더십은 다른 리더십들과는 다르게 초월자인 신의 소리에 귀를 기울이는 리더십이고, 진정성 있는 리더의 심층행동이 밖으로 표출되는 리더십이다. 공감 리더십은 리더십 행위 자체가 가식적인 공감이건 진정한 공감이건 구별하지 않는다. 단지 구성원들의 고통에 리더가 공감적 행위로서 반응하고, 행동하면 공감리더십이 성립한다. 하지만 영성 리더십은 철저히 예수그리스도가 성육신 하신 후 지상에서 3년 공생애 기간 동안 보여주었던 사랑과 돌봄, 치유와 십자가 사건에 기반하여 성립하는 리더십이다.

하나님이 인간을 무조건적인 사랑으로 사랑하셨듯이 영성적 리더는 구성원들을 무조건적으로 사랑하면서 진정성과 공정성을 그들에게 보여주어야 하고, 주의 사람들의 눈치보다는 초월자이신 하나님의 눈치를 늘 살펴야 할 것이다.

3-4-1. 쉬어가는 이야기: 비행기 안에서도 환자를 치료한 슈바이처

1953년, 알베르트 슈바이처는 오슬로에서 열리는 노벨평화상 시상식에 참석하기 위해 아프리카 가봉의 랑바레네 병원을 떠나 유럽으로 향하고 있었다. 그는 이미 의사이자 신학자, 철학자, 음악가로서 세계적으로 존경받고 있었고, 무엇보다도 '생명에 대한 경외'라는 철학을 실천한 인물로서 노벨위원회의 주목을 받고 있었다. 비행 중 한 승객이 갑작스럽게 건강에 이상을 호소하며 위급한 상황에 처했다. 당시 비행기에는 의료진이 동승하지 않았고, 긴급한 조치가 필요한 상황이었다. 이때 슈바이처는 망설임 없이 직접 나서서 환자를 치료했다. 노벨평화상을 받으러 가는 길이라는 명예로운 순간에도, 그에게 가장 중요한 일은 고통 받는 생명을 돌보는 일이었다. 의사로서의 본분을 다하며 필요한 응급처치를 제공했고, 환자는 무사히 안정을 되찾을 수 있었다. 비행기 안에서도 공감리더십을 실천한 슈바이처. 공감리더십은 타인의 고통을 외면하지 않는다.

공감리더십과 영성리더십은 확연히 구별할 수는 없다. 독자여러분들은 슈바이처 박사의 일대기에 대해 위인전을 통해 어렸을 때부터 많이 들어봤을 것이다. 슈바이처 박사는 역사적 예수에 관한 연구로 신학박사학위를 취득한 독일 목사이자 의사이다. 이분은 성

---

16) 진재혁(2017). 『영성 리더십』, 서울: 두란노.

직자로서 늘 성령하나님의 소리에 민
감하게 반응하며 영성리더십을 실천했
던 위인이었지만 의사가 되어 아프리카
에서 고통당하는 환자들을 치료하면서
공감리더십을 보여주었던 선교사기도
하였다.

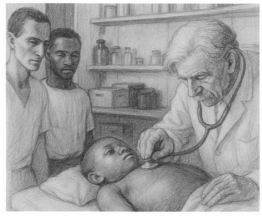
<치료중인 슈바이처>

3.5. 공감리더십과 진성리더십

진성리더(Authentic Leader)는 자신이 존재하는 이유를 사명(mission)이라고 생각하고,
자신에게 부여 된 사명을 복원하여 자신과 조직 구성원 모두를 임파워먼트 시키고, 이를
통해 조직과 사회를 더 행복하고 사랑이 넘치는 곳으로 변화시키려고 노력하는 사람들
이다. 진성리더가 사명을 중요시 여기는 이유는 자신의 삶의 궁극적인 목적에 있어서 신
념과 비전이 있기 때문이다. 또한 진성리더가 조직 구성원과 사회에 큰 영향력을 행사하
는 기반이 되고, 원동력이 되는 것은 진정성(authenticity)이다. 진성 리더가 말하고 있는
사명감도 진정성이 넘치고, 조직 구성원들에게 에너지를 부여하는 방법도 진정성이 있으
며, 리더의 사명을 실천하기 위한 노력도 진정성을 보여주고 있다. 진성리더가 지니고 있
는 진정성과 사명 때문에 구성원들은 이들의 행동에서 진실성을 느끼게 되고, 이들이 제
시하는 비전에 신뢰를 갖게 된다[17].

3-5. 쉬어가는 이야기: 스승의 날에 학생들에게 선물하는 선생님

요즘 스승의 날은 예전과는 다르게 왠지 모를 삭막함이 감돈다. 학생들은 김영란
법을 핑계로 스승들에게 커피 한잔 선물하기도 꺼리고 있다. 아니다. 커피는 고사하
고 스승의 은혜에 감사하다는 카톡 메시지 한 개도 보내기가 힘들어진 스승의 날을
매년 맞이하고 있다. 그런데, 올해 스승의 날에 우리 제자한명이 나에게 떡 한 개를
건네면서 자신이 강의를 수강하는 여자 교수님께서 선물로 주셨다는 것이다. 나는

---

17) 윤정구(2015). 『진성리더십』, 서울: 라온북스.

너무 의아해서 제자에게 되물었다. "어찌 스승의 날에 교수가 학생에게 떡을 선물하나요?" 제자 학생도 의아하다는 듯이 "저도 잘 모르겠습니다. 앞으로 훌륭한 선생님이 되라고 교수님께서 모든 학생들에게 떡을 선물하셨어요"라고 대답하였다. 필자는 스승의 날에 예비교사 학생들에게 오히려 떡을 선물하신 그 교수님의 이야기를 반드시 책으로 기록하고자 메모를 해 두었고, 지금 이 순간 공감리더십 책에 해당 교수님의 진정성 있는 나눔에 대해 기록하고 있는 중이다. 이와 같은 교수님의 행동이 진성리더십이 된다.

진성리더십이 리더의 진정성을 기반으로 한다는 점에서 공감리더십과 매우 흡사하다. 공감리더십 역시 공감적 돌봄의 행위 그 자체가 진정성을 내포한 심층행동이기 때문에 공감을 경험한 구성원들은 치유와 회복력을 경험하게 된다[18]. 물론 공감리더십 역시 가식적인 공감과 진정한 공감으로 구별하여 공감적 행위를 제공할 수 있지만 진정성 있는 공감적 돌봄의 행위는 리더와 구성원의 관계를 더 끈끈하게 만들어주고, 상처와 아픔으로 고통 받는 구성원들에게 긍정적 감정과 긍정심리자본을 형성[19]하게 하는 회복력을 주게 된다.

진성리더십 역시 리더의 도덕적 감정과 긍정심리자본[20]과 긴밀한 관계를 갖고 있다는 측면에서 공감리더십과 유사하지만 구성원들의 고통에 기반 하는 것이 아니라 리더의 사명과 진정성에 기반 한다는 점에서 차이를 보이고 있다. 공감리더십은 철저히 조직 내부하직원들의 신체적, 정신적, 심리적 고통(suffering)이 발생하였을 때 리더가 시간적, 정신적, 물질적으로 공감적 돌봄의 행위를 제공하는 것이다. 단순히 구성원들에게 공감적 행위를 제공한다고 해서 공감리더십이 성립하는 것이 아니라 구성원들의 고통이 발생했다는 전제가 있어야 한다. 하지만 진성리더십은 구성원들과의 고통과는 무관하게 리더가 지닌 사명과 진정성 있는 의사소통, 임파워먼트 및 성과를 강조하게 된다. 공감리더십 또한 공감적 행위를 통한 업무성과 향상에도 긍정적인 영향을 미치지만 진성리더십 역시 리더의 진정성 있는 행위로 인해 조직 내 업무성과 향상에 유의한 영향을 미치게 된다.

18) Dutton, J. E.(2003). Energize your workplace: How to build and sustain high-quality connections at work. San Francisco: Jossey-Bass.

19) Ko, S. & Choi, Y. (2020). The effects of compassion experienced by SME employees on affective commitment: Double-mediation of authenticity and positive emotion. Management Science Letters, 10(6), 1351-1358.

20) 윤정구(2015). 『진성리더십』, 서울: 라온북스.

진성리더십을 실천하는 진성리더는 진정한 삶의 목적으로서의 사명감과 사명을 완수하기 위한 중간 정착지로서의 비전, 그리고 비전을 완성하는 과정에서 의사결정을 위한 가이드라인으로서의 가치, 마지막으로 정체성을 중심으로 리더 자신의 정신모형을 수립한다. 뿐만 아니라 구성원들과의 관계를 기계론적, 소유론적 관점이 아니라 유기체적, 존재론적 관점에서 바라보고 되고, 리더와 구성원들과의 관계의 투명성을 강조한다. 더 나아가 진성리더십은 사회 조직적 맥락의 범위를 고려하여 개인과 조직, 사회, 국가 모두 생태계 안에서 서로 발전해 나가는 공진화[21]를 추구해 나간다.

필자는 진성리더십을 생각할 때면 머릿속에 떠오르는 인물이 소설『나무를 심은 사람』의 주인공 엘제아르 부피에를 떠올린다. 그는 고독과 침묵 속에서 묵묵히 타인을 위해서 나무를 심고 또 심어간다. 그러다가 어느 해인가 그는 말하는 습관마저 잃어버렸다고 한다. 주인공 엘제아르 부피에가 보여준 행위는 누가보아도 진정성 있고, 감히 흉내 내기 힘든 진성리더십이었다.

3.6. 공감리더십과 삼바리더십

브라질 국가를 생각하면 우리는 축구와 삼바를 연상하게 된다. 브라질 대통령 중에 삼바리더십을 실천했던 인물이 있었는데 그가 바로 룰라 대통령(Luiz Inácio Lula da Silva)이다. '노동자 대통령' 이라는 별칭이 붙어 있는 룰라. 룰라는 빈민촌에서 출생하여 구두닦이와 금속노동자를 거치면서 어려운 유년시절을 보냈고, 브라질 노동 운동을 이끈 리더이다. 열다섯 살의 나이에 국가기술연수원에서 기술선반공자격증 과정에 등록해서 기술교육을 받았고, 그후 브라질 상파울루시의 금속 공장에 취직했다. 룰라는 20대인 스물네 살 때에 자신이 다니던 공장의 노조집행부 제의를 받으면서 노동 운동에 눈을 뜨게 된다. 그 후 30대인 서른 살에 노조위원장으로 선출되었고, 40대인 마흔 네 살에 처음으로 대통령 후보로 대권에 도전해 2위를 차지하고 결선투표에 올랐지만 낙선했다. 그 후에도 두 번 더 대선에 연속으로 출마하였지만 계속 2등을 차지하다가 2002년 대통령 선거에서 마침내 압도적인 지지를 얻어 대통령에 당선되었다.

---

21) 공진화(co-evolution)는 쉬운 말로 서로 함께 발전해 나간다는 의미이다. 예를들면 기업의 목적은 이윤 창출이지만 최근에 기업의 목적은 공진화 측면에서 자사의 이윤획득 뿐만 아니라 고객에 대한 서비스, 지역사회 발전(RHRD), 국가적 발전(NHRD), 환경보호(ET), 타사와의 협력관계 구축 등까지 포함하게 된다.

3-6. 쉬어가는 이야기: 룰라대통령과 노무현 대통령

　노무현 전 대통령과 룰라 브라질 전 대통령은 예상보다 많은 유사점을 지닌 인물들이다. 두 사람 모두 2003년에 각각 자국의 대통령으로 취임했으며, 가난한 농가의 아들로 태어나 청년 시절에는 각각 인권변호사와 노동운동가로서 사회적 약자를 대변하는 삶을 살아왔다. 정치에 입문한 이후에는 여러 차례의 낙선을 겪은 끝에 마침내 최고 권력의 자리에 올랐다는 점에서도 유사한 궤적을 그린다. 집권 이후에는 진보 진영의 기대와는 달리, 대체로 중도적 성향의 정책을 펼치며 신자유주의적 경제 기조를 일정 부분 수용한 점 또한 공통적이다.

　2004년, 노무현 대통령이 브라질을 국빈 방문했을 당시, 룰라 대통령과의 정상회담 자리에서 흥미로운 장면이 연출되었다. 회담 도중 룰라 대통령이 시가에 불을 붙이자, 노 대통령 역시 이를 받아 시가를 함께 나누며 대화를 이어갔다. 자칫 외교적 결례로 비칠 수도 있었던 상황이었지만, 노무현 대통령이 흡연가였던 덕분에 이른바 '맞담배 정상회담'이 자연스럽게 성사되었다고 전해진다.

　룰라는 어린 시절부터 어려운 삶을 살아오면서 노동자들이 처한 고통의 삶을 몸소 체험하였고, 이들이 겪는 고통과 아픔을 공감하였기에 훗날 그가 보여준 섬바리더십은 필자가 주장하는 공감리더십과 결을 같이한다고 할 수 있다. 마치 우리나라 전태일 열사가 노동자들의 인권과 복지향상을 위하여 노동인권운동으로서 공감리더십을 보여주었던 것처럼 룰라 대통령 역시 노동인권운동을 통해 대통령의 자리까지 오른 공감적 리더이다.

　룰라의 연설은 세 번의 대통령 선거에 도전하면서 많이 부드러워졌고, 정책도 변혁보다 안정을 추구하는 방향으로 흘러갔다. 2002년 대선을 앞두고 룰라가 발표한 '브라질인들에게 보내는 서한'에서 룰라는 중산층을 겨냥해 물가안정과 시장 질서에 기반한 정치와 경제적 안정을 공약했다. 그러나 노조위원장 출신으로 노동자들의 인권을 대변했던 룰라는 아직까지도 정치적으로는 색체가 좌파에 가까워 보였다.

　그렇기 때문에 룰라가 대통령으로 당선 되었을 당시 브라질의 분위기는 긴장감이 맴돌았다. 좌파 성향의 룰라가 기업들을 파산시키고, 실업률은 걷잡을 수 없이 급등해서 국민들이 브라질을 떠날 거라는 부정적인 예측이 무성했다. 외신들은 노조위원장 출신의 대통령이 여러 면에서 많은 시사점이 있지만 현실 정치에서는 그러한 시사점들이 모든 문제를 해결해 주지 못할 것이라고 보도했다. 뿐만 아니라 그 당시 브라질의 경제 사정은 너무도 안 좋았다. 4년 전 국제통화기금(IMF)에 국제 금융을 요청했지만 금융위기는 계속 되었고, IMF와 후속 협약까지 체결해야 했으며 룰라가 대통령으로 취임하기 직전에 브라질의 외채는 상당하였다.

룰라는 브라질 국민들의 지지율 83%을 지지를 얻으면서 대통령 재선 후 물러났는데, 그가 보여준 삼바리더십의 기반은 공감이었다. 젊은 시절 공장에서 일하던 중 산업재해로 인하여 왼쪽 새끼손가락을 모두 잃은 룰라는 자신이 노동자 시절에 감당해야 했던 고통 때문일까? 소외된 자들을 위한 정책을 빼놓지 않고, 대통령 재임시절 정책을 집행해 나갔다.

룰라의 리더십이 성공을 거두었다는 것을 상징적으로 나타내는 것은 2006년 재선을 거쳐 2010년 대통령 임기를 마치기 직전에 실시한 여론조사의 지지율 83%이다. 전 국민의 83%가 퇴임하는 대통령을 지지한다는 것은 특정 계층의 지지자들만 가지고는 나올 수 없는 수치이다. 즉, 룰라는 부자들부터 가난하고 소외된 사람들에 이르기까지 모든 계층을 아우르면서 '공감'할 수 있는 정책을 편 것이다. 이러한 공감정책은 특정 계층을 위한 정책이거나 특정한 계층의 희생을 요구하는 정책이 아니라 모든 국민들이 공감할 수 있는 정책을 수립한 것으로 해석할 수 있다.

룰라 전 대통령은 자신의 모든 정책에서 가장 핵심적인 우선순위로 빈곤층에게 희망을 심어주는 것을 내세웠다. 그는 극심한 양극화가 고착된 브라질 사회에서, 빈곤 퇴치를 위한 예산 지출이 단순한 복지 차원의 지원이 아니라, 지속 가능한 사회 발전을 위한 전략적 투자임을 강조했다. 이러한 철학을 바탕으로 탄생한 정책이 바로 '볼사 파밀리아(Bolsa Familia)' 프로그램이다.

이 프로그램은 빈곤층에 단순히 금전적 보조를 제공하는 데 그치지 않고, 자립을 유도하는 교육적 연계를 통해 가족 전체의 삶을 변화시키는 통합적 지원 시스템이었다. 성인 교육뿐 아니라, 지원 대상 가정의 아동이 반드시 학교에 다녀야 하며, 출석률이 일정 기준 이하(결석률 15% 초과)로 떨어질 경우, 지원이 중단되는 등의 조건을 두어 지속적인 참여와 책임을 유도하였다.

해마다 확대된 볼사 파밀리아의 예산은 점점 더 많은 국민에게 혜택을 제공하였고, 그 결과 약 2억 명의 인구 중 6천만 명에 달하던 빈곤 인구는 4천만 명 수준으로 대폭 감소하였다. 이 프로그램은 단순히 복지 정책에 머무르지 않고, 중산층의 확장과 소비력 증대를 통해 기업의 매출 증가로 이어지는 선순환 구조를 만들어냈다.

　이와 같은 룰라의 정책은 공감리더십의 전형적인 사례라 할 수 있다. 그는 빈곤층의 고통에 정서적으로 공감하는 데서 나아가, 대통령으로서 예산을 통한 실질적 돌봄 행위로 응답하였으며, 그 결과는 사회경제적 성과로 귀결되었다. 룰라의 공감은 단지 감정에 머무르지 않고 구체적 정책으로 전환되었으며, 이는 빈곤 감소와 경제 활성화라는 실질적 변화로 나타난 것이다.

　룰라는 성장과 복지라는 두 마리의 토끼를 모두 잡으려고 노력하였고, 그 결과 가난한 빈곤층은 물론 중산층과 부자들의 공감대까지 이끌어 냈다. 룰라가 보여준 수많은 결과 뒤에는 모든 국민들을 공감하는 능력이 있었다. 그가 보여 준 공감리더십은 리더가 공감하는 리더십이기도 하고, 리더가 공감을 이끌어내는 리더십이기도 했다. 리더가 국민들을 공감하지 않고서는 공감을 이끌어내는 것은 불가능 할 것이다. 마찬가지로 리더의 일방적인 공감은 진정한 공감이 아니기 때문에 룰라는 공감적 행위를 통해서 국민들의 공감을 이끌어 냈던 리더였다.

　브라질의 삼바 축제의 삼바는 본래 남아메리카에 이주한 흑인들의 춤이었다. 브라질 상류층은 '미천한 이'들의 춤을 받아들였고, 춤은 브라질 전역으로 퍼져 오늘날 인종과 세대, 빈부격차 따위를 모두 잊고 사람들 사이의 벽을 무너뜨리는 삼바 축제의 기원이 되었다. 브라질 모두가 어울리는 삼바 축제의 중심에는 공감이라는 화두가 놓여있다. 룰라 대통령이 보여준 리더십 역시 '삼바 리더십'이었다. 삼바 리더십은 곧 공감리더십의 성격을 지닌다. 브라질 국민들이 모두 나와서 삼바 축제 때 삼바춤을 출 때 서로 공감하고, 서로 웃고, 서로의 감정을 이해하면서 축제를 즐기는 것이 삼바축제이다. 룰라가 펼친 정책은 모든 사람들이 웃고, 울 수 있는 정책이었고, 그가 보여준 리더십은 빈민의 아들로서 노동운동을 하면서 경험한 체험을 바탕으로 가난한 자들의 고통에 정책적으로 반응한 공감리더십이었다.

4장
공감리더십과 조직문화

4.1. 공감리더십을 통한 긍정적 조직 정체성(POI) 형성

4.1.1. 긍정적 조직 정체성의 개념

지난 20년간 조직학 연구에서 정체성 연구에 관한 관심은 꾸준히 증가해왔다(Ashforth, Harriso & Corley, 2008: 오종찬, 2017). Avesson, Aschcraft & Thomas(2008)의 연구에 따르면, 조직학자들은 구성원들이 조직 내 업무환경에서 자신들이 매일 접하고 있는 업무와 이슈들을 어떻게 대처하고, 협상하는지에 대해 점점 더 많은 관심을 보이고 있다고 주장하였다(Bednar, Owens, Dutton & Roberts, 2011: 오종찬, 2017).

긍정적 조직 정체성은 긍정심리학에 기반을 두고 있는, 긍정조직학파들이 연구해 왔던 정체성인데, 구성원들의 긍정적 특질과 긍정적 특성이 조직 내에서 조직의 정체성으로 형성 된 정체성이다. 한편, 긍정 조직학(POS)은 조직 구성원들이 지니게 되는 긍정적 속성에 관심을 갖고, 긍정적 속성이 형성되는 긍정적 과정을 중요시 여기며, 조직과 구성원들이 긍정적 결과로서 어떠한 산출물을 생산해내는지에 대한 성과를 주목해서 연구한다(Cameron, Dutton & Quinn, 2003). 미시건 대학의 더튼 교수를 중심으로 형성된 긍정조직학파는 긍정 조직학을 연구해 오면서 구성원들이 예전에는 접하지 못했던 긍정적 일탈과 공감, 미덕, 감사, 공감의 조직화, 초월론적 행위 등을 언급하면서 구성원들과 조직을 점점 치유해나가고, 개인수준과 조직수준에서의 긍정적 조직문화형성을 위해 노력하고 있다.

4-1.1. 쉬어가는 이야기: 포기하지 않으면 꿈은 이루어진다

필자가 경영학 인사조직 박사과정일 때 지도교수님께서 공감(compassion)에 관한 연구를 함께 진행해보자고 말씀하셨다. 그 당시만 해도 필자의 머릿속에는 '경영학에서 왜 공감을 연구하지? 공감은 종교학 또는 상담학에서 주로 연구하는 변수 아닌가?' 라는 의구심을 품으면서 일단은 긍정적인 답변을 드렸다. 그리고 그 이후부터 미국 미시건 대학의 Dutton교수와 그의 동료들의 논문을 읽고, 공부해가면서 공감이라는 변수가 엄청난 역량과 영향력을 지니고 있다는 것을 깨닫게 되었다. 그러나 그때는 경영학 인사조직 분야에 공감이라는 변수가 너무도 생소한 개념이었고, 이에 대한 실증적 연구가 거의 전무했기 때문에 학술지에 논문을 게재시키는 것이 참으로 어려웠다. 그러나 한번 시작한 일은 절대포기하지 않는다는 신념하에 줄기차게 작성한 논문을 이곳저곳 학회지에 투고하였고, 그 결과 인사조직 분야에서 가장 탑 저널인 인사조직연구에 처음으로 공감에 관한 논문을 게재하였다. 그때가 바로 2012년이다. 박사과정 6년 동안 연구한 공감에 관한 연구가 처음으로 세상의 빛을 보는 순간이었고, 그 이후로 필자는 현재까지 공감에 관한 연구로 국내와 해외저널에 50편 이상의 논문을 게재하게 되었다. '시작은 미약하였으나 나중은 창대하리라'는 성경의 말씀처럼 처음 경영학 분야에서 공감에 관한 연구를 할 때는 정말 캄캄한 밤하늘을 보는 기분이었지만 현재는 해외에서도 고통에 반응하는 감정으로서 공감에 관한 연구를 많은 학자들이 수행하고 있다. 독자 여러분들도 자신이 꼭 이루고 싶고, 죽기 전에 꼭 해보고 싶은 것이 있습니까? 그렇다면 포기하지 마시고, 꾸준히 그 비전을 향해서 전력투고 하십시오. 비록 시간이 걸리더라도 언젠가는 자신이 꿈꾸었던 비전은 이루어지게 될 것입니다.

필자가 본서 앞부분에서도 여러 차례 언급하였듯이 긍정적 조직 정체성은 공감리더십을 통해서 형성이 되는 정체성이고, 조직 내 구성원들이 리더를 통해 공감적 리더십을 경험하게 되면 사회적 정체성 이론(SIT)에 기반하여 자신의 정체성을 조직의 정체성과 일치시키며 긍정적 정체성으로 발전해 나가게 된다[1].

독자여러분들께는 사회적 정체성이론의 개념이 다소 어렵게 느껴질 수가 있을 것이다. 예를 들면 저를 포함해서 대부분의 사람들이 매일 같이 직장에 출근을 해서 조직 내에서 조직의 정체성을 접하면서 일을 하고 있다. 자신도 모르게 자신이 속한 조직의 정체성을 서서히 닮아가게 된다. 그래서 직장인들은 좋은 조직, 좋은 긍정적 정체성을 지는 조직에서 일을 해야만 한다. 내가 속해 있는 조직의 리더가 매일같이 나에게 공감적 행위를 제공하면서 고통을 함께 나누기 위해서 배려를 해준다고 하면 기분이 어떠할까? 조직에 대해서 긍정적인 인상을 갖는 것은 물론이고, 공감적 리더의 사랑과 배려 때문에 자신의 정체성 역시 점점 긍정적인 성격을 지니게 될 것이다. 그러므로 사회적 정체성 이론은 조직 내 구성원들이 조직의 정체성의 영향을 받아서 긍정적 또는 부정적인 방향으로 자신의 행동을 바꾸기를 원한다고 주장하는 것이다. 공감리더십을 통해 공감적 행위를 경험한 구성원들은 긍정적인 방향으로 자신의 정체성을 바꾸게 되고, 결국 긍정적 정체성을 형

---

1) 고성훈 · 문태원(2012). 공감이 이직의도에 미치는 영향: 긍정적 정체성과 조직몰입의 이중매개 효과를 중심으로. 인사조직연구, 20(3), 29-76.

성하게 되지 않을까? 필자는 이러한 상식적인 내용을 논문화 시켜서 아래와 같이 학술지에 도식화하였다.

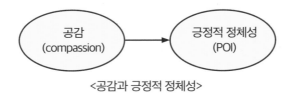

<공감과 긍정적 정체성>

Cameron과 그의 동료들(2003)은 긍정 조직학에 관한 연구에서[2] 기존 조직학에서 관심을 보였던 조직 내 부정적인 요소들의 문제를 해결하려는 시도 보다는 긍정적인 부분을 부각하면서 조직구성원들의 강점을 개발시켜 긍정적인 속성과 긍정적 정서를 형성하게 하는데 초점을 맞추고 있다. 이러한 측면에서 보면 긍정적 조직 정체성 역시 긍정 조직학이라는 학문에 기반을 두고 있고, 상사의 공감리더십을 통해 구성원들의 정체성이 긍정적으로 형성된 정체성이라고 할 수 있다(Dutton et al., 2010). 긍정 조직학은 조직 내 선한 행위인 미덕과 구성원들의 긍정적 특징을 연구하고 있고, 긍정적 조직 정체성 역시 긍정 조직학에서 연구하는 결과물 중의 하나이기 때문에 긍정적 조직 정체성은 긍정조직학 연구의 한 부분이 된다.

독자 여러분들께서는 직장 내에서 자신의 정체성을 점검하거나 규정지어 본적이 있었는지 모르겠다. 필자는 기업 내 직장생활을 해 본적이 없고, 오직 대학에서 교수로서의 생활을 하고 있기 때문에 나의 정체성을 늘 학자로서의 정체성이라고 생각하면서 살아왔다. 하지만 회사생활을 하고 있는 조직 구성원들은 다양한 기업 내에서 10년 또는 20년 이상의 조직생활을 통해 자신의 정체성이 자신도 모르는 사이에 조직의 정체성을 닮아가고 있음을 느낄지도 모른다. 이것이 바로 사회적 정체성이론(social identity theory)이다. 여러분들이 몸담고 있는 조직의 정체성을 구성원들이 닮아가고, 동일시하는 현상은 사회적 정체성이론에 의한 것으로 학자들은 해석한다. 그렇다면 그러한 조직 정체성이 긍정적이면 더욱 좋지 않을까? 그래서 공감리더십 책에서는 공감리더십을 통한 긍정적 조직 정체성 형성을 독자들에게 소개하고 있는 것이다.

Dutton, Roberts & Bednar(2010)은 긍정적 조직 정체성은 용기와 같은 힘(self-

---

2) Cameron, K., Dutton, J. & Quinn, R.(2003). Positive Organizational Scholarship, San Francisco: Berrett-Koehler Publishers.

definition)을 갖게 할 뿐만 아니라 구성원들이 지니고 있는 서로 다른 관점이 긍정적 조직 정체성으로 변해가면서 각각의 구성원들을 강하게 만들어 준다고 주장하였다. 즉, 긍정적 조직의 정체성이 구성원 개인과 조직의 기능에 긍정적인 영향을 미칠 수 있음을 시사해 주고 있다(Bednar et al., 2011).

Sveningsson & Alvesson(2003)은 정체성을 정의함에 있어 복잡하고 다차원적이고, 역동적인 것으로 규정하고 있다. 긍정조직학파의 일원인 Quinn(1996)은 개인수준(Micro level), 집단 수준(Meso level), 조직 수준(Macro level)에서의 긍정적 조직 정체성을 연구하면서 긍정적 조직 정체성은 '조직 내 업무에서 발생하는 것에 대한 통찰력의 원천일 뿐만 아니라 긍정적 에너지와 활력의 동기부여'라고 주장하고 있다. 즉, 공감리더십을 통해 형성 된 긍정적 조직 정체성은 구성원들 간의 활력이 넘치고 생동감이 있는 관계를 형성해 주며, 조직 구성원들이 긍정

<선한 꿈은 반드시 이루어지게 된다>

적인 정신과 마음을 갖는데 일조하는 역할을 한다는 것이다.

또한 긍정적 조직 정체성을 형성한 조직 구성원들은 조직 내에서 우리조직에 대한 일체감이나 소속감을 가지게 되며, 조직과 점점 하나가 되어가고 있다는 동일시 현상을 보이게 되고, 조직의 성공과 실패를 마치 자신의 성공과 실패처럼 지각한다는 것이다(Mael & Ashforth, 1992). 따라서 긍정적 조직 정체성이 높은 구성원은 자신의 정체성을 더욱 강화하는 활동을 하거나 자신의 정체성을 더욱 구체화하기 위해 할 수 있는 한 최대로 조직을 지원하면서 조직생활을 할 것이다(Abrams, Ando & Hinkl, 1998),

'어머니'라는 시[3]에서 작가는 어머니를 그리워하는 마음으로 시를 써내려 갔는데, 어머니의 존재는 자식과 하나가 되는 것을 넘어서 자신의 모든 존재를 자식을 위해서 내어

---

3) 김초혜(2004), 『어머니』, 서울 : 동학사.

놓아도 아깝지 않을 만큼 무한한 사랑과 공감을 지니고 있다. 어머니 살아생전에 자식이 받았던 공감적인 사랑의 행위는 어머니와 하나가 되고자 하는 그리운 마음 뿐 아니라 성장하여 자신이 이루게 된 가족 내에서 긍정적 정체성을 형성하여 사랑의 공동체를 형성하게 된다.

Dutton, Dukerich & Harquail(1994)의 연구에 의하면 조직구성원들이 자신이 몸담고 있는 조직과 자신을 강하게 동일시하면 할수록 긍정적 조직 정체성은 더욱 강해진다고 주장한다. 내가 몸담고 있는 직장 조직이 너무 좋고, 이 조직을 통해서 많은 혜택과 공감적 행위를 받게 된다면 누구나 긍정적 조직 정체성이 형성되지 않을 수 없을 것이다. 이들에게 있어서 조직의 정체성은 곧 나의 정체성이 된다. 조직과 자신을 강하게 동일시하는 조직 구성원들은 자신들의 운명이 자신이 속한 조직의 운명과 함께 한다고 생각한다 (Bennar et al., 2011). 따라서 사회적 정체성 이론에 의하면 조직 구성원들은 자신의 고유한 특성을 반영한 개인적 정체성을 지니고 있고, 한편으로 사회 구성원으로서의 사회적 정체성을 지니고 있는데, 이 둘을 통합시킴으로써 자신의 정체성을 강화시키려고 노력한다는 것이다(Ashforth & Mael, 1989).

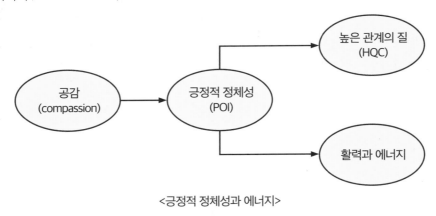

<긍정적 정체성과 에너지>

조직 구성원들은 자신에게 의미 있는 관계 내에서 서로 간에 깊은 유대감을 느끼고, 높은 관계의 질(HQC)을 통해 자기 자신이 인정받고 있다는 느낌을 갖게 되며 정체성 또한 긍정적인 방향으로 변화하면서 활력과 에너지, 긍정적 감정을 경험하게 된다(Dutton & Heaphy 2003; Quinn & Dutton, 2005). 즉, 구성원들은 조직 및 다른 구성원들과의 상호과정 중에서 자기 자신이 형성해가고 있는 정체성을 인지하게 되는데(Quinn & Dutton, 2005), 이

때 자신이 인식하는 정체성이 긍정적일 때 긍정적 조직 정체성의 성격을 지니게 된다. 예를 들면 여러분이 직장 내에서 공감리더십의 경험을 통해 긍정적 감정을 지니게 되었는데, 이러한 긍정적 감정이 해를 거듭할수록 자신이 지니고 있는 정체성이 조직과 하나가 되면서 긍정적으로 인식되게 된다면 이것이 바로 긍정적 조직 정체성이 될 것이다.

이렇듯 상사가 제공하는 공감리더십은 조직 구성원들에게 긍정적 조직정체성을 형성하게 하는 원천이 되며, 구성원들에게 회복력과 활력 있는 에너지를 갖게 만드는 동기 요인이 된다(Quinn, 1996; Quinn & Quinn, 2002). 또한 긍정적 조직 정체성은 조직 내 구성원들 사이에서 활력이 넘치고 생동감이 있고 긍정적인 에너지를 생산하여 성과향상에 기여하는 역할을 하게 된다(Dutton et al., 2010).

4.1.2. 긍정적 조직 정체성의 관점과 영향

Dutton et al.(2010)의 연구에 의하면 긍정적 조직 정체성은 4가지 관점을 지니게 된다. 즉, 미덕적(virtue) 관점, 평가적(evaluative)관점, 발달적(developmental)관점, 구조적(structural)관점이 그것인데, 이러한 네 가지 관점은 긍정적 업무 관련 정체성(PWRI)을 형성하고 강화시키는데 큰 전제들이 된다. 그렇다면 긍정적 업무관련 정체성은 구체적으로 어떠한 개념인가? 예를 들면 여러분들이 직장 내에서 자신이 담당한 업무를 하게 될 때 상사가 공감적 리더십을 보이면서 끊임없이 내가 겪고 있는 업무부담을 함께 걱정해 준다고 하면 기분이 어떠할까? 업무와 관련해서 기분이 긍정적으로 바뀌게 되고, 우리 조직에서 일하고 있는 나 자신의 정체성이 조직의 정체성을 닮아가려는 경향을 보이게 될 것이다. 따라서 내가 담당하고 있는 업무에 대해 긍정적인 감정이 형성되고, 나의 정체성이 조직의 정체성을 닮아가면서 긍정적인 정체성을 보이게 될 때 긍정적 업무관련 정체성이라고 표현하게 된다(Bednar et al., 2011).

4-1.2(1). 쉬어가는 이야기: 남명조식의 공감리더십

남명 조식(1501~1572)은 조선 중기의 대표적 성리학자이자 교육자로, 당시 중앙 관직을 거절하고 경상도 지역에서 제자 교육에 헌신한 인물이다. 그는 학문을 단지 지식의 축적이 아닌, 백성의 고통에 응답하고 세상을 바르게 이끄는 실천의 도구로 보았다. 특히, 그는 경상도 산천을 돌며 제자들과 함께 민생의 어려움을 직접 체험하고, 그 고통에 응답하는 '공감 기반의 인재 교육'을 실천했다. 그가 제자들에게 가장 강조한 것은 "마음 씀씀이(心術)"였다. 그는 단지 글을 잘 읽고 논리를 펼치는 사람이 아닌, 백성의 아픔에 귀 기울일 줄 알고 그 고통에 반응할 수 있는 '인간다운 인물'을 양성하고자 했다. 대표적인 일화로, 남명은 기근이 심해 백성들이 굶주릴 때, 관청에 글을 올려 쌀을 풀게 하거나, 제자들에게 "네가 배운 학문이 백성을 살리지 못한다면, 그것은 죽은 글일 뿐이다"라며 꾸짖곤 했다. 제자 조언(趙彦)이 군수가 되었을 때도, 남명은 "군자는 자리에 올라 백성을 두려워할 줄 알아야 한다"고 강조하며, 권력자가 아닌 백성의 입장에서 사물을 볼 것을 일깨웠다.

첫째, 미덕적 관점(Virtue Perspective)에서 긍정적 업무관련 정체성을 살펴보면 조직 구성원들이 지닌 정체성이 미덕적인 속성에 의해서 긍정적인 정체성으로 변화 될 때의 정체성을 의미한다(e.g., Carlsen, 2008; Kreiner & Sheep, 2009; Maitlis, 2009; Robert, Dutton, Spreizer, Heaphy & Quinn, 2005). 즉, 조직 내 구성원들의 정체성이 보편적 미덕이나 용기(courage), 공감(compassion), 진실성(authenticity)과 같이 선하고 이타적인 감정들로 형성된 정체성으로 인식되면 긍정적인 것으로 간주되고, 이러한 정체성이 조직 내 업무와 관련이 있으면 미덕적 관점에서의 긍정적 업무관련 정체성이라고 할 수 있다(Peterson & Seligman, 2004).

이제는 고인이 되신 이어령 교수님도 말씀하셨듯이 한국은 버튼의 사회가 아닌 끈의 사회이다.[4] 다시 말하면 한국은 끈끈하게 끈으로 연결된 공동체이기 때문에 서로간의 공감으로 얽힌 사회라고 할 수 있다. 동서양의 특성상 한국은 개인주의보다도 집단주의적 사고가 지배했던 끈의 문화이고, 한의 문화이고, 공동체의 문화였기 때문에 서구에 비해서 공감적 문화를 형성할 가능성이 더 크고, 공감적 행위를 통해 서로 간의 관계를 더 깊이 있게 만들 수 있게 된다. 공감리더십을 통해 직장 내 구성원들이 미덕적 관점을 갖게 되면 이들은 끈으로 연결이 되고, 서로가 서로에게 공감을 주고받으면서 긍정적 정체성의 한 요소인 미덕적 관점을 형성해 나간다는 것이다.

둘째, 평가적인 관점(Evaluative Perspective)에 의해 긍정적 업무 관련 정체성이 된다는 것이다. 미덕적 관점에서의 긍정적 업무관련 정체성은 구성원들이 지닌 속성이 미덕적이라는데 초점이 맞추어진 반면 평가적 관점은 조직 내 다른 구성원들이 내가 하는 업무와

---

4) 이어령(1994).『흙속에 저 바람속에 이것이 한국이다』, 서울: 문학사상사.

내가 지니고 있는 성향에 대해 어떻게 긍정적으로 평가하느냐에 달려있다. 일반적으로 사람들은 자기 자신에 대해 준거집단이나 주위사람들이 좋은 평가를 내리기를 바란다 (Baumeister, 1999; Gecas, 1982). 평가적 관점에 기반한 긍정적 업무관련 정체성의 형성은 주위 사람들이 평가하는 나의 정체성이 긍정적이고, 호의적일 때 평가적 관점에서의 긍정적 업무관련 정체성의 성격을 띤다는 것이다. 어떻게 회사 동료들이나 부하직원, 상사들이 자신의 업무관련 정체성을 평가하는지를 긍정적 정체성이라는 렌즈를 가지고 확대해서 바라보게 될 때 평가적 관점이 되는 것이다(Branscombe, Ellemers, Spears & Doosje, 1999; Hogg & Terry, 2000; Lynn & Snyder, 2005). 이러한 평가적 관점에 기반한 긍정적 업무관련정체성은 자기 자신에 대한 평가와 타인에 대한 평가를 고려했을 때 자신이 지닌 업무관련 정체성이 타인에 의해 긍정적인 평가를 받게 될 때 업무관련정체성은 긍정적인 것으로 바뀌면서 평가적 관점에 의한 긍정적 업무관련 정체성이 된다(Dutton et al., 2010).

4-1.2(2). 쉬어가는 이야기: 남의 눈 속에 있는 티

우리는 살아가면서 매일 매일 무언가를 판단하고, 누군가를 끊임없이 평가한다. 길을 지나가다가도 사람들의 옷차림을 평가하고, 거울을 보면서 자신의 옷차림을 평가하기도 한다. 또는 동창회 모임이나 지인들 모임에 참석할 때에도 오래간만에 만난 친구들의 변한 외모를 평가하고, 결혼한 배우자에 대해서도 평가하며, 함께 식사하면서 나눈 대화에 대해서도 평가한다. 필자는 상당히 오래전에 어느 일간지 신문에서 여중생이 투신자살했다는 기사를 읽은 적이 있는데, 그때 그 기사의 내용이 너무 가슴 깊숙이 남아 있어서 수업시간에 교육학적 의미에서 가끔씩 언급하는 기사이다. 여자 중학생이 얼굴에 주근깨가 일반학생들에 비해 조금 많이 있었는데, 학교에 가면 학생들이 이 여학생에게 주근깨가 있다고 종종 놀렸다는 것이다. 그래서 사춘기 여중생은 이러한 친구들의 놀림에 고민하다가 극단적인 선택을 한 것이다. 결국 주위 친구들 즉, 준거집단의 평가에 의하여 아무런 잘못을 하지않은 여중생은 다시는 돌아올 수 없는 길을 간 것이다.

평가적 관점은 위의 쉬어가는 이야기에서도 언급했듯이 누군가가 나를 평가한다는 것이다. 그 누구는 직장동료일 수도 있고, 상사일수도 있고, 준거집단일 수도 있다. 그러한 평가가 긍정적이면서 미덕적인 평가일 때 평가를 받은 당사자는 상당히 기쁨과 활력을 얻으면서 자신이 하는 업무에 대해 더 큰 자부심을 느끼게 될 것이다. 칭찬은 고래도 춤을 추게 한다는 속담이 있지 않은가? 이것이 바로 긍정적 정체성을 형성하게 하는 하나의 요소로서 평가적 관점인 것이다.

셋째, 발달적 관점(Developmental Perspective)에 기반한 긍정적 업무관련 정체성에 대해 살펴보자. 쉽게 말해 발달적 관점에서의 긍정적 업무관련 정체성은 자신의 경력개발이나 인적자원개발(HRD)를 통해 자신의 정체성이 긍정적으로 바뀌어 갈 때 형성되는 정체성이 된다. 예를 들면 상사가 부하직원이 해당 업무에 대해 심각한 스트레스를 받고 업무에 적응 못하여 힘들어하는 모습을 보았을 때 회사에 재정적 지원을 요청하여 경력개발을 할 수 있는 물질적인 공감리더십을 보인다면 그 부하직원의 정체성은 긍정적인 방향으로 바뀌지 않을까? 이러한 예가 발달적 관점에서의 긍정적 업무관련 정체성이 된다.

넷째, 구조적 관점 (Structural Perspective)에서의 긍정적 업무관련 정체성은 조금 어려운 개념인데, 쉽게 말씀드리면 이렇다. 조직 내 구성원인 내가 지니고 있는 정체성은 개인적 정체성이고, 사회 구성원들이 보편적으로 지니고 있는 정체성은 사회적 정체성이다. 이러한 두 가지 정체성이 서로 균형을 유지하면서 균형 잡힌 정체성 구조(Balanced identity structure)를 보이게 될 때 긍정적이라고 표현하며, 이러한 개인의 정체성을 조직 내에서는 구조적 관점에서의 긍정적 업무관련 정체성이라고 한다. 즉, 개인의 정체성과 사회적 정체성의 관계가 최적화 된 균형 상태에서 조직 내 구성원들의 정체성은 긍정적이 된다는 것이 구조적 관점에서의 긍정적 업무관련 정체성이다(Kreiner, Hollensbe & Sheep, 2006). 예를 들면 입사 초기 때는 사회구성원들이 우리 회사를 바라보는 시각이 그렇게 긍정적이지 않아서 회사 생활이 좀 힘들었고, 사회적 정체성 쪽으로 자꾸만 마음이 기울었었다. 하지만 몇 년 회사생활을 하면서 공감리더십을 경험하게 되고, 상사로부터 너무도 고마운 공감적 돌봄의 행위를 받게 되었을 때 개인적인 정체성이 점점 긍정적인 방향으로 바뀌면서 사회적 정체성과 내가 지닌 개인적 정체성이 어느 지점에서 균형 잡힌 최적의 긍정적인 상태가 됨을 느끼게 되었다. 이것이 바로 구조적 관점에서의 긍정적 업무관련 정체성인 것이다.

지금까지 공감리더십을 통해 형성된 긍정적 조직 정체성의 속성과 특징에 대해 살펴보았다. 그렇다면 왜 긍정적 조직 정체성이 건전한 조직문화 형성에 중요할까? 우리는 조직 생활을 하면서 부정적인 조직문화 보다는 긍정적인 조직 문화를 선호할 것이다. 이기

<공감리더십은 사랑이다>

적인 성향을 지닌 구성원들로 모인 집단 보다는 이타적인 성향을 지닌 구성원들로 조직된 집단을 선호할 것이다. 공감리더십은 타인에 대한 사랑과 헌신의 마음에서 나오는 돌봄과 관심의 행위이고, 이를 통해 만들어진 긍정적 조직 정체성은 조직을 더욱 긍정적이면서 공감적인 조직문화로 변화시켜 나갈 것이다. 긍정적인 정체성을 지닌 구성원들로 결합된 조직 문화가 부정적이고, 비인격적일 수는 없을 것이다. 긍정적 조직 정체성은 조직을 더욱 긍정적이면서 인격적이고, 수평적인 조직문화로 만드는데 일조하는 원동력이 될 것으로 생각한다.

4.2. 공감리더십을 통한 공감적 조직문화 형성

공감은 타인에 대한 이해로부터 출발하고, 타인의 고통에 반응하는 감정으로 타인의 고통을 경감시키기 위하여 행위로서 진정성 있는 마음으로 반응하게 된다. 공감은 내가 주체가 되는 것이 아니라 타인이 주체가 되어야한다. 내가 주체가 되고, 내가 주인이 된다면 공감적 행위는 조직 내에서 실천하기 힘들 것이다. 이러한 측면에서 공감적 리더는 부하직원의 어려움이나 정신적, 신체적, 물질적 고통에 해당하는 내용들을 경청하면서 그 고통을 이해하려고 노력해야 한다. 그렇기 때문에 공감은 이해로부터 출발하는 인간 본연의 감정인 것이다. 왜 이렇게 감당하기 쉬운 업무를 힘들다고 하면서 울고 있지? 이 정도 업무는 한 시간이면 끝낼 수가 있는데, 왜 밤을 새워도 끝내지 못하는 것은 무능력 때문 아닌가? 리더가 이런 식의 반문을 하게 된다면 공감리더십의 실천은 조직 내에서 불가능 할 것이다.

공감리더십은 개인차원(individual level)에서 경험되게 된다. 하지만 공감적 조직문화 형성은 조직차원(organizational level)에서 형성되게 된다. 그렇다면 개인차원에서 경험하는 공감리더십을 통해 어떻게 하면 조직차원에서의 공감적 조직문화 형성을 이루어 낼 수 있을까? 이 둘을 링크할 수 있는 어떠한 장치와 매개체들이 필요할 것이다. 그 매개체들은 바로 긍정조직학파 연구자들과 필자를 포함해서 긍정조직학을 연구한 학자들이 매개변수로 사용했던 변수들 즉, 긍정적 감정, 긍정심리자본, 긍정적 업무관련 정체성, 긍정적 조직 정체성 등의 긍정적인 것과 관련 있는 매개 변수들이다. 쉽게 말씀드리면 조직 내 구성원들이 공감리더십을 경험하면서 리더로부터 긍정적 감정을 느끼게 되고, 긍정심리자본 같은 희망과 낙관주의적 사고를 갖게 된다면 조직은 점점 공감적 조직문화로 변모해 갈 것이다. 뿐만 아니라 조직 구성원은 자신이 경험한 공감리더십의 사례들을 조직 내에서 구성원들과 공유하며 내러티브 형식으로 퍼뜨리기 시작하면서 조직 전체에 공감적인 문화가 확산되고(Miller, 2007), 공감을 주고받는 빈도가 늘어나면서 공감적 조직문화의 분위기가 더욱 짙어지게 될 것이다.

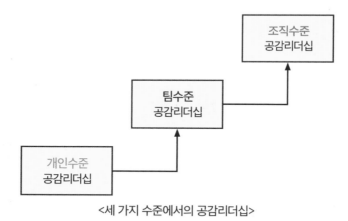

<세 가지 수준에서의 공감리더십>

공감적 조직 문화는 조직 내에 공감적 돌봄의 행위가 보편적으로 눈에 띄게 발생하는 현상을 의미한다. 조직의 차원에서 공감적 조직문화 형성을 위해 정기적으로 공감교육훈련 프로그램을 제도화 시키거나 사내 워크샵을 통해 리더들이 공감리더십을 실천할 수 있도록 외부강사 초청강연 등의 행사를 위해 재정적인 지원이 있어야 할 것이다. 또한 공

감적 조직 문화는 사랑(Amor)과 진정성이 수반되었을 때 오랜 시간 지속될 수 있을 것이다. 가식적이고, 표면적인 공감행위는 거시적 관점에서 건전한 공감적 조직화를 이뤄낼 수 없기 때문에 기업 차원에서 공감적 조직 문화의 형성과 정착을 위해 장기적인 재정적 지원과 체계적인 공감교육 프로그램 도입이 절실히 필요할 것이다.

4-2. 쉬어가는 이야기: 오늘 엄마가 죽었다[5]

핵인간이란 인간의 생명성과 감정, 윤리를 배제하고 기술과 효율, 통제의 논리만을 우선시하는 인간형을 의미한다. 이들은 삶과 죽음의 문제를 통계나 수치로 환원하며, 타자의 고통에 대해 무감각하다. 대표적인 예는 핵무기를 설계하거나 투하하는 과정에서, 결정은 했지만 죄책감이나 공감 없이 행위를 정당화하는 모습에서 나타난다. 알베르 까뮈의 이방인에 등장하는 주인공 뫼르소는 세상과 감정적으로 단절된 인물이다. 그는 어머니의 장례식에서도 눈물을 흘리지 않고, 타인의 슬픔이나 기대에도 무심하다. 감정 표현이 결여된 그의 태도는 사회와의 단절감을 더욱 극대화시킨다. 소설 속에서 그는 우연한 충동으로 사람을 살해하고, 법정에서는 그의 범죄 자체보다도 '어머니의 죽음 앞에서 눈물을 보이지 않았다는 점'이 더 큰 비난의 대상이 된다. 주인공 뫼르소는 공감이 결여된 핵인간이었다.

위의 쉬어가는 이야기에 등장하는 주인공은 노벨문학상을 수상한 알베르 카뮈의 이방인의 주인공이다. 그는 친어머니가 돌아가셨다는 전보를 받았지만 슬픈 기색 하나없이 어머니의 사망보다도 주위 배경과 주위 사람들을 더 신경 쓰고 있다. 본서에서 강조하고 있는 공감의 감정은 전혀 없고, 거의 핵 인간에 가까운 주인공. 인간은 누구나 본능적으로 타인의 고통에 슬퍼하는 공감능력을 지니고 태어나는데, 소설 속의 주인공은 어머니 장례식장에서도 눈물 한 방울 흘리지 않고, 마른 장작처럼 감정을 드러내지 않는 주인공. 만약 조직 내에 이러한 소설속의 주인공과 같은 구성원들이 많다고 한다면 그러한 조직은 정기적으로 예산을 투입하여 공감교육훈련프로그램을 체계적으로 운영해야 할 것이다. 공감이 없고, 공감리더십이 사라진 조직은 마치 사막과 같은 조직이고, 장기적인 차원에서 개인차원의 업무성과와 조직차원에서의 조직성과를 향상사키지 못할 것이다.

---

5) 알베르 카뮈(2019). 『이방인』, 서울: 민음사.

4.3. 공감리더십이 지닌 정서지능을 통한 긍정적 조직문화 형성

공감적 리더는 카리스마 또는 권위를 통하여 조직 구성원들의 마음을 움직이는 것이 아니라 진정성 있는 공감적 행위를 통해 구성원들의 마음을 움직여 나간다. 공감적 리더는 우리의 마음속에 열정을 불러일으키고, 미덕적인 행위를 실천함으로써 우리가 가지고 있는 강점들을 끄집어 낸다[6]. 흔히 사람들은 리더를 따를 수밖에 없는 힘의 근원을 설명하라고 하면 리더십 전략을 거론할 수도 있고, 리더가 지닌 비전 또는 사상 등을 거론하겠지만 근본적으로 공감적 리더의 힘은 구성원들을 사랑하는 돌봄의 행위에서 나오게 된다.

4-3(1). 쉬어가는 이야기: 카리스마

어떤 사람은 카리스마가 있어서 대중을 확 끌어당기는 힘이 있다고 할 때 통상적으로 카리스마라는 단어를 사용한다. 카리스마스마는 그리스어로 Χάρισμα 표기하고, 라틴어와 영어식 표기는 Charisma이다. 우리나라 역대 대통령 중에서도 카리스마 리더십을 발휘한 대통령이 있었는가? 그때에도 카리스마는 대중을 끌어당기는 의미로 사용되었다. 그렇다면 카리스마는 도대체 어떠한 의미를 지니기에 대중을 끌어당기는 매력이 있는 것일까? 성경(Bible)에서는 카리스마를 하나님이 인간에게 내려주신 은사, 선물, 달란트의 의미로 사용한다. 연예인들은 참으로 재능이 많지 않은가? 즉, 연예인들은 신으로부터 타고날 때부터 받은 카리스마가 많은 것이고, 달란트가 많은 것이다. 달란트는 이스라엘의 화폐 단위인데, 여기에서 탤런트라는 단어가 탄생하여 지금의 연예인이 된 것이다. 연예인이 대학 축제때 등장하면 학생들은 열광하고, 너무 좋아서 소리 지르고, 가만히 서있기만 해도 기뻐서 어쩔 줄모르는 것은 바로 연예인이 지니고 있는 카리스마 즉, 달란트가 많아서 일 것이다.

공감리더십은 무엇보다도 구성원들에게 시간적, 정신적, 물질적인 돌봄의 행위를 제공하기 때문에 구성원들의 고통을 마음속 깊이 느낄 수 있는 감성과 정서지능을 필요로 한다. 위대한 리더는 리더의 '감성'을 통해 지도력을 행사한다는 말도 있듯이 21세기 리더십에 있어서 감성은 모든 리더에게 꼭 필요로 하는 요소가 아닐 수 없다. 자신의 부하직

---

6) Peterson, C. & Seligman, M. E. (2006). The values in action (VIA) classification of strengths. A life worth living: Contributions to positive psychology, 29-48.

원이 심적으로 큰 고민을 갖고 있는 상태에서 업무의 능률성과 성과는 향상 될 수 없을 것이다. 공감리더십은 조직 구성원들이 어떠한 정신적 고통 또는 신체적, 물질적 고통 등을 갖고 있는지 인식할 수 있는 능력이 필요하고, 이러한 고통을 함께 아파하고, 고민할 수 있는 리더의 감성이 반드시 필요하다.

예로부터 지금까지 동서고금을 막론하고 어떤 조직이건 리더는 구성원들이 불안해하고, 비전이 없고, 어느 방향으로 갈지 갈피를 잡지 못할 때 대안을 제시하고, 명확한 방향을 설정하는 존재였다. 초기 인류의 역사에 등장하는 리더들(부족장이나 주술사)을 보더라도 이들이 모든 영역에서 자신들의 확고한 자리를 점유할 수 있었던 이유는 그들의 리더십이 감성적 차원을 중요시 여기면서 이성적인 권위에만 의존하지 않았기 때문이다. 따라서 공감리더십 역시 구성원들의 고통을 인지하면서 그들의 고통을 마음속으로 함께 아파할 수 있는 '정서지능'을 지니는 것이 무엇보다 중요할 것이다. 공감적 리더가 정서지능을 지니게 될 때 조직 구성원들의 마음을 더 긍정적인 방향으로 움직일 수 있고, 모든 구성원들과의 인간관계도 더 깊어지게 될 것이다[7].

<공감리더십과 정서지능>

정서지능이 높은 공감적 리더 밑에 있는 부하직원들은 서로를 격려하고 있다고 느낄 뿐만 아니라 서로가 돌봄의 행위를 주고받는다고 느낀다. 이들 구성원들은 서로의 생각을 진심으로 공유하며, 서로의 고민과 아픔을 들어주면서 어떻게 하면 각자의 고민을 해결해 줄 수 있을지에 대해 공감적 리더와 의논하게 된다. 조직 구성원들이 공감적 행위를 통해서 맺은 정서적 유대감은 급변하는 기업의 경제적, 정체적, 문화적 상황 속에서도 더 강하게 맺어지게 되고, 이러한 구성원들의 끈끈한 유대감을 더욱 끈끈하게 만들어주는 사람은 바로 정서지능이 높은 공감적 리더인 것이다.

한편 공감적 리더가 조직 내에 공감적 문화를 조성하지 못한다면 부하직원들은 인간관계뿐만 아니라 업무에서도 최선을 다하지 않고, 자기 자신만을 생각하는 조직 문화를

---

7) 대니얼 골먼 외(2003). 『감성의 리더십』, 장석훈 옮김. 서울: 청림출판사.

만들어 나가게 된다. 타인에 대한 사랑의 마음이 없이 가식적인 표면적 행위만 발휘하는 리더는 관리자는 될 수 있지만 진정한 의미에서 공감적 리더는 아닌 것이다.

공감적 리더는 첫째, 정서지능의 네 가지 요소 중에서 자기인식 능력을 갖추고 있어야 한다. 자기인식능력은 자신의 감정과 능력, 한계치와 목적에 대해 깊이 이해하고 있는 것을 의미한다. 공감리더십은 리더가 타인에 대해 공감적 돌봄의 행위를 제공해야 하는데, 정작 리더가 공감능력이 현저히 떨어지게 된다면 이 부분을 보완해야 할 것이다. 자기인식능력이 강한 사람은 현실을 직시 할 수 있는 사람이고, 자신이 지닌 결점 때문에 타인들에게 눈총을 받는 한이 있더라도 다른 사람 앞에서 자기 자신을 부끄러워하지 않고 솔직하게 자신을 소개한다. 그리고 자기인식 능력을 갖춘 공감적 리더는 자신이 중요하게 여기는 가치와 목표, 자신이 꿈꾸는 바가 무엇인지 정확하게 이해하고 있어서 구성원들에게 그러한 꿈과 가치를 제시해주고, 늘 대안을 고민하게 된다.예를 들어 자기인식능력을 갖춘 공감적 리더는 더 좋은 기업에서 이직 제안이 들어오더라도 그 일이 자신의 원칙과 신념, 가치관과 목표에 부합하지 않으면 과감하게 거절할 수 있는 확고한 신념이 있다.

<나는 누구인가 자기인식 능력>

위에 어린왕자 그림은 필자가 교수법 특강을 들으러 강원도 연수원에 갔을 때 함께 팀으로 모였던 교수님들이 작성해준 롤링 페이퍼이다. 나는 누구인가에 대한 질문을 포카리스웨터 한단어로 규정해 주신 동료교수님의 센스에 한참을 생각했었다. 남들에게 보여 지는 나의 모습, 나 스스로 나를 누구라고 규정할 때 도움이 되는 롤링페이퍼이다. 자기인식 능력은 정서지능의 한 요소로서 '나는 누구인가'라는 질문에서 출발을 하며, 공감적리더가 자기인식능력이 결여 되어있다면 조직에서 리더로서의 역량을 발휘하기 힘들 것이다.

또한 정서지능의 한 요소인 자기인식능력을 갖춘 공감적 리더는 자신의 가치관과 신념에 부합하는 의사결정을 하기 때문에 자신들의 일에 그만큼 열정을 갖고 임하게 된다. 자기인식능력을 갖춘 리더는 선입견과 주의 사람들의 말에 휩쓸리지 않고, 객관적인 잣대로 가늠하는 여유를 갖고 있다. 그렇게 함으로써 정서지능을 지닌 공감적 리더는 충동적으로 행동하기 전에 자신이 내린 결정에 대해 여러 번 고민하고, 생각해보게 되고, 이러한 특성들로 인해 자기인식능력을 가진 리더는 구성원들에게 공감능력을 보이는데 필요한 진정성과 진실성을 가지고 돌봄의 행위를 할 수 있다.

정서지능의 두 번째 요소인 자기관리 능력은 자기인식능력에서 비롯된다. 자기관리 능력은 공감적 리더가 자신이 정한 목표를 성취해 내기 위하여 지녀야 할 핵심역량과 같은 자신의 능력이다. 만약 공감적 리더가 자기 자신의 역량과 느낌을 이해하거나 측정하지 못한다면 스스로의 감정을 절제하는 것은 불가능하고, 마인트 컨트롤 또한 힘들 것이다. 즉 정서지능의 자기관리 능력은 줄기차게 리더로서 자기 자신과 이야기하는 내면적 대화로서 공감적 리더가 감정의 노예가 되지 않도록 경계하는 정서지능의 한 요소가 된다. 정서지능의 자기관리능력은 리더로 하여금 늘 정신적으로 깨어 있게 만들고, 구성원들의 힘을 한 곳으로 모이게 하는 구심점 역할을 하게 된다. 그리고 자기관리능력은 공감적 리더의 마음을 혼란하게 하는 감정이 생겼을 때 리더가 궤도에서 이탈하지 않도록 지지해 주는 받침대 역할을 하기도 한다. 또한 자기관리 능력을 갖춘 공감적 리더는 '트리클다운 효과(조직의 상층부에서 시작된 것이 전체로 퍼지는 현상)'을 이끌어내어 자신이 제공한 공감적 행위가 조직의 상층부터 조직 전체로 퍼지는 공감적 조직문화를 만들어 내게 된다.

자기관리능력하면 떠오르는 책이 'CEO 다리어리엔 뭔가 비밀이 있다'라는 책[8]이다. 작

---

8) 니시무라 아키라(2001). 『CEO의 다이어리엔 뭔가 비밀이 있다』, 권성훈 옮김. 서울 : 디자인하우스.

가인 니시무라 아키라는 집중력이 부족하다면 1시간은 '15분이 4개'라는 발상을 하자고 제안한다. 15분 단위로 일의 내용을 바꿔서 1시간에 걸쳐 1가지 일을 하려고 하기 보다는 15분씩 내용이 다른 4가지 일을 조합하는 것으로 지겹지 않으면서도 집중력을 지속시킨다는 것이다. 1가지 일이 지겨워지면 부정적으로 받아들이게 되지만 4가지 일을 바꿔 가며 동시에 진행하면 호기심이 왕성해져 긍정적인 발상으로 전환할 수 있다. 1시간 4분할법은 자신이 15분 동안에 어느 정도의 분량을 소화할 수 있는지를 파악해 두는 것이 중요하며, 15분씩 나누는 형식은 마치 마감 효과가 있다는 것이다. 처음에 시작할 때는 마음을 놓고 있다가 마감에 닥치면 큰일이 발생하지 않을까? 시간에 맞추기 어렵겠다고 스스로 채찍이 가해지기 때문이다. 1시간에 4번이나 마감이 있기 때문에 숨 돌릴 틈이 없다는 것이다. 예를 들어 수험 공부를 할 때, 수학 문제 하나를 풀면 다음은 영문 독해 또 다음의 수학 문제가 풀리면 다음은 고전독해라는 식으로 계속해서 해야 할 일이 기다리고 있는데, 집중해서 15분마다 마감하기 때문에 결과적으로 순식간에 지나간 느낌이 든다고 저자는 말하고 있다.

셋째, 공감적 리더는 정서지능의 세 번째 요소인 사회적 인식 능력을 갖고 있어야 한다. 사회적 인식능력은 다시 말하면 감정이입 능력이 된다. 감정이입 능력은 타인의

얼굴 표정이나 분위기, 목소리 등을 통해 그 사람의 감정을 알아차리고, 타인의 감정에 감정이입해서 동조하고 동감하는 능력을 말한다. 과학자들은 소위 감정이입 같은 동조 현상을 '변연계 공명'이라고 일컫는데, 이러한 감정이입은 '서로가 대화를 주고받는 과정에서 내적으로 적응하는 조화의 과정'을 의미한다. 이러한 조화의 과정은 카페에서 커피 한 잔을 놓고 서로 대화하는 모습에서도 쉽게 찾아볼 수가 있다. 특별히 사회적 인식능력을 갖춘 공감적 리더는 감정이입을 잘 활용해야한다. 왜 일까? 감정이입 능력은 공감적 행위를 실천해야하는 리더에게 매운 중요한 부분이고, 구성원들의 감정이입을 통해 공감적 리더는 그들이 겪고 있는 고통을 인식할 수 있기 때문이다.

4-3(2). 쉬어가는 이야기: 변연계공명과 사랑하는 사람의 마음

인간의 뇌는 진화의 시간 속에서 세 겹의 구조로 발전해 왔다. 맨 안쪽엔 가장 오래된 파충류의 뇌가 있다. 이 뇌는 우리가 숨 쉬고, 심장이 뛰고, 체온을 유지하게 하는 아주 본질적인 생명 유지 장치를 담당한다. 눈에 보이지 않지만, 이곳이

멈추면 생명도 멈춘다. 그 위를 감싸는 두 번째 층이 바로 변연계다. 이 뇌는 포유류만 가진 특별한 구조다. 놀랍게도 사랑, 슬픔, 기쁨, 공감 같은 감정은 바로 이곳에서 나온다. 어미 동물이 새끼에게 노래를 불러주고, 품에 안아주는 따뜻한 행동이 가능해진 것도 바로 변연계 덕분이다. 마지막으로 인간의 뇌에서 가장 큰 부분을 차지하는 것이 바로 신피질이다. 말하고, 생각하고, 계획하고, 글을 쓰는 능력은 모두 이 고등한 뇌에서 비롯된다. 인간을 '생존하는 동물'이 아니라 '삶을 설계하는 존재'로 만든 것도 이 신피질이다. 하지만 사랑은 여전히 변연계에 머문다. 학자들은 말한다. 어미가 새끼를 돌보고, 새끼가 어미를 바라보는 그 감정, 그것이 사랑의 시작이었다고. 생존을 위한 감정에서 시작된 사랑은, 이제 서로의 마음을 읽고 보듬어주는 능력으로 자라났다. 때로는 눈빛 하나로도 마음이 전해지는 이유, 개나 소의 눈을 바라볼 때 느끼는 따뜻함, 반면 파충류의 눈에서는 차가움밖에 느껴지지 않는 이유도 바로 여기 있다. 그것은 우리 뇌 속 어딘가에서 일어나는 감정의 공명, 즉 '변연계 공명' 때문이다. 공감이란 단순히 이해하는 것이 아니라, 내 마음이 너의 마음의 떨림에 따라 진동하는 것이다. 사랑하는 사람들 사이에서 서로의 마음을 조율할 수 있는 것도, 바로 이 공명의 기적 덕분이다.

변연계 공명처럼 사회적 인식능력을 갖춘 공감리더는 타인과의 감정이입을 통해 그 사람의 고통을 자신의 고통처럼 인식하며 함께 아파하고, 공명의 마음을 불러일으킨다. 노룩악수처럼 단순히 타인의 고통에 제스처만 취하는 것이 아니라 산모가 아기의 아픔을 함께 슬퍼하며 고통 받는 것처럼 변연계의 공명을 일으키면서 절절히 타인의 고통을 나의 고통처럼 아파하면서 시간적, 정신적, 물질적인 돌봄의 행위를 제공하게 된다.

마지막 넷째, 공감적 리더가 갖춰야 할 정서지능의 네 번째 요소는 관계관리 능력이다. 정서지능의 자기인식능력, 자기관리능력, 사회적 인식능력 이들 세 요소는 정서지능의 마지막 요소인 관계관리 능력에서 모두 하나로 엮이게 된다. 공감리더십에서 관계 관리능력은 왜 중요할까?

<사랑하는 사람의 마음과 교감하는 변연계 공명>

　예를 들면 여러분들이 조직 내에서 부하직원들에게 애써 돌봄의 행위를 베풀면서 공감리더십을 실천했을 때 이러한 돌봄을 못 받은 구성원들은 마음의 상처를 지니면서 차별적 대우를 받는다고 생각할 것이다. 어떠한 직원은 이직도 생각할지 모른다. 리더가 자신의 고통을 몰라주고, 자신만 소외시킨다고 생각하기 때문이다. 그렇다면 공감적 리더는 모든 구성원들과의 원만한 인간관계를 위해서 관계관리 능력이 절실히 요구되게 될 것이다. 관계관리 능력은 리더십에서 가장 가시적인 형태인 설득과 갈등관리, 협력과 조화를 추구하고, 구성원들과의 관계를 원만하게 관리한다는 것은 곧 다른 조직구성원들의 감정을 잘 읽고 있다는 의미일 것이다. 따라서 공감적 리더는 자신의 감정이 어떠한 감정인지 정확히 자각하고 있어야하며, 감정이입을 통해 부하직원들이 겪고 있는 고통과 스트레스를 함께 절감해야하고, 조직 구성원들의 분열과 이탈을 화합으로 승화시킬 수 있어야 한다. 공감리더십은 관계관리 능력을 통해 구성원들 간의 화합과 단결은 물론 부서 간의 이기주의와 칸막이를 타파해야하고, 조직 수준에서 긍정적 조직문화를 형성해 나가야 할 것이다.

4.4. 공감리더십을 통한 미덕적 조직 문화 형성

　미덕적 조직문화는 Peterson & Seligman(2004)이 개발한 VIA체계, 즉 행동 안에 가치 있는 요소들이 편만해 있는 조직문화를 의미한다. 그렇다면 어떻게 공감리더십을 통해 우리는 미덕적 조직문화를 형성해 나갈 수 있을까?

첫째, 행동 안에 가치 있는 요소들 중 지혜와 지식(wisdom & knowledge)과 관련된 강점들은 더 나은 조직을 위한 지근근로자인 구성원들의 지식의 습득과 지식의 활용과 관련된 인지적(cognitive) 강점들로서 조직의 업무에 이러한 지혜와 지식을 활용할 수가 있다. 공감리더십은 신입사원이 처음 입사하였을 때 익숙하지 않은 업무로 힘들어하는 부하 직원에게 업무에 관한 지식을 전수할 수 있을 것이다. 이것은 공감적 돌봄의 행위 중에서 시간적 공감이 된다. 왜냐하면 부하직원이 익숙하지 않은 업무로 고통스러워할 때 리더가 먼저 다가가서 시간을 할애하면서 업무를 자세히 설명하고, 가르치는데 시간을 할애했기 때문이다. 따라서 공감적 리더가 보인 시간적 돌봄의 행위는 구성원들의 지혜와 지식향상에 도움을 줄 수 있기에 구성원들의 행동 안에 가치 있는 요소들을 향상시킨 결과를 가져온다.

둘째, 공감리더십은 구성원들에게 용기(courage)를 갖게 만든다. 용기는 구성원들이 내면적 또는 외부적 어려움과 고난을 맞이하더라도 목표로 한 바를 성취하기 위한 강한의지와 관련된 정서적(emotional) 강점이다. 공감적 리더는 이러한 용기 있는 강점을 구성원들 마음속에서 일어나게 만든다. 슈바이처 박사가 세계적인 바흐 오르간 연주자였고, 당대에 가장 유명한 설교가인 목사였지만 이 모든 것을 내려놓고, 공감의 돌봄을 필요로 하는 아프리카로 의료선교를 떠난 것은 어떠한 고난이 있더라도 공감적 리더십을 보이겠다는 강한 용기 때문이었다. 이러한 슈바이처 박사 부부의 헌신과 사랑으로 아프리카 공동체는 미덕적인 문화를 형성하게 되었을 것이다. 또한 한국의 장기려 박사 역시 복음병원을 세우고, 가난하고 소외된 환자들을 위해 공감적 의료행위를 한 것은 용기 있는 그의 강점 때문이었다. 그는 죽는 그날까지도 북한에 두고 온 가족과의 이산가족 상봉을 하지 않은 채 고독하게 병원 옥탑방에서 생을 마감하였다.[9] 이들이 보여준 공감리더십의 용기 있는 강점은 구성원들에게 목표에 대한 강한 의지를 불러일으키기에 충분하고, 점점 조직을 미덕적인 조직으로 변모시키게 될 것이다.

셋째, 공감적 리더는 인간다움(humanity)을 통해 미덕적 조직문화 형성에 기여할 수 있을 것이다. 인간다움은 VIA체계의 세 번째 요소로서 타인을 배려하고, 돌봐주며 서로 긴밀하게 친해지는 것과 관련된 대인 관계적(interpersonal) 강점인데, 일대일 인간관계에서

9) 유타루(2021). 『장기려』, 서울: 비룡소.

나타나는 개인적인 사회적 강점이다. 공감리더십은 구성원 개개인에게 일대일로 깊은 인간관계를 맺으면서 그들에게서 발생하는 고통에 시간적, 정신적, 물질적인 돌봄을 제공하게 된다. 그런데, 만약 구성원들이 리더와의 관계가 어색하고, 가히 바라볼 수 없을 만큼 높은 존재로만 인식하게 된다면 어떻게 자신이 지닌 고민과 아픔을 말할 수가 있을까? 따라서 공감적 리더가 인간다움의 미를 지니게 되었을 때 조직구성원들은 리더에게 자신의 어려움과 고민을 털어놓을 수 있게 되고, 이로 인해 리더는 공감적 돌봄의 행위를 제공할 수 있게 된다. 공감적 리더가 지닌 인간다움의 미덕이 미덕적 조직을 만드는데 일조하게 되는 것이다.

넷째, 공감적 리더가 정의(justice)로 울 때 구성원들은 리더를 존경하게 되고, 조직은 미덕적 조직으로 변모하게 된다. 정의는 건강한 조직 생활과 관련된 사회적(social) 강점이면서 조직구성원과 조직 간의 상호작용을 건강하게 만드는 역할을 하게 된다. 리더가 구성원들에게는 공감리더십을 실천하면서 늘상 정의롭지 못한 모습을 보이게 된다면 부하 직원들이 리더를 어떠한 사람으로 인식하게 될까? 공감적 돌봄의 행위와 함께 정의로움이 수반되었을 때 공감리더십은 미덕적인 조직문화 형성에 일조하게 될 것이다.

다섯째, 공감리더십은 절제(temperance)를 필요로 한다. VIA체계의 다섯 번째 요소인 절제의 강점은 지나치게 양극단으로 가는 것을 막아주는 보호 장치가 되며, 극단적인 독단에 빠지지 않게 만들어주는 중용적(moderate)강점이 된다. 공감적 리더가 절제의 미덕을 지니게 된다면 개인 사생활에 있어서도 비판을 면할 수가 있고, 이미자와 평판 면에서도 구성원들에게 좋은 인상을 줄 수 있을 것이다. 타인을 위해서는 공감을 베푸는 선행을 하고 있지만 정작 자신의 삶은 절제 없는 생활을 이어간다면 결국 구성원들의 존경은 받지 못하게 된다. 따라서 공감적 리더는 자기 자신에 대한 절제 뿐만 아니라 조직의 생활에 있어서도 절제된 모습을 보이게 된다면 조직문화는 한층 더 미덕적인 문화로 발전해 갈수 있을 것이다.

여섯째, VIA체계의 마지막 요소는 초월성(transcendence)인데, 공감리더십에서 어찌보면 가장 매력적인 부분이 바로 초월성이라고 할 수 있다. 초월성은 어떠한 현상과 행위에 의미를 부여하고, 신과 우주와의 연결성을 추구하는 초월론적(transcendent) 강점으로 정의할 수 있다. 대표적인 공감리더십을 보여준 이태석 신부 또는 피에르 신부의 행위들이 바로 초월성에 해당하는 행위들이 된다.[10] 이분들은 인간적인 요구 때문이 아니라 하나님의 부르심(calling)에 정직히 반응하여 그 부르심에 따라 가난한 자들과 고통을 당하는 자들을 위해 평생 사랑으로 헌신하다 돌아가신 성직자였다. 신과 인간을 연결하는 부르심, 그것이 VIA체계에서 말하는 부르심이고, 이러한 부르심을 외면하지 않고, 당당히 공감적 리더로서 따라 나섰던 것이다. 역사 속에서 이러한 초월론적인 미덕행위를 했던 사례는 많이 등장하고 있는데, 조직 내에서 공감적 리더가 보여주는 초월성은 결국 조직을 미덕적인 조직으로 만드는데 크게 기여할 것이다.

4-4. 쉬어가는 이야기: 초월성을 보여준 공감리더십

간송 전형필 선생님은 필자가 외래교수 시절 마케팅전략을 강의할 때 스페인어과 학생이 꼭 동영상을 시청할 수 있도록 부탁을 해서 알게 된 인물이다. 부끄럽게도 필자는 그 당시 까지 전형필 선생님을 모르고 있었다. 수강생의 권유로 수업시간에 간송 선생님의 일대기를 시청 할 수 있었는데, 마음에서 눈물이 흐를 정도로 선생님의 일생이 아름다웠다. 전형필 선생님은 학업을 마치고 1930년, 일본에서 귀국한 후 엄청난 부를 바탕으로 조선의 중요한 문화재를 수집해 나갔다. 당시 전형필은 문화재 수집과 보존이 자신이 할 수 있는 독립운동이라고 생각했다. 그래서 1932년 서울 관훈동의 한남서림(고서, 고서화를 취급하던 서점)을 인수하고, 우리민족 문화재들이 외부로 유출되는 것을 막기 위해 문화재들을 구입하기 시작했다고 한다. 전형필 선생님은 '훈민정음 해례본'을 입수하여 6·25때 혹시라도 도난당하지는 않을까 걱정하여 베개 속에 넣고 주무실 정도로 국보에 대한 사랑이 대단했던 분이시다. 현재 간송미술관이 바로 선생님의 수집품들을 연구정리하기 위해 만든 미술관이다. 자신의 전재산을 쏟아 부어 대한민국 국보가 일본에 뺏기지 않기 위해 하나둘씩 수집하였던 간송 전형필. 그는 초월론적 행동으로 다른 이들이 생각하지 못했던 방식을 사용하여 공감리더십을 보여주었던 참 스승이었다.

---

10) 아베 피에르(2001).『단순한 기쁨』, 백선희 옮김, 서울 : 마음산책.

5장
고통이라는 선물
그리고 공감리더십

5.1. 고통이란 무엇인가

5.1.1. 때리면 아파요 육체적 고통

우리는 태어나서 죽을 때 까지 누구나 신체적, 육체적 고통을 갖고 살아가고 있다. 즉, 모든 사람이 고통이라는 감각을 지닌 채 살아가고 있고, 가능하면 고통을 줄이기 위해 온갖 애를 쓰는 경우도 보게 된다. 필자는 본서를 집필하면서 육체적 고통 중에서 가장 큰 고통은 어떠한 고통인지를 잠시 생각해보았다. 아마도 예수그리스도 인류의 구원을 위해서 감당해야했던 십자가의 고통이 가장 큰 고통중의 하나라는 생각이 들었다.

필자는 이제, 예수께서 겪으신 배신과 체포, 안나스와 가야바, 헤롯과 빌라도 앞에서의 재판, 베드로의 세 차례 부인, 그리고 제사장들과 병사들로부터 당한 가혹한 조롱과 모욕, 침 뱉음과 채찍질, 군중의 광기 어린 외침 속에서 요구된 죽음, 이 모든 비극적 장면들을 일일이 되새기기보다는, 이야기의 끝자락으로 시선을 옮기려고 한다.

십자가형이라는 극형[1] 을 선고받으신 예수님은, "도수장으로 끌려가는 어린 양처럼, 털 깎는 자 앞에서 잠잠한 양처럼 그 입을 열지 않으셨다"(이사야 53:7)라는 예언 그대로, 말없이 고난의 길을 걸으셨다. 예수님은 구레네 사람 시몬이 대신 십자가를 지기 전까지, 스스로 그 무거운 십자가를 지고 '비아 돌로로사'라 불리는 고난의 길을 따라 예루살렘 성밖, 해골이라 일컬어진 '골고다' 언덕을 향해 나아가신다.

복음서의 저자들은 십자가형의 참혹한 세부를 묘사하는 대신, 단 한 문장으로 그 장면을 전한다. 옷이 벗겨지고, 굵은 못이 손발을 꿰뚫고, 십자가가 구덩이에 세워질 때 사지가 뒤틀리는 그 고통의 장면은 생략한 채, 그들은 다만 "거기서 그들이 예수를 십자가에 못박았다"고 기록한다. 이러한 극심한 육체적 고통 속에서도, 주님은 탄원의 기도를 멈추지 않으셨다. 그분의 입술에서 마지막까지 흘러나온 말씀은 원망이나 절규가 아닌, 한없는 자비의 간구였다.

"아버지여, 저들을 용서하소서. 자기들이 무슨 일을 하는지 알지 못하나이다."

기독교인들은 크리스마스보다도 더 큰 절기로 부활절을 꼽는다. 그 이유는 예수는 인류의 구원을 위해 성부 하나님이 인간의 모습을 입고, 지상에 내려온 참 인간이면서 참

---

1) 존 스토트(1998). 『그리스도의 십자가』, 황영철·정옥배 옮김, 서울 : IVP. 106쪽.

<가장 모욕적인 처형 도구였던 십자가>

신인(true man and true God)[2] 동시에 극한 십자가의 고통을 감내하면서 죽음 후에 부활을 이루셨던 성자 하나님이기 때문이다. 이러한 예수의 십자가 고통과 부활을 되새기는 부활절이 기독교인들에게는 가장 큰 절기로 자리 잡고 있다.

인간이 인내하고 겪을 수 있는 육체적 고통 중에서 유대인들이 생각했을 때 가장 잔인하면서도 참을 수 없는 고통은 십자가의 고통이었을 것이다. 그럼에도 불구하고 신이면서 인간이었던 예수는 지상에서 내려와서 수많은 고통 가운데에서도 십자가의 고통을 선택해서 죽었고, 부활했고, 기독교 교리에 의하면 어느 시점에 재림한다고 한다. 비록 예수는 자신이 성자 하나님으로서 신성을 갖고서 공생애 3년을 살다가 부활했지만 철저히 십자가의 고통을 통해 인간이 겪을 수 있는 가장 극심한 고통을 겪으면서 십자가 위에서 죽었다.

5-1.1. 쉬어가는 이야기: 십자가에 달리신 하나님(El Dios Crucificado)

참된 인간이며 참된 신이신(true man and true God) 하나님(Gott)이 이 땅에 내려와 십자가(crux)에 달리셨습니다. 그 분이 죽음의 딜레마를 뛰어넘고 생명을 살리신 '예수 그리스도' 이십니다. 칼 바르트(Karl Barth)는 오직 예수그리스도(Jesu christura) 안에서만 인간이 만물을 올바로 인식할 수 있다고 말합니다. 하나님은 자신의 신성

---

2) 칼 바르트(2015). 『칼 바르트 교의학 개요』, 신준호 옮김. 서울 : 복있는 사람.

(神性)을 포기하지 않고 '하나님이기를 그치지 않고' 인간이 되셨습니다. 그분이 포기하시는 것은 '하나님의 형태'(morphe tou theou)입니다.

무한하고 초월적이지만 인격적이신 하나님.

그리고 높은 동시에 낮고, 주님(Lord)인 동시에 종이 될 수 있는 하나님.

인간이 이러한 하나님과 대화(dialeck)를 합니다. 때로는 침묵(silence)과 고독(solitude)속에 깊은 대화가 이루어집니다.

이것을 우리는 '기도'라고 부릅니다.

성 어거스틴은 "신앙의 눈으로 본다면 하나님께 드리는 기도는 하나의 사건이요. 중간 속에 속하는 일이요 하나의 역사"라고 말합니다. 그렇습니다. 기도는 하나의 사건(事件)입니다. 기도 드리는 사람은 자기 자신과 하나님을 '생각하면서' 기도드리는데 생각함(Realisieren)이 생겨날 때 그와 하나님 사이에는 하나의 역사가 일어나는 것입니다. 신앙의 전제는 하나님께서 기도 드리는 사람의 '기도를 들으신다'는 것에 있습니다.

이러한 의미에서 마틴 부버(Martin Buber)는 "하나님께서 듣고 들어 주신다"라고 말합니다.

하나님은 침묵의 신이 아니십니다. 그분은 듣고 들어주시며 행동하는 인격적인 초월자 이십니다. 그러므로 기도는 인간 실존의 운동입니다.

하나님과 인간사이의 '중간'(Zwischenbestimmung)속에서의 운동입니다. 그것은 아무 일도 일어나지 않는 허공(虛空)을 치는 소리가 아닙니다. 기도는 인간적 현존재의 깊이 속에서 즉. '마음의 깊이' 속에서 생겨나는 '그 무엇'인 것입니다. 그러면 진정한 자기 자신은 어디에 있을까요? 자신의 진정한 깊이는 바로 '하나님 앞'(coram Deo)에 드리는 '기도' 가운데 놓여지게 되는 것입니다.

하나님은 이미 기도의 운동에 간섭하셨고 그 운동은 또한 그 분을 관련시킵니다.

왜냐하면 인간이 그 분을 구하고 찾는다는 바로 거기(there)에 그 분이 있기 때문입니다.

하나님은 진실로 '들으시고 들어주십니다.'

경영학적 관점에서 공감리더십은 조직 내에서 육체적 고통을 겪고 있는 구성원들의 아픔과 슬픔에 진정성 있는 돌봄의 행위로 반응하는 리더십이다. 예수는 당시 유대사회에서 스스로 메시아와 하나님의 아들, 즉 그리스임을 자처하면서 앉은뱅이, 한센병 환자, 눈이 안 보이는 자들이 겪고 있는 육체적 고통에 눈물을 흘리면서 치유하고, 진정어린 돌

봄의 행위를 보인 공감리더십의 실천자였던 것이다.[3]

> 그가 찔림은 우리의 허물을 인함이요, 그가 상함은 우리의 죄악을 인함이라. 그가 징계를 받음으로 우리가 평화를 누리고, 그가 채찍에 맞음으로 우리가 나음을 입었도다. 우리는 다 양 같아서 그릇 행하여 각기 제 길로 갔거늘 여호와께서는 우리 죄악을 그에게 담당시키셨도다.[4]

예수는 기독교 교리에 의하면 자신이 철저히 참 신이면서 참 인간이었지만 인간이 살아가면서 경험하게 되는 고통을 민초들과 함께 경험했고, 인류의 죄를 속죄하기 위하여 그 당시에 자신이 선택할 수 있는 가장 극심한 형벌인 십자가의 고통을 통해서 인간의 죄의 심각성을 세상에 알리는 동시에 공생애 기간 동안 공감리더십을 몸소 실천해 보였던 인물이다. 공감리더십은 타인의 고통(suffering)이 발생한다는 전제하에 리더가 그 고통에 돌봄의 행위로서 반응하는 리더십인 것인데, 역사적 예수의 십자가 고통은 인간이 경험할 수 있는 육체적 고통 중에서 극심한 고통중의 하나일 것이다.[5]

미국의 유명한 작가인 필립얀시(Philip Yancey)가 쓴 책[6] 중에서 왜 고통이 우리의 삶 속에 필요한지에 대해 자세히 설명하고 있다. 필립 얀시는 어느 한센병 환자를 만났는데 그는 단지 꽉 끼는 좁은 신발만을 고집하였기 때문에 그의 오른쪽 발가락이 전부 없어졌다는 것이다. 고통의 감각이 없기 때문에 꽉 끼인 신발의 고통을 느끼지 못해서이다. 또 그가 만난 다른 한센병 환자는 마포걸레 자루를 너무 꽉 쥐어서 생긴 종기 때문에 엄지손가락이 거의 없어졌다고 한다.

또한 그 병원에 있는 수십 명의 환자들은 눈을 언제 깜박거려야 할지 알려 주도록 되어 있는 세포들이 한센병 때문에 작동하지 못했다는 이유만으로 맹인이 되었다고 한다. 눈을 계속 깜박거리지 않아서 그들의 눈이 말라 버렸던 것이다. 필자는 한센병 환자들의 사례를 읽으면서 참으로 많은 눈물을 흘렸고, 신이 인간에게 선물로 주신 고통의 감각이 얼마나 소중하고, 감사한 것인지를 깨닫게 되었다.

---

3) 김기홍. (2023). 사복음서 속 예수 그리스도의 장애인 치유 사역에 나타난 통합 교육적합의. 신앙과 학문, 28(2), 51-71.
4) 구약성경 이사야 53장 5-6절.
5) 존 스토트(1998). 『그리스도의 십자가』, 황영철·정옥배 옮김, 서울 : IVP. 101쪽.
6) 필립얀시(2001). 『하나님이 나를 외면할 때』. 박병택 옮김. 서울: 호산나.

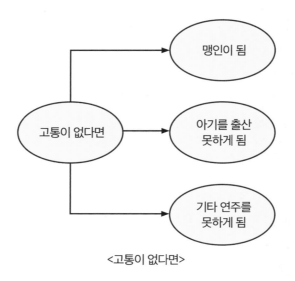

<고통이 없다면>

　이렇듯 신이 인간에게 고통의 감각을 준 것은 필립얀시가 언급한 것처럼 고통이라는 감각이 우리 삶에 꼭 필요하기 때문이다. 그럼에도 불구하고 직장 내에서 조직구성원들이 경험하는 육체적 고통은 돌봄적 행위인 공감을 통해서 경감시키려고 한다. 고통의 감각이 우리 몸에서 꼭 필요한 요소라는 것을 알고 있지만 조직 내에서 경험하는 육체적 고통은 공감리더십을 통해 완화되어야 할 것이다.

5.1.2. 가슴이 저미듯이 아파요 심리적 고통

　조직 내에서 직장생활을 하는 구성원들은 출근해서 퇴근할 때까지 셀 수 없는 심리적 고통에 시달릴 때가 있다. 심리적 고통은 내 안의 마음속에서 발생하는 우울감, 분노, 짜증, 증오심, 자살충동처럼 시각적으로 드러나지 않는 내적 고통에 해당한다.[7] 심리적 고통은 정신적 고통과 달리 내 안의 내적 마음속에서 발생하곤 한다. 예를 들면 독자 여러분들이 너무도 무더운 여름날에 에어컨이 없는 식당에서 식사를 하게 된다면 어마어마한 짜증과 분노가 치밀어 오를 것이다. 이 역시 심리적 고통에 해당하게 되고, 이러한 심리적 고통에 리더가 공감적 행위로 돌봄의 행위를 제공하게 되면 심리적 고통에 기반한 공감리더십이 발휘되었다고 말할 수 있다.

---

7) 이혜경, 남춘연. (2015). 직장인의 직무스트레스, 우울, 심리적 행복감이 직무만족도에 미치는 영향. 한국간호교육학회지, 21(4), 489-497.

5-1.1. 쉬어가는 이야기: 직장 내 괴롭힘[8]

"신입사원으로 회사에서 따돌림을 당하던 원고가 피고(센터장)의 괴롭힘 행위에 대해 손해배상 청구를 한 건에 대하여 법원은 피고는 센터장으로서 소속 직원인 원고에게 적절히 충고를 하는 등으로 원고가 타인과 원만히 지내도록 유도하거나, 나머지 직원들로 하여금 직장 내에서 원고를 공개적으로 따돌리거나 원고에게 모욕적인 언사를 하지 않도록 방지하여야 할 의무가 있음에도 이를 태만히 하고, 그 밖의 괴롭힘 행위를 한 것에 대해 정신적 손해를 배상할 책임을 인정함"

직장 내에서 특정한 직원을 왕따시키는 따돌림은 당사자에게 극심함 심리적 고통을 안겨다 줄 것이다. 법원이 피고에게 손해배상을 지급하라고 판시하였지만 따돌림을 당한 원고는 돈으로 해결할 수 없는 심리적 고통속에 어쩌면 평생 동안 상처를 안고 살아갈지도 모른다. 만약 센터장이 이러한 직장 내에서 따돌림을 당하는 부하 직원을 그냥 무시하지 않고, 따뜻한 사랑의 마음으로 공감리더십을 보였다고 한다면 어떠했을까? 공감리더십은 손해배상으로 치유할 수 없는 부분도 치유할 수 있는 놀라운 역량을 지니고 있다.

공감리더십은 조직 내에서 구성원들이 심리적 고통을 경험할 때 시간적, 정신적, 물질적인 돌봄의 행위로 회복력을 경험하게 해준다. 사랑하는 연인과 이별의 아픔을 경험한 부하직원이 업무에 몰입하지 못하고, 극심한 심리적 고통을 보이게 될 때 리더는 어떠한 리더십을 보여주어야 할까? 예를 들면 함께 저녁식사를 하면서 자신도 예전에 비슷한 이별의 아픔을 경험해봤다는 얘기를 들려주는 것도 부하 직원에게 공감리더십을 보이는 것이다.

직장 내에서 조직생활을 하는 구성원들은 여러 가지 이유에서 심리적 고통을 경험하게 된다. 자신을 이유 없이 싫어하는 상사가 실시간 보내는 따가운 눈총은 극심한 우울증을 유발하는 심리적 고통이 될 수 있고, 동료 간 업무상의 갈등에서 유발되는 증오심과 분노는 극심한 스트레스를 유발시키는 심리적 고통이 된다. 이처럼 공감리더십은 조직구성원들의 심리적 고통에 돌봄의 행위로 반응하는 리더의 따뜻하고 진정성 있는 성격을 지닌다.

---

8) 서울동부지방법원 2016. 9. 30. 선고 2015가단38195 판결 [손해배상] (확정)

<직장 내 갑질>

5.1.3. 머리가 너무 아파요 정신적 고통

본서에서 필자는 심리적 고통과는 다르게 정신적 고통은 외부의 요소가 원인이 되어 오는 고통으로 정의하였다. 즉, 심리적 고통이 내적인 원인에 의해서 유발되는 고통인 반면 정신적 고통은 외적인 원인에 의해서 유발되는 고통인 것이다. 아래 시는 대한민국의 탁월한 저항시인이었던 김지하 시인의 '타는 목마름'이다. 김지하(본명 김영일)은 이제 고인이 되었지만 젊은 시절 민주화운동을 하면서 그가 경험해야했던 정신적 고통은 이루 말할 수 없다고 한다.

김지하 시인은 박정희 정권 시절 민주화투쟁을 하다가 옥고를 치루면서 심한 정신적 질환을 얻었다고 한다. 홀로 독방에 수년 동안 갇혀 지내다 보니 벽이 자신을 뚫고 지나가는 벽면증에 시달리기도 하였고, 출소 후에도 정신질환을 심하게 앓으면서 정신적 고통으로 매우 힘든 세월을 보냈다. 김지하 시인의 사상이 '타는 목마름'에서 '생명사상'으로 옮겨오기 까지는 참으로 많은 시간이 흘러야했었다. 왜냐하면 그가 옥중에서 겪어야했던 고난과 고통의 시간은 너무도 혹독했기 때문이다.

조직 내 구성원들이 직장에서 경험하는 구조조정의 문제 또는 상사의 갑질, 성희롱성 발언, 직장 내 괴롭힘 등은 구성원들의 극심한 스트레스를 유발하는 정신적 고통일 것이다. 최근 사회적 이슈로 크게 등장하고 있는 직장 내 괴롭힘은 피해자에게 오랜 시간 동안 깊은 상처로 남을 수 있기 때문에 이를 완충시키는 장치가 필요한데, 그중의 하나가 공감리더십을 통해 공감적 돌봄의 행위를 받는 것이다. 왜냐하면 공감리더십은 육체적, 심리적 고통뿐만 아니라 구성원들의 정신적 고통에 정직하게 진정성 있는 돌봄의 행위로서 치유와 힐링을 제공하기 때문이다.

5-1.1. 쉬어가는 이야기: 타는 목마름에서 생명사상으로

김지하는 70년대 후반 5년여 동안 옥중 생활을 하는 동안 수많은 서적을 탐독하면서 '생명사상'을 깨우쳤다고 한다. 재판이 끝나고 책이 들어오기 시작하자 김지하는 미친 듯이 책을 읽어댔다고 한다. 선불교, 동학, 생태학 등의 책을 섭렵했는데, 인간과 삶의 진화의 본질을 이해하기 위해서였다고 한다. 처음에는 생태학에서 시작했으나 더 깊은 내면적 지식과 무의식적 지혜를 갈구하게 되었고 그때 접한 것이 선불교 사상이었다. 원래 그의 종교는 천주교였는데, 옥중에서 선불교에 크게 경도되었다. 아울러 동학사상에 깊은 영향을 받게 되었다. 감옥에서 나온 그는 극심한 고문 후유증으로 '벽면증(벽이 자신을 관통하는 일종의 환영 같은 것)'에 시달리면서 고통스러운 트라우마를 평생 짊어지고 살았지만 그의 사상은 독재에 저항했던 '타는 목마름'에서 생명을 살리고 용서하는 '생명사상'으로 변해있었다. 그래서 자신이 저항하고 투쟁했던 유신 독재정권 시절의 박정희 대통령, 그의 딸인 박근혜 전대통령이 김지하를 찾아와서 용서를 구하고, 대신 사죄를 하였을 때 그는 박정희 대통령을 용서하면서 박근혜 지지선언[9]을 하였다.

5.2. 왜 고통은 아픔이 아니라 선물일까

공감리더십은 조직 내에서 고통에 대한 완충작용으로 구성원들에게 돌봄의 행위를 제공하지만 막상 직장 내에서 조직구성원들이 마주치게 되는 업무상의 스트레스는 탈진과 감정고갈을 유발시키는 큰 고통이 아닐 수가 없다. 때로는 이러한 육체적, 심리적, 정신적 고통을 느끼지 않고 살고 싶은 생각에 사로잡힐 때가 있을 것이다. 왜냐하면 지금 내가 겪고 있는 고통들이 너무도 힘들고, 참기 어렵기 때문이다. 그럼에도 불구하고 우리는 고통이 아픔과 슬픔을 안겨주는 불필요한 감각이 아니라 선물로 인식하는 것은 어떨까?

---

9) https://www.yna.co.kr/view/AKR20121126155400004

고통을 선물로 받아들이게 되면 현재 내가 겪고 있는 극심한 고통이 어느 정도 감사의 선물로 바뀌지 않을까?

고통을 전혀 느끼지 못하는 희귀 질환을 가진 이들은, 맹장염이나 심장마비, 혹은 뇌종양과 같은 중대한 질병의 신호를 감지하지 못한 채 방치하게 된다.[10] 이들 대부분은 이러한 무통증 증후군으로 인해 생명의 위협을 조기에 알아채지 못하고, 결국 젊은 나이에 생을 마감하곤 한다. 이 사실은 내게 고통의 본질에 대해 근본적인 통찰을 제공해 주었다.

고통은 이 땅에서의 삶을 지탱하는 데 필수불가결한 요소이며, 인간의 경험에서 결코 우연히 부여된 불쾌한 부산물이 아니다. 그것은 신이 창조의 마지막 순간에 불완전하게 덧붙인 실수도, 인간 존재를 괴롭히기 위한 가혹한 장치도 아니다. 이제 나는 그러한 의심을 떨쳐냈다. 우리 몸 곳곳에는 수백만 개에 달하는 정교한 통각 수용체(pain receptors)들이 정렬되어 있으며, 이 감각망은 놀라울 정도로 정밀하게 우리의 생존 본능과 보호 욕구에 부합하도록 설계되어 있다. 고통은 단순한 고장이 아니라, 오히려 창조주의 섬세하고도 기능적인 배려의 산물이다. 신의 무능이 아니라, 그분의 탁월한 설계 능력을 증명하는 대표적인 예라 할 수 있다.

The Gift of Suffering

<고통의 선물>

고통은 누구나 피하고 싶은 무엇이기도 하지만 어찌 보면 신이 인간에게 준 선물일지도 모른다. 고통이라는 감각이 없을 경우 인간이 얼마나 비참한 나락으로 떨어질 수밖에 없는지 위의 글에서 필립 얀시는 잘 설명하고 있다. 독자여러분들 역시 필자처럼 치과에서 충치 때문에 신경치료를 받아본 경험이 있을 것이다. 그 어떠한 고통보다도 충치 때문에 발생하는 치통은 이루 말할 수가 없다. 이러한 치통을 더 이상 못 느끼게 치아의 신경을 죽이는 것이 신경치료인데, 신경이 죽는 순간 그 치아는 더 이상 치통을 느끼지 못하게 된다.

---

10) 필립얀시(2001). 『하나님이 나를 외면할 때』. 박병택 옮김. 서울: 호산나.

5-2. 쉬어가는 이야기: 아무도 원하지 않는 선물

어느 날, 아이가 하나님께 기도를 올렸다.

"하나님, 제발 제게 고통을 주지 말아 주세요. 아프지도, 슬프지도, 다치지도 않게 해 주세요. 그냥 행복하게만 살고 싶어요."

하나님은 미소를 지으시고 아무 말 없이 작고 낡은 선물 상자 하나를 건네주셨다.

아이는 실망했다. 포장도 없이, 리본도 없이 투박한 그 상자 안에는 '고통'이라는 이름표가 붙은 낯선 감정이 들어 있었다.

"이게 뭐예요? 전 이걸 원한 적 없어요!" 아이는 울먹이며 외쳤다.

하지만 시간이 흘러, 아이는 알게 되었다.

뜨거운 불에 손이 닿았을 때 느끼는 따가움이 화상을 막아주고, 친구의 이별 앞에서 느낀 슬픔이 다른 사람의 마음을 헤아릴 수 있게 해준다는 것을.

고통은 상처를 알리는 종이었고, 공감이라는 문을 여는 열쇠였으며, 더 나은 선택으로 나아가게 하는 경고음이었다. 그제야 아이는 깨달았다. 고통은 분명 누구도 원하지 않는 선물이지만, 그것 없이는 우리는 성장하지도, 사랑하지도, 살아남지도 못한다는 것을. 하나님이 주신 그 작고 낡은 상자는 결국 진짜 선물이었다. 고통은 아무도 원하지 않는 선물일 수 있다. 그리고 누구든지 피하고 싶은 감감이 고통이다. 하지만 고통의 감각이 없다면 우리의 삶은 어떻게 될까? 고통을 선물로 받아들이면서 공감리더십을 통해 고통을 경감시키는 장치를 고민해 보는 것이 더 현명하지 않을까?

공감적 리더는 치통으로 고통스러워하는 조직 구성원의 치아에 있는 모든 신경을 죽여서 더 이상 치통을 못 느끼게 해주는 것이 아니라 좋은 치과에 가서 치료받을 수 있도록 시간을 내어 근처 치과를 소개해 준다든지 아니면 일시적으로 치통이 가라앉도록 가지고 있는 소염·진통제를 주는 돌봄의 행위를 제공해야 한다. 즉, 공감리더십은 구성원들이 느끼는 모든 고통의 감감세포들을 제거하는 역할을 하는 것이 아니라 고통이라는 감각을 선물로 인식하면서 그 고통을 경감시키기 위한 진정어린 돌봄의 행위를 실천하는 러더의 행동이다.

5.3. 나에게만 닥친 비극적 고통

우리는 인생을 살아가면서 한번 쯤 이러한 질문을 던진 적이 있지 않은가? "왜 나에게만 이러한 고통이 일어나는 것일까? 왜 굳이 내가?" 우리들 대부분은 큰 비극에 직면했을 때 본능적으로 이렇게 질문하곤 한다. 수천대의 자동차가 빗속에서 고속도로를 달리고 있었는데, 왜 내차만 다리로 미끄러졌을까? 스키를 타는 사람들이 저렇게도 많았는데, 왜 굳이 나만 다리를 다쳐서 휴가를 망쳐야만 했을까? 나의 모든 젊음을 다 바쳐서 남들이 모두 부러워하는 이 자리까지 올라왔는데, 왜 내가 말기암에 걸려야 할까? 이외에도 우리 삶에는 왜 나만 이러한 고통에 직면해야 할까? 하는 물음에 대한 사례는 수도 없이 많을 것이다. 필자 역시 예외는 아니다. 태어나서 지금까지 고난과 고통의 삶을 살아왔던 필자는 지금 이 순간에도 끊임없이 왜 내가 이러한 고통을 참고 견뎌야 할까? 라는 질문을 하면서 본서를 집필 중이다.

이렇게 마치 나에게만 극심한 고통이 발생하는 것처럼 느끼고, 분노하게 될 때 인간인 우리들은 때로는 신에게 이렇게 항변하기도 한다. "도대체 당신이 만약 전지전능하시고, 살아계신다고 한다면 왜 내가 그렇게 사랑하는 우리 아이를 이런 식으로 데려 가셨나요? 당신은 참신이 아니라 허수아비 신이 아닙니까?" 또는 미친 듯이 술을 마시면서 동료 술친구에게 하소연하기도 하고, 때로는 심리상담사나 정신과 의사를 찾아가서 힐링을 받기도 한다.

내가 극심한 고통을 경험하면서 나만 고통당한다고 느끼고, 아무도 고통당하는 나에게 관심을 가져주지 않는다고 느낄 때 우리 마음속에는 말로 표현할 수 없는 공허함과 외로움이 찾아온다. 공감적 리더는 자신만 고통의 늪에 빠져있다고 생각하며 괴로워하는 조직 구성원들에게 긍정적 감정[11]과 회복력[12]을 제공하는 돌봄의 행위로 다가가게 된다. 물론 스키장에서 사고를 당해 나만 두 다리를 잃게 된 사람에게 어떠한 말과 위로가 회복력을 가져다 줄 수 있을까? 그럼에도 불구하고 공감적 리더는 진정성 있고, 애정어린 마음으로 고통에 처한 구성원을 위하여 시간적, 정신적, 물질적으로 공감리더십을 제

---

11) Ko, S. & Choi, Y. (2020). The effects of compassion experienced by SME employees on affective commitment: Double-mediation of authenticity and positive emotion. Management Science Letters, 10(6), 1351-1358.

12) Ko, S. H. & Choi, Y. (2019). Compassion and Job Performance: Dual-Paths through Positive Work-Related Identity, Collective Self Esteem, and Positive Psychological Capital. Sustainability, 11(23), 6766.

공해야 한다. 공감리더십이 다른 리더십과의 차이가 바로 여기에 있는 것이다. 반드시 고통으로 힘들어하는 조직구성원들에게 돌봄적 행동으로 반응한다는 것. 이것이 다른 리더십과의 가장 큰 차이점이다.

5-3. 쉬어가는 이야기: 왜 나에게만 이러한 불행이 일어날까

소설가 박완서(정혜 엘리사벳, 朴婉緒, 1931-2011)는 남편을 병으로 떠나보낸 지 불과 몇 달 만에, 세상에 단 하나뿐인 아들마저 비극적으로 잃고 말았다. 그녀는 처절하게 울부짖으며 통곡했다. 자식이 부모보다 먼저 세상을 떠나는 참혹한 이별을 '참척(慘慽)'이라 한다. 인간이 감내할 수 있는 고통 가운데 가장 참담한 슬픔이다. 그 깊고 날 선 고통 속에서 박완서는 하느님을 향한 원망을 거두지 못했다.

"내 아들아, 이 세상에 네가 없다니, 그게 정말이란 말이냐?"

그녀는 하늘을 향해 아들을 애타게 부르며, 하느님께서 너무하셨다고 절규했다.

그토록 귀한 아들을 데려간 것은 '하느님의 실수'라며 탄식했고, 그런 실수를 저지르는 존재라면 어찌 신일 수 있느냐고 격렬히 항변했다. 그 아들은 스물다섯의 꽃다운 나이, 건장한 체격과 단정한 얼굴을 지녔으며, 앞날이 창창한 젊은 의사였다. 이토록 찬란한 가능성의 한 생명을 잃고 난 뒤, 박완서는 "하느님의 장난"이라며, 피눈물을 흘리며 분노했다. 그녀는 하느님을 향해 거침없이 외쳤다.

"당신의 장난이 인간에게 얼마나 가혹한 운명의 손길이 되는지를 왜 모르십니까? 당신의 거룩한 형상을 따라 창조된 인간을, 이렇게 아무렇지 않게 가지고 노셔도 되는 겁니까?"

그녀의 절규는 단지 상실의 아픔이 아니라, 신과 인간 사이에 놓인 고통과 이해에 대한 처절한 질문이기도 했다.

6장
공감리더십이
조직에서 왜 중요한가

6.1. 조직시민행동(OCB)에 대한 동기부여의 원천

고통이란 단어는 때때로 좁은 의미에서 신체적·육체적 통증으로 사용되기도 하지만 고통은 정신적 또는 감정적 측면에서의 통증으로 더 많이 언급된다. 통증이란 개념은 보편적으로 신체적·육체적 측면에서의 통증을 언급하지만 그것은 한편으로 고통의 일반적인 동의어가 된다. 본 공감리더십 책에서는 통증과 고통의 개념을 동일한 개념으로 생각하며 정신적 측면과 신체적 측면 모두를 포괄하는 개념으로 이해하고자 한다. 그렇기 때문에 공감 리더십은 "타인의 정신적, 신체적 고통에 리더가 시간적, 정신적, 물질적으로 돌봄의 행위를 제공하는 것"으로 정의내릴 수 있을 것이다.

Cavanagh(1995)는 공감을 세 가지 구성요소로 이해하고 있다. 즉, 공감은 인지적, 정서적, 행동적 요소를 지니고 있는데, Cavanagh이 제시한 공감의 구체적인 구성요소는 다음과 같다. 첫째, 공감은 인지적이다. 이것은 자신이 타인의 심리적, 신체적 상태를 이성적으로 인식하고 파악하는 것을 의미한다. 예를 들면 직장 내에서 상사가 야근하고 있는 부하직원의 힘들어하는 모습을 이성적으로 인지하고, 파악했을 때 공감의 인지적 요소[1]에 해당할 수 있다.

둘째, 공감은 정서적이다. 즉, 공감의 정서적 요소는 타인이 느끼는 행동이나 슬픔, 고통과 아픔을 자신이 느끼는 것처럼 함께 느끼고, 아파하는 것을 의미한다. 셋째, 공감은 행동적이다. 즉, 타인의 고통과 감정을 인식하고, 정서적으로 느낀 후에는 마지막으로 타인에게 돌봄의 방식으로 응답하는 것이 바로 행동적 요소가 된다. 예를 들면 조직 내 상사가 야근으로 꾸벅꾸벅 졸고 있는 직원을 바라보았을 때는 인지적 요소가 된다. 그리고 마음속으로 '얼마나 힘들면 꾸벅꾸벅 졸을까. 마음이 짠하고 아프네'라고 느꼈다면 정서적 요소가 된다. 마지막으로 야근으로 졸고 있는 부하 직원에게 시원한 아메리카노 커피 한잔을 상사가 갖다 준다고 하면 그것은 행동적 요소가 된다. 따라서 공감은 인지적, 정서적, 행동적 세 가지 요소로 구성되어 있다고 Cavanagh(1995)는 주장한다.

또한 공감의 형태에는 여러 가지 유형이 있다. 예를 들어 진정으로 느끼는 공감 (authentic compassion)은 타인의 고통과 아픔을 자신의 고통과 아픔처럼 동일시하면서 타인의 눈으로 주목하고(noticing), 타인의 귀로 듣고, 타인의 마음으로 느끼는(feeling)것을

---

1) 박성희(1996). 공감의 구성요소와 친사회적 행동의 관계 연구. 교육학연구, 34, 143-166.

의미한다. 반대로 표면적인 공감(pseudo compassion)은 진정으로 느끼는 공감에서 공감의 중요 요소들 중 하나 이상이 빠진 공감이다. 예를 들면 선한 사마리아인의 비유에 등장하는 인물들에서 첫 번째 사람은 길거리에 쓰러져 있는 사람의 고통을 인지하고 그냥 가던 길을 갔다면 정서적, 행동적 요소가 빠져 있기 때문에 표면적 공감이 된다. 두 번째 사람 또한 길거리에 쓰러져 피를 철철 흘리고 있는 사람을 보았을 때 '참으로 불쌍하구나' 느끼면서 행동적 요소를 결여했다면 이 또한 표면적 공감이 된다. 진정한 공감은 타인의 고통에 인지적, 정서적, 행동적 요소가 순차적으로 발생했을 때를 의미한다.

6-1. 쉬어가는 이야기: 고통을 감내한 공감의 불꽃

그리스 신화에 등장하는 제우스는 신들의 왕으로서 세상 속 사람들이 상층부인 신의 영역을 탐내는 것을 경계했다. 그래서 제우스 왕은 세상 속 인간들에게 불을 주지 않았다. 이날도 혹독한 추위가 몰아치는 밤이었다. 프로메테우스는 사냥에서 상처를 입고 아버지 품에 안기어 추위에 떨고 있는 아이들을 보면서 더 이상 인간에 불을 주지 않는 것을 참을 수가 없었다. 결국 그는 하늘로 올라가서 인간에 대한 공감적 마음으로 신성한 불꽃을 훔쳐 인간에게 선물로 주었다. 프로메테우스가 선물로 준 불은 인간들의 삶을 완전히 바꾸어 놓았다. 불로 음식을 익혀먹으면서 음식의 맛을 즐겼고, 가족들이 불 주위에 옹기종기 모여 밤을 지세면서 서로의 삶을 공감하였다. 하지만 신들의 왕 제우스는 프로메테우스가 불을 훔쳐간 것에 극노하여 캅카스 산 바위에 그를 묶어 놓은 후 매일같이 독수리들이 모여들어 그의 간을 쪼아 먹게 하는 무서운 형벌을 내리게 되었다. 그러나 프로메테우스는 인들에게 불을 훔쳐서 선물로 준 자신의 공감적 행동에는 후회하지 않았다. "세상 속 사람들이 불의 온기로 인해 따뜻해질 수 있다면, 현재 내가 받고 있는 고통과 고난도 의미가 있다."고 말했다. 결국 그의 공감에서 비롯된 사랑과 희생의 행동은 인간 문명이 발전하는 시초가 되었고, 불은 세상의 사람들에게 사랑과 연대, 화합과 온정의 상징이 되었다.

일반적으로 표면적인 공감은 정서적 요소 또는 행동적 요소가 결여된 공감이다 (Cavanagh,1995). 경영학에서 조직 시민 행동이란 타인에게 이타적으로 도움을 주거나 이익을 주는 행동을 의미한다(Organ,1988; George,1991; Batson,1994). 이런 조직 시민 행동들은 의무감에서 하는 행동과는 다르게 자발적으로 이루어지는 행동이고, 조직의 공식적 보상과는 상관없이 이타적인 방향으로 행동하는 바람직한 행동이다(Bolino, Turnley & Bloodgood, 2002). 예를 들면 직장에서 힘들어하는 고객들과 동료들을 돕거나 지원하는 행동, 조직 밖에서 뜻이 맞는 직원들이 모여 자원 봉사를 하거나 이타적인 봉사 활동을 하는 것들이 모두 조직시민행동에 포함된다. 따라서 조직 시민 행동은 타인과 조직에게 어떠한 방식으로 이익을 주는 이타적인 자발적 활동이라고 할 수 있다.

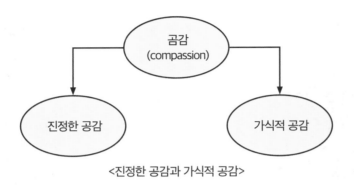

<진정한 공감과 가식적 공감>

공감에 기반한 조직시민행동의 연구 사례로는 나치 통치 시절 유럽에서 유대인들을 돕기 위하여 기금을 모았던 활동, 기아에 허덕이는 난민들을 돕기 위한 구호활동, 고래나 멸종 위기에 처한 생물들을 보호하기 위한 구제활동, 제3세계 돕기 활동, 장기기증 운동 등이 그것이다(Batson, 1994; Podsakoff, MacKenzie, Paine & Bachrach, 2000).

다시 말해 조직시민행동이라는 것은 직장 내에서 조직구성원들이 회사의 공식적인 보상 때문에 움직이는 것이 아니라 자발적인 의지에 의해서 조직을 위해서 비공식적으로 활동하는 이타적인 행동을 의미한다. 공식적인 담당 업무도 아니고 적절한 보상도 없지만 자신이 소속된 조직의 발전을 위해 자발적으로 수행하는 각 구성원들의 지원 행동들을 전문 학술용어로 조직 시민 행동(Organizational Citizenship Behavior: OCB)이라고 명명한다.

공감과 공감리더십은 조직 내에서 긍정적 감정을 형성하기 때문에 조직 시민행동의 원인이 된다. 조직시민행동(OCB: organizational citizenship behavior)은 선행연구인 Katz(1964)와 Scott(1987)이 정의한 역할 내 행동(in-role behavior)과 역할 외 활동(out-role behavior)에서 개인성과의 개념을 확대하였다. 역할 내 행동은 구성원에게 직무에서 요구하는 역할의 요구수준을 충족시키는 행동을 의미하고, 역할 외 행동은 직무에서 요구하는 역할 요구수준을 뛰어넘는 참신하고, 헌신적이며 자발적인 전사적 행동을 의미한다.

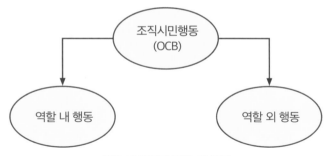

<역할 내 행동과 역할 외 행동>

　쉽게 설명 드리면 조직시민행동 중에서 구성원들의 역할 내 행동이라는 것은 구성원들 자신이 담당하고 있는 업무 범위 내에서 조직을 위해 이타적인 조직시민행동을 한다는 것이다. 한편, 역할 외 조직시민행동은 업무 범위 이외의 활동을 통해 조직의 명성을 외부에 알리거나 조직의 이미지에 긍정적인 영향을 미칠 수 있는 행동을 한다는 것을 의미한다.

　따라서 역할 외 행동은 조직시민행동, 친사회적 조직행동, 조직 자발성 등과 같은 다양한 용어로 사용되고 있다. 이중에서 오늘날 가장 널리 사용되고 있는 조직시민행동(OCB)의 개념은 Organ(1988)의 연구에 잘 나타나있다. 조직시민행동은 구성원들에게 공식적인 보상을 주는 행위는 아니지만 자신이 속한 조직이 효과적으로 운영되고, 기능을 원활히 수행하는데 일조하는 구성원 개인들의 행동이다. 즉, 조직시민행동은 CSR의 개념과는 다르게 조직에서 공식적으로 규정한 행동이 아니라 조직의 발전을 위한 비공식적 행동들인 것이다(Bateman & Organ,1983; Smith et al.,1983; Organ,1988).

<경동원 아이들과 함께한 봄 축제>

필자가 몸담고 있는 대학에서는 1년에 두 번씩 경동원에 있는 아이들을 초청해서 체육대회도 하고, 함께 즐거운 시간을 보내게 된다. 학생들과 교수들, 동아리 회원들과 자원봉사 학생들 모두가 참여해서 부모님의 정을 그리워하는 아이들과 함께 하루 동안 열심히 웃고 뛰면서 정겨운 시간을 보내게 된다. 누가 시켜서 하는 것도 아니고, 누가 강제로 끌어당겨서 하는 것도 아닌 필자가 속한 모임에서 추진하는 자발적 행사이기 때문에 일종의 조직시민행동이 된다. 이러한 친사회적인 비공식적 행사를 통해 우리 조직이 사회 구성원들에게 좋은 이미지로 비춰지고, 조직의 발전에도 기여하게 된다면 조직시민행동으로 결코 손색이 없을 것이다.

조직 내에서 상사가 구성원들의 고통과 아픔에 시간적, 정신적, 물질적인 돌봄의 행위인 공감리더십을 실천한다면 이를 경험하는 부하직원들의 마음속에서 자신이 속한 조직을 위해 헌신하고 싶다는 생각이 들지 않겠는가? 입사할 때 하늘처럼 보였던 저 윗분인 이사, 상무, 전무 등의 상사께서 나의 고통에 반응하는 공감리더십을 몸소 실천하고 있다는 것을 회사생활을 통해 경험하면 우리 조직을 위해 자발적으로 봉사하고, 헌신하고 싶은 조직시민행동의 마음이 불일 듯 일어나지 않겠는가? 그러므로 필자는 공감리더십이 조직시민행동을 유발시키는 원인이 될 수 있다고 주장하고 있는 것이다. 공감리더십을 경험한 조직 구성원들은 마음속에 긍정적 감정을 느끼게 되고, 자발적으로 조직의 발전과 이미지향상을 소망하는 간절한 마음이 일어나게 되므로 조직시민행동에 참여하게 될 것이다.

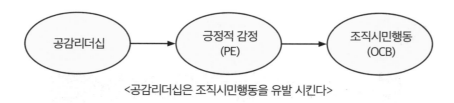

<공감리더십은 조직시민행동을 유발 시킨다>

6.2. 우리 기업의 사회적 책임(CSR) 강화

공감적 행위는 조직 내 동료, 부하직원, 상사 등의 고통과 아픔을 주목해서 보고, 가슴으로 느끼며, 이들의 고통을 줄여주거나 회복력을 제공하기 위하여 시간적, 정신적, 물질적으로 행동하는 것을 포함하는 관계적 과정이다(Kanov et al., 2004). 공감리더십은 조직 내 부하직원들이 업무를 할 때 고통으로 상처를 받았을 때 상사가 부하 직원에게 진정어 린 마음으로 다가가는 또 하나의 방식이 된다(Frost et al., 2000). 그러므로 공감리더십은 고통에 기반하여 행동으로 반응하는 돌봄의 리더십이라고 할 수 있다. Goetz et al.(2010) 의 연구에서 공감은 타인의 정신적·신체적 고통을 마치 나의 고통처럼 받아들이는 슬픔 과 사랑의 결합체이자 타인을 향한 사랑의 특수한 형태라고 정의내리고 있다.

Frost(1999)는 연구에서 공감적 행위는 용기를 필요로 한다고 언급하였다. 공감과 공감 리더십은 타인의 신체적·정신적 고통에 대해 가슴어린 동정심을 불러일으키고, 타인의 고통에 감정이입과 공감적인 행위로 인하여 고통과 아픔을 겪는 구성원들이 치유 될 수 있다고 주장하였다. 공감에 대한 또 다른 정의는 '타인의 고통을 인식하고, 타인의 고통 에 반응하기 위하여 타인에게 다가가는 또 다른 동기적 원천'이라는 것이다(Lazarus,1991; Nussbaum, 1996,2001).

6-2. 쉬어가는 이야기: 대기업의 착한 사회공헌 활동

CJ온스타일은 유통 채널 확보에 어려움을 겪는 중소기업을 위해 방송 수수료를 전면 면제한 채 제품 판매 방송을 송출하고 있다. 이는 업계의 통상적인 수익 모델 을 거스르는 파격적인 조치로, 매주 다섯 차례씩 코로나19로 타격을 입은 농촌 기업 을 위한 공익적 편성을 통해 그들의 자립을 도우려는 연대의 의지를 드러낸다. KT 는 거리두기로 지친 가족들을 위해 '키즈랜드 캠핑'을 무료로 제공, 고객들이 자녀 와 안전하게 야외 시간을 보내도록 지원한다. 이는 단순한 고객 서비스 차원을 넘 어, 삶의 질 향상에 기여하는 공감의 실천이라 할 수 있다. 신한금융그룹의 '희망사 회 프로젝트'는 금융 소외계층과 중소기업의 지속가능한 성장을 위한 장기적인 사 회적 투자이며, 농협금융그룹은 지역 공동체의 아픔을 덜기 위해 '이웃사랑 농산물 나눔' 행사를 여수와 고흥에서 진행하여 농촌경제와 복지의 선순환을 꾀했다.

산불이라는 재난 앞에서도 기업들은 국가 공동체의 일원으로서 역할을 자임했다. 하이트진로는 강원과 경북 지역의 이재민 및 소방 인력에게 생수 15만 병과 간식 4만 2천 개를 신속히 전달하며 위로와 지지를 보냈고, 두산그룹은 전국재해구호협회를 통해 5억 원의 성금을 기탁, 실질적인 복구와 이재민 지원에 힘을 보탰다. 삼성, 현대 차, SK, LG 등 주요 그룹사들 또한 즉각적인 성금 전달로 위기 대응에 동참했다.

한편, CJ ENM의 '오펜(O'PEN)' 프로젝트는 문화 콘텐츠 산업을 이끌 미래의 창작자들에게 발판을 제공하는 선도적 사회공헌 프로그램이다. 이 사업은 신인 작가들에게는 현장 데뷔의 기회를 열어주고, 콘텐츠 업계에는 신규 인재 확보의 통로를 마련해주는 상생 구조를 지향한다. 2017년 드라마와 영화 부문으로 시작한 이 프로젝트는 이후 작곡과 숏폼 드라마 부문으로까지 확장, 한국 문화 생태계의 다양성과 지속가능성을 도모하고 있다.

조직 내 부하직원들에게 공감적 돌봄의 행위를 제공하는 공감리더십은 조직 구성원들에게 '사회적 정체성 이론(SIT : Social Identity Theory)'에 기반하여 기업의 사회적 책임인식(CSR perception)을 강화시켜 주는 역할을 하게 된다. 사회적 정체성이론은 어려운 개념일수 있는데 쉽게 말씀드리면 다음과 같다. 내가 직장 내 조직에서 매일매일 힘들게 업무를수행하고 있는데, 감히 쳐다보기에도 어려운 상사가 힘들 때마다 나에게 공감리더십을보여주었을 때 나는 그 상사뿐만 아니라 내가 속한 조직의 정체성을 점점 닮아가지 않을까? 이직과 감정고갈을 느끼기 보다는 공감적 리더가 베푸는 선한 행동으로 인해 내가몸담고 있는 조직과 점점 하나가 되는 감정을 갖게 된다면 이것이 바로 사회적 정체성이라고 할 수 있다.

<기업의사회적 책임인식은 공감리더십을 유발 시킨다>

기업의 사회적 책임(CSR) 활동은 조직시민행동과는 다르게 최고경영진(TMT)에서 예산을 편성한 후 구성원들 모두가 참여하도록 하는 전략적인 행위이다. 조직시민행동이 구성원들에 의해 자발적으로 이루어지는 활동이라고 한다면 CSR활동은 구성원들이 싫어해도 반강제적으로 참여해야 하는 활동이 될 수 있다. 그러나 만약 우리 기업 내에서 내가 매일매일 공감리더를 통해 공감적 행위를 받고 있다고 하면 CSR활동에 참여하는 것이 싫을 수가 있을까? 물론 주말에 이러한 기업의 사회적 책임활동에 참여하라고 한다면짜증이 날수도 있겠지만 조직 내에서 상사로부터 공감적 돌봄의 행위를 받은 내가 사회

구성원들과 외부 고객들을 위해 CSR활동을 수행하는 것이 더 의미 있게 다가오지 않을까? 왜냐하면 사회적 정체성 이론에 의하면 내가 상사로부터 경험한 공감적 행위로 인해 우리 조직의 정체성이 더욱 긍정적 정체성으로 느껴졌기 때문에 우리 조직이 수행하는 사회적 책임활동에 적극적으로 동참하는 것이다.

한편, 직장 내 구성원들이 우리기업이 사회적 책임을 수행하는 것을 인식하게 되면 기업의 선한 행위에 대해 공감적인 감정이 유발되어 리더들은 공감리더십을 실천하려는 의지가 생긴다. 위의 도식에서도 보듯이 조직 내 사원들이 휴일이나 주말에 기업이 전략적으로 사회공헌 활동을 하는 것에 참여하고, 사회 구성원들이 사회공헌 활동에 대해 좋은 평가를 내리게 된다면 얼마나 기쁘고 뿌듯하겠는가?

예를 들어 독자여러분들이 몸담고 있는 기업이 아프리카에 직접 방문하여 우물을 파주고 온다든지, 작은 학교를 건립하여 배움의 기회를 준다고 하면 타인에게 공감을 베풀고 싶은 마음이 생기지 않을까? 결국 기업의 사회적 책임활동을 직장 내 사원들이 인식하고, 좋은 인상을 갖게 되면 공감리더십을 실천하게 되고, 구성원들의 마음에는 긍정적인 감정이 싹트게 될 것이다. 이러한 현상은 필자의 연구논문[2]에도 이미 밝히고 있다.

<우물은 아프리카 사람들도 기쁘게 만든다>

6.3. 다른 기업으로 지식근로자들의 이탈 방지

현대 사회에서 기업은 지식근로자들을 채용하려고 노력하고 있고, 핵심역량을 갖춘 지식근로자들은 기업 내에서 자신의 전문역량을 발휘하기도 하지만 자신의 능력을 인정해

---

2) 고성훈·문태원(2013). 기업의 사회적 책임활동 인식이 조직몰입에 미치는 영향에 관한 연구: 컴페션을 매개효과로. 경영과 정보연구, 32(3), 189-220.

주는 더 좋은 기업으로의 이직도 주저하지 않는다. 지식근로자(knowledge worker)[3]의 개념은 경영학의 아버지 피터 드러커 교수가 사용한 용어이다. 그렇다면 우수한 인력인 지식근로자의 이탈을 방지하기 위해서 기업은 어떠한 노력을 해야할까? 과연 공감리더십이 지식근로자의 이직의도를 감소시킬 수 있을까? 필자의 연구에 의하면 대답은 '그렇다(Yes)'이다.

6-3(1). 쉬어가는 이야기: 한 장의 서류, 한 사람의 공감-피터 드러커의 젊은 날

우리가 '현대 경영학의 아버지'로 불리는 피터 드러커(Peter Drucker)를 떠올릴 때, 흔히 정제된 이론과 냉철한 분석, 통찰력 넘치는 글을 먼저 떠올린다. 그러나 그에게도 삶의 고비에서 누군가의 공감 어린 손길에 위로받았던 순간이 있었다. 1938년, 대공황의 먹구름이 여전히 짙게 드리운 시절. 젊은 드러커는 유럽에서 미국으로 이주한 지 얼마 되지 않아, 생계를 위한 방황을 계속하고 있었다. 그해 수입은 고작 1,800달러. 불안정하고 가난한 삶 속에서 앞날은 불투명했고, 자신이 선택한 글쓰기와 연구의 길은 현실과는 너무나 거리가 멀어 보였다. 그때, 한 중년의 미국 이민국 사무관이 그에게 다가왔다. 아일랜드계 특유의 진중한 얼굴에 브루클린 억양을 가진 그 사무관은 이렇게 말했다.

"이렇게 적은 돈으로, 이렇게 많은 일을 해내셨다니 놀랍습니다. 공무원 생활이 어떤 건지 아실 겁니다. 게다가 학위도 있고, 외국어도 구사하시잖아요. 지금 이 서류에 서명하신다면, 우리가 당신을 위해 자리를 마련해두고 기다리겠습니다."

그는 단순히 '능력 있는 사람을 뽑겠다'는 형식적인 권유가 아니었다. 젊은 드러커의 처지를 헤아리고, 공감하며, 그의 앞날을 위해 더 나은 선택지를 내어주고자 했던 진심어린 제안이었다. 피터 드러커는 결국 그 제안을 받아들이지 않았다. 그러나 그는 훗날 자서전에서 이 일을 회고하며, 그 사무관이 자신에게 보여준 공감과 연민이 평생 잊지 못할 선물이었다고 기록했다. 공감은 때로 어떤 화려한 지식보다, 정책보다, 학문보다 더 깊은 울림으로 한 사람의 인생에 영향을 줄 수 있다. 이처럼 공감은 리더십의 시작이자, 인간됨의 완성이기도 하다.

공감이라는 인간 본연의 감정은 타인의 고통에 행동으로 반응하고, 미덕의 하위차원이기도 한 공감은 조직 내에서 긍정적 조직 정체성(POI)을 형성하여(Dutton et al., 2010) 결국

---

3) 피터 드러커(2014). 『21세기 지식경영』. 이재규 옮김. 서울: 한국경제신문.

성과변수에 유의한 영향을 미치게 된다. 즉, 공감적 행위와 공감리더십을 통해 형성된 긍정적 조직 정체성은 이직의도를 감소시키기도 하고(고성훈·문태원, 2012), 정서적 몰입 또는 직무만족 등의 성과를 향상시키기도 한다.[4]

조직에서 구성원들이 느끼는 긍정적 조직 정체성은 직원들의 행동을 평가하거나 정당화시키는 장치로도 작용한다. 또한 긍정적 조직 정체성은 구성원들의 행동을 판단하기도 하고 긍정적인 행동을 유발시키는 중요한 장치가 되기도 한다. 즉, 조직에 대해 긍정적 정체성을 지닌 구성원들의 행동 또한 조직 내에서 긍정적인 행동을 보이지 않겠는가? 또한 조직이 갖고 있는 정체성에 대한 구성원 개인의 행동은 자신이 이해하려는 노력과 조직 정체성에 대한 적응과정을 통하여 조직의 정체성과 이미지를 변화시킬 수도 있고, 강화시킬 수도 있게 된다(Dutton & Dukerich, 1991).

<공감리더십은 유능한 지식근로자들의 이직을 방지 시킨다>

또한 조직의 집단행동과 조직 정체성이 일치를 이루며 구성원들 개인이 긍정적인 감정(PE)을 느끼게 될 때 구성원들의 특성과 조직의 이미지는 두 사람이 서로 닮아가듯이 밀접하게 연결이 되며, 구성원들이 조직에 대해 긍정적 조직 정체성을 형성하도록 하는 동기부여가 된다(Dutton & Dukerich, 1991). 즉, 조직 내 구성원들이 자신이 속한 조직에 대해 긍정적 조직 정체성을 느끼게 되면 우리 조직에 대해 일체감(oneness)과 소속감을 가지게 된다. 뿐만 아니라 자신을 우리 조직의 관점에서 규정하려고 하고, 점점 조직과 하나가 되어가는 과정에서 우리 조직의 성공과 실패를 마치 나 자신의 성공과 실패로 지각하기도 한다(Mael & Ashforth, 1992).

예를 들면 독자 여러분들께서 어렵게 입사 재수, 삼수를 한 끝에 자신이 원하는 기업에 들어갔다고 가정해보자. 그리고 그 기업에서 매일 매일 즐거운 마음으로 일하면서 상사로부터 과분할 정도의 공감리더십을 경험했다고 가정해보자. 그렇다면 긍정적 감정을 넘어서 조직의 운명과 정체성을 긍정적으로 생각하는 긍정적 조직 정체성이 형성되지 않을

---

4) 이은순·류시원(2017). 공감리더십과 구조적 임파워먼트 중심의 지지적 업무환경이 간호사 직무만족에 미치는 영향. 보건의료산업학회지, 11(2), 43-53.

까? 그리고 더 나아가서 우리 기업이 위기에 처하거나 경영 실패를 경험하게 될 때 마치 나의 실패처럼 가슴이 아프고, 눈물이 흐르지 않을까? 결국 공감리더십을 통해 형성된 긍정적 조직정체성 역시 사회적 정체성 이론(SIT)에 기반을 두고 있다.

사회정체성이론에 의하면 조직 정체성이 높은 구성원들은 자신이 지니고 있는 정체성을 강화하는 활동을 하기 위해 노력하거나 자신의 정체성을 구체적으로 형성할 수 있는 조직을 위해 헌신한다고 밝히고 있다(Abrams, Ando & Hinkle, 1998). 이 이론에 따르면 공감적 행위를 통해 긍정적 감정을 느끼는 조직구성원들은 자신의 조직에 대해 긍정적 조직 정체성(POI)을 형성하여 조직의 가치를 내재화시키며, 조직을 대신하여 자신이 앞장서서 우리 조직의 성과와 성공을 위해 노력하려는 의지를 보이게 된다. 따라서 이렇게 긍정적 조직 정체성을 통해 조직의 결속력을 강화하려고 하는 조직구성원들은 조직의 멤버십을 유지하려는 조직몰입 상태를 보이게 되는 것이다(Wiesenfeld, Raghuram & Garud, 2001).

<공감리더십은 탁월한 지식근로자들을 조직에 몰입하게 만든다>

조직에 더 몰입하게 된 지식근로자들의 이직 의도는 향상이 될까 감소할까? 공감리더십을 통해 긍정적 조직 정체성을 지닌 구성원들이 조직에 더욱 몰입하는 현상은 이직의도를 감소시켜 결국 우수한 지식근로자 타 기업으로 이탈하는 현상을 방지하게 될 것이다. 이러한 이유로 구성원들은 개인의 긍정적 정체성이 강화됨에 따라 조직과의 관계가 재설정되어 자신이 속한 조직에 대해 애착은 더욱 커지게 되며, 조직이 지닌 목적과 가치를 수용하여 결국 우리 조직과 운명을 함께 하겠다는 강한 조직몰입 현상을 보이게 된다(O'reilly & Charman, 1986). 그러므로 공감리더십은 구성원들의 아픔과 고통에 진심어린 돌봄의 행위로서 반응한 후 긍정적 조직 정체성을 형성시켜 결국 조직몰입으로 이어지게 되고, 우수한 지식근로자의 이탈을 방지하는 역할까지 감당하게 될 것이다.

조직에 몸담고 있는 직장인들은 늘 외로움과 우울감을 느끼게 된다. 필자 역시 대학의 교수로 재직하고 있지만 본서를 집필하고 있는 이 순간에도 외로움과 우울감을 느끼는 것은 일반 직장인들과 동일하다. 외로움은 자신을 갉아먹는 독버섯과 같고, 고독은 창조적인 길로 나아가는 발돋음[5]이라고 예수회 신부 헨리나웬은 언급했지만 인간은 누구나 때때로 외로움의 늪에 머물때가 종종 있다.

6-3(2). 쉬어가는 이야기: 외로움과 고독사이에서

한 제자가 스승에게 물었습니다.

"스승님, 외로움과 고독은 어떻게 다릅니까?"

스승은 제자를 데리고 산속의 조용한 연못가로 향했습니다. 바람 한 점 없이 잔잔한 수면 위에 나뭇잎 하나가 고요히 떠 있었지요.

스승은 말없이 연못을 가리키며 말했습니다.

"외로움은 저 잎사귀 같단다. 혼자 있다는 사실에 불안하고, 어디론가 흘러가지 않으면 안 될 것 같은 초조함이 깃들어 있지."

제자는 고개를 끄덕였습니다.

"그럼 고독은요?"

스승은 잠시 눈을 감고, 다시 눈을 떴습니다.

"고독은 연못 그 자체란다. 혼자 있지만 충만하고, 텅 빈 것 같지만 모든 것을 비춰주는 공간이지. 누군가와 함께 있지 않아도 스스로를 잃지 않고, 오히려 깊이 자신과 만나는 시간이 고독이란다."

그날 저녁, 제자는 홀로 앉아 책을 읽으며 문득 깨달았습니다.

혼자인 것이 외로움이 아니라, 자신을 잃었을 때 외롭고,

혼자 있는 것이 고독이 아니라, 자신과 연결될 때 비로소 고독이 아름다워진다는 것을요.

이러한 외로움과 우울의 늪에 있을 때 누군가 나에게 공감적인 돌봄의 행위를 베풀어 준다면 기분이 어떠할까? 더 나아가 그 행위의 주체가 동료나 부하 직원이 아닌 상사라면 기분이 어떠할까? 조금 더 나아가서 그 행위의 성격이 공감적인 리더십이라고 한다면? 여러분들은 조직에 대해 긍정적 정체성을 생산해 내지 않을까? 따라서 필자는 황량한 사막과 직장 내에서 따뜻한 공감리더십이 사회적 정체성 이론과 선행연구에 기반하여 결국 역량 있고, 우수한 지식근로자의 이탈을 방지하게 될 것이라고 생각한다.

5) 헨리 나웬(2022). 『영적 발돋음』. 이상미 옮김. 서울: 두란노.

6.4. 개인수준(Micro level)에서 긍정심리자본과 업무성과 향상

조직에서 구성원들은 동료 직원이나 후배 직원, 또는 상사가 고통에 처했을 때 서로 서로 돌봄의 행위를 주고받으면서 공감적 행위를 경험하게 되고, Lilius et al.(2008)의 연구 기반하여 이러한 공감적 행위와 공감리더십은 구성원들의 마음속에서 추운 겨울날 화롯불을 쬐는 어린아이의 마음처럼 긍정적인 감정을 유발시키게 된다. 공감리더십을 통해 생겨난 긍정적 감정은 긍정적 대인관계와 깊은 관계의 질(HQC)에 긍정적인 영향을 미치게 된다. 긍정적 대인관계는 구성원 서로 간의 신뢰할 수 있고, 따뜻한 돌봄을 느낄 수 있는 깊은 관계 구축을 의미한다. 즉, 긍정적 대인관계와 깊은 관계의 질은 타인과의 친밀함 속에서 인격적인 심층적 관계를 지향하며 구성원 개인의 성숙의 기준이 된다고 선행연구가 밝히고 있다(Ryff, 1989; Ryff & Keyes, 1995).

그러므로 직장생활에서 공감리더십을 경험하는 구성원들은 긍정적 감정을 통해 심리적 안녕감까지 느끼게 되고, 이러한 심리적 안녕감은 높은 수준의 긍정적 대인관계를 갖도록 구성원들을 돕는다. 심리적으로 안정한 상태에 놓인 구성원들은 낙관주의적인 사고로 자신에게 부여된 업무를 수행하면서, 능동적으로 자신의 업무를 설계하고 추진해 나가며, 업무에 자신감을 보이기 때문에 더 높은 업무성과를 보이게 될 것이다(Luthans, Youssef & Avolio, 2006).

한편, 공감리더십을 경험하는 구성원들은 긍정심리자본의 하위차원인 미래에 대한 희망과 낙관주의적 사고를 갖게 모든 현상들을 긍정적인 시각으로 바라보게 된다. 또한 직장 내에서 업무에 대한 자신감을 나타내며 어떠한 어려움과 고난이 있더라도 자신에게 주어진 업무를 잘 수행할 수 있다는 자기 효능감을 보이게 된다. 뿐만 아니라 공감리더십을 경험하는 구성원들은 업무 스트레스와 정신적 탈진, 감정고갈 등으로부터 긍정심리자본의 하위차원인 회복력을 경험하면서 자신의 신체적·정신적 상처를 서서히 치유해 나가기도 한다(Ko & Choi, 2019).

6-4. 쉬어가는 이야기: 쉰들러의 공감리더십

영화 쉰들러 리스트의 주인공 오스카 쉰들러는 실존했던 인물이다. 유대인에 대한 탄압이 자행되던 나치 독일 휘하에서 자신의 생명의 위협을 무릅쓰고 모든 재산을 바쳐서 유대인 1,200명의 목숨을 구원한 업적으로 역사 속 인물이 되었고, 이러한 그의 일화는 쉰들러 리스트라는 영화로 나왔다. 필자는 강의 시간에 공감리더십을 설명하면서 매학기 한 번씩 수강생들에게 쉰들러리스트 영화 중요부분을 보여주었다. "내 차와 내 반지를 팔았으면 한명이라도 더 유대인의 목숨을 구했을텐데" 주인공 쉰들러의 절규는 많은 유대인들과 시청자들을 울게 만들었다. 부패하고 속물적인 기회주의자 기업인이었던 쉰들러가 자신의 전재산을 바쳐가면서까지 많은 유대인의 생명을 구한 공감적 리더로 변해가는 모습 속에서 나는 '인간은 역시 비결정론적인 존재'라는 것을 깨달았다. 또한 인간은 누구나 선한 본성인 공감의 마음을 지니고 있다는 생각을 하게 되었다. 유대인들의 고통과 죽음 앞에서 이를 외면하지 않고, 기회주의자 기업인으로 편하게 살 수 있었음에도 불구하고, 감히 누구도 흉내낼 수 없었던 공감리더십을 보였던 쉰들러. 그는 분명히 역사 속 의인이면서도 공감리더십을 실천하려는 현대 리더들에게 존경받을 멘토가 될 것이다. 한국의 간송 전형필 선생님처럼 자신의 전재산을 내어놓으면서 사랑의 공감을 보여주었던 쉰들러 선생님께 경의를 표한다.

이렇듯 조직 구성원들이 공감리더십을 통해 긍정심리자본의 하위차원인 자기효능감, 희망, 낙관주의, 회복력을 경험하면서 업무스트레스와 감정고갈을 어느 정도 완충시키게 되고, 결국에는 개인 수준의 업무성과를 강화시키는 역할을 하게 된다. 앞에서 필자가 이미 언급했듯이 긍정심리자본은 네 가지의 하위 차원, 즉 희망, 낙관주의, 자기효능감, 회복력을 지니고 있다. 선행연구에 기반하여 공감적 행위가 긍정심리자본의 하위차원들에 긍정적으로 유의한 영향을 미친다는 것은 이미 여러 차례 밝혀졌지만 독자여러분들께서 마음으로 와 닿는지 모르겠다. 예를 들면 내가 업무 중에 일을 하다가 작은 커트칼에 손을 베었을 때 상사가 자발적으로 약을 발라주면서 밴드까지 붙여주는 공감적 리더십을 보였다면 신체적·정신적인 회복력이 생겨나지 않을까? 힘든 회사 생활에서 미래에 대한 희망이 없다고 생각했었는데, 조직 내에 공감적 리더가 있다는 생각으로 미래에 대한 희망과 낙관적 사고가 생겨나지 않을까? 따라서 필자는 선행연구에 기반하여 직장인들이 조직 내에서 경험하는 공감리더십이 긍정심리자본과 긍정적인 관계를 갖는다고 주장하는 것이다.

조직 구성원들이 긍정심리자본의 하위차원인 희망과 낙관주의적 사고를 지니고 있을 경우 개인수준에서의 업무성과에 유의한 정(+)의 영향을 미친다는 선행연구가 있고, 자기효능감과 회복력 역시 구성원들의 직무성과 향상을 가져오는 원인이 된다고 밝히는 실증적 연구들이 있다(Ko & Choi, 2019). 그러므로 조직 내에서 구성원들의 고통과 아픔에 반응하는 공감리더십을 구성원들이 경험하고, 가슴으로 받아들이며, 뼈속으로 느끼게 될 때 이들의 마음속에 긍정적 감정이 꽃피워 나게 되고, 긍정심리자본과 같은 긍정적 정서가 아름답게 형성하여 결국에는 개인수준의 업무성과 향상까지 가져오게 된다고 필자와 선행연구는 주장한다.

7장
공감리더십의 사례

7.1. 서울소재 소방서 119 구조대원들이 경험한 공감 리더십

필자는 소방서 내의 공감리더십 사례를 조사하기 위하여 서울 소재 소방서 중에서 가장 출동 횟수가 많고, 구조 및 구급 활동이 활발한 소방서 다섯 곳을 선정하여 질적 연구 방식의 인터뷰를 하였다. 인터뷰에 응한 정보 제공자들은 총 35명으로 서울 소재 소방서 다섯 곳(강남, 강서, 서대문, 영등포, 종로 소방서)을 선정하여 각 소방서 당 6명씩 총 30명이 대원과 각각의 행정팀장 한명씩, 총 35명의 소방대원들을 대상으로 공감리더십을 경험한 사례에 관한 인터뷰를 진행하였다.

정보제공자인 소방대원들의 업무분야는 구조, 구급, 진압, 행정팀장으로 구분이 되는데, 정보제공자의 업무분야가 한쪽으로 편

여느 소방관의 기도

신이시여,
제가 부름을 받을 때에도
아무리 장렬한 화염 속에서도
한 생명을 구할 수 있게
힘을 주소서

너무 늦기 전에
어린아이가 잠재 안을 수 있게
공포에 떠는 노인을 구하게 하소서

그리고
신의 뜻에 따라
제 의 목숨을 잃게 되면
신의 은총으로
저의 아내와 가족을 돌보아 주소서

<소방관의 기도>

중되는 것을 방지하기 위해 각 소방서 당 구조 2명, 구급 2명, 진압 2명, 행정팀장 1명으로 구성 된 정보제공자를 선별하였다.

다양한 인터뷰 종류 중 '조직 관리자 인터뷰' 즉, 공감적 리더 인터뷰는 현장의 일반 구성원과 달리 조직의 구조와 역사에 해박한 지식을 가지고 있어 연구자가 연구하려는 것을 쉽게 파악하고 조직의 형태, 유지, 관리의 근본적인 설명을 제공해 준다(김영천, 2012). 그러므로 필자는 공감 리더십을 발휘하는 공감적 리더로서 각 소방서의 최고 관리자급에 해당하는 행정팀장을 대상으로 심층 인터뷰를 진행하였다.

정보제공자들은 인터뷰 녹음과 본인의 인적사항을 간략히 메모하는 것에 동의를 하였고, 이들의 인적사항 특성은 인터뷰가 시행되었던 2022년 9월을 기준으로 한 것이다. 이러한 정보제공자들의 특성은 다음과 같다.

<표 8> 정보 제공자의 특성

참여자	성별	나이	근속년수	직위	업무분야
A	남	20대 중반	2년	소방사	진압
B	남	40대 초반	17년	소방장	진압
D	남	20대 중반	1년	소방사	구조
F	남	30대 후반	12년	소방교	구조
G	남	40대 후반	21년	소방장	구급
H	남	20대 후반	3년	소방사	구급
J	여	50대 초반	30년	소방경	행정팀장
K	남	20대 중반	1년	소방사	구조
L	남	20대 후반	3년	소방사	구조
M	남	30대 후반	13년	소방교	구급
N	여	20대 중반	1년	소방사	구급
P	남	20대 중반	1년	소방사	진압
Q	남	50대 중반	30년	소방위	진압
T	남	50대 초반	26년	소방경	행정팀장
U	남	30대 초반	6년	소방교	구급
W	남	20대 후반	2년	소방사	구급
X	남	50대 중반	30년	소방위	진압
Y	남	40대 중반	16년	소방장	진압
A1	남	40대 중반	16년	소방교	구조
B1	남	20대 후반	3년	소방사	구조
D1	남	50대 중반	25년	소방경	행정팀장
E1	남	30대 중반	9년	소방교	구급
F1	남	20대 중반	0.5년	소방사	진압
H1	남	30대 후반	10년	소방장	진압
I1	남	20대 후반	0.5년	소방사	구급
L1	남	30대 중반	7년	소방교	구조
M1	남	40대 중반	17년	소방장	구조
N1	남	40대 후반	21년	소방경	행정팀장
O1	남	30대 후반	12년	소방교	구조
P1	남	40대 후반	17년	소방장	구조
R1	남	30대 초반	3년	소방교	구급
S1	여	40대 초반	13년	소방교	구급
U1	남	50대 초반	24년	소방위	진압
V1	남	40대 초반	14년	소방장	진압
X1	여	40대 후반	20년	소방경	행정팀장

필자는 소방대원들을 인터뷰하면서 이들이 조직 내 또는 조직 외 구성원들과 공감을 주고받고 있다는 사실을 알게 되었고, 부하 대원들은 상급자들에게서 공감 리더십을 경험한다는 사실 역시 인터뷰를 통해 알게 되었다. 아래는 소방대원들이 경험한 공감 리더십 사례의 일부분이 된다.

[질문1] 일하면서 힘들 때 후임자들에게 공감을 주고받았던 적이 있나요?

답변) "저 같은 경우는 여자잖아요 소방에서 보면 조직에서 여직원이 소수에요 저는 그랬어요 저는 그냥 혼자 남직원들 사이에 그냥 외롭게 혼자(남초현상 의지할 사람도 없고..)없어요 진짜 내가 우선 급한게 내가 의지할 사람이 없는데 내가 누구한테 뭘 베풀겠어요 그게 급한거지 당장..(힘드셨겠네요) 대개 힘들었어요 (어떻게 하셨어요)그냥 속으로 삭혔죠 (구급동기가 더 편하잖아요) 당연하죠 같은 분야니까 상황실에 있으면 거기도 힘들긴 한데 구급을 안해 보면 진짜 몰라요 진짜 새벽에 자다가 깨서 나가면 그게 제일 힘들어요 최근에는 후임들이 많이 들어왔어요 여직원들이 지금 이제 좀 많이 들어왔어요 그때는 진짜 센터에 여직원 한명 있을까 말까 그랬거든요 지금은 같이 있으니까 비번 날 만나서 얘기를 해야죠 저희는 이제 힘든거는 그거에요 환자한테 받는 스트레스 그게 어떻게 해소가 안되요 그냥 우리들끼리 만나서 얘기하고 푸는거죠(감사하다고 하는 분들)간혹 있죠".

서울강남소방서. 여성. OOO. 구급대원. 근무년수 11년.

위에 여성 구급대원은 소방서에서 근무한지 11년차가 되고 있지만 반복적으로 발생하고 있는 업무스트레스 때문에 많은 어려움을 겪고 있었다. 인터뷰 내용에 삽입하지 못한 구급대원의 어두운 표정과 감정은 필자의 마음을 많이 아프게 하였다. 소방서 대원들은 생명을 살리는 일에 종사하고 있지 않은가? 그렇다고 한다면 이분들이 받는 스트레스와 감정고갈, 그리고 내적 상처는 어디에서 치유 받고, 보상받아야 한단 말인가? 정보제공자 구급대원은 궁여지책으로 소방대원들 간의 대화를 통해서 그나마 공감적 행위를 주고받으며, 여성 상급자의 공감적 리더십을 통해 약간의 위로와 힐링을 받는다고 말하고 있지만 궁극적인 해결책은 될 수 없다는 느낌을 받았다.

공감리더십은 리더가 공감적 돌봄의 행위를 통해 부하직원이나 하급자에게 시간적, 정신적, 물질적 공감을 베푸는 것을 의미한다. 구급 소방대원들은 밤낮으로 위급상황에 대처하기 위해 취침시간에도 긴장을 하지 않을 수 없고, 극한 상황에 처한 장면을 목격하였을 경우 트라우마 때문에 오랜 시간 동안 정신적인 고통에 시달리게 된다. 무엇보다도 우리사회에 공감리더십이 필요한 분들은 바로 소방대원들이 아닐까 하는 생각을 하면서 필자는 두 번째 질문을 이어나갔다.

7-1. 쉬어가는 이야기: 한 생명을 구할 수 있는 힘을 주소서

신이시여,
제가 불길 속에서 하늘로 부름을 받을 때에는
아무리 뜨거운 화염 속에서도
한 생명을 구할 수 있는 힘을 주소서.
너무 늦기 전에
어린아이를 감싸 안을 수 있게 하시고
공포에 떠는
노인을 구하게 하소서.
언제나 집중하여
가냘픈 외침까지도 들을 수 있게 하시고,
빠르고 효율적으로
화재를 진압하게 하소서.
저의 임무를 충실히 수행케 하시고
제가 최선을 다할 수 있게 하시어,
이웃의 생명과 재산을 보호하게 하소서.
그리고 당신의 뜻에 따라
제 목숨이 다하게 되거든,
부디 은총의 손길로
제 아내와 아이들을 돌보아주소서.

[질문2] 외부 봉사활동 같은 공감적 행위도 근무평가에 들어가는지요?

답변) "그쵸 근평에 들어가요 작년 같은 경우에는 굉장히 그거를 많이 넣었어요. 작년서장님은 지금 서장님하고 또 다르시니까 올 4월부터 바뀌셨는데 작년 서장님 같은 경우에는 어차피 소방공무원이 봉사 소방공무원 업무자체가 봉사하는 업무인데 나머지 시간에도 본인이 가급적이면 봉사를 많이 하는게 좋지 않으냐 그래서 우리 같은 경우는 강남은 전직원이 강남자원봉사 포털사이트가 있어요. 1365 거기에 전 직원이 다 가입이 되있어요 다 가입이 되있어서 자기가 봉사활동한 시간이 거기에 다 올라가서 거기서 딱 나와요 누구는 몇시간 누구는 몇시간 이런식으로 하다보면 아무래도 외근 시간이 조금 많고 내근은 근무중에는 못하니까 주말이나 퇴근후에는 어디가서 봉사를 또 못하죠 주말을 자기가 활용을 하던가 아니면 뭐 덜하면 그래서 그 점수를 줄때 외근같은 경우에는 외근하고 내근하고 기본점수를 시간을 좀 달리주는거죠 외근은 아침 퇴근하면 하루종일 시간이 있고 내근은 그게 안되니까 근데 뭐 그런 것들은 예를 들어서 외근은 기본이 뭐 반기에 백시간부터 시작한다면 내근 같은 경우는 20시간부터라든가 시간의 차이를 두고 그래서 자원봉사도 했는데 그거는 해보니까."

서울강남소방서. 여성. OOO. 행정팀장. 근무년수 30년.

질문) 요즘 많이 봉사활동을 하신다고 들었는데 어떤 걸 하시나요? 원래 그러면 소방서에 들어오시기 전부터 누구를 돕고 싶다던가 아니면 자기가 소방서에 들어오면서부터 누구를 도와야겠다는 마음이 더 들기 시작한 것인가요?

답변) "저는 고향이 시골이에요. 전북 장수. 어렸을 때에는 우물물 길어다가 밥하고 그러던 동네에요. 할머니 혼자 계시는 분들 같은 경우 겨울 같은 때 물 길어다 드리는 것 도와드리는 거 어렸을 때부터 해왔는데 소방서 들어와 가지고 보니까 남들이 안볼 꺼 안좋은 것 우리가 일상적으로 도움을 주는 것도 쉽게 이야기 하는 것도 있지만 안 좋은 거 보는 것도 참 많이 보더라고요. 다친 것, 사망, 절단 별거 다 보잖아요. 그런거 보면서 그 사람들을 구조하고 그런거 할 때는 한없이 강해지는데 마음은 자꾸 여려져요. 그런걸 자꾸자꾸 보니까."

질문) 사람이 직무, 일에 따라서 성향이나 생각, 공감능력이 확실히 바뀌나 봐요? 그런 것이 있나 봐요?

답변) "네(단호하게) 그렇죠. 이런 일 하다보니까...119... 남들 위해 좋은 일 하고 어쩌고 저쩌고 그런 얘기 많이 하잖아요. 직원들에게도 맨날 그런 얘기 하거든요. "야! 우리가 하는 일은 우리가 밥 벌어먹기 위해서 하는 일이야. 그것도 안 할 거면 주황색 제복 벗어야지" 그런식으로 제가 신입들 처음 오면 그런 얘기 많이 하거든요. 어제도 제가 소방학교에 면회를 갔다 왔어요. 제 후배는 아닌데 직원 후배에요. 신입자 교육을 받아요(서울 방학동에서). 그 친구가 몇번 여기를 와서 얼굴을 알아요. 경찰학교 시험도 몇 번 봐서 떨어져서 그러지 말고 소방시험도 봐라 라고 말해줘서 이번에 합격을 했어요 이번에. 그래서 이번에 음료수를 사가지고 둘이 면회를 갔어요.“

서울 서대문소방서. 남성. OOO. 구조대원. 근무년수 16년.

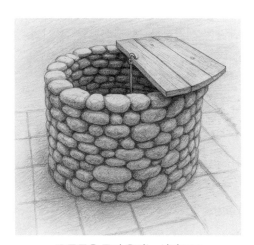

<우물물을 들어 올리는 심정으로>

7.2. 역사 속의 공감리더십 사례

7.2.1. 행동하는 의사. 아시아의 슈바이처. 이종욱 박사의 공감리더십

행동하는 의사 이종욱(李鍾郁, 1945년 4월 12일 ~ 2006년 5월 22일)박사는 WHO(세계 보건 기구) 사무총장을 역임한 대한민국의 의학자이며 공감리더십의 실천자이다. 서울대 의과대학에서 의학사로 졸업하였고 서울대 대학원 공학석사 학위를 취득후 미국 하와이 대학교에서 전염병학 전공으로 의학 석사 학위를 받았다.

그의 어린 시절은 특별히 눈에 띌 만한 점이 없었다. 1945년, 광복의 해에 태어나 6·25 전쟁을 겪은 수많은 한국인들 가운데 한 명이었을 뿐이다. 어릴 적 성격이 꽤 고집스러웠다는 말이 있지만, 그런 기질을 가진 사람이 어디 한둘이랴. 오히려 구청장을 지낸 아버지를 둔 유복한 가정에서 자란 점이 그를 더 특별하게 만든 요소일 수 있다.

더욱이 1960년대, 집안 형편이 어려워진 상황에서도 군 복무를 마치고 무려 다섯 번의 도전 끝에 대학에 입학한 그의 모습은 당시엔 철없고 무모한 청년처럼 보였을지도 모른다.[1] 하지만 돌이켜 보면, 만약 그가 중간에 포기했다면 '국제기구를 이끈 첫 번째 한국인' 이종욱이라는 인물은 역사에 존재하지 않았을 것이다.

이종욱 총장의 삶은 한마디로 말해, '끊임없는 고난을 이겨낸 여정'이었다. 미국 유학을 준비하던 중, 성 라자로 한센인 마을에서 일본인 레이코 여사를 만나면서 그의 인생은 중요한 전환점을 맞는다. 한일 관계가 극도로 경직됐던 그 시절, 일본 여성과의 인연은 주변의 강한 반대를 불러일으켰지만, 그의 확고한 의지는 꺾이지 않았다. 이후 그는 미지의 세계로 거침없이 발걸음을 옮기기 시작했다.

우연히 알게 된 외국인 친구의 도움으로 시작된 하와이 유학생활을 시작으로, 남태평양 외딴 섬의 응급실 의사, 깊은 원시림을 누비는 한센병 퇴치 자문관의 역할을 거쳐 WHO 사무총장 자리까지 오른 그의 인생은 도전의 연속이었다.

그가 마주한 세상은 결코 아름답지 않았다. 불합리하고, 편협하며, 비이성적이고, 불평등했으며, 이기적이고 권위적이고, 위선적이고 비인간적인 현실이 곳곳에 존재했다. 하지만 이종욱 총장이 남달랐던 점은, 그러한 세계 속에서도 그는 항상 따뜻한 웃음과 유머, 타인을 향한 배려를 잃지 않았다는 데 있다. 그는 더 합리적이고, 관용적이며, 이성적이고, 평등하고, 이타적이며, 소탈하고, 솔직하고, 인간다운 세상을 만들기 위해 끊임없이 애썼다. 물론 그 역시 감정을 드러낼 줄 아는 사람이었기에, 원하는 목표와 성과를 추구하는 과정에서 때때로 조급함을 보이며 '성격이 급하다'는 평을 듣기도 했지만 말이다.

<행동하는 의사 이종욱 박사>

이종욱 박사는 1981년 일본인 레이코 여사와 함께 남태평양의 작은 섬나라인 미국령 사모아에서 봉사활동을 하게 되는데, 그가 치료한 환자들은 고통의 감각을 느끼지 못하는 한센병 환자들이었다. 그 당시 사모아섬에는 거주하는 가난한 사람들은 정상적인 의

1) 오영석(2020). 『Who? Special 이종욱』, 서울 : 스튜디오다산(주).

료혜택을 전혀 받지 못했으며 누구보다도 공감적인 의료행위를 필요로 하였다. 한센병 환자들에게 공감적인 돌봄의 의료행위를 보여 준 이종욱 박사는 린든 존슨 병원(Lyndon B. Johnson tropical medical center)에서 1983년 5월 26일까지 의료행위를 하면서 "아시아의 슈바이처"라고 불리게 된다. 그는 사모아 섬에서 한센병 환자들을 치료하면서 고통의 의미를 깨닫게 되었고, 고통에 반응하는 공감 리더십을 배우게 되었다.

이종욱 박사는 "한센병 잠복기 발견을 위한 연구"를 수행하여 전세계적으로 한센병 전문가로서 인식되게 되고, 피지에서 한센병 자문관으로 활동하면서 동시에 세계 보건 기구 직원으로 일하게 되었다.[2] 이종욱 박사의 업무는 피지를 중심으로 한 한센병 예방 업무였는데, 그는 주로 결핵 담당관으로서 결핵 뿐만 아니라 예방 백신을 처방할 수 있는 질병을 중심으로 한 아동 질병 예방에 많은 힘을 쏟으며 업무에 임했다.

7-2.1. 쉬어가는 이야기: 한센병 치료제 개발하고 24세 요절

1922년 1월 1일, 하와이 칼리히 병원의 외과 의사 해리 홀만은 한 의학 저널에 의미 있는 연구 결과를 발표했다. 그는 민간요법으로 사용되던 생약 성분인 차울무그라 오일(대풍자유)을 활용해 한센병(의학적으로는 나병)의 치료 가능성을 제시한 것이다. 이 오일은 아시아 원산인 차울무그라 나무(Hydnocarpus wightianus)의 씨앗에서 추출되며, 당시 민간에서는 바르거나 복용하는 방식으로 한센병 치료에 쓰였다. 나균(Mycobacterium leprae)에 어느 정도 효과가 있다는 것이 경험적으로 알려져 있었기 때문이다. 그러나 이 오일은 매우 쓴맛이 나고 위를 자극했으며, 피부에 주입하면 흡수되지 않고 덩어리가 지면서 물집이 생기는 등 부작용이 많았다. 치료제가 거의 없던 시절이라 사용되긴 했지만, 치료 효과는 제한적이었고 완치를 기대하기도 어려웠다. 이에 홀만은 차울무그라 오일을 화학적으로 변형·재조합하여 간편하게 주사할 수 있는 형태로 바꾸는 방법을 고안했고, 이를 '볼 메소드(Ball Method)'라고 명명했다. 이 이름은 6년 전 세상을 떠난 하와이대학교의 화학 강사 앨리스 볼을 기려 붙인 것이다. 뉴욕타임스는 이 볼 메소드에 대해 "1920~30년대 항생제가 본격적으로 개발되기 전까지 한센병 치료에 가장 널리 사용된 방식"이라며, "고립된 한센병 환자 공동체에서 수많은 사람의 생명을 구하는 데 기여했다"고 보도했다.

---

2) 박현숙(2010). 『세계의 보건 대통령 이종욱』, 서울 : 샘터사.

1994년에는 세계보건기구 글로벌 백신프로그램 및 어린이 백신사업 총괄 책임자를 맡아 "우리의 미래이고 희망인 아이들에게 목숨을 잃거나 다리가 마비되는 고통을 줄 수 없다"며 '소아마비와의 전쟁'을 선포했다. 1년 뒤 소아마비 발생률을 세계인구 1만명 당 1명 이하로 낮추는 성과를 냈고, 『사이언티픽 아메리칸(Scientific American)』은 그를 '백신의 황제'라 칭하기도 했다.

　이종욱 박사는 고통의 감각을 느끼지 못하는 한센병 환자들부터 소아마비 환자들까지 고통당하는 전 세계 사람들의 아픔을 주목(noticing)하고, 느끼며(feeling), 행동으로 반응(responding)하는 공감리더십을 발휘하였다.

　2000년 세계보건기구 결핵퇴치사업 국장으로 부임한 뒤에는 현재까지 보건 분야에서 가장 성공적이고 활발한 민관협력 사업으로 평가받는 글로벌결핵퇴치파트너십(Global Partnership to Stop TB)과 글로벌약품조달기구(Global Drug Facility, GDF)의 출범을 이끌었다. 2003년 세계보건기구 제6대 사무총장으로 선출된 후에는 전 세계를 아우르는 보건기구의 수장으로서 후천면역결핍증후군 퇴치를 최우선 과제로 삼았다. 2005년까지 300만 명의 후천면역결핍증후군 환자에게 치료제를 공급하자는 '3 by 5 캠페인'을 전개해 에이즈 치료에 대한 인식을 높이고 많은 지원을 이끌어냈다. 2004년에는 조류인플루엔자 확산방지와 소아마비·결핵 퇴치,

<한센병 치료제를 개발한 애리스 볼>

흡연규제 등으로 미국 시사주간지 '타임 (잡지)(TIME)'에서 선정한 '세계에서 가장 영향력 있는 100인'에 올랐다.[3]

　이종욱 박사는 1983년 WHO 한센병 자문관을 시작으로 세계보건기구 사무총장에 오르기까지 20년 이상 세계보건기구에서 활동하면서 회원국들을 지원하였다. 특히 그는 WHO 사무총장 재직 시절에 공중보건협약인 담배규제기본협약의 비준과 파키스탄 지진 구호활동에 동참하는 등 공감적 리더로서 돌봄의 행위를 실천했다.

---

3) 이은정(2021). 『이종욱』, 서울 : 비룡소.

위 사진 속 흑인여성은 이종욱 박사처럼 한센병 환자들에 대해 애착을 갖고, 한센병 치료제를 개발하였지만 세상에 이름이 알려지지 않은 상태로 24살에 요절한 천재 여성이다. 어찌 보면 공감리더십을 실천하는 사람들은 이름도 없이, 빛도 없이 자신의 이름을 세상에 알리지 않고, 세상을 떠나는 것 같다.

2006년 5월 22일 세계보건기구 총회 준비 중 지주막하출혈로 쓰러져 사망했으며, WHO장으로 장례식이 치러졌다. 유해는 국립대전현충원에 안장되었다. 한국 정부는 세계보건 증진을 위한 혁혁한 업적을 쌓아 국위를 선양한 공적을 기려 2006년 대한민국 국민훈장 가운데 최고등급인 무궁화장을 추서했다. 보건복지부 국민훈장 모란장, 한국언론인연합회 자랑스런 한국인대상, 대한적십자사 적십자 인도장 금장, 대한의사협회·한미약품 한·미 자랑스런 의사상, 세계한센포럼 한센공로상 등을 수상했다.[4]

이종욱 박사는 아시아의 슈바이처, 행동하는 사람(Action man)으로 불리면서 전세계 고통(suffering) 받는 에이즈 환자들을 위해 백신을 보급했던 행동(action)하는 의사였다. 즉, 그는 미국 미시건 대학의 Dutton교수가 연구해왔던 고통에 반응하는 감정으로서의 공감을 몸소 실천하다가 갑작스런 죽음으로 하늘나라로 떠나기까지 공감리더십을 실천했던 공감적 리더였던 것이다.

7.2.2. 울지마 톤즈. 꽃보다 아름다운 이태석 신부의 공감리더십

이태석 신부는 경남고등학교를 졸업 후 1981년에 인제대학교 의과대학에서 의학 학사를 취득한 후 1987년 의사가 되었다. 육군에서 군의관으로 복무하면서 부르심(calling)을 받은 후 신부가 되고자 하는 마음을 가졌다고 한다. 군의관으로서 복무를 마친 후 그는 이탈리아인 성 요한 보스코 신부가 설립한 수도회인 살레시오 수도회에 입회하였고, 그 후 광주가톨릭대학교에서 신학을 공부한 후 2001년 6월 24일 김수환 추기경으로부터 사제서품을 받았다.

이태석 신부는 집안의 희망이자 등불이었다. 어머니께서는 힘들게 아들 태석을 의과대학에 입학시킨 후 의사 아들을 자랑스럽게 여기며, 굳이 신부의 길을 가야겠냐고 만류했을 때 이태석 신부는 "하느님께서 자꾸만 사제가 되고 싶은 마음을 주시는데, 어떻게 하

---

4) 데스몬드 에버리(2020).『이종욱 평전』, 이한중 옮김, 서울: 나무와 숲.

겠습니까"라고 울면서 어머니께 호소하였다고 한다.[5]

7-2.2. 쉬어가는 이야기: 신의 부르심(calling)이 있을 때 까지

30대 젊은 시절. 필자는 가톨릭 신박 박사과정을 공부하던 중 이태석 신부님의 사망 소식을 원우회실에서 접하였다. 그때까지만 해도 필자는 이태석 신부가 어떠한 인물인지 전혀 모르고 있었는데, 대학원 동기 원생이 이태석 신부의 사망 소식에 그 자리에서 눈물을 펑펑 흘리는 것을 보면서 참으로 인생을 올바르게 살다가 돌아가신 성직자이시구나라는 생각을 했던 기억이 난다. 나 역시 매학기 이태석 신부님 동영상을 학생들에게 보여줄 만큼 신부님의 삶과 인간에 대한 사랑을 너무도 존경한다. 필자가 가톨릭 신학을 전공하던 시절 가장 인상에 남았던 기억은 어느 수도회 수사님의 개인발표시간이었다. 이분은 카이스트에서 물리학 박사를 20대에 취득한 천재이지만 소명이 있어 수도회 수도사가 되었고, 향후 신부의 길을 걸어갈 예비성직자였다. 신학을 양자물리학에 근거해서 개인 프리젠테이션을 했었는데, 수사님의 스칼라십에 나는 놀라움을 금치못했었다. 수업을 마치고 나는 물리학 박사 수사님께 가서 "왜 아직도 사제 서품을 받지 않으시고, 계속해서 수도회 수사로 남아계신가요?" 당돌하게 질문을 하였다. 그분의 대답은 간단 명료하였다. "사제로 나를 부르시는 하나님의 부르심이 명확한지 계속해서 점검하고 또 점검해나가고 있습니다. 그 부르심이 명확할 때 저는 사제서품을 받을 것입니다." 아마도 이태석 신부님은 신의 부르심이 너무도 명확했기에 의사의 길을 접고, 사제의 길을 선택했으며, 그래서 위험한 나라인 남수단에 가서 의료선교활동을 하다가 선종하신게 아닌가 싶다.

이태석 신부의 사제 서품은 다른 신학생들에 비해 늦은 시작이었지만 그의 신앙과 공감적인 행위는 성자를 연상하게 하였다. 사제서품을 받은 직후 아프리카 케냐에서 사목활동을 한 후 자진해서 가장 위험하고 가난한 나라인 남수단으로 건너가 의료활동과 사목활동을 시작하였다. 남수단은 20년 동안 내전이 계속되었던 지역으로 매일 총성소리가 들리는 공포의 나라이다. 그는 이곳에서 한센병 환자들과 결핵환자들에게 공감적 행위를 베풀면서 학교를 세웠고, 성당을 지었으며, 학교 내에서 의사로서 환자를 치료하였다.

특히 이태석 신부는 고통의 감각을 못 느껴 발가락이 뭉그러진 한센병 환자들을 가슴

---

5) 이태석(2013). 『친구가 되어 주실래요?』, 서울 : 생활성서사.

아파하며 그들을 위해 그들의 발에 맞는 특수한 신발을 제작하여 선물해주었다. 한센병 환자들의 고통에 반응하여 물질적인 공감적 돌봄의 행위를 선보인 이태석 신부는 기쁜 마음으로 공감리더십을 실천해나갔다. 이태석 신부는 학교를 제일 먼저 지었는데, 성직자인 그가 손수 학교와 기숙사를 지었고, 남수단 아이들에게 수학을 가르치기에 이른다. 뿐만 아니라 음악적인 재능을 지니고 있었던 이태석 신부는 아이들을 모아서 악단을 조직하게 되고, 자신이 직접 지휘하면서 아이들에게 음악을 가르치기도 하였다. 이때 이태석 신부와 함께 공부하고, 악기를 연주하던 제자 3명이 최근에 인제대학교에서 의사가 되어 다시 남수단으로 돌아갔다는 뉴스가 보도되었던 것을 필자는 기억한다.

이태석 신부는 한센병 환자를 치유하시고, 그들의 아픔을 함께 공감했던 예수 그리스도와 같이 남수단에서 가장 고통 받는 이들의 아픔을 의료활동이라는 돌봄의 행위를 통해 공감적 행위를 실천하였고, 학교와 성당을 건축하여 남수단 아이들에게 공감적 리더십을 보여주었다. 아래 내용은 이태석 신부가 남수단에서 아이들에게 음악을 가르치면서 했던 말이다. 그는 음악을 통해서 공감 리더십을 발휘했고, 전쟁에서 상처 받은 아이들에게 음악을 통해 희망의 불빛을 보게 했던 것이다.

너희가 내 형제들인 이 가장 작은이들 가운데 한 사람에게 해 준 것이 바로 나에게 해 준 것이다(마태 복음 25장 40절).

<이태석 신부가 남수단에서 만든 톤즈 브라스밴드>

위의 성경말씀은 이태석 신부가 자신의 목숨처럼 생각하며 삶에서 실천했던 예수님의 말씀이었다. 신학자 칼 바르트(Karl Barth)는 "하나님의 혁명은 낮은 곳에서부터 시작된다"라고 말했는데, 이태석 신부는 낮은 곳에서도 가장 낮은 아프리카 남수단에서 사목활동과 의료봉사를 하면서 아프리카 아이들에게 영적 아버지라고 불릴 만큼 아름다운 공감리더십을 죽을 때 까지 실천했던 그리스도인이었다.

내전이 한창이던 남수단에서 태어난 마뉴. 그는 그곳에서 전쟁으로 어머니를 잃었고, 그 역시 소년병으로 전쟁에 나가서 싸워야했다. 소년병으로 전투에 투입된 마뉴는 결국 총상을 입고, 쓰러지게 되는데 이태석 신부는 그를 진료실로 데려가서 극진히 치료를 하게 된다. 마뉴는 총상으로 육체적인 병을 얻었을 뿐만 아니라 전쟁의 트라우마로 마음의 병도 얻게 되었다. 성직자인 이태석 신부는 마뉴의 마음의 병 뿐만 아니라 총상으로 찢겨진 그의 육체까지 치료하는 공감적 의술을 발휘하게 된다. 마뉴는 서서히 자신의 마음을 열면서 이태석 신부의 정신적, 시간적 돌봄의 행위인 공감적 행위에 감동을 받게 되었다.

이태석 신부가 남수단에서 의료활동을 해나가던 2008년 10월, 2년마다 한 번씩 들르는 한국에서 휴가차 건강검진을 받던 중 대장암 4기 판정을 받았다. 말기 암 선고를 받은 이후에도 이태석 신부는 남수단으로 돌아가겠다는 의지가 너무 강해서 지인들이 말리는데 힘들었다고 한다. 담당 의사의 말에 의하면 이신부가 말기암 선고를 받자마자 "톤즈에서 저는 우물 파다 왔어요. 아직 마무리 하지 못한일을 마저 다 해야 하는데..."라며 한숨을 쉬었다고 한다. 자신이 말기암 판정으로 낙담하는 것이 아니라 앞으로 남수단에서 계속해서 아이들을 치료하지 못하고, 사목활동을 하지 못할수도 있다는 아쉬움에 괴로워했던 것이다.

이태석 신부는 죽음 두려워한 것이 아니다. 하나님의 부르심(calling)에 정직히 반응하기 위해서 자신이 있어야 할 곳인 남수단으로 다시 가고자 했던 것이다. 공감적인 리더는 구성원들의 고통과 아픔을 외면하지 않는다. 그리고 공감적 리더는 때로는 자신의 생명을 바쳐가면서까지 구성원들의 고통을 치유하기 위해서 헌신하게 된다. 이태석 신부는 대장암 말기 판정을 받았지만 공감리더로서 자신의 건강보다는 남수단 아이들을 위해 더 많은 눈물을 흘렸고, 하나님께서 자신에게 주신 사명을 정직히 감당하며 의연하게 죽음을 받아들였다.

<남수단을 사랑했던 이태석 신부님>

이태석 신부는 투병 중에도 자선 공연도 하고 각 지역의 성당을 직접 찾아가서 봉사활동과 지원을 호소하였지만, 결국 암이 간으로 전이되어 2010년 1월 14일 새벽 5시 35분, "Everything is good."이라는 유언을 남기고 47세를 일기로 선종하였다. 임종을 지켜본 수녀에 따르면 선종 몇 시간 전부터 의식이 희미해져서 손 하나도 제대로 못 움직였다고 한다. 그러다가 갑자기 "돈 보스코!" 라고 외쳤는데 돈 보스코는 자신이 속해 있는 살레시오 수도회의 창립자이자 수호성인이다. 수녀는 이태석 신부에게 "돈 보스코 성인이 앞에 보이시냐"고 물었고, 이태석 신부는 고개를 약하게 끄덕였다. 그 다음 손을 들어 모여 있던 살레시오 수도회 수도자들에게 강복을 해준 다음, 위의 유언인 "Everything is good" 을 남기고 선종했다.[6]

7.2.3. 한국의 슈바이쳐 성산 장기려 박사. 그가 보여준 공감 리더십

장기려 박사는 1911년 평안북도 용천 출생으로 둘째 아들로 태어났다. 송도고보를 졸업 후 지금의 서울대학교인 경성의학전문학교를 졸업하였고, 스승인 외과의사 백인제의 제자로서 수련하였다(김은식, 2006). 1936년까지 약 270건이 넘는 실험을 하였고, 이게 기반하여 "충수염 및 충수염성 복막염의 세균학적 연구"로, 나고야 제국대학에서 의학박사 학위를 취득하였다. 박사학위 취득 후 장기려 박사는 평양의과대학과 김일성종합대학에서 외과 교수를 역임하기 하였다. 1950년 12월 한국전쟁 중에 아내와 자식들을 북한에 남겨 둔 채 차남 장가용과 함께 월남하였고, 서울대학교 의과대학의 외과 교수가 되었다. 전쟁 중인 1951년 1월에 부산 서구 암남동에 현 고신대학병원의 전신인 복음병원을 건립하여 공감적 리더로서 피난민과 가난한 사람을 위한 헌신의 의술을 보여주었다. 그곳에서 장기려박사는 무료로 진료하면서 1976년 6월까지 25년 동안 복음병원 원장으로서 가

---

6) 채빈(2019). 『우리 신부님, 쫄리 신부님』. 스코프.

난하고 소외된 환자들을 위해 공감적 돌봄의 행위와 인술을 베풀었다.[7]

7-2.3(1). 쉬어가는 이야기: 장기려 박사 손자 11명이 의사

평양 김일성대 의과대학 교수였던 장기려 박사는 6·25전쟁 중 아내와 다섯 자녀를 북한에 남겨둔 채, 둘째 아들만을 데리고 남하하게 되었다. 피란지 부산에서 그는 천막 하나에 의지해 가난한 사람들을 위해 무료 진료를 시작했고, 그 선택은 평생을 바치는 봉사의 삶으로 이어졌다. 비록 세월이 흘러도 아내와 자녀들을 향한 그리움은 마음 깊숙이 자리하고 있었다. 하지만 1985년 정부로부터 이산가족 상봉 제안을 받았을 때, 그는 "나 하나만의 특혜일 수 없다"며 조용히 그 기회를 내려놓았다(김은식, 2020). 1991년, 미국에 있던 친지를 통해 북한 가족들이 생존해 있다는 소식과 함께 부인의 사진과 편지를 받게 되었지만, 끝내 재회를 이루지 못한 채 지병으로 세상을 떠났다. 그의 손자 장여구 인제대 서울백병원 교수는 할아버지의 뜻을 이어받아 '블루크로스(청십자) 의료봉사단'을 이끌며 의료 나눔을 실천하고 있다. 장 교수는 "북한에 계신 할아버지의 손자들 가운데 17명 중 11명이 의사라는 이야기를 들었다"며, "언젠가 북의 사촌들과 함께 의료봉사를 하며 남북 간 교류에 작은 디딤돌이 되고 싶다"는 바람을 전했다.

장기려 박사는 부산 복음병원의 원장으로서 고통 받고, 아파하는 서민들을 치료하는 공감적 의사로서 공감리더십을 보인 분이시다. 서울대와 부산대를 비롯해서 여러 의과대학의 외과학 교수로 재직하면서 대한민국과 북한의 의료 인재 양성에도 공헌했으며, 1981년에는 '한국간연구회'를 창립하기도 하였다. 외과의사로서 그의 학문적 업적을 인정받아 1948년 북한에서 국가학위수여위원회가 추천하는 박사학위를 수여받았고, 대한민국에서는 1960년 보건의 날에 공로상을 수상하였으며, 대한의학협회 학술상(대통령상) 등을 수상했다. 또한 장기려 박사가 간 대량 절제술에 성공한 날을 간의 날'로 지정하였는데, 그날이 바로 10월 20일이다.

7-2.3(2). 쉬어가는 이야기: 마음으로 수술하는 의사

어느 날, 장기려 박사는 병원에서 한 노인을 수술하게 되었습니다. 수술비가 없어

---

7) 장기려(2015). 『역사의식을 갖고 살다간 장기려』, 서울 : 키아츠.

병원 문턱조차 넘기 어려웠던 그 노인은, 지푸라기라도 잡는 심정으로 장 박사를 찾아왔습니다. 당시 장기려 박사는 돈이 없는 환자들에게도 거리낌 없이 수술을 해주곤 했는데, 이번에도 예외는 아니었습니다. 수술이 성공적으로 끝나고 퇴원 날이 다가오자, 노인은 병원비가 걱정돼 어쩔 줄 몰라 하며 조심스레 물었습니다.

"박사님, 병원비는....얼마나 드는지요...."

장기려 박사는 말없이 수첩을 꺼내더니 이렇게 말했습니다.

"할아버지, 제가 당신 마음속을 수술했으니, 수술비는 당신 마음속에 있는 만큼만 내시면 됩니다."

노인은 눈물을 터뜨렸고, 병원 복도를 지나가던 간호사들도 그 장면을 보고 울고 말았습니다. 장기려 박사는 단순히 병을 고치는 의사가 아니었습니다. 그는 환자의 아픔에 귀 기울이고, 마음까지 어루만졌던 진짜 '공감하는 의사'였습니다.

장기려 박사는 6·25 전쟁으로 부인과 자식을 북에 놓고,[8] 남한으로 피난을 내려온 후 죽기까지 홀로 지내며 청빈한 공감적 의사로서의 삶을 살았었고, 예수의 정신을 병원을 통해서 실천했던 성자였다. 예수님은 부유하고, 화려한 곳에서 태어나시지 않고, 나사렛 빈민의 동네 말구유에서 신이 인간의 몸을 입고 탄생하셨다. 신학자 칼 바르트의 말대로[9] 예수님은 아래로부터의 혁명, 즉 가난한 자들로부터의 혁명을 추구하셨고, 낮고 가난한 자들을 우선적으로 돌보면서 공감 리더십을 보이셨다. 장기려 박사 역시 무교회주의자로서 기독교 신앙을 갖고, 자신의 삶속에서 예수의 정신을 실천하면서 가난하고 고통받는 이웃들에게 치료의 행위로 공감을 베풀었던 공감적 리더였던 것이다.

기독교 신앙에 기반해 65년간 인술을 베풀며 봉사, 박애, 무소유를 실천했다. 수술비가 없는 환자를 위해 자신의 돈으로 수술을 해주고, 그마저 감당할 수 없게 되면 밤에 몰래 환자를 탈출시키기도 했다. 평생 자기 집 한 채 가지지 않고 병원 옥상 사택에서 살았던 그는 1995년 12월 25일 성탄절 새벽에 세상을 떠나고 말았다. 1976년 국민훈장동백장을, 1979년 막사이사이상(사회봉사부문)을 받았으며, 1995년 인도주의 실천 의사 상 등을 받았다. 묘지는 경기도 마석의 모란공원 내에 있다. 1996년에 국민훈장 무궁화장이 추서되었으며, 2006년에는 "과학기술인 명예의 전당" 에 이름을 올리게 되었다. 그는 현재까지 이

8) 손홍규(2012). 『청년의사 장기려』, 서울 : 다산책방.
9) 칼 바르트(2017). 『로마서』, 손성현 옮김. 서울 : 복있는 사람.

영춘, 문창모, 김찬우, 이태석, 안수현 등과 함께 "한국의 슈바이처"라 칭송되고 있다.[10]

<장기려 박사가 생의 마지막을 보낸 옥탑방>

7-2.3(3). 쉬어가는 이야기: 편지 한 장의 무게

부산의 한 피난지에서 천막 하나로 진료소를 열고, 돈 한 푼 없는 사람들을 위해 무상 진료를 이어갔다. 그렇게 살아가는 동안도, 마음 한구석엔 언제나 가족에 대한 그리움이 자리했다. 그가 남몰래 꺼내 보았을, 마음속 편지는 이러했을지도 모른다.

"여보, 당신과 아이들을 두고 온 그날 이후로 하루도 편한 날이 없소. 그저 당신과 아이들이 살아 있다는 믿음으로 살아가오. 이 못난 남편, 당신이 용서해주길 바라오. 우리 다시 만나는 날까지, 하늘 아래 그늘 없는 자로 살아가겠소."

세월은 흘러 1985년, 정부는 장 박사에게 이산가족 상봉의 기회를 제안했다. 그러나 그는 조용히 고개를 저었다.

"나 하나만의 만남은 특혜일 뿐입니다. 아직 수많은 이들이 그리운 얼굴을 기다리고 있지 않습니까. 나만 앞서 만날 수는 없습니다."

그러던 어느 날, 미국에 사는 친지를 통해 북한에서 온 사진 한 장과 편지가 그의 손에 도착했다. 사진 속 여인은 변함없이 단정했고, 편지는 이렇게 시작되었다.

"여보, 아직도 당신이 살아 있다면 얼마나 좋겠는지요. 아이들은 모두 자라났고, 당신을 향한 그리움은 하루도 잊은 적 없습니다. 언젠가는, 반드시 그날이 오기를 기도하며 살고 있습니다."

---

10) 이기환(2022). 『성산 장기려』, 서울 : 한걸음.

그날 이후, 장 박사는 매일 아내의 사진을 가슴에 품고 기도했다. 하지만 끝내 그녀를 다시 만나지 못한 채, 1995년 지병으로 세상을 떠났다.그의 사랑은 만남보다 기다림에 있었고, 그의 공감은 말보다 선택에 있었다. 아내를 사랑했기에 만남을 미뤘고, 국민을 사랑했기에 공감리더십을 실천했던 참 의사였다.

성자 하나님이 인간이 되신 후 예수라는 인물로 이 땅에서 3년 동안 복음을 전하면서 사람들에게 보이신 행동은 공감적 행동이었다. 장기려 박사 역시 기독교인으로서 예수의 정신을 의술을 통해서 실천했던 분이었고, 이웃을 사랑하라는 예수님의 말씀을 공감적 돌봄의 행위를 통해 실천했던 참 의사였던 것이다. 그가 보여준 공감리더십은 자신의 돈으로 수술을 못하는 이들에게 생명을 주었으며, 의학을 전공하는 의학도들에게 공감리더십이 어떠한 것인지를 삶을 통해 보여주었다.

성산 장기려 박사님의 리더십은 크게 보면 공감리더십에 해당하지만 평생 가난한 자들을 섬겼던 섬김의 리더십도 보여주었고, 예수의 정신을 의술을 통해서 몸소 실천하면서 영성리더십까지 포함하게 된다. 공감리더십을 실천하는 인물들 중에서도 섬김의 리더십과 영성리더십을 실천하지 못할 수도 있다. 예를 들면 직장 내에서 업무로 고통스러워하는 부하직원에게 팀장이 시간을 할애해서 도움을 주었다고 하면 이것은 공감리더십에 해당된다. 하지만 팀장이 부하직원을 섬기려고 했거나 초월론적인 행위를 통해 영성리더십을 보여준 것은 아니기 때문에 공감리더십에 한정 될 뿐이다.

장기려 박사는 개신교의 장로교 소속 공대위원장(공동대표위원장)이었지만, 무교회주의를 표방하는 함석헌, 김교신 등과 교제했으며, 32년간 무교회주의 성격의 "부산모임" 집회를 자신의 병원 사택(舍宅)과 사무실에서 주관했다. 뿐만 아니라, 국제 교회개혁 모임인 종들의 모임에서 활동했는데, 이는 "종교 개혁" 과 같은 기독교계의 변혁이 필요하다는 신념에 의한 것이다.[11]

그가 기독교인으로서 의사의 길을 걸어가며 가난하고, 아픈 환자들을 치료하되 어떠한 보상이나 대가없이 공감적인 의술을 펼칠 수 있었던 것은 신앙의 힘 때문일 것이다.[12] 즉, 가난하고 아픈 자들과 함께 하면서 눈물을 흘렸던 예수의 정신을 자신의 삶속에서도 실천하려고 했던 장기려 박사의 인생철학은 공감리더십을 통해 사람들에게 보여지게 된 것이다.

11) 부산과학기술협의회(2011).『이 걸음 이대로』, 부산 : 부산과학기술협의회.
12) 정란희(2008).『장기려』, 서울: 웅진씽크하우스.

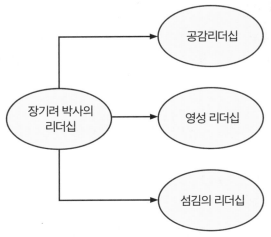

<평생 가난한 자들과 함께 했던 장기려박사의 리더십>

7.2.4. 분노하는 성자 아베 피에르. 이웃의 가난은 나의수치입니다[13]

아베 피에르(프랑스어: Abbé Pierre, 속명 앙리 마리 조세프 그루에(Henri Marie Joseph Grouès), 1912년 8월 5일 ~ 2007년 1월 22일)는 카푸친 작은형제회 소속 로마 가톨릭교회 사제이다. 그는 리용의 부유한 집안에서 태어났고, 8남매 중에서 다섯째 아들로 태어났지만 모든 상속을 포기하고 사제가 되기 위해 수도원에 들어갔다. 제2차 세계대전 중에는 레지스탕스로 활동하며 대중 공화주의자 운동(프랑스어: Mouvement Républicain Populaire, MRP)에 참여하였고, 전·후에는 빈민과 노숙자를 위한 엠마우스 운동을 전개하였다.

피에르 신부가 평생 보여준 리더십은 공감 리더십이다. 그는 상처받고, 고통 받는 사람들의 아픔과 슬픔을 외면하지 않고, 행위로서 그들을 돕기 위해 엠마우스 공동체를 만든 후 가난한 자들을 돕는 리더십을 보여주었다. 피에르 신부는 유난히도 추웠던 1954년 겨울에 한 여인과 아이가 길에서 얼어 죽는 사건이 발생하자 라디오 방송을 통해 격분된 목소리로 호소문을 발표했다. 피에르 신부는 친구들에게 간절히 호소했다. 한 여인이 추위 속에 거리에서 숨졌고, 그녀의 손에는 집에서 쫓겨난 추방 통지서가 쥐어져 있었다는 것이다. 또한 그는 오늘밤 파리에는 2천 명이 넘는 이들이 거리에서 굶주림과 병에 시달리며 얼어가고 있다고 목소리르 높였고, 우리는 오늘 밤 당장, 파리 전역에 이들을 위한

---

13) 아베 피에르(2004). 『이웃의 가난은 나의 수치입니다』, 김주경 옮김, 서울 : 우물이 있는 집.

긴급 보호소를 만들어야 한다고 호소했다. 국민들이 이들을 도와준다면, 더 이상 어떤 아이도 아스팔트 위나 강변에서 밤을 보내는 일은 없을 것이라고 눈물로 호소하였다.

공감 리더십은 타인의 고통(suffering)을 주목하고, 느끼며, 행위로서 반응하는 리더십이다. 피에르 신부는 혹독한 추위에 거리에서 죽어가는 여인의 고통을 외면하지 않고, 전 국민을 상대로 방송 연설을 하면서 공감리더십을 강하게 보여주었다. 그는 프랑스인들이 가장 존경하는 인물인 피에르 신부로 공감 리더십을 보인 것이 아니라 하나님이 인간에게 준 인간 본연의 본성인 공

<아베피에르의 겨울54 영화>

감을 긍휼의 마음으로 타인에게 보여 주었던 것이다.

이름 앞에 붙은 아베(Abbé)는 프랑스어로 아버지를 뜻하며 프랑스어권에서 신부를 가리키는 칭호로 사용된다. 아베 피에르는 7년 연속 르몽드 지에서 프랑스인들이 가장 존경하는 인물로 선정되기도 하였다. 어느 해인가 주간신문 <르 주르날 뒤 디망쉬>(일요신문)는 프랑스인들이 가장 좋아하는 사람을 뽑는 '50인의 프랑스인'이라는 연례 여론조사의 결과를 발표했다. 예년과 마찬가지로 피에르 신부가 1위를 차지하였다. 2위는 세계적인 해양학자 자크 이브 쿠스토 선장이었고, 3위는 영화배우 장 폴 벨몽도가 차지했다.

하지만 프랑스인들이 연예인이나 정치인, 학자를 좋아하는 것과 피에르 신부를 존경하는 것은 질적으로 다르다. 무주택 서민들을 위한 인권운동에 평생을 헌신해 온 피에르 신부는 소외된 자들뿐만 아니라 프랑스인 모두에게 정신적 지주와 같은 존재이기 때문이다. 그의 행동은 어떠한 정치적 운동보다도 영향력이 있고, 그의 메시지는 대통령의 그것보다도 훨씬 중요하다. 평생을 소외된 자, 가난한 자, 억눌린 자들 편에서서 공감 리더십으로 사랑을 실천 해 온 피에르 신부의 삶에 대해 프랑스인들은 경의를 표하고 있는 것이다.

7-2.4(1). 쉬어가는 이야기: 그 사람의 이름을 불러주었을 때

어느 겨울날, 피에르 신부는 길거리에서 쓰러져 있던 노숙인을 발견했습니다. 사람들이 그를 지나치며 "저런 부랑자 같은 사람은 어쩔 수 없어"라고 말할 때, 피에르 신부는 조용히 다가가 무릎을 꿇고 노숙인의 이름을 물었습니다.

"당신의 이름은 무엇입니까?"

그가 작게 대답하자, 신부는 사람들을 향해 이렇게 말했습니다.

"이 사람도 이름이 있습니다. 우리 모두처럼요."

그는 그 노숙인을 일으켜 세우고, 직접 보호소로 데려가 따뜻한 식사와 잠자리를 마련해 주었습니다. 그날 이후, 피에르 신부는 '가난한 사람들의 이름을 기억하는 사람'으로 불리게 되었습니다.

피에르 신부의 인생은 참으로 다이나믹하다. 그는 국회의원으로도 활동하였는데, 활동하는 동안 피에르는 로마 교황청이 매우 껄끄럽게 여겼던 예수회 소속 신학자 피에르 떼야르 드 샤르댕 등과 친분을 유지하면서, 비핵화 운동에 앞장섰고, 알베르트 아인슈타인과 만나기도 하였다.

피에르 신부의 가난한 자에 대한 사랑은 엠마우스 운동에서 찾아볼 수 있다. 그는 '이웃의 가난은 나의 수치'라고 생각하면서 노숙자들을 위한 엠마

<엠마우스 공동체를 만들어 가난한 자들과 함께 했던 피에르 신부>

우스 운동을 시작하였다. 1949년에 시작된 엠마우스 운동은 신약성경 복음서인 누가복음 24장에 나오는 말씀 중에서 이스라엘의 마을인 '엠마오'에서 가져온 것이다. 복음서에 등장하는 엠마오 사람들은 부활한 예수를 알아보지 못하였고, 그가 하나님의 아들 성부 예수인지 모른 채 환대해주면서 저녁을 대접하였다. 피에르 신부는 엠마우스 운동을 통하여 물질적 돌봄의 행위로서 빈민자들과 노숙자들을 위한 공감적 돌봄의 활동을 시작하였다. 피에르 신부의 사랑과 헌신에 기반한 공감리더십 덕분에 1950년 파리 인근의 뇌

이유플라이상스에서 엠마우스 운동의 첫 모임이 시작된 것이다.

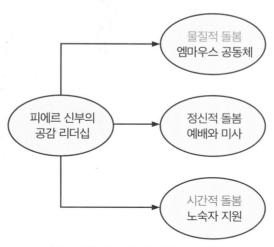

<피에르 신부의 공감리더십과 돌봄의 행위>

1954년 겨울 한파가 닥치자 파리에서 노숙자가 죽는 일이 속출하였고, 1954년 2월 1일 아베 피에르는 라디오 룩셈부르크에서 훗날 널리 알려지게 된 연설을 하였다. 그리고 그의 연설은 나중에 영화로 만들어지기도 하였다. 그날 밤 하룻 동안 그는 5천개의 담요와 3백 개의 천막, 1백 개의 냄비 등을 구했다. 무주택자들의 수송을 위해 자원하여 모인 차량이 5백대 이상이나 되었고, 이것이 피에르 신부가 호소한 연대운동의 첫 성과였다. 이 성과를 계기로 엠마우스공동체는 전국 각지에서 하나씩 둘씩 늘어나기 시작했다. 80년대부터 피에르는 오랫동안 비어 있는 국영아파트를 점거해 무주택자 들을 살게 하는 등 조금 더 적극적인 운동을 벌이기 시작한다. 그리고 아파 트를 점거한 무주택자들을 해산하기 위해 경찰이 출동할 때면 작은 체구의 피에르 신부는 언제나 시위하는 무주택자들의 맨 앞에서 경찰들을 꾸짖었다.[14]

다음 날 언론은 "온정이 일어나다"라는 제목의 기사를 내보냈다. 찰리 채플린이 내 놓은 2백만 프랑을 비롯하여 5백만 프랑의 성금이 모였다. 엠마우스 운동 본부에는 격려 전화와 편지가 쇄도하였고 몇 주에 걸쳐 프랑스 전역에서 자원봉사자 신청이 줄을 이었다.

분노하는 성자, 행동하는 성자라는 별명을 가지고 있는 피에르 신부는 재벌가의 아

---

14) 아베 피에르(2006). 『피에르 신부의 유언』, 이효숙 옮김, 서울 : 웅진지식하우스.

들로 태어나 94세 사망하기까지 70년 이상을 가난한 자들의 아버지로 살아왔다. 그는 70년 이상을 가난한 자들의 고통에 행동으로 반응하는 공감리더십을 보여주면서 전세계에 엠마우스 공동체를 만들었고, 죽음 이후에도 수많은 사람들에게 존경의 대상이 되고 있다. 그의 삶을 영화 '겨울54'로 만들어졌듯이 피에르 신부의 삶은 감히 누구도 흉내 내기 어려운 공감과 희생, 그리고 거룩한 분노의 삶이었던 것이다. 피에르 신부는 정직하게 프랑스 국민들 뿐만 아니라 전 세

<분노하는 성자, 행동하는 성자로 불리는 아베 피에르>

계 국민들의 고통(suffering)에 반응(responding)을 하였고, 엠마우스 운동을 통하여 가난한 자들을 위해 공감적 행위를 베풀면서 공감리더십을 정직하게 실천했던 성직자였다.

7.2.5. 공감하는 내과의사 폴 트루니에. 인격의학의 창시자

폴 트루니에(Paul Tournier, 1898년 5월 12일 ~ 1986년 10월 7일)는 스위스의 의사이며 작가이다. 그가 목회상담에서 이룩한 그의 업적으로 세계적인 명성을 얻었다. 그의 사상은 기존의 일상적인 환자 돌봄에 대해 영적 및 사회심리적인 관점을 더욱더 중요하게 하였다.[15] 그는 20세기에 가장 유명한 기독교인 의사로 불렸다.[16]

트루니에는 목사인 아버지 루이스 트루니에와 어머니 앨리자베스 오르먼드 사이에 스위스 제네바에서 태어났다. 70세인 자기의 아버지가 세인트 피터 교회당의 존경받는 목회자였는데그가 3개월 때에 죽게되었다. 그리고 6살에 그의 어머니는 42세로서 유방암으로 죽게 된다.[17] 이후 트루니에와 10살 누나와 함께 그의 삼촌과 숙모인 자크 오르먼드에

15) Google Books description of the work of Tournier for Medicine of the Person: Faith, Science and Values in Health Care Provision, by K. W. M. Fulford, Alastair V. Campbell, John Lee Cox (Jessica Kingsley Publishers, 2007) ISBN 1-84310-397-4.

16) The Christian Psychology of Paul Tournier, by Cary R Collins (1973), book review by H. Newton Malony, Fuller Theological Seminary.

17) Medicine of the Person: Faith, Science And Values in Health Care Provision, by K. W. M. Fulford, Alastair V. Campbell, John Lee Cox (Jessica Kingsley Publishers, 2007) ISBN 1-84310-397-4, page 33.

의해 양육을 받았다.[18]

이런 고통스러운 경험이 그에게 심오한 영향을 주었다. 그는 스스로 고립되며 외롭고 수줍게 되었다. 사춘기를 통하여 수학과 헬라어에 뛰어난 자기의 지적인 면들 뒤로 숨기기 좋아하는 불안감을 유지하였다. 그는 어려서 부모님을 여의인 탓인지 각별히 고통(suffering)에 관한 많은 연구와 집필을 하였다. 고통과 밀접한 연관이 있었던 그의 어린 시절의 삶이 훗날 고통에 반응하는 의사로서 공감리더십을 보여줄 수 있었던 것이다.

그는 고통을 특별히 창조성과 연관시킨다. 폴 트루니에는 고통 자체가 축복이며 은혜라고 말하는 입장이기보다는, 고통에 대한 용기 있는 반응이 창조적 에너지를 낳는다고 말한다. 좋은 날씨를 진정으로 누리기 위해서는 그에 앞서 나쁜 날씨가 계속되어야 하듯이 고통과 창조성의 관계도 마찬가지다. 고통이 있다고 반드시 성숙하거나 창조성을 획득하는 것은 아니지만, 창조적인 삶으로 들어가기 위해서는 고통이 반드시 필요하다는 것이다.[19]

7-2.5. 쉬어가는 이야기: 기쁨으로 놀라워하십시오[20]

우리 인생 앞에는 고난(苦難)이 있습니다.

예견된 고난뿐만이 아니라 뜻하지 않은 고난도 있습니다.

자신이 잘 못 선택한 길 때문에 당해야 하는 고난도 있습니다.

저는 '선택의 길'을 생각할 때마다 항상 로버트 프로스트의 말을 떠올리곤 합니다.

"갈라진 두 길이 있었지. 그리고 나는 사람들이 덜 다닌 길을 택했고 그것이 모든 것을 바꾸어 놓았네."

거대한 고난. 우리가 잘못된 길을 택했으며 다른 이들이 우리보다 더 총명하다고 생각하려는 유혹에 우리를 끊임없이 빠트릴 고난도 있습니다.

그러나 고통(suffering)으로 인해 놀라지 마십시오.

기쁨으로 인해 놀라십시오.

황량한 사막 한가운데서 그 아름다움을 보여주는 작은 꽃을 놀라워하십시오.

고통의 심연에서 신선한 물이 샘솟게 하는 거대한 치유(治癒)의 능력을 놀라워하십

---

18) Medicine of the Person: Faith, Science And Values in Health Care Provision, by K. W. M. Fulford, Alastair V. Campbell, John Lee Cox (Jessica Kingsley Publishers, 2007) ISBN 1-84310-397-4, page 33-34.

19) 폴 투르니에(2014). 『고통보다 깊은』, 오수미 옮김. 서울: IVP.

20) 아래 글은 필자가 20대 때 쓴 수필의 일부분이다.

시오.

인간이 죽을 수 있는 유한적(有限的)인 존재라는 사실로 괴로워하기 보다는 인간이 의미(意味)와 가치(價値)를 지닌 독특한 존재로서 '죽음의 딜레마'가 해결될 수 있다는 사실에 대해 놀라워하십시오.

당신(Du)과 저(Ich)는 지금 인생이라는 '광야학교'에서 광야수업을 받고 있습니다.

때로는 찌는 듯한 더위 속에 자신의 몸을 가누지 못하면서도 한줄기 오아시스를 발견하기 위해 혼신의 힘을 다하는 투혼(鬪魂)을 보일 때도 있을 것입니다.

광야한복판에 홀로 던져졌다는 그 적막함(lonesome)과 스산함.

가슴 저미도록 밀려오는 외로움(loneliness)과 고독(孤獨)함.

그래도 우리는 광야학교를 졸업해야만 합니다.

고난의 잔을 마시지 않고는 고난이 지나가지 않습니다. 고난은 당해야 지나갑니다.

여기에 예외일 수 있는 사람은 아무도 없습니다.

광야의 땅을 걸으면서 자신에게 닥쳐온 고난(hardship)으로 두려워하지 마십시오.

고통 뒤에 찾아오는 성숙된 자신의 현존(現存)에 대해 놀라워하십시오.

폴 투르니에 의사는 자신이 경험한 고통을 바탕으로 상처입고, 고통 받는 환자들을 인격적으로 치유해 나가는 인격의학을 창시하였고, 모든 환자들을 예수그리스도의 사랑의 정신으로 공감하는 공감리더십을 보여주었다.

그는 1923년 제네바 대학교에서 M.D 학위를 받고 스위스학생운동 회장으로 역할도 하였다. 적십자 대표가 되어 비엔나에 있는 러시아 포로들의 본국송환을 돌보았다. 그는 의사로서 개업도 하였다. 또한 칼빈주의와 개혁신앙에 심취도 하였다. 그는 전문적인 정신의학과 신학을 하지 않았지만 이 두 분야에 큰 영향을 주었다. 세계교회협의회에서 활동하였고, 그의 신학적 성향은 보편구원을 보여준다. 그는 하나님을 대면한 경험을 통하여 상담의 획기적인 관점을 개혁하였다.

공감을 실천하였던 내과 의사 폴 트루니에의 책『고통보다 깊은(Face a'la Souffrance』에서 고통이라는 인간의 감정이 곧 창조성을 유발시키게 된다고 말하고 있다.[21]

---

21) 폴 트루니에, 『고통보다 깊은』, 오수미 옮김, IVP, 2004

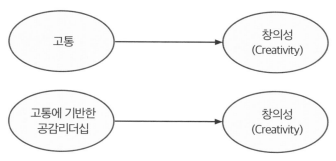
<공감과 고통은 창의성을 향상 시킨다>

닥터 폴 트루니에는 고통과 고난은 피하거나 두려움의 대상이 아니라 창의성과 창조력의 원천이라고 말하고 있다. 본서 공감리더십에서도 타인의 고통에 기반하여 돌봄의 행위를 제공하는 공감리더십 역시 필자가 연구한 선행연구들에 의하면 창의성을 향상시키는 원인역할을 한다는 것이 밝혀졌다. 물론 고난은 끔찍할 만큼 피하고 싶은 대상이다. 고통도 때로는 생각하기조차 싫을 만큼 두려움의 대상이기도 한다. 하지만

<인격의학의 창시자 폴 트루니에>

우리의 삶 속에서 고통과 고난은 매일 세끼 식사를 하는 것처럼 매일매일 나와 함께한다. 공감리더십을 통해 창의성이 향상된다는 연구결과가 나왔을 때 필자는 정말 신기하고, 경이로운 느낌을 피할 수 없었다. "도대체 공감과 창의성이 어떠한 상관관계가 있어서 공감을 받게 되면 창의성이 향상될 수 있을까?"

고통은 그 자체로 누구에게는 결코 이롭거나 이득이 되는 것이 아니지만 누구에게든지 꼭 있어야 할 감각이다. 그리고 우리는 늘 고통을 늘 싸워야 하는 대상으로 인식한다. 여기서 중요한 것은 누구에게나 닥치게 되는 고난과 시련 앞에서 사람이 어떻게 반응하는가 하는 것이다. 그것은 그 사람의 인격성의 문제이면서 동시에 인생과 변화에 대한 개인적인 태도의 문제다. 자신에게 닥친 고난에 대해 긍정적으로 받아들이면서 고난을 적극적이고, 창조적으로 반응하면서 인격을 성장시킬 것인가 그렇지 않다면 부정적으로 반응하면서 자신의 인격적인 성숙을 저해할 것인가?

물론 누구나 말할 수 없는 고통과 고난 앞에서 좌절하고, 낙심하게 된다. 그 고난과 시련을 긍정적으로, 적극적으로 받아들여야 한다고 말하고 싶지만 막상 나에게 닥친 극도의 고난 앞에서 나 자신부터 절망하게 된다. 그렇지만 인격의학자 폴 트루니에는 공감적리더로서 자신에게 닥친 고난을 창조적으로 승화시킬 수 있는 방법을 말해주고 있다. 그것이 바로 공감적 돌봄의 행위를 통해 고난과 아픔을 치유해 나가는 것이다(김형경, 2013). 고통과 고난으로 힘들어하는 사람을 향해 인격적인 관계 속에서 돌봄의 행위를 통해 그 사람의 병든 마음을 치유해 나갈 때 고난에 직면한 사람은 서서히 자신에게 닥친 고난을 창조적으로 승화시킬 수 있게 된다.

　이러한 측면에서 폴 트루니에는 고통에 관한 깊은 통찰력과 개인적인 경험을 바탕으로 모든 살아 있는 유기체를 인격적으로 대우하며, 이들의 고통에 반응하는 공감리더십을 실천했던 인격의학자였고, 공감적 리더였다.

7.2.6. 생명의 칼. 정의의 칼. 공감하는 큰 의사였던 닥터 노먼 베쑨

　캐나다 출신의 천재적인 외과의사 헨리 노먼 베쑨(영어: Dr. Henry Norman Bethune, 중국어: 亨利·诺尔曼·白求恩, 1890년 3월 3일 ~ 1939년 11월 19일)은 슈바이처를 능가하는 휴머니스트로 평가받는 큰 외과 의사이자 의료개혁가이면서 공감적 리더이다. 스페인과 중국의 전쟁터를 누비면서 고통받고 상처 입은 장병들을 인격적으로 치료하였던 인도주의적인 의사였고, 자신의 생명을 바쳐가면서까지 중국 병사들을 치료했던 공감적 의사였다.

<수술중인 노머네쑨과 스페인 전쟁 당시 노먼 베쑨이 만든 이동 수혈대>

그가 병무일지에 '결핵을 질병이 아닌 가난'이라고 적은 것은 의사로서의 그의 철학을 말해주고 있다[22]. 한때 스위스 등의 나라에서는 그를 "캐나다의 슈바이처"라 부르기도 하였고, 그의 중국식 이름은 "바이추언"(白求恩)(백구은, 흰 머리의 은혜로운 사람)이다. 중국에서는 노먼베쑨을 "바이추언 의사"(白求恩大夫)로 존경해서 부르며 "중국 인민의 영원한 친구"로 그를 기념하고, 경의를 표한다.

닥터 노먼 베쑨은 1890년 캐나다에 위치한 온타리오주 그레이브허스트에서 장로교 목사의 아들로 태어났다. 베쑨의 아버지는 말콤 베쑨이고, 어머니는 엘리자베스 앤 굿윈이다. 할아버지의 이름도 노먼 베쑨으로 그의 이름과 동일하다. 노먼베쑨의 할아버지 역시 그 시대의 유명한 외과 의사로 이름이 알려져 있었고, 나중에 토론토 대학 의대로 흡수되는 어퍼 캐나다 의학 학교를 세운 설립자이기도 하다.

노먼베쑨의 유년 시절의 이름은 헨리(Henry)였다. 헨리는 호기심 많고 모험심이 강한 아이였다. 그의 아버지는 목사로서 부자들보다는 돈이 없고 소외된 사람들을 더 소중하게 대우했고, 부자들보다는 가난하고, 돈 없는 사람들에게만 설교를 한 탓에 부자들로부터 원망을 사서 여기저기 자주 이사를 해야만 했다. 노먼베쑨은 1909년에 토론토 대학에 입학을 했고, 가정형편이 어려웠기 때문에 아르바이트를 하여 학비를 벌어 공부를 해야만 했다(노먼베쑨, 2017). 노먼 베쑨의 타인에 대한 공감적 감정은 어찌보면 가난한 자들의 편에 섰던 아버지의 신앙심과 기독교 정신 때문이었는지도 모른다.

닥터 노먼 베쑨은 인간에 대해 한 개인은 커다란 능력을 가질 수도 있고, 또 아주 작은 능력을 가질 수도 있다고 언급하면서 비결정론의 입장에서 인간을 유기체로 간주하였다. 그러나 無私(무사)정신의 소유자라면, 누구든지 모든 사람들의 이익을 위해 자신의 이익을 내던지는 중요한 인간, 완전한 인간, 덕 있는 인간으로 발전할 수 있다는 인류애적인 공감능력으르 나타내기도 하였다[23].

제1차 세계 대전이 시작되고, 1915년에 캐나다도 역시 참전을 선언한 바로 그날, 노먼 베쑨도 캐나다 육군에 입대하여 제1사단 야전병원에서 복무하였고 바로 프랑스의 전쟁터로 파병되었다.

---

22) 테드 알렌(2001).『닥터 노먼베쑨』, 천희상 옮김. 경기도 : 실천문학사.
23) 테드 알렌(2001).『닥터 노먼베쑨』, 천희상 옮김. 경기도 : 실천문학사.

7-2.6. 쉬어가는 이야기: 결핵은 질병이 아니라 가난이다

"결핵은 병이 아니다. 가난이다. 고통은 의학의 대상이 아니라, 사회정의의 대상이다."[24]

노먼 베쑨은 1930년대 몬트리올에서 결핵 환자들을 치료하던 중, 단순히 의학적 처치로는 결핵을 이겨낼 수 없다는 사실을 절감했다. 환자 대부분은 영양 상태가 나쁘고, 비좁고 습한 방에서 생활했으며, 의료 혜택은커녕 따뜻한 이불 한 장 없이 병을 키워갔다. 그는 병무일지에 이렇게 기록했다.

"우리는 병을 치료하고 있는 것이 아니라, 가난과 무관심의 결과를 꿰매고 있을 뿐이다."

의사는 병을 고치지만, 사회를 고치는 것은 사회 전체의 책임임을 그는 강조했다. 이 일지는 단순한 의료인의 메모를 넘어, 공공보건, 사회정의, 그리고 인간 존엄성에 대한 외침이었고, 인간을 무기체가 아닌 유기체로 취급하리라 하는 그의 다짐이었다. 필자는 큰 의사였던 닥터 노먼 베쑨을 떠올릴 때마다 스스로 초라함과 부끄러움을 느끼게 된다.

그는 부상병을 운반하는 운반병으로 복무하다가 이프레스에서 독일군의 포탄에 부상당했고, 영국군 병원에서 치료받은 후 부상병의 신세로 본국 캐나다로 송환되었다. 1차 대전에 참전한 노먼 베쑨은 이때부터 전쟁터에서 고통당하며 죽어가는 장병들을 보면서 의사로서 자신의 역할이 무엇인지를 생각하게 되었고, 훗날 중·일 전쟁에서 초인적인 힘으로 죽어가는 병사들을 치료할 수 있는 원동력을 얻게 되었다.[25]

자신의 조국 캐나다로 돌아온 그는 토론토 대학에 복학하였고 집중적으로 학업에 몰두하여 1916년 12월 의학박사 학위를 취득하였다. 박사 학위를 취득한 후, 그는 몬트리올의 성심병원 흉부외과 과장으로 자리를 잡으면서 그 곳에서 폐결핵 치료를 연구하던 중 점점 '가난이 바로 폐결핵의 가장 중요한 원인'이라는 사실을 깨닫고 개인적인 질병을 치료하는 것을 넘어서 사회적인 질병을 치료하기 위해 사회 문제에 눈을 뜨게 되었다.[26] 그 후로 노먼 베쑨은 사회주의적인 의료보건활동을 지지하였고 가난한 노동자와 빈곤층의 치료에 앞장을 서게 되었다.

---

24) 테드 알렌(2001). 『닥터 노먼베쑨』, 천희상 옮김. 경기도 : 실천문학사.
25) 이원준(2011). 『큰의사 노먼 베쑨』, 서울 : 자음과모임(이룸).
26) 이은서(2015). 『노먼베쑨, 병든 사회를 치료한 의사』, 서울 : 보물창고.

닥터 노먼 베쑨이 결핵을 질병이 아닌 가난이라고 생각하게 된 계기도 이때부터였고, 훗날 전쟁터에서 부상당한 장병들을 치료하는 공감리더십을 발휘하게 된 것도 가난한 자들을 위한 그의 노력과 헌신 때문이었다.

1935년 처음으로 소비에트 연방을 방문한 그는 소련의 의료보장에 감명을 받고 자신의 조국 캐나다에 돌아와 비밀리에 공산당에 입당했다. 그는 사회문제와 의료개혁에 큰 관심을 가지면서 캐나다 의료체계에 사회주의적인 요소를 도입하기 위한 운동에 앞장섰고, 특히 아동의 보건상태 개선활동

<중국에서 소년병을 치료해 주고 있는 노먼 베쑨>

및 미술치료에 관심을 가지고 일했다. 그 당시에는 대공황 때문에 거리에는 실업자들이 즐비하였고, 빈곤층이 크게 늘어났는데, 베쑨은 가난한 환자들도 마다하지 않고 치료해 주었기에 가난한 환자들의 영웅이 되었다.

노먼 베쑨은 1938년 1월, 홍콩에 도착했다. 그는 쑹칭링이 대표로 활동하던 '중국원조협의회'의 요청을 받아, 일본과 치열한 전쟁 중이던 중국을 돕기 위해 중국행을 결심한 것이었다. 그 결정이 자신의 마지막 의료 활동이 될 것임을 그는 미처 알지 못한 채, 그는 죽어가는 생명을 살리고자 전쟁터로 향했다.

그는 중국 공산당의 항일 근거지였던 옌안으로 들어가 마오쩌둥과 직접 만나 부상병 치료를 위한 지원을 약속받고, 의료 부대를 조직해 최전선으로 나아갔다. 전장에서 피가 부족할 때면, 그는 자신의 혈액형이 O형이라 누구에게나 수혈이 가능하다는 사실을 근거로 망설임 없이 자신의 피를 뽑아 병사들에게 수혈했다.

노먼 베쑨은 타인의 고통을 자신의 일처럼 여기며 행동했고, 그러한 공감의 마음은 리더십으로 확장되었다. 전쟁의 참혹함 속에서도 그는 공감적 리더십을 실천했으며, 자신을 희생하면서까지 병사들을 살리려 했던 그는 진정한 휴머니스트이자 공감적 리더였다.

<공감리더십의 발생순서>

그는 부상병들을 치료할 뿐만 아니라 중국의 공중 보건과 의료시설 개선에도 힘썼고, 천재적인 자신의 외과 의술을 많은 중국인에게 가르치고 베풀었다. 또한 그는 중국이 당면한 실상을 미국에 알리고 외국에 의약품등의 원조를 요청하면서 공감적 의사로서 자신의 역할에 최선을 다했다.

1939년 가을 그는 수술 중 실수로 손가락을 베었는데 그것이 노먼 베쑨을 죽음으로 인도하는 화근이 되었다. 수술 중 손가락을 베인 정도는 간단한 의약품(설파제)으로 치료할 수 있는 감염이었는데 그것이 패혈증으로 번져나갔고, 결국 노먼 베쑨은 패혈증으로 1939년 11월 13일 49세를 일기로 죽음을 맞이했다. 목사인 아버지 밑에서 예수님의 긍휼하심을 배웠었고, 결핵을 질병이 아닌 가난으로 인식했던 큰 의사 노먼 베쑨은 스스로 중·일 전쟁에 뛰어 들어가서 죽어가는 병사들의 고통에 정직하게 반응했던 공감적인 의사였다.

큰 의사 노먼 베쑨은 그의 조국 캐나다에서보다 중국에서 더 유명하고, 중국인들의 큰 사랑을 받고 있다. 1939년 12월 그가 사망한 직후 마오쩌둥은 『베쑨을 기념하며…(紀念白求恩)』라는 에세이를 발표하여 그의 죽음을 애도했고, 그의 유해는 허베이 성 스좌장 혁명열사능에 묻혔다. 지린 성에는 그의 이름을 딴 의과대학이 세워졌고 스좌장에는 그의 이름을 딴 3개의 병원이 있다.

그에게 있어 의사란, 소독약 냄새나는 깨끗한 병원이든 총탄이 날아다니고 피비린내 나는 전쟁터든 어디서나 사람을 구할 수 있어야만 했고, 나아가 사회 또한 함께 치료할 수 있어야 했다. 그 어떤 살아있는 유기체든 인격적으로 대우하면서 고통과 아픔을 치료해나갔던 노먼 베쑨은 개인의 질병뿐만 아니라 사회의 질병까지 치료하려고 했던 이타적인 공감리더였다.

자신을 실험체로 삼아 폐결핵을 퇴치하기 위한 치료법을 찾아냈으며 사회활동을 통해 불합리한 의료제도를 개선시켰고, 결국 의사의 손이 가장 필요한 이국의 전쟁터에서 군인들의 생명을 구하다가 죽은 노먼 베쑨은 인간과 사회가 가진 질병을 고치는 방법을 찾아내기 위해 노력했을 뿐만 아니라 공감적인 의사의 삶을 살아낸 공감리더였던 것이다.

공감리더십을 실천하는 인물들은 고독하게 생을 마감하는 것 같다. 노먼베쑨은 이국 땅에서 폐혈증에 감염되어 홀로 49세의 젊은 나이에 사망하였고, 이종욱 박사님은 업무 중에 뇌혈관질환으로 사망하셨고, 한국의 슈바이처였던 장기려 박사님은 45년 동안 홀로 가난한 이들을 치료하다가 성탄절에 옥탑방에서 생을 마감하셨다. 이들의 헌신과 사랑의 나눔은 죽음 이후에 누가 어떻게 보상을 해줄 것인가? 어찌보면 대가와 보상 없이 인간에 대한 사랑 하나로 공감리더십을 실천했는지도 모르겠다.

7.3. 개인 차원의 공감리더십 사례

본 저서는 경영학적 관점에서 미국의 제인 더튼 교수와 그의 동료들이 연구해왔던 공감(compassion)[27]을 기반으로 한 공감리더십이다. 공감리더십은 개인차원(individual level)에서 경험하는 공감리더십과 팀차원(team level), 조직차원(organizational level)에서 경험하는 공감리더십으로 구분 할 수 있다.

필자가 인터뷰했던 서울소재 소방서의 소방대원들은 개인차원(individual level)의 공감리더십 사례를 보여준 대표적인 인물들이 된다. 이들은 각자가 소속 된 소방서에서 구조, 구급, 화재로 나뉘어 고통에 처한 사회구성원들에게 공감을 베풀었던 사회의 빛과 소금이었다. 필자는 소방대원들을 인터뷰하면서 이분들이 우리사회에 베풀어 준 공감적 행위에 대해 감사함을 느꼈고, 본 저서를 통해 미약하나마 이분들의 헌신과 공감 리더십을 사회에 알리고 싶은 마음이다. 아래는 필자가 인터뷰를 진행했던 서울 서대문 소방서 구조대원(남성, 50대, 구조)의 인터뷰 내용 중 일부분이다.

질문) 조직 내에서 먼저 다른 동료 직원들이나 아니면 후배 직원들이 정신적으로 어려움 당하고 힘들어 할 때(외상 후 스트레스) 그들에게 어떤 인간적인 돌봄을 제공한 적이 있으신지요?

답변) "보시면 아시겠지만(팔을 보여주며) 화상이거든요. 전신 35%. 소방서 들어와서

---

27) Lilius, J. M., Worline, M. C., Maitlis, S., Kanov, J., Dutton, J. E. & Frost, P. 2008. The contours and consequences of compassion at work. Journal of Organizational Behavior, 29(2), 193-218.

2년 조금 지났을 때, 의욕은 국가대표 경험은 2년 좀 넘었을 때니까 많지 않았을 때, 화재 현장에서 이런 아픔을 한번 겪고 그러다 보니 병원에 있는 시간이 길었을 것 아니에요. 그 때...(한숨을 쉬며) 우리가 보통 화상 그러면, 라면 끓이다 데여도 손 조금만 데여도 엄청 뜨겁잖아요. 그런데 화상이 너무 고통이 심하고 치료기간이 또 길고. 반복되는 치료. 그런 상황에서도 직원들이 매일 교대로 와서 그 투정 다 받아주고 달래주고, 내 새끼 대변도 차마 어찌 보면 징그럽고 더러운데 그거를 직원들이 다 받아내고, 침대에서 꼼짝 못하니까...몇 개월을 그렇게 해줬어요.”

인터뷰 대상자는 자신이 구조 활동을 하면서 화상을 입었을 때 동료 소방대원들이 시간적, 정신적으로 공감적 행위를 베풀어준 것에 대해 눈물을 글썽이면서 말하였다.

7-3(1). 쉬어가는 이야기: 소방대원과 피로회복제

소방대원은 세 가지 분야에서 일을 하고 있는데, 화재가 발생했을 때 불을 진화하기 위해서 달려가는 진압대원, 다친 사람들을 구조하기 위해서 파견되는 구조대원, 마지막으로 화상을 입거나 생명이 위독한 부상자들을 치료하기 위해서 투입되는 구급대원으로 분류가 된다. 필자는 공감리더십 책을 집필하면서 소방대원들이 경험하는 공감적 행위에 대한 인터뷰를 위해 소방서를 방문하였다. 생명을 살리는 일에 헌신하는 이분들에게 무엇인가를 드리고 싶어서 피로회복제와 비타민 음료를 차에 싣고 방문하였다. 특별히 소방대원들은 화재가 발생하면 초긴장의 상태로 업무를 수행해야하기 때문에 피로회복제가 좋을 것 같아서 인터뷰 전에 비타민 음료와 함께 건네 드렸다. 그 어떤 것도 이분들의 헌신과 노력에 보답이 될 수 없겠지만 필자는 소방대원들의 인터뷰를 잘 정리해서 공감리더십 책에 최대한 대원들이 경험했던 공감리더십을 담겠노라 다짐을 하면서 인터뷰를 진행하였다.

이 분은 공영방송 TV프로그램에도 출연해서 소방대원들의 삶을 얘기할 정도로 소방에 대한 소명과 열정이 남다른 분인데, 소방서에 들어온지 2년도 되지 않아서 전신에 큰 화상을 입었을 때의 절망감은 어떠하였을까. 그렇지만 이러한 상황에서 동료대원들과 직원들이 교대로 공감을 베풀었던 것이 어쩌면 이분의 공감리더십 형성의 밑거름이 되지 않았을까 하는 생각이 든다.

질문) 그 때면 말단 직원이었음에도 불구하고 자기 상사가 그런 거 해주고 그러면 너무 눈치 보이고 그러잖아요?

답변) "네. 특히 우리 구조대는 거의 특수부대 출신이고 그러니 그런 거에 관해서는 유대관계가 끈끈하다고 볼 수 있고...여하튼 그때 와서 해준 동감해준 동료들 중에서도 군 선후배들도 있고, 일반 소방 선후배도 있고, 나는 아팠지만 그런 것들을 해줌으로 인해서 내가 좀 더 힘을 얻을 수 있고...그 때면 애가 이만할(작다며)때니 집사람이 와서 간호할 수도 없는 상황이고 그게 너무 많이 도움이 됐죠. 그때 정신적으로나...그래서 빨리 퇴원을 했고 또 그런 부분들이 너무 고마워서 빨리 와서 근무를 하고 싶어서 완전 다 주사를 맞지 않은 상태에서 붕대를 감고 와서 출동을 함께 나갔고 그랬던 기억이 지금 나거든요."

인터뷰 대상자는 자신이 화상을 입었을 때 소방대원들 또는 군대 선·후배들이 공감적인 행위를 베풀어 준 것에 대해 큰 감사의 마음을 보였고, 이러한 공감적 행위들로 인하여 자신이 병상에서 빨리 일어나 업무에 복귀할 수 있었다고 말하고 있다. 따라서 필자는 인터뷰를 진행하면서 공감리더십을 부하직원들에 베풀었을 경우 긍정적 감정을 유발[28]시키게 된다는 것을 느낄 수가 있었다.

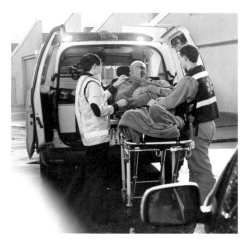

<생명을 살리는 119 구조대원들>

질문) 공감리더십을 받은 것 말씀 하시는 거죠 지금?

답변) "네. 제가 그런 것을 또 받았고...그 다음에 또 제가 벌 잡으러 출동을 나갔어요. 한참 뒤에 얘긴데. 천장 속에 말벌 집이 있는데 잡아달라고 신고가 들어와서 이런 것은 잡기 힘듭니다. 천장을 다 부술 수도 없고 천장 속으로 들어갈 수도 없고, 에프킬라를 써도 죽지 않습니다라고 했는데도 불구하고 자꾸 잡아달라고 해서 결국 구멍을 스트로 들어갈 만큼 뚫고 에프킬라를 쐈죠. 쏘고 있는데 내후배가 벌을 잡는다고 에프킬라를 뿌리

28) Lilius, J. M., Worline, M. C., Maitlis, S., Kanov, J., Dutton, J. E. & Frost, P. (2008). The contours and consequences of compassion at work. Journal of Organizational Behavior, 29(2), 193-218.

면서 불을 붙인거에요. 이 천장이 밀폐된 공간이잖아요. 그 안에 나는 잔뜩 쏴놨는데 얘가 불을 붙여버린거야. 밖에 그 구멍으로 에프킬라가 유입 되는게 불을 타고 속으로 들어온거야. 이게 '빵'하고 터져버린거야. 그래서 밑에 다 또 화상을 입은거야. 그 때 또!"

7-3(2). 쉬어가는 이야기: 태풍 속 연구자의 기록

필자는 경영학 인사조직 박사논문 데이터를 모으기 위해 소방대원 50명을 인터뷰하고, 360명이 넘는 대상을 상대로 설문을 받기까지 2년 넘는 시간을 현장에서 보냈다. 자료를 수집하는 일은 단지 '과정'이 아니라, 사람의 삶을 듣는 일이었다. 굵은 비가 몰아치던 날, 태풍을 뚫고 소방서로 향했다.

"오늘 인터뷰 괜찮을까요?" "괜찮습니다. 조심히 들어오시면 됩니다."

한 번은 인터뷰 도중, 마주한 소방대원이 살짝 졸고 있었다. 밤새 출동을 마치고, 제대로 쉬지 못한 얼굴이었다. 나는 조용히 그의 이름을 불렀고, 그는 미안하다는 듯 눈을 떴다.

그 순간, 연구자는 질문하는 사람이 아니라, 공감하는 사람이 되어야 함을 깨달았다. 그들의 이야기를 듣는 동안, 나는 데이터를 넘어서 사람을 배웠고, 조직을 넘어서 삶을 배웠다. 이 논문이 세상에 전하는 것이 단지 분석과 결과가 아니길 바란다. 소방대원들의 헌신과 숨은 이야기가 누군가에게 작은 울림이 되기를 소망했고, 연구자의 고집스런 발걸음 또한 누군가에게 공감의 길을 걷는 용기로 전해지기를 기도했다. 턱없이 부족한 박사논문이었지만 불길 속에서 순직하신 거룩한 소방대원들의 영정 앞에 학위논문을 바친다는 심정으로 열심히 데이터를 수집했었다.

질문) 부대장님이요 또?

답변) "이거 하고 있는데 얘는 아무 생각없이 이게 흘러 나오는 걸 생각을 못한거지. 그래서 머리랑 여기까지 다 화상을 또 입은거야... 어떻게 보면 그게 내가 그 친구하고 그게 내가 얘기를 안해줬던 부분이고... 그게 어떻게 보면 그런 것들이 안전사고잖아. 미연에 방지를 할 수 있음에도 불구하고 안했으니까. 서에서 서장님이나 딴 사람들이 왜 그랬냐고 다그칠 수도 있는 문제잖아요? 결국 우리가 다 보상을 해줘야 되고 또 병원에 누워있어야 되고... 이 친구는 이친구 나름대로 미안해 죽으려고 하는거야. 자기가 치료비도 다

대주겠다고. "야 장OO야(직원 이름) 지금은 여기 은평에서 같이 근무하던 직원인데. 장 OO야 니가 일부러 그런 것도 아닌데 현장에서 누구나 다 일어날 수 있는 일이다" 이 친구가 엄청 소심해요. 사표 쓸려고까지도 생각을 한 친구에요. "니가 일부러 한 것도 아니고 부주의해서 사고가 발생할 수도 있는 것이고 대신에 다음에 우리 같이 출동 나갔을 때 이런 사고를 반복을 안하면 된다. 그것으로서 우리는 더 좋은 경험을 했다고 생각하고 너무 큰 죄책감을 갖지는 마라. 그것을 사전에 내가 얘기를 안해준 내게도 책임이크다" 이렇게 말하니 이 친구가 지금은 안전에 대해 자기 후배들에게 주입식 교육처럼 시켜주고 그러니..."

위의 인터뷰 내용에도 나와 있듯이 서대문 소방서 구조대원이 보여준 공감적 행위는 개인차원의 공감적 행위였다. 이분은 구조 일을 하면서 자신이 화상을 당하면서까지 대원들의 고통에 반응하는 공감적 행위를 베풀면서 헌신적인 소방대원으로서의 면모를 보여주었다.

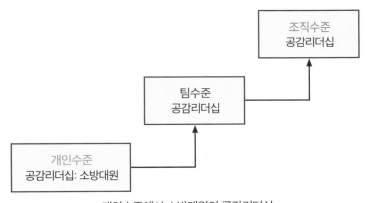

<개인수준에서 소방대원의 공감리더십>

필자가 동료 연구자와 함께 수년 전에 서대문 소방서에서 이분을 인터뷰하면서 가장 인상 깊었던 것은 다른 대원들과는 달리 자신의 직업에 대한 소명의식과 동료 대원들에 대한 공감능력이 탁월했다는 것이다. 비록 자신은 아직도 풍요롭지 못한 환경에 살아갈지라도 소방대원으로서 조직 구성원들과 사회구성원들에게 공감을 베풀며 열정적으로 생명을 살리는 일에 헌신하는 분이시다.

위의 인터뷰 내용처럼 화상을 입은 선임 소방대원은 후임자의 실수를 용서하면서 공감리더십을 몸소 실천해 보이셨다. 자신의 실수로 화상을 입어도 정신적으로 회복하기 힘든 상황에서 후배 대원의 실수로 끔찍한 화상을 입었음에도 철저히 후배 대원에게 위로와 사랑으로 용서하는 공감리더십은 많은 사람들에게 큰 용기와 귀감이 되었을 것이다.

7-3(3). 쉬어가는 이야기: 복수대신 용서를 선택한 사람들

영국의 유명 저널리스트이자 '용서 프로젝트'의 설립자인 마리나 칸타쿠지노는 종교가 흔히 그렇듯, 용서를 마음 수행의 하나인 양 인내심으로 이겨내라고 강요하는 태도를 경계한다. 밉다면 미워할 수밖에 없다. 대신 폭풍 같은 시기가 지난 뒤, 인간만이 지닌 '공감의 능력'을 가동해 가해자의 입장이 돼 보기를 권한다. 성경(Bible) 복음서에서도 "너희가 다른 사람의 죄를 용서하면 하늘에 계신 너희 아버지께서도 너희를 용서하실 것이다."(마태복음 6장 14절)이라고 말하고 있다. 복수대신 용서를 선택한 사람들은 그 이유가 무엇일까? 왜 '이에는 이 눈에는 눈'의 복수를 선택하지 않고, 용서를 선택하였을까? 6·25 전쟁때 자신의 친아들 2명을 무참히 살해한 공산군을 사랑으로 용서하고, 자신의 양아들로 만들어서 성직자게 되게 했던 손양원 목사는 왜 아들의 살인자를 용서했을까? 두 아들이 살해 된 후 손양원 목사는 아들들의 장례식에서 다음과 같이 기도했다고 한다. "나의 사랑하는 두 아들을 총살한 원수를 회개시켜 내 아들 삼고자 하는 사랑의 마음을 주신 하나님 감사합니다." 왜 이들이 복수대신 용서를 선택했는지에 대한 대답은 독자여러분들의 몫일 것이다.

7.4. 조직 차원의 공감리더십 사례

필자가 수년전에 공감리더십 책 집필을 위하여 서울소재 5군데 소방서를 인터뷰하였고, 각 소방서를 비교해 본 결과 공감능력과 공감리더십을 경험하는 구성원들의 정도가 서로 다르다는 것을 발견하였다. 인터뷰 대상 소방서는 국내 서울에 위치한 다섯 군데의 소방서를 선정하였다. 지방에 위치한 소방서가 아닌 서울에 위치한 소방서를 조직 차원의 대상으로 선정한 이유는 서울이 경기도 또는 지방에 있는 소방서에 비해 119구조 대원들의 출동 횟수도 많고, 화재 진압이나 민간인 구급활동이 크게 많기 때문에 필자는 서울에 위치한 소방서들을 조직 차원의 공감리더십 사례로 선정하였다.

필자는 조직 차원의 공감리더십 사례에 관한 인터뷰를 위해 다섯 군데 소방서의 행정 팀장에게 이메일을 보낸 후 소방서 대원들에 대한 인터뷰 사전 동의를 요청하였다. 조직

차원의 공감리더십 사례를 살펴보기 위하여 선정된 다섯 곳의 소방서는 강남 소방서, 강서 소방서, 그리고 서대문, 영등포 소방서이고, 마지막으로 종로 소방서였다. 아래는 필자가 인터뷰를 진행했던 다섯 곳의 소방서에 관한 각각의 특징을 요약·정리한 것이다.

<표 9> 소방서의 특징

소방서	소재지	설립 년도	조직도			업무 분야	출동횟수/ 하루
			소방 행정과	현장 지휘대	예방과		
A	서울	1976년	행정팀	1현장지휘대	예방팀	진압 구조 구급 기타출동	20회 이상
			장비회계팀	2현장 지휘대			
			홍보교육팀	3현장 지휘대	검사지도팀		
				대응총괄팀			
				구조구급팀	위험물안전팀		
B	서울	1968년	행정팀	1현장지휘대	예방팀	진압 구조 구급 기타출동	9회 이상
			장비회계팀	2현장 지휘대			
			홍보교육팀	3현장 지휘대	검사지도팀		
				대응총괄팀			
				구조구급팀	위험물안전팀		
C	서울	2006년	행정팀	1현장지휘대	예방팀	진압 구조 구급 기타출동	10회 이상
			장비회계팀	2현장 지휘대			
			홍보교육팀	3현장 지휘대	검사지도팀		
				대응총괄팀			
				구조구급팀	위험물안전팀		
D	서울	1938년	행정팀	지휘대	예방팀	진압 구조 구급 기타출동	14회 이상
			장비회계팀	대응총괄팀	검사지도팀		
			홍보교육팀	구조구급팀	위험물안전팀		
E	서울	1945년	행정팀	지휘대	예방팀	진압 구조 구급 기타출동	11회 이상
			장비회계팀	대응총괄팀	검사지도팀		
			홍보교육팀	구조구급팀	위험물안전팀		

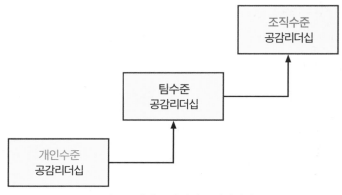

<조직수준에서 소방서의 공감리더십>

또한 필자는 각 소방서의 조직 차원에서의 공감리더십을 파악하기 위하여 사전에 준비한 질문지를 바탕으로 반 구조화된 인터뷰를 진행하였다. 반구조화(semi-structured)된 인터뷰의 의미는 피면담자의 경험과 상황을 그들이 사용하는 언어와 관점에 기반해서 인터뷰자가 이해하기 위해 면담자와 피면담자가 얼굴을 맞대고 대화하는 것을 뜻한다. 심층 인터뷰의 목적은 단순하게 반 구조화된 인터뷰 질문지의 대답을 얻어내는 것이 아니라 그들의 경험과 생각, 거기서 비롯된 의미를 이해하는 것이다(김영천, 2012 재인용).

필자는 정보제공자들에게 공감 리더십에 개념에 관한 구체적인 사례를 들어가며 설명한 후 '조직 내에서 주고받는 공감적 리더십 행위는 무엇인가', 그리고 '조직 외부에서 사회구성원들과 주고받는 공감적 리더십 행위는 무엇인가'라는 포괄적 질문을 제시하면서 인터뷰를 시작하였다. 인터뷰 질문지의 내용은 아래와 같다.

<표 10> 인터뷰 질문지의 내용

소방서 내에서 대원들에게 주는 공감적 리더십 행위	상사, 동료, 후임 대원들에게 공감적 리더십 행위를 제공한 사례
	대원들에게 제공한 공감적 리더십 행위의 속성 (지혜와 지식, 용기, 인간다움, 정의, 절제, 초월성)
	구체적으로 경험한 공감적 리더십 행위의 속성 사례
	공감적 리더십 행위를 제공하는 빈도수
소방서 내에서 대원들에게 받는 공감적 리더십 행위	상사, 동료, 후임 대원들에게 공감적 리더십 행위를 받은 사례
	대원들로부터 받은 공감적 리더십 행위의 속성 (지혜와 지식, 용기, 인간다움, 정의, 절제, 초월성)
	구체적으로 경험한 공감적 리더십 행위의 속성 사례
	공감적 리더십 행위를 제공 받은 빈도수

	사회구성원들에게 공감적 리더십 행위를 제공한 사례
소방서 외부의 사회구성원들에게 주는 공감적 리더십 행위	사회구성원들에게 제공한 공감적 리더십 행위의 속성 (지혜와 지식, 용기, 인간다움, 정의, 절제, 초월성)
	구체적으로 경험한 공감적 리더십 행위의 속성 사례
	공식적, 비공식적 공감적 리더십 행위를 제공한 빈도수
	사회구성원들로 부터 공감적 리더십 행위를 받은 사례
소방서 외부의 사회구성원들에게서 받는 공감적 리더십 행위	사회구성원들로부터 받은 공감적 리더십 행위의 속성 (지혜와 지식, 용기, 인간다움, 정의, 절제, 초월성)
	구체적으로 경험한 공감적 리더십 행위의 속성 사례
	공식적, 비공식적 공감적 리더십 행위를 제공 받은 빈도수
소방대원들이 공감적 리더십 행위를 통해 조직과 동일시되는 정도	소방대원과 조직과의 관계
	외부에서 평가하는 소방서의 이미지
	소방서의 일원으로서 자신과 소방서와의 관계
소방대원들이 공감적 리더십 행위를 통해 긍정적 업무관련 정체성이 형성되는 정도	소방대원들의 공감적인 성향
	공감적 리더십 행위와 긍정적 정체성과의 관계
	공감적인 사람으로서 자기 자신에 대한 평가
소방대원들이 공감적 리더십 행위를 주고받을 때 조직에 몰입하는 정도	소방서에 대한 소속감
	소방서에 대해 느끼는 개인적인 감정
	소방가족의 의미
소방대원들이 공감적 리더십 행위를 주고받을 때 정서적 고갈이 감소하는 정도	소방업무의 범위
	소방업무와 스트레스
	소방업무에 대한 개인적인 감정
소방대원들이 공감적 리더십 행위를 주고받을 때 집단적 자긍심이 증가하는 정도	소방서의 대원으로서 느끼는 자부심
	사회구성원들이 소방서를 좋게 평가하는 이유
	외부 사람들에게서 들은 소방서 이미지에 대한 사례
소방대원들의 공감적 리더십 행위가 업무성과에 미치는 영향	공감적 리더십 행위와 업무성과와의 관계
	공감적 성향을 지닌 사람의 업무태도
	소방대원들의 소명의식과 열정

필자가 인터뷰 질문지 내용을 바탕으로 서울소재 5군데 소방서 대원들과 행정팀장들을 인터뷰 해 본 결과 각 소방서에 따라 조직 내에서 공감리더십을 경험하는 정도와 사회구성원들과의 관계에서 공감리더십을 경험하는 정도는 크게 차이가 드러났었다. 각 소방서 단위의 공감리더십 경험의 차이는 개인차원의 공감리더십과는 달리 조직 차원에서의

공감리더십 사례를 보여주는 좋은 예라고 할 수 있을 것이다.

7-4. 쉬어가는 이야기: 기다림 속에 생명(生命)이 있습니다[29]

프랑스 소설가 장지오노(Jean Giono)의 소설 '나무를 심은 사람'에 등장하는 주인 공 '엘제아르 부피에'는 고독과 정적(靜寂). 침묵과 고요함 속에 황폐한 산에 나무를 심는데 혼신의 힘을 기울입니다.

그가 지금 나무를 심고 있는 산은 '절망의 땅'이고 가능성이 보이지 않는 '외면의 장소'입니다. 어느 때는 그가 심은 1만그루의 단풍나무가 모조리 죽어버린 일도 있었습니다. 그러나 그는 '바보새'처럼 철저한 고독 속에 나무심는 일을 중단하지 않습니다.

부피에는 너무나도 지독한 '고독'(solitude)속에 살았기 때문에 생의 마지막 시기에는 말하는 습관을 잃어버리기까지 했습니다.

'가능성'이 보이지 않는 '불가능'의 그곳에....

미래에 대한 '희망'보다는 현재의 '절망'이 더욱 절실히 느껴지는 그곳에....

'소망'과 '기대감'의 숨결을 불어넣는 것은 기나긴 '기다림'의 시간이 필요합니다.

기다림은 '능동적'(active)입니다.

'기다림의 비결'은 씨가 땅에 심기워 졌다는 믿음. 무언가 시작되었다는 믿음입니다.

그러므로 기다림은 모든 '가능성'(可能性)에 대해 열려 있습니다.

언제 끝날지 알 수 없는 기다림이 아니라 끝이 있는 기다림이며 막연한 소원들(wishes)이 아니라 구체적이고 행동하는 소망들(hope)이고 '무'(nothing)에서 '유'(有)로의 움직임이 아니라 항상 어떤 것에서 더 나은 어떤 것으로 나아가는 움직임입니다.

진정한 생명이 꽃피기 위해서는 '기다림의 공간'을 마련해 주는 것이 절대적으로 필요한 듯 합니다. 때로는 이러한 '기다림의 공간'이 실험실의 시행착오처럼 무모한 도전처럼 보일 수 도 있습니다.

그러나 '기다림의 공간'안에서 황폐한 장소가 기름진 땅으로 변화하며 고여있던 썩은 물이 다시 물줄기를 타고 흘러가게 됩니다.

---

29) 조직수준에서의 공감리더십을 써내려가면서 필자가 20대 써내려갔단 수필의 일부분 내용이다. 생명을 살리기 위해서 지금도 헌신하고 있을 소방대원들을 떠올리다보니 '생명'과 '기다림'의 키워드가 머릿속에 떠올랐다.

> 나무를 심는 것은 '생명을 살리는 것'과 동일한 의미(意味)를 합니다.
> '엘제아르 부피에'게 있어 생명을 살리는 작업은 극도의 고독과 침묵속에 능동적으로 굳힘없이 '미래에 대한 가능성'을 향해 행동하는 것이었습니다. 그에게 있어 '정적속의 기다림'은 곧 생명을 살리는 '가능성'(possibility)이었던 것입니다.
> 오늘 나와 당신이 바로 그곳. 아무도 서 있기 싫어하는 황량한 들판에 서 있습니다.

조직 차원에서 각 소방서 대원들은 조직 내 상사로부터 공감리더십을 경험하기도 하고, 자신이 부하 대원들에게 공감리더십을 보여주기도 한다. 이러한 공감리더십 행위와 관련해서 각 소방서 대원들에게 위의 질문지를 바탕으로 질문한 결과 구체적으로 경험한 공감적 리더십 행위의 속성 사례, 공감적 리더십 행위를 제공하는 빈도수등에서 5군데 소방서가 큰 차이를 나타냈다.

또한 소방서 외부의 사회구성원들에게 주거나 받는 공감적 리더십 행위와 관련해서는 구체적으로 경험한 공감적 리더십 행위의 속성 사례, 공식적, 비공식적 공감적 리더십 행위를 제공 받은 빈도수 등에서 각 소방서 간의 차이를 나타냈다. 예를 들면 소방대원들은 화재현장을 진압할 때 사회구성원들에게 생명을 구하는 장면들을 진두지휘하면서 공감 리더십을 보여주곤 한다. 그리고 한편으로 사회구성원들로부터 각 소방서는 공감리더십을 받기도 한다. 어떻게 소방서 조직이 사회구성원들로부터 공감리더십을 경험하게 될까? 예를 들면 큰 화재로 인하여 소방서 조직의 도움을 받았던 기업의 경우 기업차원에서 소방서 조직에게 소방물품 등을 기부하는 것 등이 사회구성원들이 소방서 조직에게 주는 공감적 리더십 행위가 될 것이다.

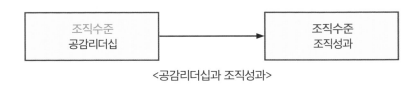

<공감리더십과 조직성과>

결론적으로 필자는 조직차원에서 5군데 소방서 조직이 공감적 리더십 행위를 조직구성원들 또는 사회 구성원들에게 보여주었을 경우 소방서 조직은 조직성과(OP : Organizational performance)등의 향상을 조직차원(organizational level)에서 보여주고 있다.

8장
왜 공감리더십인가

8.1. 공감리더십은 고통(suffering)에 반응

고통학의 대가인 폴 브랜드 박사는 『고통이라는 선물(The Gift of Pain)』[1]이라는 책에서 고통의 필요성을 말하고 있다. 필자가 본서 공감리더십에서 공감을 언급할 때의 공감은 고통에 기반을 두고, 행위로서 반응하는 감정을 의미한다. 본서의 공감리더십에서의 공감은 반드시 타인의 고통을 전제로 발생하는 인간본연의 감정이고, 경영학적인 의미에서는 미국 긍정조직학파(POS)의 제인 더튼 교수와 그의 동료들이 연구했던 공감[2]을 의미한다. 따라서 공감리더십은 반드시 조직 내 구성원들의 고통에 반응하는 리더십이고, 단순히 조직구성원들의 고통이 없는 상태에서 호의적으로 행사하는 리더십은 공감리더십이라고 말할 수 없을 것이다.

8-1. 쉬어가는 이야기: 한센병 환자들이 무력할지라도

인도의 성인 마하트마 간디(Mahatma Gandhi)가 선택한 것은 무력함 그 자체였습니다. 간디는 폭력에 대항하여 폭력으로 맞선 것이 아니라 비폭력과 무저항으로 일관하였습니다. "비폭력의 가장 확실한 시험은 비폭력적인 불화에서 아무런 적의도 남지 않고 결국에 가서는 원수가 친구로 변하는데 있다"라고 간디는 말합니다. 그가 폭력을 행사하는 상대방을 향해 사용한 것은 상대방이 지칠 때까지 사랑의 힘을 보여주는 것이었습니다.

간디가 보여준 비폭력적인 저항은 '무력함'과 동일한 의미를 지니며 인도어의 '진리(Satya)', 라틴어로 사랑을 의미하는 아모르(Amor)엑 기반을 두고 있습니다. '무력함'(powerlessness)은 자신의 의지와는 상관없이 타인의 의지에 따라 이리저리 이끌려 가는 것을 의미합니다. 공감리더십을 보여주었던 이태석 신부와 슈바이쳐 박사의 삶도 이와 같은 무력함의 삶이었습니다. 신학자 칼 바르트(Karth Barth)는 그의 평생의 역작 '교회교의학'(Church Dogmatics)에서 하나님의 아들 예수님을 '진정한 인간'(true man)이며 '진정한 신'(true God)이라고 표현합니다. 하나님이 인간의 몸을 입고 위에서 아래로 하강곡선을 그리며 역사적 시공간(space and time)에 내려오시지만 성자 예수님이 선택한 삶은 무력함이었습니다. 인간을 만들고, 세계를 창조한 초월자인 하나님은 철저히 연약함과 무력함으로 일관하면서 율법과 당시의 지배

---

1) 폴 브랜드·필립얀시(2001). 『고통이라는 선물(The Gift of Pain)』. 송준인 옮김. 서울 : 두란노.

1) 폴 브랜드·필립얀시(2001). 『고통이라는 선물(The Gift of Pain)』. 송준인 옮김. 서울 : 두란노.
2) Lilius, J. M., Worline, M. C., Maitlis, S., Kanov, J., Dutton, J. E. & Frost, P. (2008). The contours and consequences of compassion at work. Journal of Organizational Behavior, 29(2), 193-218.

권력을 무력화시키기 위해 '말구유의 무력함'에서 '십자가의 무력함'까지 즉, 태어남과 죽음까지 철저하게 스스로 무력하게 행동하셨습니다.

예수회 신부인 헨리나웬은 하바드대학교 교수에서 토론토 라르쉬 지체부자유 공동체로 '하향적인 길'을 걸으면서 무력함에 이끌려 가게 됩니다. 그의 마음을 움직인 성경구절은 "네가 늙으면 너는 팔을 벌리고 다른 사람이 네 옷을 입혀 네가 원하지 않는 곳으로 너를 데려갈 것이다"라는 말씀이었습니다. '사랑 때문에 힘의 사용을 계속적으로 포기해야 한다'라고 주장하는 헨리 나웬은 '가난하되 가장 가난한 사람들과 함께'하라는 부르심(calling)을 받았던 마더 테레사 수녀님처럼 심장마비로 죽기까지 데이브리크(Daybreak) 공동체 자신의 몸과 영혼을 싣게 됩니다.

무력함. 즉 '힘이 없음'은 줏대없이 모든 결정을 다른 사람에게 내맡기는 무책임. 무의지와는 그 뜻을 달리합니다. '무력함'(powerlessness)은 전적으로 힘(power)의 저 반대편에서 철저히 타인에 대한 사랑과 연약함에 대한 동정심에 그 기반을 두고 행동하는 것을 의미합니다. 인류는 지금까지 근대에서 현대로, 모너니즘(modernism)에서 후기 포스트모더니즘(postmodernism)으로 패러다임의 변화를 거듭하면서 AI디지털혁명의 시대까지 도달하였습니다. 지금까지 인류는 '힘' 때문에 많은 전쟁과 피흘림의 아픈 경험을 거듭하면서 여기까지 왔습니다. 중세시대의 십자군원정, 11세기의 교회대분열, 16세기의 종교개혁, 18세기 19세기의 이성의 힘에 의한 지나친 낙관주의, 20세기의 거대한 세속화, 그리고 최근 21세기의 러시아와 우크라아나 전쟁까지 힘에 의한 다툼과 전쟁은 끊이질 않았습니다.

한센병 환자들은 고통의 감각이 없이 살아가면서 철저히 자신의 무력함을 매일매일 경험하고 있습니다. 그분들은 오히려 고통에 신음하는 일상의 보통 사람들을 더 부러워할 수도 있습니다. 한센병 환자들이 비록 무력하고, 연약할지라도 이들을 향한 공감과 공감적 행위는 회복과 치유의 빛으로 다가오게 될 것입니다. 타인의 연약함과 무력함을 가슴아파하면서 타인의 고통에 사랑의 마음으로 반응하는 공감적 돌봄의 행위는 한센병 환자들에게 따뜻한 위로의 손길로 다가가게 될 것입니다.

우리사회에 많은 분들이 직장 내 조직생활을 하면서 업무스트레스와 업무로 인한 고통을 호소하고 있다. 출퇴근 시간에 차가 막히는 것도 고통이고, 일처리를 잘못했다고 상사한테 혼나는 것도 고통스러운 일이다. 또한 회사의 어려움으로 인해 구조조정의 대상이 되는 것도 엄청난 고통이고, 직장 내에서 인간관계가 원만하지 못해 구성원들의 눈 밖에 나는 것도 정신적인 고통일 것이다. 이렇듯 우리는 매일 잠자리에서 일어나면 조직 안

밖에서 고통 없이는 살아갈 수 없는 현실을 살아가고 있는데, 그럼에도 불구하고 폴 브랜드 박사는 '고통은 선물'이라고 말하는 이유는 무엇일까?

인간에게 고통이라는 감각이 없다면 어떻게 될까? 폴 브랜드(Paul Brand) 박사는 고통은 선물이라고 역설한다. "내게 나병(한센병) 환자들에게 줄 선물을 한 가지 고르라

<고통은 왜 선물일까>

고 한다면 당연히 고통을 고를 것이다". 공감은 고통이 발생했을 때 그 고통을 경감시키기 위해서 발생하는 인간 본연의 감정이다. 흔히 고통은 없어져야 할 인간의 감각이라고 생각하지만 한센병 환자들에게 있어서 고통은 선물이 된다. 고통은 보편적인 성격을 지니는 감각이고, "때로는 전혀 필요 없다고 생각되거나 피하고 싶은 것들이 우리에게 아주 소중한 것일 수 있다. 고통도 그러한 것들 중의 하나이다".

우리 인간이 고통이라는 감각이 없게 된다면 위에 폴 브랜드박사가 언급했듯이 한센병 환자들과 같이 심각한 상태를 겪게 된다(도로시 클라크 윌슨, 2010). 따라서 공감리더십은 무고통을 지향하는 리더십이 아니라 조직 내 구성원들이 겪고 있는 정신적, 육체적, 심적인 고통에 리더가 공감적으로 반응하여 그 고통에 돌봄의 행위로서 반응하고, 회복력을 제공하는 것이다.

<공감리더십은 고통을 경감 시킨다>

이러한 의미에서 공감리더십은 다른 리더십과는 다르게 철저히 타인의 고통이 발생했을 때 성립하는 리더십이고, 미국 긍정조직학파들이 꾸준히 연구해왔던 고통에 기반을 둔 공감을 구성원들에게 베푸는 리더십인 것이다.

그렇다면 한센병 환자분들은 육체적 고통의 감각을 느끼지 못한다고 해서 공감리더십을 베풀 수 없는 것일까? 절대로 아니다. 필자가 계속해서 본서를 통해 강조하고 있지만 공감리더십에서의 공감(compassion)은 타인의 고통을 전제로 유발되는 인간 본연의 감정인데, 이때의 고통은 육체적, 정신적, 심리적 고통 전부를 포함하는 개념이다. 따라서 한센병 환자분들은 누구보다도 이러한 병 때문에 심리적인 고통이 어마어마 할 것이다. 이분들에게 공감적 리더가 따뜻한 사랑의 언어와 손길로 돌봄의 행위를 제공한다고 하면 이분들의 심리적 고통은 서서히 경감되고, 치유 될 것이다. 사랑이 있기 때문에 공감리더십을 실천할 수가 있다.

8.2. 공감리더십은 행위(Acts)로 반응

역사적으로 공감리더십을 행동으로 실천했던 인물을 떠올려 보면 필자는 단연코 프랑스 국민들의 존경과 사랑을 받았던 분노하는 성자 피에르 신부를 떠올리게 된다. 1954년 2월1일, 피에르 신부는 우선 국영 라디오 방송국에, 그 다음에는 룩상부르 그 라디오 방송국에 도움을 호소했다. 선행이 봇물처럼 터져 나오게 하는 시발점이었고, 피에르 신부의 엄청난 공감리더십을 보여준 사례가 된다. 『이웃의 가난은 나의 수치입니다』[3] 책에 나오는 피에르 신부의 절규는 제발 지갑을 열어서 추위에 얼어 죽어가고, 거리에서 굶어죽어가는 이웃들에게 사랑을 베풀어달라는 외침이었다. 피에르신부는 철

<재활용품을 모으고 있는 피에르 신부>

저히 행위로 반응하는 공감리더십을 실천했던 인물이 된다.

피에르 신부는 행동하는 성자, 분노하는 성자라는 별칭에 걸맞게 늘 가난하고, 고통에 처하고, 소외된 자들을 위해서 혼신의 힘을 다해 목소를 높이고 행동했던 인물이다.[4] 한

---

3) 아베 피에르(2004). 『이웃의 가난은 나의 수치입니다』, 김주경 옮김, 서울 : 우물이 있는 집.
4) 아베 피에르(2012). 『하느님과 함께 5분』, 임숙희 옮김, 서울 : 성서와 함께.

파 속에서 길거리에 죽어나가는 사람들을 그는 외면하지 않고, 정직하게 행동으로 반응하는 공감리더십을 보이면서 부자들의 지갑을 열고, 가난한 사람들을 도와주기를 호소하였다. 자신의 유익과 자신의 존경심을 유발하기 위해서 그렇게 행동했을까? 아니다. 피에르 신부는 타인에 대한 사랑의 마음으로 공감리더십을 보인 것이다.

그는 늘 이렇게 외쳤다. "사르트르는 타인이 지옥이라고 말한다. 하지만 나는 타인이 없는 나 자신이 지옥이다"라고 말했다. 피에르 신부에게 있어서 타인은 경멸과 외면의 대상이 아니라 사랑과 돌봄의 대상이었기에[5] 그는 평생 엠마우스 운동을 통해 타인에 대한 공감리더십을 행동으로 실천했던 인물이 된다. 물론 사르트르 역시 실존주의 철학자로서 초창기 학자시절에는 자신의 실존만을 중요시여기는 석학이었다. 하지만 책을 너무도 많이 읽고, 공부를 심하게 한 탓인지 한쪽 눈이 실명되고, 또 더 시간이 흘러서 다른 쪽 눈까지 실명이 되면서 그는 점점 타인에 대한 봉사의 삶으로 돌아서게 된다. 역시 인간은 누구나 태어날 때부터 사랑의 감정과 공감의 감정을 지닌 공감적 존재가 맞는 것 같다.

8-2. 쉬어가는 이야기: 타인은 정말 지옥일까?

사르트르는 말했다.

"타인은 지옥이다."

짧지만 강렬한 이 문장은 오랫동안 오해받아왔다. 누군가는 이 말을 듣고 "그래, 나도 누군가 때문에 지옥 같았어."라며 고개를 끄덕였을 것이다. 하지만 정말 사르트르는 타인을 미워했을까? 이 말이 나온 희곡 『닫힌 방』에서는 세 사람이 지옥에 갇힌다. 불꽃도, 형벌도 없는 그곳. 그들이 고통스러웠던 이유는 단 하나. 서로를 바라보는 시선이었다. 타인의 시선은 때로 날카롭다. 나는 나일뿐인데, 누군가는 나를 '이기적'이라 부르고, 누군가는 나를 '실패자'라 규정한다. 그 시선 앞에서 우리는 위축되고, 때로는 '그들이 원하는 나'로 변해간다. 자유롭고 싶지만, 자유롭지 못한 이유. 그것은 어쩌면 타인이 나를 바라보는 방식 때문일지도 모른다. 그런 의미에서, 타인은 때로 지옥일 수 있다.

나를 가두는 투명한 벽이 되니까. 하지만 나는 이렇게도 생각해본다. 타인의 시선이 없었다면, 나는 나를 볼 수 있었을까? 누군가의 따뜻한 말 한마디, 나를 알아봐주는 눈빛 하나가

---

5) 아베 피에르(2002). 『신부님, 사람은 왜 죽나요?』, 김남주 옮김, 서울 : 프레스21.

내 하루를 바꾼 적은 없었을까? 나를 아프게 한 것도 타인이지만, 나를 살게 한 것도 결국은 타인이었다. 그러니 어쩌면 사르트르의 말은 이런 의미였을지도 모른다.
"타인은 지옥이 될 수도 있지만, 그 시선을 마주한 나는 그 지옥을 넘어서야 한다."
지옥 같은 시선 속에서도 나를 잃지 않는 용기. 그것이 바로 인간의 실존, 그리고 공감의 시작이다.

공감리더십은 타인의 고통을 전제로 하여 성립하는데, 타인의 고통을 주목하고, 가슴으로 느끼며, 행동으로 반응하였을 때 완성되게 된다. 가장 마지막 단계인 행동으로 타인의 고통에 반응하는 것은 '선한 사마리아인의 행동'에서 찾을 수가 있는데(류모세, 2011), 통상적으로 리더들이 가장 실행하기 힘든 부분이기도 한다. 영하 20도 이하의 한파의 날씨는 누구든지 밖에 나가기조차 힘든 상황인데, 길거리에 쓰러져 죽어가는 노숙자들을 살리기 위해 내가 밖으로 뛰쳐나가서 공감리더십을 행위로 보인다는 것이 쉬운 일 일까? 필자는 솔직히 자신이 없다. 그렇기 때문에 필자는 젊은 나이 때부터 지금까지 피에르 신부가 보여준 공감리더십을 존경하고, 경이롭게 생각하고 있다.

<공감리더십은 반드시 행위로 반응한다>

8.3. 공감리더십은 돌봄의 행위를 제공

공감리더십은 시간적, 정신적, 물질적으로 구성원들의 고통에 반응하여 돌봄의 행위를 제공하는 리더십을 의미한다. 시간적으로 반응한다는 것은 무슨 의미인가? 예를 들면 직장생활에서 부하직원이 동료들과의 인간관계 때문에 힘들어할 때 상사가 시간을 할애하여 진지한 상담을 해주는 행위가 바로 시간적 돌봄의 행위로서의 공감리더십인 것이다. 그렇다면 정신적 돌봄의 행위로서 공감리더십은 어떤 것이 있을까? 만약 여러분들이 회사생활에서 업무 중에 혼자 힘으로 처리하기 힘든 업무가 있거나 또는 회사생활로 인해 받는 스트레스 때문에 힘들어할 때 상사가 따뜻한 위로나 격려로 힘을 주었을 때 정신적으로 공감리더십을 보인 사례가 될 수 있다. 마지막으로 물질적 행위로서 공감리더십을 보이는 사례는 무엇이 있을까? 며칠 동안 야근으로 지친 부하직원들을 격려하고, 위로하기 위해서 상사가 회식자리를 마련해서 한우고기를 부하직원들에게 대접한다면 물질적 돌봄의 행위로서 공감리더십을 보인 예가 될 것이다.

이렇듯 공감리더십은 미국 긍정조직학파의 일원들이 연구해온 공감적 행위에 기반을 둔 리더십으로서 리더가 부하직원들에게 시간적, 정신적, 물질적 돌봄의 행위로서 반응하는 리더십인 것이다[6]. 공감적 리더가 제공하는 리더십은 다른 리더십과는 다르게 반드시 돌봄의 행위를 포함해야 한다. 이러한 돌봄의 행위는 경영학적인 의미에서 표면행동(surface acting)이 아닌 심층행동(deep acting)을 의미한다. 즉, 가식적이거나 다른 사람에게 보이기 위한 리더로서의 행위가 아닌 부하직원들과 깊은 관계로 들어갈 수 있는 진정성 있는 심층행동이 공감적 리더가 보여주는 돌봄의 행위인 것이다.

<공감리더십은 돌봄의 행위를 제공한다>

독자여러분들도 인간관계를 하다보면 진정성이 있는 행동과 그렇지 못한 행동을 느낌으로 구별할 수 있을 것이다. "오늘 점심식사 어떠세요?" 라고 누가 전화로 연락을 해 왔을 때 우리는 상대방의 말투와 억양, 분위기 등을 종합해서 느낌으로 점심식사의 의미를 파악하게 된다. 공감적 리더가 보여주는 공감리더십은 사랑의 마음으로 타인의 고통을 조금이라도 경감시키고 싶은 애틋한 심정에서 우러나온 심층적 행동이어야 할 것이다.

8-3. 쉬어가는 이야기: 생각이 깊어지면

생각이 깊어지면 행동하지 않을 수 없습니다.
깊은 생각과 사색은 행동과 사명(mission)으로 이어지기에 그러합니다. 사고의 깊

6) Lilius, J. M., Worline, M. C., Maitlis, S., Kanov, J., Dutton, J. E. & Frost, P. (2008). The contours and consequences of compassion at work. Journal of Organizational Behavior, 29(2), 193-218.
Kanov, J. M., Maitlis, S., Worline, M. C., Dutton, J. E., Frost, P. J. & Lilius, J. M. (2004). Compassion in organizational life. American Behavioral Scientist, 47(6), 808-827.

이와 넓이는 그 범위를 가늠할 수 없습니다. 깊은 사고와 넓은 사고가 균형을 이루는 것이 중요합니다. 남명 조식선생께서는 평생 지리산에 열 번 이상 오르시면서 자신의 사고의 폭을 넓혀가셨습니다. 지리산을 오르내리며 학문의 폭을 넓히셨던 것입니다. 그러나 사고가 넓어지기만 할 때 그 깊이를 상실할 위험이 있습니다. 넓은 사고와 폭넓은 생각은 자칫 바다 속 심연에 있는 '그 무엇'을 놓쳐버릴 수 있기에 그러합니다. 깊은 사고는 반드시 침묵(silence)을 동반합니다. 침묵은 깊은 사고의 세계로 인도하는 출구(出口)와도 같습니다. 절대 고독 속에 존재하는 침묵은 '신의 소리'를 듣게 하고 '자신의 존재'를 흔들어 깨우는 힘이 있습니다. 깊은 사고는 바로 이러한 '침묵' 속에서 그 빛을 발하기 시작하는 것입니다.

생각이 깊어지면 행동하지 않을 수 없습니다.

왜냐하면 깊은 생각은 결국 '타인'에 대한 생각으로 이어지기에 그러합니다. 프랑스의 지성 장 폴 사르트르도 말년에 '타인(他人)에 대한 봉사'로 자신의 생각을 돌렸던 것을 우리는 기억합니다. 슈바이쳐가 자신의 명성 있는 설교를 등지고 아프리카 의료선교를 선택한 것 역시 '깊은 생각' 뒤의 결단이었습니다. 아베피에르 신부가 '진실의 언어'로 사람들의 마음을 흔들어 놓은 것 역시 오랜 침묵 속에 지속되었던 깊은 생각이 있었기 때문입니다. 생각이 깊어질수록 나와 당신은 더더욱 침묵의 바다 그 깊숙한 곳에서 진실의 언어를 듣게 되고, 타인들에게 진실의 언어를 말할 수 있게 될 것입니다. 진실의 언어와 진정성 있는 행동이 사라져가는 이 시대 앞에 우리는 '깊은 사고와 생각이 사명(mission)을 낳는다'라는 명제를 다시 한 번 떠올려야 할 것입니다.

21세기 현대사회는 경영학적 관점에서 지식의 사회로 가고 있고, 사회학적 관점에서는 공감의 시대, 그리고 행정학적 관점에서는 스마트융합 통섭의 시대로 향하고 있다. 즉, 모든 것이 하나로 수렴이 되는 컨버전스의 시대를 우리는 살아가고 있고, 2025년 이후에는 로봇의 시대, 2040년 이후에는 우주의 시대를 살아가게 될 것이다. 이렇게 빠른 지식의 폭발적인 증가와 기술의 진보 속에 조직 내 구성원들은 점점 개인주의와 이기

<36년간 의술을 통해 진실의 언어를 보여 주었던 닥터 설대위>

주의를 지향하는 경향이 발생하고 있다. 따라서 공감적 조직문화를 형성하기 위해서는 무엇보다도 공감적인 리더의 헌신과 돌봄의 행위를 제공함으로 구성원들의 마음을 따뜻하게 만들어 주는 것이 필요할 것이다. 공감적 리더가 구성원들에게 가식적 행동이 아닌 심층행동인 돌봄의 행위를 보이게 되면 구성원들은 점점 자신의 마음을 열면서 타인에 대한 공감적 행위를 실천하게 될 것이고, 서로 서로가 진실의 언어로 진정성 있는 행동을 하게 될 것이다.

8.4. 공감리더십은 공감적 조직문화를 형성

공감적 리더는 개인적 수준(Micro level)에서 구성원들에게 사랑과 진정성이 담긴 돌봄의 행위를 제공하면서 점점 조직을 공감적 조직으로 만들어 나가는데 일조하게 된다. 필자는 조직 내 공감적 리더십이 개인적 수준에서 조직 구성원들에게 공감을 경험하게 하는 차원을 넘어서 조직 수준(Macro level)에서 조직이 공감적 조직문화를 형성하는 단계까지 나아가야 한다고 생각한다.

이러한 측면에서 Cameron et al.(2004)[7]의 연구는 조직 미덕이 성과에 유의한 영향을 미친다고 밝히고 있는데, 여기서 조직 미덕은 개인적 수준이 아닌 조직 수준에서의 미덕을 의미하고, 조직이 점점 미덕적인 문화를 형성할수록 성과가 향상될 수 있음을 시사해 주고 있다. 그렇다면 공감리더십이 개개인의 구성원들에게 공감적 돌봄의 행위를 제공하는 차원을 넘어서 조직 수준에서 공감적 조직문화를 형성하기 위해서는 어떠한 노력이 필요할까?

첫째는 구성원들이 조직 내에서 공감리더십을 경험한 후 긍정적 감정을 형성하게 되는데, 이러한 개인적인 경험을 조직 내에서 내러티브형식으로 서로 이야기하고, 공유하는 것이 필요하다. Miller(2007)[8]의 연구에 의하면 조직 내에서 공감을 경험하는 구성원들은 서로가 공감적 커뮤니케이션을 하게 되고, 이러한 공감적 이야기들을 내러티브형식으로 점점 조직 전체에 전파한다는 것이다. 조직 구성원들은 자신이 공감적 리더로부터 경험

7) Cameron, K. S., Bright, D. & Caza, A. (2004). Exploring the relationships between organizational virtuousness and performance. American Behavior Science, 47(6), 1-24.
8) Miller, K. I.(2007). Compassionate communication in the workplace: Exploring processes of noticing, connecting, and responding. Journal of Applied Communication Research, 35, 223-245.

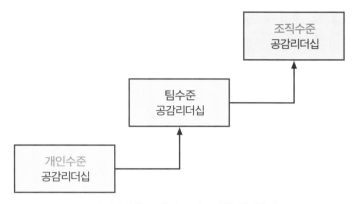

<공감리더십은 공감적 조직문화를 형성한다>

한 공감을 주의 사람들에게 말하게 되고, 공감적 리더가 제공한 돌봄의 행위들을 구체적으로 이야기함으로써 조직은 공감리더십에 관하여 주목하게 되는 것이다.

마치 경영학에서 입소문 마케팅이 있듯이 자신이 조직에서 경험한 공감리더십에 관한 이야기들을 입소문처럼 옆의 동료에게 전파하고, 옆의 동료는 또 다른 동료나 지인들에게 전달하는 식으로 개인수준의 공감리더십은 조직수준의 공감리더십으로 전파되어 공감적인 조직문화를 형성하게 될 것이다.

<입소문을 통해 공감리더십 전파>

둘째는 지금까지 공감과 공감리더십은 개인수준에서 성과향상에 기여한다는 연구결과[9]가 있어왔다. 하지만 공감은 미덕과는 달리 조직수준에서 성과향상에 유의한 영향을

---

9) Ko, S. H. & Choi, Y. (2019). Compassion and Job Performance: Dual-Paths through Positive Work-Related Identity, Collective Self Esteem, and Positive Psychological Capital. Sustainability, 11(23), 6766.

미친다는 연구결과는 희소하였다. 따라서 공감리더십이 개인차원이 아닌 조직수준에서 유의한 영향을 미칠 수 있다는 실증적 연구가 뒤따라야 할 것이고, 이러한 후속연구의 시사점을 기반으로 조직은 공감리더십과 조직성과가 긍정적인 관계가 있음을 공감교육을 통해 홍보해 나가야 할 것이다. 조직 내 구성원들뿐만 아니라 조직 역시 경제적, 법적, 윤리적 측면에서 상처와 아픔을 경험하게 된다. 예를 들어 기업이 생산한 제품에서 발암물질이 검출된다고 한다면 소비자들은 불매운동을 할 것이고, 이로 인하여 기업은 큰 상처와 리스크를 짊어지게 된다. 따라서 조직 역시 구성원들처럼 회복하고, 완충할 수 있는 장치가 필요한데 그러한 장치 중의 하나가 바로 공감리더십이라고 필자는 생각한다.

<공감리더십과 조직성과>

8-4. 쉬어가는 이야기: 행복은 상대적 비교우위일까

런던정경대의 리처드 레이어드(Richard Layard) 교수는 하버드대학교 학생들을 대상으로 한 흥미로운 연구를 수행한 바 있다. 그는 실험 참가자들에게 다음 두 가지 상황 중 하나를 선택하라고 제시했다. 첫 번째는 자신의 연봉이 5만 달러이고, 주변 사람의 연봉은 2만5천 달러인 경우, 두 번째는 자신의 연봉이 10만 달러이지만, 주변 사람의 연봉은 25만 달러인 경우였다. 놀랍게도 대부분의 학생들은 첫 번째 선택지를 택했다. 이와 유사한 방식으로 진행된 다른 연구들에서도 비슷한 결과가 반복적으로 나타났다. 이러한 결과는 사람들이 자신의 행복을 절대적인 조건이 아니라, 상대적인 비교 우위 속에서 느낀다는 점을 보여준다. 즉, 사람들은 자신이 실제로 얼마나 풍요로운지보다는 타인과의 비교 속에서 자신의 위치와 가치를 판단하고 있는 것이다. 결과적으로, 부를 향한 경쟁적이고 개인주의적인 태도는 오히려 상대적 빈곤감을 심화시키며, 이는 우울감, 불만, 자기비하, 그리고 반사회적 행동과 같은 현대 사회의 병리적 문제들을 증폭시키는 원인이 되기도 한다. 이러한 맥락에서, 공감리더십이 개인의 차원을 넘어 조직 전체로 확산될 때, 이는 단지 개인 구성원의 회복을 이끄는 데 그치지 않고, 병든 조직 자체를 서서히 치유하는 힘으로 작용할 수 있을 것이다.

8.5. 공감리더십은 객체가 아닌 주체로 인식

여러분들은 리더의 기본조건을 무엇이라고 생각하나요? 리더의 조건 외에도 리더가 갖춰야 할 기본 조건은 무엇이 있을까요? 본서에서 강조하고 있는 공감리더십은 리더가 구성원들의 고통을 이해하는 것부터 출발한다. 신화의 시대, 즉 어둠의 시대에 리더는 부하직원들의 고통과 아픔에는 관심조차 없었다. 상사가 부하직원들을 주체(subjectivity)가 아닌 객체(objectivity)로 인식하였고, 그들의 이름을 부르지도 않은 채 미스김, 미스박, 미스터고 이런 식으로 구성원들을 대하였다. 그러나 철학의 시대, 즉 빛의 시대로 패러다임이 바뀌면서 리더는 조직 구성원들을 객체가 아닌 주체로서 인식하게 되었고, 부하직원들의 이름을 정확히 부르면서 이들의 존재를 인격적으로 인정하게 되었다. 마치 철학의 시대에 작가가 자신의 작품에 이름을 새기면서 싸인을 한 것처럼 상사 역시 부하직원들을 주체로서 인정하며 이들의 고통에 반응하는 공감리더십을 발휘하게 되었다.

8-5. 쉬어가는 이야기: 석굴암을 재현할 수 있을까

지식의 시대이면서 로봇의 시대인 현재. 디지털 시대를 넘어서 인공지능시대와 우주의 시대로 향해가고 있지만 필자가 대학생 때는 한창 인터넷이 나올 무렵이었다. 대학생 때 교양수업으로 수강하였던 철학 수업이 있었는데, 지금도 그 당시 교수님의 강의가 기억에 생생하다. 아프리카에서 타고 가던 헬기가 추락하여 가까스로 생명을 건지신 교수님은 40살 늦은 나이에 프랑스에서 철학박사과정을 시작하여 50살에 학위를 마치고, 서울대 모교로 오셔서 후학들을 지도하고 계셨다. 철학 수업 강의 첫날. "왜 현대인들은 석굴암을 재현할 수 없는 것일까요?" 이러한 질문을 던지신 후 한 학기 동안 철학의 시대와 신화의 시대를 비교해가면서 왜 사람이 서로를 인격적인 주체로 대해야하는지에 대해서 치밀한 논리로 강의를 진행해 나가셨다. 기말고사 문제는 오픈북 시험이었고, 3시간 동안 어떠한 책을 참고해도 상관없는 시험이었다. 시험문제는 '선영아! 사랑해를 사회학적 관점에서 분석하시오'였다. 교수님께서는 학기 종강이 되어서도 왜 현대인들이 석굴암을 재현할 수 없는지 그 이유에 대해서 설명을 안 해주셨고, 본인은 이에 대한 해답을 알고 있다고만 말씀하셨다.

공감리더십은 상사가 부하직원을 객체가 아닌 주체로서 대하면서 인격적인 관계 속에서 부하직원들의 고통에 사랑과 정성으로 반응하는 돌봄의 행위를 제공하기 때문에 공감리더와 구성원의 관계는 점점 깊은 관계로 발전하게 된다.

<철학의 시대와 공감리더십>

내가 아프고, 내가 고통 당할 때 당신은 어디에서 무엇을 하였습니까? 독자여러분들은 힘들고 지칠 때 이러한 질문을 누군가에게 해본 적이 없나요? 조직 내 구성원들이 너무도 힘들고, 지쳐서 눈물을 펑펑 흘리고 있을 때 높게만 보였던 상사가 따뜻한 위로와 격려의 말로 여러분들에게 정신적 공감을 제공해 준다면 기분이 어떨까요? 필자는 리더의 기본조건으로 타인에 대한 공감능력이 필수요건으로 들어가야 한다고 생각한다. 공감리더십은 리더가 부하직원을 객체가 아닌 주체로서 인식한다는 차원에서 철학의 시대에 어울리는 리더십이 된다.

9장
공감리더십과
교부들의 사상

본서에서 사용하고 있는 공감리더십의 공감(compassion)은 '타인의 고통에 대해 돌봄의 행위로 반응하는 감정'으로 정의하였었다. 이러한 정의는 그리스도교 성경에서 예수가 사용하였던 '긍휼'의 개념과 일치하는 의미이기 때문에 미국의 긍정조직학파 연구자들의 독특한 개념은 아닐 것이다. 따라서 필자는 마지막 본 장에서 아주 오래전 4세기 교부들의 사상에서도 공감의 개념이 나타나있었는지 연구를 해보았다.

마지막 본 장에서는 4세기 교부들의 사상 속에 나타난 공감리더십에 대해 다소 무겁고, 진지한 논의를 해보고자한다. 독자여러분들께서는 리더십 하면 경영학이라는 학문과 관련 된 개념으로 이해하고 있을 수 있지만 고대 철학자이면서 신학자였던 교부들은 이미 공감리더십에 대한 깊이 있는 통찰력을 지니고 있었다. 지금부터 필자와 함께 깊이 있는 교부들의 사상 속에 등장하는 공감리더십을 살펴보도록 하자.

9.1. 자비의 때[1]와 공감리더십

신(God)이 선한 사람이건 악한 사람이건 동일하게 비를 내리시고, 동일하게 빛과 어두움을 보이시는 것처럼 공감적 리더 역시 자신이 아끼는 부하직원이건 미워하는 부하직원이건, 또는 업무를 잘하는 부하직원이건, 업무에 미숙한 부하직원 동일하게 공감적 돌봄의 행위를 제공해서 구성원들 모두 힘든 조직생활에서 회복력을 경험할 수 있게 해야 한다.

4세기 교부들은 신(God)의 말씀인 성경은 말씀 그대로 해석되어야 한다고 강조하고 있다. 즉, 교부들은 기준인 텍스트가 있었고, 이 텍스트는 바로 성경이었다. 그렇다면 공감리더십의 기준은 무엇이 되어야 하는가? 그 기준은 바로 공감적 리더가 지니고 있는 공감능력이 기준이 되어야한다. 공감리더십은 구성원들에게 공감능력을 발휘하는 것이기 때문에 리더는 반드시 공감능력을 지니고 있어야 하고, 만약 공감능력이 부족한 리더는 공감교육과 훈련을 통하여 공감능력을 향상시켜야 할 것이다.

그렇다면 공감적 리더는 자비로운 리더 일까? 구성원들에게 공감적 행위를 제공하는 리더는 항상 조직 구성원들의 실수를 용서해주고, 눈감아주고, 자비로운 마음으로 따뜻하게만 대해주어야 할까? 아니면 잘못한 부분에 대해서는 따끔하게 지적해 주면서 심판을 해야 할까? 공감적 리더가 지닌 자비와 심판의 마음이 어떻게 연결되어 있는지 교부

---

1) Discours sur le Psaum

들의 사상에 비추어 살펴보도록 하자.

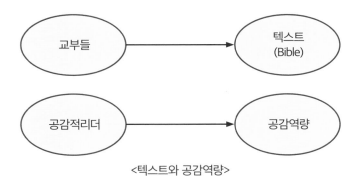

<텍스트와 공감역량>

우리나라말 '유비'는 영어로 allegory이고, 라틴어로 analogia라고 한다. '유비'는 비슷한 것이 비슷한 것을 이해할 수가 있다는 의미가 내포되어 있다. 원래 질적으로 다른 A와 B가 있다고 하면 이 둘은 다르지만 유비(allegory)에 의해서 A=B 가된다. 예를 들면 비둘기와 평화는 아무런 상관이 없는 단어들이지만 상징이라는 매개를 통하여 비둘기는 평화를 연상시키는 상징물이 되는 것이다. 리더와 부하직원 간에는 업무 외에 특별히 상관관계가 없이 조직 내에서 지낼 수가 있다. 그러나 리더가 부하직원에게 공감적 행위를 베풀게 되면 부하직원은 공감이라는 매개체를 통해서 리더를 떠올릴 때 공감리더십을 떠올리게 된다.

9-1. 쉬어가는 이야기: 아직도 신화의 시대와 흡사한 한국사회

왜 여러 학자들은 한국사회가 이러한 철학이전의 시대인 '신화시대'와 흡사하다고 진단하고 있는 것일까요? 영국왕실의 지리학자 였던 '버나드 비숍'은 한국의 도시를 둘러보며 "한국에는 길다운 길이 없다" 라고 말을 합니다. 한 걸음 더나아가 '막스베버'(Max Weber)는 그의 책 도시(Die stadt)에서 서양문명에 비해 동양문명은 '도면이 없는 문명'이라고 지적하고 나섭니다. 즉, 한국사회에는 자연의질서, 입체적 질서가 부재하다는 것을 암시합니다.입체적 질서라고 하면 서구문화의 조형예술(les arts plastique)이나 우리나라의 석굴암의 3차원제도법과 그 맥을 같이합니다. 3차원조형은 도면이 있는 문명이고. 도면이 있는 문명은 정신(Geist)을 가진 문명입니다. 정신을 가지고 있는 문명은 대화하는 문명이고 주체간의 인격이 인정되는 사회(recognition of subjectivity)라고 말 할 수 가 있을 것입니다. 이러한 사회는 잠재적(potential)인 사회가 아니라 역동하는(actual)사회입니다. 그러나 아직 한국사회의 현대인들은 아놀드 하우져(Anold Hauser)의 지적대로 석굴암을 재현하지(what is absent becomes present) 못하고 있고, 잠재적인(potential)단계에서 역동적인(actual) 자기긍정으로 나아가지 못하고 있는 상태입니다.

한국사회와 한국 내 조직이 철학의 시대로 나아가기 위해서는 사막의 교부들이 텍스트를 갖고 기준을 삼았듯이 공감적 리더가 공감능력을 갖고 모든 사람들을 인격적 주체로 인식하고, 돌봄의 행위로 반응해야 할 것입니다.

따라서 유비에 의해 숨겨진 것이 드러나게 된다. 교부들의 사상은 유비(allegory)에 바탕을 두고 있다. 공감리더십 역시 유비를 통해서 리더들의 행동과 생각이 밖으로 드러나게 된다. 공감적 리더는 구성원들에게 자비와 심판 두 가지 모습을 모두 보여주어야 할 것이다.

원래 자비와 심판 이 둘의 개념은 양립 불가능한 것들이었다. 어떻게 타인의 행동에 자비로우면서 심판을 할 수 있겠는가? 필자가 인터뷰했던 소방서 조직 내 리더들은 부하직원들의 화재 진압 시 실수로 인하여 전신에 화상을 입은 적이 있다고 한다. 그러나 이들은 공감적 돌봄의 행위로서 부하직원들을 용서하고, 사랑으로 승화시켰다. 한마디로 공감적 행위를 통해 자비로운 리더의 모습을 보여준 것이다. 부하직원의 실수로 자신이 입은 화상에 대해 심판하거나 책임을 묻지 않았다.

따라서 원래는 자비와 심판은 양립 불가능한 개념이다. 하지만 4세기 교부들은 '자비'가 '심판'에 앞서 있다고 말하면서 신(God)은 모든 사람에게 똑같은 자비를 내려주신다고 말한다. 마치 공감리더십이 모든 구성원들에게 동일하게 공감리더십을 발휘하는 것처럼 말이다.

<교부들이 사색했던 사막>

영지주의 결정론은 사람의 성품과 기질(quality)은 이미 결정되어 있다고 보았다. 영지주의자들은 모든 육적인 것은 악하고, 영적인 것은 선하다는 이분법적 사고를 지니면서 육과 영을 분리해서 생각하였다.

<선인과 악인에게 동일한 공감리더십>

즉, 육적인 고통보다는 정신적인 고통이 더 중요하기 때문에 영지주의자들의 생각에 따르면 공감리더십은 정신적인 고통에 반응해서 돌봄의 행위를 제공해야 하는 것이다. 그러나 교부들은 영지주의자들과는 다른 견해를 지니고 있었다. 교부들은 언제든지 사람의 성품과 인격, 기질과 마음은 변할 수 있다고 보았다. 즉, 낮은 단계의 '소마티쿠스'에서 높은 단계의 '그노시스쿠스'로 인간은 발전해 나갈 수 있는 것이다. 구성원들이 공감리더십을 경험하면서 이들은 점점 낮은 단계의 긍정적 감정에서 높은 단계의 그노시스쿠스, 다시 말해 신체와 정신까지 회복되는 단계까지 나아갈 수 있는 것이다.

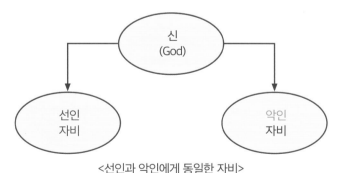

<선인과 악인에게 동일한 자비>

교부들은 신(God)은 모든 사람에게 똑같이 해를 내려주신다고 말한다. 하지만 교부들의 사상에서는 더 나아지고자 하는 자에게 신(God)의 자비가 있고 두려움이 있을 수가 없다고 말한다. 초월자인 신(God)은 매일 똑같은 태양의 빛을 모든 사람에게 내려주지만 이

태양의 빛을 감사한 마음으로 받는 사람이 있는가 하면 당연한 일상으로 생각하는 사람이 있다. 공감적 리더는 모든 구성원들에게 고통에 반응하여 동일한 돌봄의 행위를 행동으로 보여주지만 어떤 구성원들은 감사한 마음으로 받아들이고, 어떤 구성원들은 당연히 받아야 할 것을 받는 것처럼 생각하기도 한다.

신(God)께서 뜻하시는 데로 하도록 자신을 내어놓는 것을 교부들은 contemplatio Fiat라고 하였다. 즉, '당신 뜻 데로 하소서'의 의미를 갖고 있다. 인간은 창조주인 신(God)에 자비를 더 많이 내려달라고 말할 수 있지만 그분은 모든 사람에게 동일한 자비를 내려주신다. 마찬가지로 부하직원들은 공감적 리더에게 더 많은 공감적 돌봄의 행위를 제공해 달라고 요청할 수 있지만 공감리더십은 모든 구성원들에게 공정하면서도 공평하게 제공된다. 물론 공감리더십을 경험한 조직구성원들의 업무성과는 성경에 나오는 심판의 때와 마찬가지로 연말에 평가를 통해 드러나게 될 것이다. 자비는 모든 구성원들에게 공정하게 적용되지만 심판은 평가를 통해 공정한 잣대로 엄격하게 적용 될 것이다. 아래는 교부들이 자비와 심판의 때를 유비적으로 설명한 부분이다. 계속해서 교부들의 사상을 귀기울여보도록 하자.

시편 저자는 자비, 심판의 순서로 이야기 한다. 인간은 복잡한 존재이다(contre la justice). 완전히 악하지도 않고 완전히 선하지도 않다. 인간은 동전의 양면처럼 악한 면도 있지만 사랑의 감정을 지닌 선한 면 지니고 있다. 사도 바울은 육체와 정신, 영을 분리해서 설명하고 있는데, 영이 유일하게 신(God)과 만나는 부분이라고 말한다. 하늘에 계신 신(God) 이외에는 선한 사람 존재는 없다. quelquefois가 아니다. 신(God)이 원하시는 장소와 시간에 자신을 두지 못하는 것이 현대인이다. 이것이 가장 쉬우면서 가장 어려운 것이다. 겨자 씨 만큼이나 작은 믿음이 있으면 자신을 주님을 위하여 내놓을 수가 있다. 나의 관점에서 신(God)의 관점으로 넘어가지 못하는 것이 우리 자신이다. 자비는 현재의 시간이고 심판은 미래의 시간이다. 신(God)이 나를 사랑한 것처럼 나도 타인을 위해 사랑하면서 살아야한다. 신(God)이 우리를 사랑 하시는 것만큼 신(God)이 우리에게 허락하신 것만큼 타인을 사랑할 수가 있다. 신(God)이 우리에게 허락하신 것만큼 만 걸어가자. 신(God)이 열어주신 그 보폭 안에서 걸어가야 할 것이다. 하늘에 계신 신(God)처럼 되어야 지금이 자비의 때인 것을 알게 된다. 지금이 자비의 때인 것을 이해하기 위해서는 하늘에 계신 신(God)처럼 그 순간 그렇게 되었기 때문에 그러다. 전적 타자이신 신(God)은 모두에게 공평하신 신(God)이다. 그분은 선인과 악인 모두에게 자비를 베푸시는 분이다. 신(God)은 혹 나에게 이롭지 않은 신(God)이 아닌가라는 의문을 품을 수도 있다. 왜냐하면 그분이 선인과 악인 모두에게 자비를 베푸시는 신(God)이시기 때문에 그러하다. 자비의 때를 알기 위해서는 우리가 신(God)처럼 되어야 한다. 현실을 떠나 추정 속에 있을 때 나만 힘들어진다. 악한 행동이 신(God)을 기쁘게 하는 것이 아닐까라고 생각하는 것은 현실을 떠나 있는 것이다. 왜 심판의 때가 아닌데 왜 당신은 심판의 때처럼 살아가고 있는가. 당신은 자비의 때인지도 모르고 심판의 때로 살아가고 있다. 너 안에 자비의 때를 세워라. 육이 없으면 영이 자리를 잡을 수가 없다. 육은 자비가 자리를 잡을 수 있는 곳이다. 그러나 육은 한시적이다. 그렇지만 육도 중요하다. 신(God)의 말씀은 신(God)의 말씀으로 이해되어야 한다. 신(God)의 신성이 예수그리스도라는 인성을 통해 드러났듯이 육을 통한 최고의 경지는 신(God)을 이해하고, 신(God)처럼 되는 것이다. 유비를 통하여 신(God)의 말씀이 드러나게 되고, 유비를 이해하기 위해서는 신(God)에 대한 믿음과 창조성이 있어야 한다.

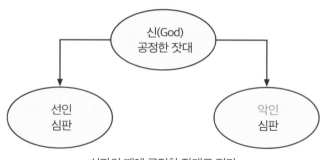

<심판의 때에 공정한 잣대로 평가>

교부들은 끊임없이 육체적인 것과 정신적인 것, 영혼 모두 중요하다고 말하고 있다. 공감리더십이 고통에 처한 구성원들에게 신체적, 정신적, 물질적으로 반응하는 것과 같이 4세기 교부들에게 있어서 신(God)을 이해할 때 신체적, 정신적, 영혼적인 모든 측면이 중요하다고 본 것이다. 이러한 측면에서 공감리더는 부하직원들이 겪는 고통에 물질적으로만 반응해서도 안 되고, 신체적 정신적 돌봄의 행위의 경중을 저울질해서도 안 된다. 신체적, 정신적, 물질적 돌봄의 행위는 동일하게 중요하고, 구성원들에게 공정하게 공감적 행위로서 제공되어야 한다. 마치 자비의 때에 신(God)이 악인과 선인에게 동일한 비를 내리시는 것처럼 말이다.

조직에서 심판의 때는 업무평가를 받는 시점이다. 신(God)은 현재 자비의 때에 악인과 선인 모두 동일하게 낮과 밤을 주시고, 동일한 햇빛과 비를 내려 주시지만 심판의 때에는 악인은 왼편에 선인은 오른편으로 구별하여 엄격한 평가를 하신다. 공감 리더도 마찬가지이다. 자비의 때에는 모든 구성원들에게 사랑과 애정으로 공감적 행위를 제공하게 되지만 근무평가를 하고, 업적평가를 하는 심판의 때에는 공정한 잣대로 업무평가를 하게 된다. 공감리더는 부하직원들에게 어떠한 대가를 바라고서 공감리더십을 실천하는 것이 아니다. 마치 초월자이신 신(God)이 어떠한 보상을 바라고, 모든 이들에게 사랑과 자비를 베푸는 것이 아닌 것처럼 말이다.

9.2. 화살과 공감리더십

공감리더는 리더로서 조직 내에서 구성원들에게 공감적 돌봄의 행위를 제공하는 동시에 끊임없이 구성원들에게 비전과 대안을 제시해야 한다. 흔히 리더는 비전만을 제시하는 사명자로 이해하고 있는데, 비전보다 더 어려운 것이 대안 제시이다. 조직과 구성원들이 직면한 어려움에 개인 차원에서 공감적 돌봄의 행위를 제공하는 것이 공감리더십이지만 공감리더십은 개인 차원에 멈춰서는 안 된다. 조직 차원에서 비전과 대안을 제시하여 조직의 난관과 어려움을 해결할 수 있는 해법을 제시할 수 있어야 한다. 이러한 리더의 대안제시는 모든 리더들이 지녀야 할 핵심역량(CC)인 것으로 필자는 생각한다. 또한 공감리더는 구성원들이 안일함과 나태함에 빠져있을 때 긴장감을 유발할 수 있는 동기부여를 해주어야 하는데, 잠시 교부들의 생각을 살펴보도록 하겠다.

신(God)께서 활동하실 수 없는 상태, 즉 반응(response) 할 수 없는 상태는 우리의 마음이 닫혀있는 상태이다. 과녁은 우리의 마음이다. 우리의 마음이 정체되었을 때 신(God)은 우리에게 화살을 쏘신다. 그분은 끊임없이 우리에게 긴장감을 주신다. 수용이 있어야 존재가 있게 된다. 그러나 아직 내 안에 되돌아가는 것이 없다. 되돌아가야 진정한 회개가 이루어진다. 옹기가 옹기쟁이에게 어떻게 반문할 수 있는가? 그럴 수는 없다. 현재에 있어 나에게로 돌아감이 있어야 한다. 가인과 아벨의 제사를 보라. 각 개개인에 대하여 믿음과 수용이 있어야 한다. 각자에 대한 돌아감이 있어야 할 것이다. 심판의 때에는 철저히 내 탓의 결과로 평가받는다. 남탓을 하지 마라. 사악하게 행하는 자들의 마음이 내 안에 있으면 내가 악한 것이다. 내가 착한 그룹인지 악한 그룹인지 분간하지 못한다. 심판의 시작은 나의 행동에 의해 시작된다. 이것은 나의 몫이다. 자비는 신(God)께서 시작하신다. 이것은 신(God)의 몫이다.

공감리더십은 매너리즘에 빠진 구성원들의 마음에 공감적 행위를 통해 동기부여 시켜준다. 구성원들의 마음이 과녁이 되는 것이다. 공감리더는 구성원들이 절망에 빠지고, 고통으로 인해 낙심할 때 그들의 마음에 공감의 화살을 쏴서 긍정적 감정을 유발시키게 될 것이다[2]. 그러나 공감리더가 아무리 공감의 화살을 구성원들이 마음에 쏘더라도 이들의 마음이 열려있지 않고, 리더에 대한 믿음과 신뢰가 없다면 공감적 행위를 수용하지 못할 것이다. 교부들이 각 개개인데 대하여 믿음과 수용이 있어야한다고 말한 것은 유비적으로 해석하면 이러한 측면인 것이다.

9-2. 쉬어가는 이야기: 지성인은 대안을 고민한다

현재 한국사회는 많은 '지식인'에 비해 진정한 '지성인'은 찾아보기 드뭅니다. 저는 여기서 지식인과 지성인을 엄격히 구별해서 말하고자 합니다. 조정환은 "지식인이란 기존의 사회가 지탱할 수 있는 이념적(理念的) 지반을 제공하는 사람이라고 말합니다. 지식인은 곧 사상가일수 있고 학자일수 있고 시대의 석학일 수 있습니다. 그들은 사회에 대한 대안을 제시하고 사회적인 분석과 인간의 본성과 어울리는 세계관에 대한 접근을 시도합니다. 그러면 지성인은 어떻게 정의할 수 있을까요?

프랑스의 최고지성인을 꼽으라면 우리는 주저 없이 '장 폴 사르트르'와 인류학자 '레비스트로우스'를 지목합니다. 레비스트로우스는 "참다운 지성인은 30년 동안 줄기차게 쉬지 않고 지적활동을 한 사람"이라고 말합니다. 그러나 저는 여기서 한발자국 더 나아가 진정한 지성인은 '자신이 꿈꾸는 이상적인 사회를 향해 혼신의 힘을 다해 줄기차게 지적활동을 하며 삶속에서 전인적인 인간으로서 균형 잡힌 생(生)을 살아가는 사람'이라고 정의하겠습니다.

한국의 지성을 대표하는 '지성인'으로 이제는 고인이 되신 '김지하' 시인을 지목했습니다. 무위당 장일순 선생님의 제자이며 토지 박경리님의 사위이기도 한 김지하는

2) Lilius, J. M., Worline, M. C., Maitlis, S., Kanov, J., Dutton, J. E. & Frost, P. (2008). The contours and consequences of compassion at work. Journal of Organizational Behavior, 29(2), 193-218.

끊임없이 '정신적인 항체'와 '사회적인 대안'을 찾아 지적모험을 시도합니다. 7년간의 감옥 생활에서 꽃피어난 생명사상, 그리고 다시 중심음을 축으로한 율려운동, '율려'는 질 들뢰즈의 '카오스모스'이론과 중국의 '주역' 그리고 우리나라의 '동학사상'을 한 줄기로 엮은 작금의 생명운동이라고 할 수 있습니다. 물론 지하시인의 대안이 궁극적인 해결책일 수는 없습니다. 그러나 참다운 지성인은 예견된 불가능의 미래를 보면서 가능성의 출구를 찾아 이상주의적인 태도를 가지고 살아갑니다. 포기와 좌절, 절망과 외로움 속에 자유로울 수 없는 인간이지만 그들은 이러한 과정을 철저히 대가를 지불하는 삶을 통해 밟아가며 총체적인 사회분석을 시도하곤 합니다.

언젠가 '김지하'는 자신의 글쓰기가 어떤 의미를 갖는지 깊은 회의에 빠지게 됩니다. 하지만 그의 스승격인 장일순 선생은 이렇게 시인을 권면합니다. "일단 씨를 뿌려. 뿌리면 언젠가는 거두게 되지. 자네가 할 일은 뿌리는 일야." 정말 그런 것 같습니다. 균형 잡힌 지성인으로 성장하는 것은 어찌 보면 '씨를 뿌리는 사람'으로 성장함을 의미하는 것은 아닐까요? 본회퍼가 말한 '성인됨의 의미'는 토지의 저자 박경리가 말한 '대동강에 돌 던지는 사람'을 의미하는 것은 아닐까요?

공감리더는 공감적 행위를 모든 구성원들에게 공정하게 제공한다. 하지만 리더의 공감을 받아들이고, 받아들이지 않는 것은 구성원들 개개인의 몫이 된다. 공감리더가 공감적 행위를 통해 구성원들에게 긍정적 정서와 회복력을 제공하려고 하는 것은 궁극적으로 업무성과와 조직의 성과향상을 위해서이다.

그러므로 부하직원들은 조직 내에서 공감리더십을 경험하게 되지만 업무평가와 근무평가 시에 자신의 성과향상을 공정하게 평가받은 후 그에 대한 책임을 져야할 것이다. 즉, 자비는 신(God)께서 시작하시는 것처럼 공감적 행위는 공감리더가 시작하게 되고,

<민주화 운동의 대부였던 장일순 선생님의 벽화>[3]

---

3) 필자가 강원도 원주역에 내리면서 찍은 장일순 선생님의 벽화이다. 장일순 선생님은 토지의 박경리 선생님과 함께 원주에 살면서 생명학파를 이루셨다.

심판의 시작은 우리 인간의 몫인 것처럼 연말에 평가받는 업무평가는 구성원들의 몫인 것이다. 4세기 교부들의 사상을 현대 조직 내 공감리더십에 적용하여 유비적으로 해석하면 퍼즐이 정확히 맞아 떨어지게 된다.

<심판과 업무평가>

9.3. 자기인식과 공감리더십

우리는 앞에서 공감리더십은 정서지능을 포함하고 있어야 한다고 서술했었다. 즉, 공감리더는 공감적 돌봄의 행위를 제공하는 것뿐만 아니라 리더 자신에 대한 자기인식능력[4]을 지니고 있어야 하는 것이다. 이러한 측면에서 교부들의 사상 가운데에도 자기인식의 중요성을 강조하는 내용이 상당부분 발견된다. 다시 교부들의 말을 들어보도록 하자.

> 우리가 가지고 있는 것들의 확실한 보호는 우리 자신을 알아야 한다는 것이다. 우리 각자가 어떤 존재인지를 알아야 한다. 정확하게 우리 스스로를 식별하는 것이다. 우리에게 속한 것들로부터 우리가 누구인지를 정확하게 식별해야 한다. 우리가 우리를 보호해야지 우리가 속한 것으로부터 우리가 어떤 존재인지를 알게 된다. 전제가 충족되지 않고 내가 keep해야 한다고 살아간다면 내 관심이 채워져야 할 때 채워지지 않고 질서를 벗어나 혼돈의 상태가 된다. 어두움의 상태로 들어가게 되고 좌절과 절망의 상태로 빠져들게 된다. 자신이 직접 충만하다고 생각하는가? 어두움과 고통과 현실적인 것들이 영혼을 향하여 가고 있는 것이다. 우리의 것이 지나가는 것이 되어서는 절대 안 된다. 지나가고 흘러가는 것을 어떻게 붙잡을 수 있는가? 유일한 것은 영원함이다. 우리가 얼마만큼 신(God)과 함께 했느냐에 따라 그것을 가지고 하늘나라에 올라간다. 물질은 한순간 지나가 버리는 것이다. 그것은 힘없이 다른 것이 되어 버린다. 신(God)의 계획을 통하여 무엇인지를 알아내야만 하지만 그것은 지나가게 해야 한다. 인간의 영혼은 깃털과 같

---

4) 대니얼 골먼 외(2003).『감성의 리더십』, 장석훈 옮김. 서울: 청림출판사.

이 가벼워야 한다. 인간의 영혼은 신(God)이 심플(simple)하신 것처럼 나의 영혼도 심플(simple)해야 한다. 들으려고도 하지 않고 무엇이 고요하고 무엇이 고요하지 않은지 인간은 모른다. 절대적으로 이러한 안정된 것으로부터 분리된 사람은 결코 휴식 안에 있지 못한 상태로 들어가게 된다. 결국 염소들이 있는 곳으로 가게 되는 것이다. 지나가는 것. 그것을 추구하고 따르고 주님이 채워주시는 것을 버리는 사람은 지나가는 것에 머물게 되고 이것이 영원한 것을 잃어버리게 된다. 아름다운 여인들 사이에서 너 자신을 모른다면 너는 양들이 있는 무리에 괴도에서 벗어나서 염소들이 있는 곳으로 가게 된다. 양이 있는 바로 옆에 염소가 있다. 양은 채워지고 충만한 안정적인(stable)상태이고, 염소는 채워지지 않은 불안정한(unstable)한 상태인 것이다.

공감리더가 불안정한 상태이면 구성원들이 리더를 믿고 따르겠는가? 아무리 리더가 공감적 행위를 부하직원들에게 제공하고, 헌신적으로 구성원들에게 돌봄의 행위를 베풀어도 정작 리더 자신이 정신적, 심리적으로 불안정한 상태에 놓여있게 된다면 부하직원들 역시 불안해 할 것이다. 교부들의 사상처럼 공감리더 역시 양처럼 자기인식능력을 통해 안정적인 상태를 유지해야 한다. 공감적 행위는 타인을 위한 행위이다. 하지만 정서지능의 한 요소인 자기인식 능력은 자신을 성찰하기 위한 자신을 향한 행위이다. 구성원들에게 어두움과 염소의 무리가 아닌 밝음과 양의 무리를 주기 위해서는 공감리더 자신부터 철저히 자신에 대한 성찰 및 자기인식능력을 통해 자신을 점검해야 할 것이다.

9-3. 쉬어가는 이야기: 공감적 리더는 기획 독서를 해야한다

진리는 학문의 경계를 넘나들며 존재하는데, 우리는 우리가 만든 학문의 울타리 안에 갇혀 한 부분만을 붙들고 평생 씨름을 한다. 세상을 숲이라 가정한다면 우리가 알고 있는 각각의 분야는 나무다. 한 우물만 파다가는 나무만 보고 숲은 보지 못하는 우를 범하게 된다. 학문의 경계를 자유롭게 넘나들며 새로운 것을 얻을 수 있어야 한다. 그렇다면 이처럼 학문의 경계를 넘나드는 통섭적인 삶을 살려면 어떻게 해야 하는가?

가장 효과적인 방법이 독서다. 독서를 취미로 하는 사람은 많다. 그러나 독서를 취미가 아닌 일로 삼아야 한다. 내가 모르는 분야를 붙들고 씨름하는 거다. 누구도 대학 졸업 후 첫 직장에 들어갈 때부터 그 분야의 대가가 되어 취직하지는 않는다. 알아 봐야 얼마나 알겠는가. 직장에 들어가 실무 경험을 쌓으면서 배워 가는 것이다. 첫 직업을 그렇게 선택했는데 두 번째 직업이라고 해서 다를 바 없다. 그저 책 두 권 읽고 덤비는 거다. 그러나 한 권도 안 읽은 사람과 달랑 두 권이라도 읽은 사람의 차이는 너무도 크다. '취미 독서'가 아닌 '기획 독서'를 해야 한다. '기획 독서'란 몇 가지 분야를 정해 놓고 계획성 있게 공략하는 독서다. 자신의 전문 분야 외에 관심이 가는 분야가 있다면 치열하게 탐닉하라. 평소 호기심을 갖고 주변을 관찰하는 습관을 조금만 길러도 기획 독서를 할 분야를 어렵지 않게 정할 수 있다. 우선 자신의 관심 분야, 전공 분야와 가장 가까운 과학 분야가 무엇인지 생각해 보는 게 먼저 해야 할 일이다.5)

공감적 리더 자신이 취미독서를 하고 있는지 기획적 독서를 하고 있는지 인식조차 하지 못한채 어떻게 리더의 역할을 감당할 수 있겠는가? 교부들도 자기인식 능력을 강조한 것처럼 공감리더십을 보이는 공감적 리더는 자신의 정체성과 자신의 학문적 역량이 어느 위치에 있는지 정확히 식별할 수 있어야하며, 만약 탁월한 리더로서의 역량을 나타내기 위해서는 장기간에 걸친 기획적 독서를 통해 타인의 고통에 정직히 반응해야 할 것이다.

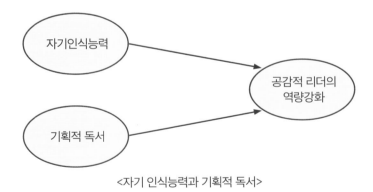

<자기 인식능력과 기획적 독서>

9.4. 내적변모와 공감리더십

공감리더가 행위로 반응하는 감정인 공감은 원래 그리스도교 성경에서 예수가 사용했던 개념이다. 본 서 앞부분 신학에서의 공감에서 밝혔듯이 공감은 '긍휼'의 의미를 내포

5) 최재천(2013). 『통섭적 인생의 권유』. 서울: 명진 출판사.

하고 있었다. 신약전서 성경에서 예수는 신이 인간이 되어 이 땅에 내려오신 후 3년 동안 인간과 동일하게 먹고, 자고, 씻고 하면서 공생애 사역을 시작하였다. 그 3년 간의 공생애 기간 동안의 행적을 기록한 책들이 성경인 4복음서인데, 이들 복음서 안에는 예수가 고통 받고, 상처 입은 자들을 말씀과 기도로 치유하는 사례들이 상당히 많이 등장한다. 예를 들면 눈먼 소경이 예수를 향하여 '주여 나를 긍휼히 여겨주소서'라고 소리치면서 자신의 눈을 고쳐달라고 하였을 때 예수는 외면하지 않으시고, 그 소경을 '긍휼히' 여기시면서 눈을 보이게 하는 기적을 베풀었다. 예수가 고통 받는 사람들을 외면하지 않고, 긍휼의 마음으로 그들의 상처와 고통을 치유했듯이 공감리더 역시 부하직원들을 긍휼히 여기는 마음으로 공감적 돌봄의 행위를 제공하게 된다.

경영학 인사조직 분야에서 더튼 교수와 그의 동료들이 개발하고 연구했던 공감은 타인의 고통(suffering)을 기반으로 하고, 행위(acts)로서 반응하는 감정이기 때문에 성경 복음서에서 예수가 사용했던 '긍휼'의 개념과 일치한다. 예수 역시 선한 사마리아인처럼 고통 받는 사람의 고통을 주목했고, 고통에 처한 사람의 아픔을 함께 아파했으며, 직접 찾아가서 말씀과 기도로 그 사람의 고통을 치유하여 주셨다. 따라서 필자가 공감리더십에서 사용하는 공감의 개념은 엄밀히 말하면 그 기원이 성경의 '긍휼'의 개념에 있다고 할수 있으며, 이러한 측면에서 신(God)을 연구하고 신(God)의 말씀을 사랑했던 4세기 교부들의 사상은 공감리더십에 기반이 되는 사상이라고 할 수 있을 것이다.

조직 내 구성원들은 공감적 행위를 리더에게서 받게 되면 어떠한 변화를 일으키게 될까? 공감에 관한 실증적 연구에서는 공감을 경험하게 되면 긍정적 감정, 긍정심리자본 등의 긍정적 정서가 향상되고, 업무성과와 정서적 몰입과 같은 개인 차원의 성과 향상까지 보이게 된다고 밝히고 있다. 그렇다면 공감리더십이 과연 심리적 정서변화와 업무성과 같은 가시적 성과에만 영향을 미치게 될까? 독자 여러분들이 너무도 힘든 상황에서 누군가에게 돌봄의 공감적 행위를 받게 된다면 어떠한 변화가 발생하게 될까? 일단 우리는 교부들의 소리를 들어보도록 하자.

그분이 사랑스럽게 느껴질 때 희망(esperance), 사랑, 믿음이 생기게 된다. 신(God)이 나에게 던지는 메시지를 실천하려고 그 만큼 노력하는 것이 완벽하게 되는 것이다. 우리가 계몽주의에 크게 노출되어 있는 것은 아닌가? 내가 너무 머리로서만 그분을 대한 것이 아닐까? 나의 이성(reason)이 주가 되는 한 신(God)의 말씀을 들을 수가 없다. 이성적으로 완벽을 추구하는 것이 중요하지 않다. 나에게 주어진 한계 안에서 최선을 다하는 것이 완벽하게 되는 것이다. 귀는 육체이지만 듣는 것은 소마(혼)이다. 온전히 알아 실행하게 하는 것은 지각, 소마, 영혼의 상급, 영의 순서대로 진행된다. 죄에 물든 영혼에서 죄를 벗겨내면 영혼이 원래 모습으로 되돌아가게 된다. 육이 한시적이지만 이것을 부양(travaille)해야 한다. 즉 관계가 생겨서 사랑의 실천이 나오게 된다. 영혼의 하급에서 영혼의 상승으로 나아가야 한다. 참된 신앙은 우리를 원래 자리로 되돌아 놓게 된다. 우리가 말하는 이성은 영혼의 상급과 영혼의 하급 부분에 속하는 모호한 개념이다. 신(God)은 승패에 관심이 없고, 얼마나 충실했는가에 관심을 가지신다. 이성주의를 털어내야 할 것이다. 심판의 때에는 경험과 사례들은 있지만 소마(혼)와 육이 없다. 그래서 자비의 때에 슬기롭게 준비해야 할 것이다. 육이 있을 때 분과 초를 쪼개서 열심히 살아야 한다. 지금이 왜 자비의 때인지를 인식하면 할수록 지혜롭게 살 수 있다. 자비의 때라는 인식이 절실히 있어야 한다. 사람을 성장시키는 것은 자비 안에서이다. 지금이 자비의 때이기 때문에 그러하다. 신(God)은 모든 사람에게 자비를 베풀고 있지만 영적인 사람이 그것을 알 수가 있다. 모든 것이 신(God) 안에서 육화되고 용서될 수 있다. 심판의 때에도 신(God)은 바울에게 자비를 주시었다. 신(God)은 지지하고 도우시는 분이지 나를 대신해서 해주는 분이 아니시다. 마라톤 경기를 생각해보자. 자비의 때 주님과 함께 심판의 때에 은혜를 받았으면 자비의 때에는 더하지 않겠는가.

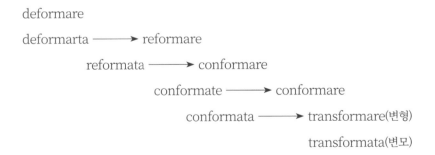

교부들은 현재 지금 즉, 자비의 때인 지금 여러분들이 공감과 사랑, 긍휼의 마음을 경험하게 될 때 아래와 같은 내적인 움직임을 통해 근본적인 변모를 경험하게 된다고 주장한다.

교부들은 사상은 상당히 섬세하고 정교하였다. 위의 도식이 말해주는 것처럼 공감과 사랑을 경험하는 사람들은 처음에는 이러한 행위들이 자신에게 어떠한 의미를 갖고, 어떠한 도움이 되는지를 성찰하고 생각하게 된다(reformata). 그 다음 단계로 공감적 사랑의 행위에 대해 충분한 성찰이 이루어지게 되면 자신이 받은 돌봄의 행위가 선한 공감적 행위라는 것을 확신하게 된다(conformata). 이러한 마음의 확신이 생기게 되면 마지막 단계는 내적인 변모를 일으키게 된다(transformata). 마지막 단계인 transformata 단계는 경영학에서 투입물이 변환(tranformation)의 과정을 거쳐서 산출물이 나올 때 변환에 해당하는 개념인데, 단순한 물리적 변환이 아닌 전인격이 변화하는 화학적 변모를 의미한다.

9-4. 쉬어가는 이야기: 마지막 강의[6]

카네기멜론대학교 컴퓨터공학과의 교수, 랜디 포시는 40대의 비교적 젊은 나이에 췌장암 말기 판정을 받았습니다. 언제나처럼 강단에 서려 했던 그는, 어느 날 "당신에게 남은 시간은 3~6개월"이라는 시한부 선고를 받게 됩니다. 그 순간, 삶의 시계는 빠르게 움직이기 시작했습니다. 아내 재이는 남편이 남은 시간을 가족과 보내기를 간절히 바랐지만, 랜디는 교육자로서의 마지막 열정을 꺾을 수 없었습니다. 그리고 무엇보다도....아직 너무 어렸던 세 자녀에게 '아버지의 목소리'를 남기고 싶었습니다. 그는 피츠버그에서 '마지막 강의'를 열었습니다. 강의의 주제는 암투병도, 컴퓨터 과학도 아니었습니다. 강의 제목은 오히려 이렇게 시작됩니다.

"어릴 적 꿈을 진짜로 이루는 법(The Last Lecture: Really Achieving Your Childhood Dreams)" 그가 어릴 적 품었던 꿈들은 이렇습니다.
- 무중력 상태를 경험하기
- NFL 선수 되기
- 세계 백과사전에 자신의 이름으로 항목 등재하기
- 스타트렉의 커크 선장 되기
- 봉제 동물인형 따기
- 디즈니의 이매지니어 되기

그는 시한부 인생 속에서도 이 꿈들을 하나씩 실현해 나갔습니다. 불가능해 보였던 꿈들도 창의적인 방식과 진심 어린 노력으로 이뤄냈고, 그 여정 속에서 그는 끊임없이 내적인 변화(transformation)를 경험하게 됩니다. 공감적 리더는 타인의 아픔에 깊이 반응하고, 그들을 돕기 위해 자신을 내어주는 사람입니다. 랜디 포시는 시한부 인생을 살면서도 끊임없이 내적인 변모(transformation)를 하면서 어릴 적 꿈들을 하

---

6) 랜디포시(2008). 『마지막 강의』. 서울: 살림.

나씩 이루어나가게 됩니다. 공감적 리더는 타인의 고통에 늘 돌봄의 행위를 베풀기 때문에 정작 자신은 감정고갈을 경험할 수도 있지만 랜디포시처럼 자신의 어릴 적 꿈을 적어놓고, 시간이 걸리더라도 이 꿈들을 하나씩 이루어 나간다면 공감적 리더로서의 역량은 더욱 강화될 것이다.

공감리더십을 경험하는 조직 구성원들은 처음에는 리더의 공감적 행위가 낯설게 느껴질 것이다. 갑자기 왜 상사가 부하직원인 나에게 따뜻하게 대해줄까? 뭔가 어려운 업무를 시키려고 이러는 것일까? 구성원들이 공감 리더에 대해 경계하는 단계를 넘어서게 되면 교부들이 언급했던 확신의 단계로 들어가게 된다. 즉, conformata단계인 것이다. 공감적 행위를 경험한 구성원들이 리더에 대한 신뢰와 사랑이 확신을 갖게 되는 단계이다. 그리고 공감리더의 행동이 일관되게 오랜 시간 지속적으로 구성원들에게 인

<좋은 책이 자신의 전인격을 변화시키기도 한다>

식이 되고, 확신을 얻게 된다면 부하직원들은 한명 한명씩 긍정적인 방향으로 내적인 변모를 일으키게 된다. 이러한 내적인 변모의 단계가 교부들이 언급했던 마지막 단계로서 transformata 단계가 된다.

이렇듯 리더의 행동과 리더의 사상과 리더의 의식은 조직 구성원들의 내적인 변화까지 터치하기 때문에 얼마나 중요한 것인가? 예수가 성육신하여 이 땅에 내려오셔서 3년 동안 복음과 치유사역을 하면서 아프고, 가난하고, 고통 받는 자들을 우선적으로 생각했던 것처럼 공감의 행위를 보이는 공감리더 역시 고통에 처한 조직구성원들의 내면세계까지 긍정적인 방향으로 변화시킬 수 있는 아주 강력한 무기인 공감능력을 소유하고 있는 것이다.

9.5. 아름다운 산과 공감리더십

여러분들은 아름다운 산일수록 험하고, 꼬불꼬불하다는 것에 동의하시나요? 교부들은 초월자이신 신(God)을 경험하고, 신(God)처럼 변모되고(김산춘, 2021), 신(God)을 만나기 위해서 인생이 굽이굽이 험하고, 꼬불꼬불해야 한다고 말하고 있다. 그만큼 뭔가에 대한 대가를 지불하지 않는 인생은 소중한 것을 만나고, 찾을 수가 없는 것이다.

<꼬불꼬불한 산일수록 아름답다>

공감리더십 또한 대가를 지불해야 한다. 공감리더십은 다른 리더십과는 다르게 고통이 발생했을 때 철저히 그 고통에 반응해야 하는 리더십이다. 여러분들은 2023년에 발생한 튀르키에 지진을 기억하고 있나요? 대통령은 이러한 국가적 재난에 행위로서 반응을 해야 공감리더십을 발휘하는 것이 된다. 국가적 재난을 Macro level이라고 한다면 조직 차원에서의 고통과 어려움은 Meso level이라고 할 수 있다. 기업이 자금난의 위기로 큰 어려움에 처하고 있다면 이 또한 조직 차원에서의 고통이 되고, 이러한 고통에 임원들이 행위로서 반응을 한다면 공감리더십이 되는 것이다. 그리고 개인차원인 Micro level에서서의 공감적 행위는 리더가 구성원들에게 시간적, 정신적, 물질적인 행위로서 공감을 제공하는 것이 된다. 이렇듯 개인차원, 조직 차원, 국가 차원에서 모든 공감리더십은 철저히 고통에 반응하는 행위를 해야 하기 때문에 대가를 지불해야 하는 것이다. 다시 교부들의 생각을 살펴보도록 하자.

과정에 충실하지 않는 것이 죄이다. 시작하고, 이끌어 가시고, 완성시키는 것은 신(God)께서 하시는 것인데, 나를 열어두는 것이 필요하다. 나는 나의 과정을 완수했다(J'ai acheve ma course)라고 말하지만 완성하는 것도 신(God)께서 하신다. 나는 그분이 허락 하신 것만큼 나는 할 수 있다. 자유의지(free will)는 수동적이면서 능동적이다. 자비의 때에는 자비를 심판의 때에는 영광을 주신다. 죄는 질서에서 벗어나 있는 것이고, 용서는 질서로 되돌려 놓는 것이다. 다시 제자리로 돌아가야 한다. 인간의 사고는 깊어질

수록 단순해져 간다. 신(God)은 단순(simple)하시다. 교부들은 신(God)을 이렇게 생각하였다. 신(God) 앞에서 모든 것이 드러나게 된다. 명확해지면 질수록 신(God)의 자비를 더 잘 감사할 수 있다. 주님의 자비가 더 명료해지고 심화되고 있다. 우리는 초급신앙(la foi simple)에서 상급신앙(la foi superiere)으로 나아가야 한다. 신(God)의 자비는 연속성을 지니신다. 당신의 사랑을 나에게 배푸소서. 이 말이 가장 쉬운 말이 아닌가? 그냥 내어놓으면 된다. 그냥 내어놓는 것이 믿음이다. 신(God)의 정의는 곧 신(God)의 사랑이다. 신(God)께서 마련하신 과정을 내가 끝까지 충실히 행해야한다. 심판이란 이것저것을 가리는 것이 아니라 나에게 영광의 관을 씌어주는 것이다. 종이란 그분이 마련한 일에 충실한 자를 말한다. 죄는 근본적인 차원에서 신(God)의 말씀을 거부하는 것이다. 주님의 드러나심을 사랑하는 사람에게는 사명이 있게 된다. 사랑을 하게 되면 사명(mission)이 생기게 된다. 이것은 직업(job)과는 구별이 된다. 정의는 사랑의 결실이다. 누스(vous)는 가장 위에 있는 영혼의 상급부분이 된다. 아름다운 산이 되기 위해서, 영혼의 상급부분으로 올라가기 위해서는 꼬불꼬불한 인생의 모든 여행을 거쳐야하고, 철저히 자신에게 주어진 사명을 감당해야 한다. 충분히 대가를 지불하지 않고서는 아름다운 산의 정상에 오를 수가 없다.

vous(영혼의 상급부분) : 아름다운 산일수록 꼬불꼬불하다.
deformata
    reformata : 누스의 역할이 큼
        conformata : 신(God)과 함께 형성(눈과 마음)
            transformata : 신(God)의 형상으로 변모됨

어찌 보면 공감리더는 자신의 고통에 반응해서 행동하는 것이 아니라 구성원들의 고통에 반응해서 돌봄의 행위를 제공하는 것이기 때문에 외롭고, 감정고갈을 경험할 수 있다. 리더는 보통 에너지를 축적하고 받기 보다는 자신이 갖고 있는 에너지와 역량을 밖으로 배출하고, 쏟아내기 때문에 감정고갈을 종종 경험하게 된다. 특히 공감리더십을 발휘하는 공감리더는 구성원들이 힘들어하는 고통에 행위로서 반응을 해야하기 때문에 더욱 힘들고, 지칠 수가 있을 것이다.

그러나 교부들도 말했듯이 공감리더가 아름다운 산의 정상에 오르기 위해서는 공감리더십이 자신의 사명이라고 생각하면서 대가를 지불하고, 철저히 자신의 역량이 감당할 수 있는 범위 내에서 공감리더십을 실천해야 한다. 자신이 경험할 수 있는 탈진과 감정고갈, 외로움 등은 다른 완충장치를 통해서 힐링 받아야 할 것이다. 여러분들은 지리산 등반을 해보셨나요? 필자는 아직 그토록 험하다는 지리산을 한번도 다녀온적은 없지만 등반했던 사람들의 말을 빌리자면 지리산은 가장 험한 산 중의 산인데, 그 험한 산을 굽이굽이 힘들게 오르고 또 오르고 나면 정상에서 바라본 지라산은 말로 표현할 수 없을 정도로 아름답다고 한다.

공감리더가 결과보다는 과정에 충실하였을 때 아름다운 정상의 산을 경험할 수 있을 것이다. 공감리더는 경영학적 관점에서 반드시 성과를 창출해야한다는 부담을 갖을 필요는 없다. 성과 이전에 공감리더십을 통해서 구성원들은 긍정적 감정과 긍정심리자본, 집단적 자긍심, 긍정적 업무관련 정체성 등의 긍정적 정서를 경험할 수 있기 때문이다. 교부들은 신(God)의 성품으로 변모하는 마지막 단계인 Transformata 단계를 마지막이라고 하지 않는다. 이 단계까지 도달하였으면 다시 Transformata 단계부터 다시 시작해야 하는 것이다.

마지막 단계와 마지막은 없는 것이다. 공감리더는 아름다운 정상에 오른 다음에 다시 그 정상을 시작으로 계속해서 과정에 충실하는 공감적 행위를 구성원들에게 베풀어야 한다. 공감리더가 결과적인 산출물로서 성과를 창출하는 것은 당연하지만 고통에 반응

---

7) 자비네 드람(2013). 『본회퍼를 만나다』. 김홍진 옮김, 서울: 대한기독교서회.

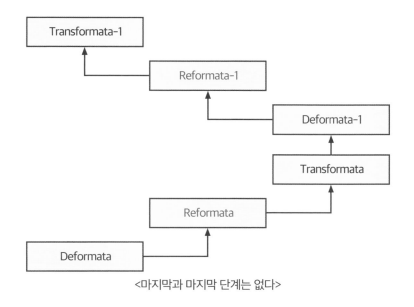
<마지막과 마지막 단계는 없다>

하는 돌봄의 행위로서 성과가 나오는 것인 만큼 과정도 무엇보다 중요하다. 교부들이 제시했던 단계별 과정을 거쳐서 공감리더가 전인격적인 변화를 일으켜 Transformata단계까지 도달하였다고 해서 그곳이 정상이자 마지막은 아니다. 다시 공감리더는 호흡을 가다듬고 Deformata단계에서부터 Trasformata 단계까지 나아가야하고, 이러한 선순환의 과정이 계속해서 이어져야 할 것이다. 아름다운 산일수록 험하고, 꼬불꼬불하다는 것을 명심하도록 하자.

10장
공감리더의 역량

10.1. 지식근로자로서의 역량

근대 경영학의 아버지를 프레드릭 테일러라고 한다면 현대 경영학의 아버지는 피터 드러커 교수라고 말한다. 그는 법학박사이면서도 경영학적인 깊은 통찰력을 인정받아 현대 경영학의 아버지라는 칭호를 얻었다. 드러커 교수는 거의 100세 인생을 살면서 수십권의 고전을 집필하였는데, 필자는 학창시절 드러커의 책을 읽으면서 경악을 금치 못했던 적이 있었다. 그는 이미 1970년대에 21세기에 '지식의 사회'가 도래할 것을 예측하였다. 어떻게 수십년 전에 미래사회의 패러다임 변화를 예측하는 것이 가능할까? 이런 분을 우리는 그 분야의 대석학이라고 부른다. 정말로 피터 드러커의 예측대로 우리사회는 지금 '지식의 사회'이다. 즉, 농업사회, 산업사회, 정보화 사회를 거치면서 현재는 지식근로자가 자신의 역량을 평가받고, 인정받는 지식의 사회가 도래하였고, 지식이 새로운 생산요소로 자리 잡고 있다.

10-1. 쉬어가는 이야기: 상상력의 거미줄

인간은 생각하는 존재(being)입니다. 철학자 파스칼의 말대로 인간은 생각하며 삶을 살아갑니다. 이러한 면에서 사상가 함석헌은 "생각하는 백성이라야 산다"라고 말하기도 하였습니다. '생각'(thinking) 은 '상상력'과 함께 같은 카테고리 안에서 두 개의 톱니바퀴처럼 맞물려 돌아갑니다. 생각이 날개를 달고 날아갈 때 상상력의 피터팬 모험은 계속 된다고 할 수 있을 것입니다. 한국의 석학 이어령 교수 역시 '상상력의 거미줄' 이라는 표현을 쓰며 자신의 창조적인 작품의 공로를 '상상력'에 돌리는 것을 보게 됩니다.[1] 세계적인 영성신학자 유진피터슨 역시 '상상력'을 강조하고 있습니다. 프랑스의 지성 미쉘푸코가 보편적으로 사유하는 사르트르와는 다르게 거꾸로 생각 할 수 있었던 원인 역시 푸코의 자유로운 '상상력' 덕분이었던 것을 우리는 기억합니다.

결국 인간이 자유롭게 생각하고 상상 할 수 있는 능동적인 지성을 가졌다는 사실은 어거스틴(Augustine)의 표현대로 인간이 신(God)으로부터 자유의지(free will)를 부여받기 때문일 것입니다. 그렇다면 '상상력'은 인간에게 있어 어떠한 힘을 배태시키는 힘을 가지고 있는 것일까요? 상상력은 '창조적인 힘'을 지니고 있습니다. '생

---

1) 이어령(203).『생명이 자본이다』, 서울: 마로니에북스.

각'은 관성의 힘을 거슬리며 시간 저편에 놓이게 됩니다. 감정은 시간에 얽매이게 되지만 생각은 시간을 초월해 있습니다. 바로 여기에 상상력의 매력이 있는 것입니다.

삶의 완충지대에서 상상력은 꽃을 피우게 되고 활짝 핀 상상력은 '창조성'이라는 향기를 내뿜게 됩니다. 이러한 면에서 인간은 '창조적인 존재'(creative being)라고 말할 수도 있을 것입니다. 그러나 여기서 우리가 주목할 것은 위대한 창조적 힘은 극한 슬픔과 절망, 그리고 거대한 고통(suffering)을 넘어선 그 시점에 해학과 웃음 뒤에 찾아온다는 사실입니다. 시인 김지하는 예술가들의 이러한 '창조적인 힘'의 원천을 '흰 그늘'이라고 표현하기도 했습니다. 어찌보면 김지하의 시(詩)가 '잘 쓰여진 시'라는 호평을 받게 되는 것도 그의 7년여 기간 동안의 감옥 생활이 있었기 때문일지도 모릅니다. 소설가 공지영 씨는 자신의 창조적인 글쓰기를 가리켜 "글은 피로 쓰여진다"라고 토로합니다. 공지영씨의 창작에 필요한 상상력은 과거 자신의 쓰라린 상처를 기억해 내는 아픔이 있었기 때문에 진정한 생명력을 가질 수 있었던 것입니다.

우리 사회는 아직도 석굴암을 재현(reappearance)하지 못하고 있습니다. 현대 사회는 르네상스의 예술을 다시 부활시키지 못하고 있습니다. 왜 그럴까요? 그 원인을 어디서 찾아야 할까요?

Drucker(Peter F. Drucker)는 후기 자본주의 사회(Post Capitalist Society 1993)에서 지식근로자가 우수한 자산으로 평가받는다고 예측하고 있다. 즉, 예전에는 생산요소로서 노동력, 토지, 자본 등과 같은 자원이 유일하고, 의미 있는 생산요소였는데, 이제는 '지식'이라는 생산요소가 첨가되면서 지식을 갖춘 지식근로자들이 지식의 사회에서 상당한 역량을 발휘하게 될 것으로 보았다.

농업사회에서는 농업을 할 수 있는 인력이 필요했고, 인력은 엄청난 노동력이 필요했었다. 이러한 이유에서 농업사회는 노동력이 생산요소로 자리 잡았다. 농업사회를 거치고, 산업사회로 오면서 자본가들은 대량생산체제를 맞이하게 되었고, 규모의 경제가 이루어졌다. 산업사회는 대량생산체제 하에 자본가들이 엄청난 자본을 투자하여 엄청난 양의 제품을 생산해내는 시대였고, 자본이 생산요소로 등장하기 시작하였다. 대량생산체제인 산업사회와 산업혁명을 거치면서 패러다임은 정보화 사회로 옮겨가게되었다. 인터넷과 컴퓨터의 빠른 발전 하에 우리 사회는 신속한 정보를 주고받는 사회로 변화하게 되었다. 이제는 농업과 산업도 자동화 시스템에 의존하게 되었고, 누가 더 빠른 정보와 정확한 정보를 다량으로 습득하는지가 중요한 사회가 되었다. 정보화 사회는 1990년대 후반까지 계속되었고, 21세기로 넘어오면서 정보의 중요성 외에도 지식의 중요성과 필요성이 절실한 지식의 사회가 도래하게 된 것이다.

드러커 교수가 예측했던 지식기반사회가 21세기에 본격적으로 전개되면서 기업과 조직들은 새로운 요구에 직면하게 되었다. 지식기반사회는 농업사회, 산업사회, 정보화 사회와 그 속성이 근본적으로 다르기 때문에 이러한 지식의 사회에서 경쟁적 우위를 점유하기 위해서는 근본적으로 다른 방식으로 접근해야 한다는 점을 많은 기업들이 절감하기 시작했다[2]. 특히 지식 근로자는 자신이 일하는 분야의 핵심역량(CC)뿐만 아니라 핵심성공 요소(KSF)를 지니면서 자신만의 강점(Strength)을 만들어가야 한다.

공감리더 역시 기업 내에서 한 조직의 리더 역할을 감당하는 지식근로자(knowledge worker)이다. 공감리더가 지식근로자로서 핵심역량을 지니지 못한 채 공가적 돌봄의 행위만을 제공한다고 한다면 얼마 못가서 구성원들은 리더의 역량을 신뢰하지 못할 것이다. 리더의 역량 중에서 가장 중요한 역량은 자신의 분야에서 전문성을 인정받을 수 있는 핵심역량이고, 공감리더 역시 지식근로자로서의 핵심역량을 보유하고 있어야 한다.

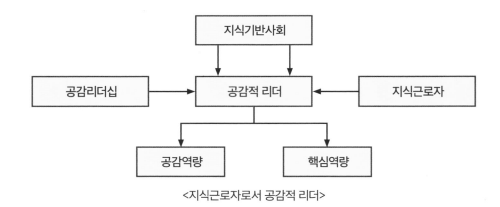

<지식근로자로서 공감적 리더>

또한 공감리더는 지식근로자로서 전사적(proactive)인 사고를 지녀야 할 것이다. 전사적이 사고란 어떤 의미일까? 쉽게 말하자면 관성의 힘을 거슬러 역류하는 사고라고 말할 수 있을 것이다. 마치 '은빛연어'처럼 전사적 사고를 하는 공감리더는 누구의 행동과 사

---

2) 피터 드러커(2022). 『피터 드러커의 자기경영노트』. 조영덕 옮김. 서울: 한국경제신문.

고를 흉내 내거나 벤치마킹 하는 것이 아니라 리더로서의 사명과 비전에 기반하여 구성원들의 고통에 반응할 수 있는 대안과 해법을 창의적으로 모색한다. 조직 구성원들이 잡 크래프팅(Job Crafting)을 통해 자신의 업무를 능동적으로 재설계하는 것처럼 공감리더는 리더로서의 사명을 완수하기 위하여 은빛연어처럼 전사적 사고를 하며 행동하게 된다.

독자 여러분들은 우리사회를 어떻게 규정하고 있나요? 필자는 다음과 같이 우리사회를 정의내리고 있다. 지식의 관점에서는 통섭의 시대, 철학의 관점에서는 포스트 모더니즘 후기정보화시대, 행정학의 관점에서는 스마트 3.0 전자정부 시대, 사회학의 관점에서는 융합(지식의 융합. 기술의 융합)의 시대, 공학의 관점에서는 컨버전스 시대, 심리학의 관점에서는 감성의 시대, 하이터치의 시대, 기술적 관점에서는 상생형 디바이스 기반의 융합 컨텐츠 시대, 하이브리드의 시대, 경영학의 관점에서는 공감의 시대, 지식의 시대라고 생각한다.

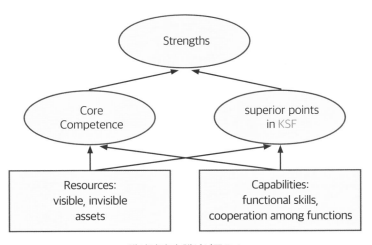

<핵심역량과 핵심성공요소>

따라서 경영학적 관점에서 공감리더는 지식의 시대, 공감의 시대를 살아가는 리더답게 핵심역량과 핵심성공을 지닌 지식근로자로서 자신의 강점을 구성원들에게 보여주어야 하고, 공감리더의 속성인 고통에 반응하는 공감적 행위를 조직 내에서 꾸준히 실천해야 할 것이다. 아래 그림은 지식근로자로서 공감리더가 갖추어야 할 강점을 도식화 해 놓은 것이다. 공감리더는 자신이 지니고 있는 자산과 역량을 통해 핵심역량을 보유하고 있어야 하고, 핵심역량은 핵심성공요소와 결합하여 리더의 강점을 이루게 된다. 지식근로자로서 공감리더가 이러한 강점을 지니고 있을 때 구성원들이 더 존경하고 본받고 싶은 리

더가 될 수 있을 것이다.

10.2. 통섭적 역량

우리사회는 경영학적 관점에서 지식의 사회라고 앞서 말씀드렸다. 그렇다면 지식근로자인 공감리더는 또 어떠한 역량을 보유하고 있어야 할까? 그것은 바로 통섭적인 역량이다. 그렇다면 통섭은 그 의미가 어떻게 될까? 통섭은 '지식의 대 통합'의 의미를 갖는다.

1840년에 윌리엄 휴얼은 귀납적 과학이라는 책에서 "Consilience"란 용어를 처음으로 사용하였다. 설명의 공통분모를 만들어내기 위하여 각 학문 분야를 아우르는 사실들과 이러한 사실에 기반한 이론을 연결함으로써 여러 가지 지식을 통합하는 것을 의미한다. "통섭은 연역적 결론이 아니라 귀납적 결론이다. 통섭의 귀납적 결론은 사실들이 결합해서 하나의 학문 분야를 통하여 내려진 귀납적 결론이 또 다른 학문 분야에 의해 내려진 결론과 일치할 때 통섭적인 귀납적 결론을 얻을 수 있다. 그러므로 통섭은 어떤 현상에 대해 발생한 사실을 해석함에 있어서 근거와 증거로 활용할 수 있는 이론과 사실들을 검증하는 것을 뜻한다."라고 하였다. 즉, 귀납적 결론은 과학적 방법론을 통해서만 가능하고, 통섭은 귀납적 결론을 통해서 성립하게 된다.

현대적 관점으로 볼 때 각 학무의 지식 분야들은 각각의 학문 분야에서 얻어진 사실과 이론들에 기반하여 연구를 수행하고, 이해하고자 하는 학문들이다. 그렇지만 지식의 사호에서는 하나의 학문분야가 홀로서기 하는 것은 힘들다. 하나의 학문분야가 또 다른 연구 분야와 결합하고, 의존하는 면이 크다. 예를 들어 경영학 조직행동 학문 분야는 심리학에서 출발하였기에 심리학과 관련이 있고, 조직 정치와 CSR을 이해하기 위해서는 정치학과 법학도 연구해야 한다. 뿐만 아니라 조직행동은 종합학문의 성격을 지니기 때문에 다른 여러 사회과학분야의 학문들을 통섭적으로 연구해야 풍성한 학문분야로 성장할 수 있게 된다.

윌리엄 휴얼이 처음으로 '통섭'이라는 용어를 사용하였지만 Consilience는 하바드 대학교 생물학 교수인 에드워드 윌슨이 사용하였고, 이것을 그의 제자인 한국의 통섭학자 최재천 교수가 우리나라말 '통섭'으로 번역하였다. 그리고 한국에서는 원효대사가 통섭이라는 용어를 처음 사용하였다고 한다. 통섭은 '함께 뛰어넘다', '지식의 대통합', '학문간의 융합', '다학제간 학문 연구' 등의 다양한 의미로 해석된다.

지식의 사회에서 공감리더는 융합적인 인재이고, 지식근로자로서 모든 사안과 대안을 통섭적으로 접근해야 한다. 즉, 공감리더는 구성원들의 아픈 마음과 상처를 함께 아파하고, 공감하는 호모엠파티쿠스이면서 동시에 통섭적인 지식근로자인 셈이다. 공감리더가 구성원들의 고통에 시간적, 물질적, 정신적인 돌봄의 행위만을 제공하고, 리더 자신은 정작 통섭적인 통찰력과 핵심역량을 보유하고 있지 않다면 어려운 문제해결에 대안을 제시하지 못할 것이다.

이러한 측면에서 공감리더는 최재천 교수도 언급했듯이 통섭적 역량을 갖추기 위해서 매일매일 '기획적 독서[3]'를 해야 할 것이다. 기획적 독서는 어떠한 독서인가? 독자여러분들이 따뜻한 봄날에 꽃을 보면서 설레이는 마음으로 아래에 있는 김춘수 의 '꽃'이라는 시를 읽었다고 하자. 이것은 기획적 독서가 아닌 취미로서의 독서이다. 그러나 공감리더가 김춘수의 '꽃'이라는 시를 읽으면서 '그의 이름을 불러주었을 때' 이 구절이 철학자 마틴부버가 말한 타인을 인격적인 '당신'으로 지칭하는 의미로 받아들이며 마틴부버의 『나와 너』[4]라는 책을 찾아본다고 하자. 그렇다면 여기서부터는 기획독서가 시작되는 것이다. 또한 마틴부버의 책을 읽으면서 부버가 관심을 기울였던 수평적 인간관계, 인격적 관계를 더 공부하고 싶어서 폴 트루니에의 인격의학과 관련된 책을 또 읽어본다고 하면 결국 시집에서 철학책으로, 철학책에서 정신의학 책으로 꼬리에 꼬리를 물면서 기획독서가 이루어지게 되는 것이다.

10-2. 쉬어가는 이야기: 책장의 책 순서는 사상의 흐름대로

집과 연구실에는 필자가 20대부터 돈을 벌어서 구입한 책들이 상당히 많이 있다. 학창시절에 과외교사, 학원 강사 아르바이트를 하면서 받은 수입은 90% 이상 학비와 책구입 하는데 소비를 하였다. 나는 책을 구입하는데 대원칙이 1가지 있다. 일단 고전을 구입한다. 책의 가격과는 상관없이 내가 죽어서도 전세계 수많은 사람들에게 읽히게 될 고전을 구입하는 습성을 지녔다. 고전을 구입해서 틈나는데로 독서를 한 후 중요구절에 밑줄을 긋고, 학생들 강의안으로 사용하기 위하여 대략 10쪽 분량으로 요약을 해 놓는다. 그 후 책을 책장에 가지런히 꽂아 놓는데, 책장에 책을 꽂아서 정리할 때면 전공분야별로 장식용처럼 꽂는 것이 아니라 나의 생각과 사상의

---

3) 최재천(2015). 『통섭의 식탁』. 서울: 움직이는 서재.
4) 마틴부버(2001). 『나와 너』, 표재명 옮김, 서울: 문예출판사.

흐름에 따라 꽂다보니 눈감고도 책장 몇 번째 줄 몇 번째 칸에 어느 제목의 책이 꽂혀있는지 정확하게 맞힐 수가 있다.

예를들면 정치학을 공부하다가 무정부주의에 대해서 관심이 기울기 시작하면 정치학개론 교과서 옆에 로버트 카플란의 '무정부 시대가 오는가'라는 책을 꽂아놓는다. 이런식으로 취미독서가 아니라 기획적 독서를 하다보면 공감적 리더로서의 핵심역량을 갖추게 된다는 것이 필자의 생각이다.

아래 <그림>은 독자여러분들이 고등학교 물리시간에 배웠던 물체가 빗면에서 떨어지는 낙하운동을 나타낸 것이다. 일단 빗면에서 물체가 떨어질 때의 가속도를 구하기 위해서는 물리학적인 지식 외에 삼각함수 지식이 필요하므로 수학이라는 학문을 알아야 한다. 그리고 삼각함수는 기하학에서 나왔기 때문에 기하학도 알아야하고, 뉴턴의 힘에 관한 방정식을 이해하기 위해서는 그의 종교관도 선지식으로 알고 있어야 하므로 종교학도 필요하다. 뿐만 아니라 물체가 빗면에서 떨어질 때 공기의 저항과 기후의 영향을 받아서 가속도에 영향을 미치기 때문에 기후학적인 지식도 필요하다.

이렇게 물체 하나가 빗면에서 떨어질 때도 여러 학문의 통섭적인 연구가 있어야 하는데, 하물며 공감리더가 조직 내에서 모든 구성원들의 고통에 반응하여 돌봄의 행위를 제공하면서 조직의 난제를 해결하려고 한다면 기획적 독서를 통한 통섭적인 역량이 반드시 필요하지 않을까? 필자는 공감리더는 반드시 통섭적 역량을 갖추어야만 하고, 통섭적 역량을 갖추기 위해서는 기획적 독서를 매일매일 식사하는 것처럼 해야 한다고 주장한다.

$$F = m\vec{g}\cos\theta = m\vec{a}$$
$$mgh = 1/2mv^2 = E$$

Physics

Mathematics

Geometry

Religious Studies

Climatology

<그림적 독서와 공감리더>

<기획적 독서와 공감리더>

공감리더십을 지닌 리더는 기획적 독서를 통해 의식의 지평을 확장해야하고, 조직 내 구성원들의 모든 고통을 이해하고, 그 고통에 전략적으로 행위로 반응하기 위해서는 통찰력이 필요할 것이다. 빗면에서 물체 하나가 떨어지는데에도 여러 학문분야가 필요한데, 거대한 조직을 이끌어 가는 공감리더에게 있어서 기획적 독서를 통한 통섭적역량은 절대적으로 필요하지 않을까? 21세기 지식근로자의 시대에는 이러한 부분이 리더에게 더 필요할 것이다.

10.3. 디지로그적 역량

우리나라 최고의 지성인 이화여자대학교 석좌교수 이어령 박사님은 이제 이 세상 사람은 아니지만 그가 이 시대에 남긴 수많은 책 들은 필자에게도 많은 지적 도전으로 다가온다. 이어령 교수님은 디지털과 아날로그 결합의 중요성을 역설하면서 참다운 지성인과 리더는 디지털과 아날로그의 결합인 디지로그적[5]인 사람이어야 한다고 주장한다.

<디지털과 아날로그의 결합>

디지로그적인 사람은 디지털(Digital)의 기술과 아날로그(Analog)의 감성을 조화롭게 융합해 살아가는 사람이다. 이어령 교수는 인간의 미래는 이 두 세계를 이분법적으로 나누는 것이 아니라, 그 사이를 연결하고 소통하는 능력에서 결정된다고 보았다.

따라서 디지로그적인 사람의 특성은 첫째, 기술과 감성을 통합하는 사람이다. 이들은

5) 이어령(2008). 『디지로그』, 서울: 생각의 나무.

디지털 기술을 도구로 삼되, 인간 고유의 감성, 직관, 스토리텔링을 함께 중시한다. 둘째, 속도보다 방향을 아는 사람이다. 디지로그적인 사람은 빠른 디지털 환경에 휩쓸리지 않고, 아날로그적 사유로 삶의 깊이를 더한다. 셋째, 기계가 하지 못하는 '공감과 상상'을 실천하는 사람이다. 이들은 데이터를 넘어서 마음을 읽고, 창조적 상상력으로 의미를 더한다. 넷째, 디지로그적인 사람은 연결보다 관계를 중시하는 사람으로서 단순한 네트워킹이 아닌, 진정한 관계와 소통의 가치를 아는 사람 즉, 공감적 리더와 같은 사람이다. 다섯째, 디지로그적인 사고를 가진 사람들은 문명 간, 세대 간, 가치 간 '경계'를 넘나드는 사람으로 융합적이면서 통섭적인 사고를 지니고 있고, 아날로그 세대와 디지털 세대의 '다리'가 되며, 과거의 지혜와 미래의 기술을 연결하는 역할을 한다.

공감리더 역시 이어령 교수님의 언급대로 디지로그적인 역량을 갖추고 있어야 한다. 디지로그적 역량이란 무엇일까? 쉬운 예로 필자는 스마트폰이 나오기 전에 아날로그 형식의 폴더폰을 사용했었다. 그 당시만 해도 삐삐를 갖고 소지하고 다니다가 개인 휴대전화인 폴더폰이 등장하니 얼마나 신기하고 경악을 금치 못했겠는가? 폴더폰은 아날로그 방식이라 필자뿐만 아니라 나이드신 어르신들도 쉽게 사용이 간편하였다. 그리고 그 이후 지금 여러분들이 사용하고 계신 스마트폰이 등장하기 시작하였다. 스마트폰은 폴더폰과는 완전히 체계가 다른 패러다임의 변화였고, 아날로그가 아닌 디지털 방식이었으며 나이드신 어르신들이 사용하기에는 상당히 복잡한 체계로 설계된 핸드폰이다. 디지로그 역량은 아날로그 방식의 폴더폰 뿐만 아니라 디지털 방식의 스마트폰 모두 손쉽게 다룰 수 있는 역량을 보유하고 있어야 한다는 것이다.

정보사회   산업사회   농경사회

동가식서서가숙

<공감리더의 디지로그적 역량>

공감리더는 한 조직의 리더로서 디지털방식에도 익숙한 역량뿐만 아니라 아날로그적 방식에도 탁월한 기술적 역량을 갖고 있다면 마치 바다가 모든 강물들을 품듯이 모든 조직 구성원들을 품으면서 갈등을 조율할 수 있는 역량 있는 리더가 될 것이다. 조직 내 구성원들 중에는 아날로그적 성향의 사람도 있고, 디지털적 성향의 사람도 있을 것이다. 현대사회가 디지털 시대라고 해서 아날로그적 성향의 사람들이 희소하다고 생각하면 큰 착각이다. 필자 역시 디지털적인 기술에 능하지만 성향은 아날로그적 성향에 더 가깝고, 아날로그적 향수를 늘 그리워하고 있다. 공감리더는 모든 구성원들의 고통에 돌봄의 행위로서 반응해야 하는데, 만약 부하직원이 아날로그적 기술의 어려움을 호소하면서 도움을 요청해 오면 어떻게 할 것인가?

공감리더는 아날로그 또는 디지털 양쪽을 편식해서는 안 되고, 이 둘을 모두 아우를 수 있는 디지로그적 역량을 갖춰야 할 것이다. 이어령 교수님께서 언급하신 디지로그적 발상은 참으로 공감리더에게 많은 교훈을 주고 있다. 왜 일까? 다른 리더십과는 다르게 공감리더십은 조직 구성원들의 고통과 아픔, 슬픔과 상처에 대하여 진정성 있는 돌봄의 행위로서 반응하는 것이다. 만약 부하직원 중 한명이 인간관계 때문에 큰 상처를 받고 힘들어할 때 공감리더가 손편지를 직접써서 위로해 준다고 하면 부하직원의 기분이 어떨까? 물론 디지털 방식으로 이메일 편지를 보내 줄수도 있지만 공감리더의 필체가 고스란히 담긴 손편지를 직접 작성하여 부하직원에게 직접 건네준다면 감동과 기쁨은 몇배가 될 것으로 믿는다. 이렇듯 공감리더가 디지로그적 역량을 함께 갖추고 있다면 조직 구성원들을 모두 품을 수 있는 어머니와 같은 그릇이 될 것이다.

10-3. 쉬어가는 이야기: 데이터도 보고, 디지털 흔적도 읽는다

그는 말수가 많은 리더는 아니었다. 회의 때도 조용했고, 지나치게 친근하게 다가오지도 않았다. 그런데 이상하게, 그의 팀은 유난히 이직률이 낮았다. 팀원들은 다른 부서보다 더 자주 웃었고, 더 많이 서로를 챙겼다. 비결이 뭘까? 사실 그는, 아날로그적인 사람이었다. 직원 생일엔 자필 카드에 정성껏 글을 쓰고, 퇴근 시간엔 엘리베이터 앞까지 배웅했다. 그러나 동시에, 그는 디지털 감각도 놓치지 않았다. 어느 날, 팀원 한 명이 실수를 했다. 큰 프로젝트 보고서에 오류가 있었다. 정정 메일을 다시 보내야 했고, 팀 전체의 일정도 밀렸다.

그날 그 팀원은 아무 말도 없이 퇴근했다. 아무도 말은 안 했지만, 눈치가 스스로를 자책하고 있었다. 그날 밤, 리더는 자신의 휴대폰으로 팀원의 SNS를 조용히 살펴봤다. 거기엔 이런 문장이 올라와 있었다.

"가끔은, 내가 이 일을 계속 해도 되는 사람인지 모르겠다."

그는 그 글을 캡처하지도, 공유하지도 않았다. 다만, 다음 날 아침, 아무 일 없던 듯 커피 한 잔과 메모 한 장을 건넸다. "실수는 데이터의 일부고, 신뢰는 사람이 만드는 거야. 당신은 충분히 잘하고 있어요."

그 팀원은 아무 말 없이 고개를 숙였고, 잠시 후 고개를 들고 미소 지었다. 그 이후, 그는 누구보다 책임감 있게 프로젝트를 이끌었고, 몇 년 뒤엔 자신도 리더가 되었다. 아날로그적 감성은 사람의 마음을 이해하고, 디지털적 역량은 그 마음에 조용히 닿는 길을 만든다. 공감적 리더는 감성만으로 움직이지 않는다. 데이터도 보고, 디지털 흔적도 읽는다.

10.4. 공감 역량

앞에서도 필자가 언급했듯이 공감은 인지적 요소, 정서적 요소, 행동적 요소로 구성이 된다. 본서 공감리더십에서의 공감은 경영학 인사조직 분야의 더튼 교수와 그의 동료들이 정의하였던 '타인의 고통에 돌봄의 행위로서 반응하는 시간적, 정신적, 물질적인 행동'[6]을 의미한다. 공감리더는 단순히 구성원들을 이해하고, 느끼는 차원을 넘어서 구성원들이 조직 내에서 경험하는 고통에 행위로서 반응을 해야 하기 때문에 상당히 민감한 공감능력을 소유하고 있어야 한다.

공감적 리더의 공감능력은 단순히 다른 사람의 감정을 이해하고 동조하는 수준을 넘어, 타인의 내면에 깊이 침잠하는 섬세한 감성적 지능에서 비롯된다. 그들은 타인의 얼굴 표정, 목소리의 떨림, 말 뒤에 숨은 정서를 민감하게 포착할 줄 안다. 단순히 '듣는' 것을 넘어 '느끼며 듣는' 능력, 즉 '공감적 경청'을 실천함으로써 상대방이 진정으로 이해받고 있다고 느끼게 한다.

이러한 리더는 타인의 고통에 무심하지 않다. 동료가 겪는 어려움이나 슬픔을 외면하지 않고, 마치 자신의 일처럼 마음 아파하며 함께 눈물을 흘릴 줄 안다. 이처럼 정서적 공

---

6) Frost, P. J. (1999). Why Compassion Counts. Journal of Management Inquiry. 8(2), 127-133.

감은 단순한 감정 이입을 넘어, 진심 어린 돌봄과 배려로 이어진다. 공감적 리더는 상대의 입장에서 세상을 바라보려는 자세, 곧 관점 수용 능력 또한 탁월하다. 비록 자신과 전혀 다른 의견이나 가치관일지라도 성급히 판단하거나 재단하지 않고, 이해하려는 노력을 멈추지 않는다. 이는 상대의 존재 자체를 존중하는 깊은 인간적 품위에서 비롯된다. 즉, 본서에서 줄곧 강조해온 공감적 리더는 바로 타인의 아픔과 고통을 외면하지 않고, 함께 슬퍼하면서 돌봄의 행위로서 반응하는 공감리더십의 실천자가 된다.

또한 공감적 리더는 한 사람의 감정뿐 아니라, 조직 전체의 흐름과 분위기를 읽어내는 탁월한 감각을 지닌다. 회의실의 침묵, 무표정한 얼굴 속에 흐르는 미묘한 긴장감까지도 감지하고, 그것을 해소하기 위해 먼저 다가선다. 때로는 언어보다 더 진한 울림을 주는 비언어적 표현 즉, 따뜻한 눈빛, 어깨를 두드리는 가벼운 손길, 말없이 함께하는 시간을 통해 진심을 전달한다.

무엇보다 공감적 리더는 중요한 결정을 내릴 때에도 사람들의 감정과 상황을 고려한다. 단지 숫자와 효율성, 결과만을 보고 움직이는 것이 아니라, 그 과정에서 사람들의 마음이 어떻게 움직일지를 고민한다. 그래서 그들의 결정은 비록 속도는 더딜지 몰라도, 사람을 살리는 방향으로 흐르고, 공동체 전체의 신뢰를 쌓아가는 데 기여한다. 본서의 앞부분에서도 기술했듯이 공감리더십을 실천하는 공감적 리더는 공감적 행위를 통해 구성원들의 긍정심리자본을 향상시키고, 정서적 몰입뿐만 아니라 개인과 조직의 성과향상까지 이룰수 있도록 일조를 하게된다.

공감능력은 리더의 따뜻한 마음을 넘어, 조직을 움직이는 보이지 않는 에너지이자 시대가 요구하는 가장 인간적인 힘이다. 공감적 리더는 이러한 능력을 통해 무너진 관계를 회복시키고, 병든 조직을 치유하며, 결국 사람과 사람 사이를 잇는 다리가 되어준다. 공감적 리더의 공감능력은 곧 개인차원에서는 구성원들을 힐링하고, 치유하는 역할을 하며 조직 차원에서는 공감적 조직문화 형성에 기여하게 된다.

우리는 흔히 대화에서 '아'다르고, '어'다르다는 말을 하곤 한다. 즉, 같은 말이라도 표현과 억양에 따라서 대화하는 상대방에 다르게 느끼고 받아들인다는 의미이다. 공감을 표현할 때도 마찬가지이다. 공감리더는 구성원이 심각한 고민을 갖고 상담을 요청했을 때 공감적인 표현으로 구성원과 대화해야하며, 공감역량을 발휘하여 말의 표현 하나하나를 주의해야 할 것이다. 예를 들면 앵무새기법이 있다. 부하직원이 공감리더에게 "회사

입사한지 몇 개월도 채 안되었는데, 업무가 너무 힘들고, 저에게는 벅차서 이직하고 싶은 생각이 들 때가 한두 번이 아니었어요."라고 말했을 때 공감리더는 앵무새 기법을 사용하여 "업무가 너무 힘들고, 벅찰 때는 이직하고 싶은 생각이 들때가 물론 있죠. 저도 그랬으니까요."라고 말하면 상대방에게 상당한 공감을 얻게 된다. 이러한 앵무새 기법은 일상생활에서 타인과의 대화나 인간관계에서 아주 좋은 공감기법 중의 하나로 통한다.

10-4. 쉬어가는 이야기: 황희정승의 공감

어느 날, 황희 정승 댁 안채가 소란스러웠습니다. 함께 일하던 두 여종이 다투고는 각자 억울함을 안고 황희를 찾아온 것입니다. 먼저 A종이 뛰어들어와 울먹이며 말합니다. "정승어르신, B가 저를 억울하게 했습니다. 제가 얼마나 참았는데요..." 황희는 조용히 그녀의 눈을 바라보며 고개를 끄덕였습니다. "그래, 네 말이 맞다." 그는 말이 아닌 마음을 먼저 읽고 있었습니다. 잠시 후 B종도 찾아와 억울함을 호소합니다. "저도 억울합니다. A가 먼저 저를 무시했는걸요." 그녀의 숨소리와 눈빛에서 황희는 진심을 읽습니다. 그리고 다시 말합니다. "그래, 네 말도 맞다." 이번에도 그는 판단보다는 공감으로 응답했습니다.

이 장면을 곁에서 지켜보던 아들은 답답한 표정으로 아버지에게 묻습니다. "아버지, 어떻게 두 사람 말이 다 옳을 수 있습니까?" 그 물음에 황희는 미소를 지으며 말합니다. "그래, 네 말도 옳다." 겉으로 보기엔 앞뒤 맞지 않는 말 같지만, 황희는 그 누구의 말이 '사실'이냐보다, 그 누구의 '마음'이 어떤지에 더 집중하고 있었습니다. 그는 단순히 말을 듣는 것이 아니라, 그 사람이 겪은 상황 속으로 들어가 그 입장에서 세상을 바라보려 했던 것입니다. A종의 울분 뒤에 숨은 서러움을 느끼고, B종의 억울함 속에 감춰진 상처를 헤아렸으며, 아들의 물음조차 그 나름의 고민에서 비롯된 진심으로 받아들였습니다. 이렇듯 황희의 방식은 단순한 회피도, 형식적인 중립도 아니었습니다. 그는 문제의 진위를 가리는 데 앞서, 먼저 사람의 마음을 깊이 들여다보았고, 그 마음에 공명함으로써 갈등의 매듭을 풀어갈 실마리를 마련한 것입니다. 공감적 리더십이란 바로 이러한 태도입니다. 문제 해결의 첫걸음은 언제나 '사실' 이전에 '마음'으로부터 시작되어야 한다는 것. 판단보다 이해가 먼저이고, 지적보다 공감이 앞서는 그 한마디 "그래, 네 말이 맞다"는 단순한 수사가 아닌, 사람의 마음을 치유하는 위대한 리더십의 언어였던 것입니다.

공감리더는 타인의 고통에 돌봄의 행위로서 반응하는 것으로 그 미션이 끝난 것은 아니다. 부하직원이 리더를 멘토로 생각해서 위와 같은 상담을 요청했을 때 공감역량으로서 앵무새 기법 또는 '구나'라는 표현 등을 사용하여 정신적으로 힘들어하는 부하직원이 편안하게 고민을 털어놓을 수 있는 분위기를 만들어 주는 것도 중요하다. 공감은 타인에 대한 '이해'로부터 출발하는 인간 본연의 감정이므로 일차적으로 타인을 이해하고, 타인이 무슨 말을 하려고 하는지 귀를 쫑긋 세우고 경청하며 공감하는 인격적인 자세가 매우 중요할 것이다. 따라서 공감리더는 위에 제시한 공감역량을 강화시키기 위해 개인적으로 연습하거나 교육훈련 프로그램에 참여하는 노력을 보여야 할 것이다.

10.5. 관계 역량

공감리더십은 리더와 부하직원 간의 관계를 표면행동(surface acting)이 아닌 심층행동(deep acting)을 통해 깊은 관계를 맺게 되는데, 그 매개체가 되는 것이 바로 공감적 행위가 된다. 돌봄의 행위로서의 공감은 리더가 구성원들을 객체가 아닌 주체로 바라보게 하고, 기계나 물질이 아닌 살아있는 생명으로 바라보게 하는 원동력이 되기 때문에 공감적 행위를 실천하는 리더는 구성원들과 깊은 유대관계를 맺으면서 연대감을 이루게 된다.

여러 학자들은 공감이 타인과의 연대감 형성, 그리고 그에 대한 돌봄(caring)과 깊은 관련이 있다는 데 의견을 함께한다(Solomon, 1998). 특히 Solomon은 공감을 '타인의 슬픔에 가슴으로 반응하는 행위'로 설명하며, 공감이 단순한 감정이 아닌, 타인의 고통에 깊이 연결되는 반응임을 강조한다. 이러한 공감은 때로는 이기적인 동기에서, 때로는 이타적인 동기에서 비롯되지만(Wuthnow, 1991), 그 근저에는 공통적으로 '타인을 돕고자 하는' 지향이 자리 잡고 있다.

하지만 공감의 표현 방식은 그 동기와 진정성에 따라 달라질 수 있다. 예를 들어, 조직 내에서 외부의 압력이나 경영 성과 달성을 위한 요구에 의해 구성원들이 진심과는 다른 방식으로 감정을 표출할 경우, 이는 이기적 동기에 의해 유도된 '표면행동'으로 볼 수 있다. 반면, 구성원이 자발적으로 타인의 고통에 진정성 있게 반응하고 돌보려는 마음에서 비롯된 공감은 '심층행동'으로, 이는 이타적 동기의 성격을 띤다. 두 가지 방식 모두 공감을 표현하긴 하지만, 그 결과는 전혀 다르게 나타난다.

진정한 심층행동에서 비롯된 공감은 조직 구성원들로 하여금 자신이 소속된 조직 내에서 더욱 강한 긍정적 정체성을 느끼게 한다. 그들은 자신이 가치 있는 존재로 존중받고 있다고 인식하게 되며, 이는 조직의 건강한 문화 형성과 지속 가능성에 큰 기여를 한다. 반면, 진정성이 결여된 표면행동은 일시적인 위로처럼 보일 수 있으나, 결국에는 구성원들로 하여금 조직에 대해 깊은 소속감을 느끼지 못하게 하며, 조직 내 긍정적 정체성 형성을 저해하게 된다.

Frost(2003)는 조직 내에서 구성원들이 경험하는 고통이 단순히 개인의 문제가 아니라, 장기적으로 조직 전체에 재정적·심리적·사회적 비용을 발생시키는 심각한 문제임을 지적한다. 즉, 타인의 고통을 무시하거나 외면하는 조직은 그 대가를 반드시 치르게 된다는 것이다.

결국 '타인의 고통에 대해 가슴으로 주목하고 반응하는 것'(Kornfield, 1993) 즉, 공감은 조직 내에서 심리적 치유와 관계 회복을 가능하게 하는 핵심적 기제가 된다. 연구들(Frost et al., 2000; Dutton et al., 2002, 2006; Kanov et al., 2004)은 이러한 공감이 조직 내 고통을 덜어주고, 구성원 간의 긍정적 정체성과 신뢰를 증진시키는 데 중대한 역할을 한다고 보고하고 있다.

요컨대, 진정성 있는 공감은 조직 내에서의 긍정적 정체성을 강화시키며, 이는 단순한 감정 표현이 아닌 '심층행동'이라는 행동적 실천을 통해 구현된다. 반면, 진심 없는 표면적 공감은 오히려 구성원의 심리적 거리감을 확대시키고, 결국 조직의 건강성에 부정적인 영향을 줄 수 있다. 진정성의 유무는 곧 공감이 조직문화에 미치는 깊이와 지속성의 차이를 만들어내는 것이다.

10-5. 쉬어가는 이야기: 모잠비크의 야오족과 꿀길잡이새의 관계역량

아프리카 모잠비크의 울창한 숲 속, 사람과 새가 조용한 약속을 나누는 장면이 있다. 야오족이라 불리는 부족은 꿀을 찾기 위해 숲을 헤매지만, 그들의 눈보다 더 정확하게 벌집을 아는 존재가 있다. 바로 꿀길잡이새다. 이 작은 새는 스스로 벌집을 열 수 없기에 혼자선 꿀을 맛볼 수 없다. 반면 사람은 벌집을 열 수 있지만, 그 위치를 알기란 쉽지 않다. 그래서 둘은 서로를 찾는다. 야오족 남성은 "브르흐음(Brrr-hm)!"이라는 독특한 소리를 낸다. 그 소리는 새에게 보내는 다정한 신호다. 잠시 후, 꿀길잡이새가 날아와 선두에 서고, 사람은 그 뒤를 따른다. 숲 속을 누비며, 새는 나뭇가지 위에 멈추고, 다시 날며 벌집으로 사람을 인도한다. 벌집에 도착하면, 사람은 꿀을 채취하고, 남은 밀랍은 꿀길잡이새가 먹는다.

이 둘 사이엔 계약서도, 말도 없지만, 오랜 세월에 걸쳐 쌓인 믿음이 있다. 생존을 위한 협력 속에서도, 이처럼 서로를 존중하며 함께 살아가는 방식이 존재한다는 사실은 우리에게 깊은 울림을 준다. 꿀길잡이새와 야오족의 이 조용한 동행은, 인간과 자연 사이에도 따뜻한 신뢰와 공감이 깃들 수 있음을 보여주는 아름다운 이야기다.

공감리더는 부하직원들에게 고통에 반응하는 돌봄의 행위를 제공하는 것도 중요하지만 공감적 행위 이후에 구성원들과 깊은 유대관계를 맺으면서 심층행동을 하는 것이 더욱 중요하다. 예를 들면 부하직원이 업무에 대한 스트레스를 호소하면서 리더에게 도움을 요청했을 때 리더는 스트레스 해소 차원에서 인턴사원 한명을 보조사원으로 옆에서 도와주게 했다. 일단 리더는 부하직원의 고통에 반응하는 차원에서 행위로서 도움을 주었기 때문에 공감리더십을 보인 것이다. 그러나 그 이후에 리더는 업무스트레스를 호소했던 부하직원이 괘씸하기도 하고, 본인이 보조사원으로 이용하려고 했던 인턴 사원을 부하 직원에게 빼앗긴 것이 너무 분해서 그 이후부터 리더는 부하직원과 인사정도만 하는 표면적 관계가 되었다. 이러한 경우는 비록 상사가 공감리더십을 나타내 보였지만 부하직원과의 관계가 공감리더십을 통해 더 악화 된 사례이기 때문에 매우 바람직한 모습이 아니다. 공감리더는 공감리더십을 통해 부하직원들의 고통에 행위로서 반응하는 돌봄의 행위를 제공하는 것뿐만 아니라 심층행동을 통해 깊은 유대관계를 맺는 것이 매우 중요할 것이다.

10.6. 호모엠파티쿠스 역량

21세기 현대 사회를 공감의 시대라고 말한다. 필자도 이 부분에 전적으로 동의한다. 타인에 대한 공감을 하지 않고, 공감능력이 없는 사람은 감성지능이 부족하다고 해서 회사에서도 선호하지 않는다. 경학적으로 볼 때 마켓1.0의 시대는 제품의 시대였고, 이때는 대량생산체제와 규모의 경제가 자리 잡았던 시대이다. 그리고 마켓2.0의 시대로 넘어오면서 고객을 관리하고, 고객과의 관계를 중요시 여기는 고객관리(CRM)의 시대가 열렸다. 이 시대에는 제품보다는 고객관리를 통해서 브랜드 충성도를 높이는데 관심을 기울였다. 마켓 3.0의 시대는 서비스의 시대, 즉 가치제안의(VP)[7]의 시대라고 필립 코틀러 교수는 말한다. 기업이 소비자들에게 제공하는 것은 제품도 중요하고, 고객관리도 중요하지만 가장 중요한 것은 고객들이 원하는 서비스, 즉 가치를 제공해야 한다는 것이다. 이러한 가치를 제공하기 위해서 기업은 무엇보다도 고객들의 감성을 터치하고, 감동을 주는 서비스를 제공해야 하는데, 공감능력과 감성능력[8]을 갖춘 리더가 절실히 필요하다.

시장은 끊임없이 진화해왔으며, 마케팅의 아버지라 불리는 필립 코틀러 교수는 이 변화의 흐름을 세 단계로 명명했다. 바로 '시장 1.0', '시장 2.0', 그리고 '시장 3.0'이다. 시장 1.0은 철저히 제품 중심의 시기였다. 이 시기의 핵심 기술은 산업용 기계였으며, 생산 효율성과 대량 생산이 주된 관심사였다. 기업의 목표는 제품을 표준화하고 공장의 규모를 확대하여 생산 단가를 낮추고, 이를 통해 더 많은 구매를 이끌어내는 것이었다. 소비자는 단지 수요의 객체에 불과했고, 시장은 이들에게 제품을 일방적으로 공급하는 구조였다.

이후 기술의 발달과 정보화 시대의 도래로 시장은 2.0으로 진입했다. 시장 2.0은 소비자 중심의 시대로, 소비자는 정보를 수집하고 이를 바탕으로 상품을 비교·분석하는 능동적 주체로 등장한다. 기업은 이 변화에 부응하여 시장을 세분화하고 특정 타깃층의 욕구를 만족시키는 맞춤형 제품을 개발하게 되었다. 이 시기의 마케팅은 단지 기능적 효용뿐 아니라 소비자의 감성까지 고려하며, 이성과 감정을 모두 충족시키려는 전략을 채택하였다. 그러나 이 시기의 접근법 역시 소비자를 궁극적으로는 '설득의 대상'으로 보는 시각에서 완전히 벗어나지는 못했다.

'시장 3.0'은 서비스 중심이라고 할 수 있다. 즉, 기업은 소비자에게 가치제안(VP)인 맞춤형 서비스를 제공하게 되낟. 시장 3.0은 단순한 제품 경쟁이나 감성적 마케팅을 넘어, 인간을 전인적 존재로 바라보는 가치 중심의 시대이다. 이 시장에서는 뉴 웨이브 기술, 즉 사람과 사람, 집단과 집단 간의 연결성과 상호작용을 촉진하는 디지털 기술이 중심적 역할을 한다. 소비자는 더 이상 기능적·감성적 만족에만 머물지 않고, 자신이 선택하는 제품이나 서비스가 윤리적, 환경적, 그리고 사회적으로도 타당한 의미를 지니길 기대한

---

7) 필립 코틀러(2012). 『마켓 3.0』. 안진환 옮김. 서울: 타임비즈.
8) 메리고든(2010). 『공감의 뿌리』. 문희경 옮김. 서울 : 샨티.

다. 다시 말해, 소비자는 자신의 소비가 세상을 보다 나은 방향으로 변화시키는 데 기여하길 바란다.

시장 3.0을 선도하는 기업들은 고객 만족과 수익 실현이라는 전통적 목표를 넘어서, 보다 숭고한 사명과 가치를 추구한다. 이들은 기업 활동을 통해 사회적 문제 해결에 기여하고자 하며, 이러한 지향은 단순한 CSR(기업의 사회적 책임)이나 이미지 관리 차원의 사회공헌 활동과는 본질적으로 다르다. 이들은 영혼을 감동시키는 마케팅, 즉 '영혼 마케팅'을 실현하고자 한다.

이와 같은 3.0 시장을 온전히 이해하기 위해서는 세 가지 근본적인 변화 요인을 살펴볼 필요가 있다. 첫째, 소비자가 직접 참여하고 영향을 미치는 '참여의 시대', 둘째, 글로벌화로 인한 기회의 확장과 동시에 정체성 혼란이 공존하는 '세계화의 역설적 시대', 셋째, 창의성과 자율성이 중요한 자산이 되는 '창조사회'가 그것이다. 이 세 가지 변화는 소비자들을 수동적 수요자가 아닌, 가치의 공동 창출자로 변모시켰으며, 문화적 감수성과 공동체적 가치를 중시하는 방향으로 이끌었다. 결국 시장 3.0은 협력 마케팅, 문화 마케팅, 그리고 영혼 마케팅이 유기적으로 결합된 새로운 패러다임이며, 이는 오늘날의 기업이 마주한 가장 도전적이면서도 의미 있는 길임을 시사한다.

현재는 경영학적 관점에서 마켓4.0 시대 즉, 온라인과 오프라인이 공존하는 시대이지만 여전히 서비스와 가치제안이 중요한 시대임은 더 말할 필요가 없을 것이다. 이러한 서비스 중심의 시대에서는 공감하는 인간으로서 호모엠파티쿠스 역량이 무엇보다 중요할 것이다. 예를 들면 고객이 제품 구매 후 제품 사용을 몇 번 한 후에 불편한 점을 발견해서 고객서비스 센터를 찾았다고 가정해보자. 고객은 제품에 대한 불편을 호소하기 위해서 시간을 내어서 센터를 찾았는데, 센터의 직원 또는 책임자가 고객의 제품 사용에 대한 불편함에 공감하지 못하고, 무조건 고객을 돌려보내려고 한다면 어떻게 될까? 이러한 자세는 호모엠타티쿠스 역량이 없는 직원의 자세이다. 제품을 구매 후 사용하는 고객은 제품에 대한 불편한 요소 때문에 일종의 고통을 경험했고, 자신의 시간을 쪼개어서 서비스 센터에 방문을 하였다면 공감리더는 호모엠파티쿠스 역량을 발휘하여 고객의 불편함을 자신의 불편함처럼 절감하면서 충분히 공감하는 자세를 보여야 할 것이다. 이것이 공감의 시대에 공감리더가 지녀야 할 호모엠파티쿠스 역량인 것이다.

공감적 리더에게 호모 엠파티쿠스(Homo Empathicus)는 단순히 따뜻한 감정이나 친절한 기질을 넘어선 역량이다. 조직 내에서 인간적인 신뢰와 상호 이해를 바탕으로 공동체적 가치를 창출하는 필수적인 능력이며, 오늘날과 같이 복잡하고 불확실한 사회 환경에서 더욱 빛을 발하는 리더십의 핵심 축이라고 할 수 있다. 라틴어 어원인 호모 엠파티쿠스는 '공감하는 인간'을 의미한다. 이는 인간이 단순히 타인의 감정을 인식하거나 반응하는 것을 넘어, 그들과 함께 '느끼고 함께 살아간다'는 것을 강조한다.

대석학인 문명사학자 제레미 리프킨은 인간의 진화가 경쟁적인 호모 이코노미쿠스에서 공감적인 호모 이코노미쿠스로 패러다임적 전환이 이루어져야 한다고 주장했다. 즉, 개인 자신의 이익만을 추구하는 차갑고 계산적인 이기적 인간상보다는 감정적으로 더 지능적이고 타인의 고통과 기쁨을 나누려는 인간상이 점점 더 절실해지고 있다는 것이다.

<우리는 혼자가 아니다>

이러한 관점에서 보면, 공감적 리더에게 호모 엠파티쿠스의 역량이 왜 중요한지 분명해진다. 공감은 단순한 감정이 아니라 행동으로 이어지는 윤리적 선택이며, 리더십의 도덕적 정당성을 뒷받침하는 기반이기 때문이다. 구성원이 실패할 때, 감정의 표면적인 부분만 터치하는 리더와 실패의 원인을 파악하여 맥락과 고통을 진심으로 이해하는 리더는 완전히 다른 방식으로 조직을 이끌어 나간다. 전자는 단지 위로만 주는 반면, 후자는 변화의 원동력을 만들어낸다.

공감적 리더는 공감 능력을 통해 '타인의 감정'을 정서적으로 반영하는 데 그치지 않고 인지적 공감을 바탕으로 타인의 관점을 이해하고 행동적 공감을 통해 실제로 도움이 되는 방식으로 대응한다. 이는 각 구성원이 조직 내에서 존중받고 있다는 느낌을 강화하고 심리적 안녕감을 형성하며 보다 창의적이고 능동적인 조직 문화를 이끌어내는 데 필수적인 요소가 된다.

더 나아가, 호모 엠파티쿠스의 역량은 단순히 인간관계에 국한되지 않고, 리더의 도덕적 상상력과 사회적 책임의식으로 확장된다. 사회적 약자, 소수자, 혹은 위기에 처한 집단에 대해 연민을 느끼고 행동하는 리더는 조직의 경계를 넘어 더 넓은 공동체를 위한 역할을 자처하게 된다. 이처럼 호모 엠파티쿠스의 역량은 '타인의 고통에 마음으로 응답하는 능력'이며, 조직과 사회를 진정으로 변화시키는 리더의 필수 조건이 된다.

결국 공감적 리더가 호모 엠파티쿠스의 역량을 갖추고 있다는 것은, 타인의 감정을 읽을 줄 아는 감수성과 더불어, 그 감정에 진정성 있게 반응하고자 하는 윤리적 태도를 내면화하고 있다는 뜻이다. 그것은 사람을 단순한 자원이나 수단이 아닌, 함께 살아가는 존재로 바라보는 깊은 인간 이해의 증거이며, 지속가능한 리더십을 위한 가장 본질적인 자산이라 할 수 있다.

10-6. 쉬어가는 이야기: 새끼 코뿔소의 고통에 공감하는 코뿔소

물안개가 서서히 걷히는 새벽의 소금뻘, 고요한 평화 속에서 작은 울음소리가 흘러나왔다. 그 소리는 다급하고 떨리는 울림으로, 고립된 한 생명의 부름이었다. 그 중심에는 갓 태어난 듯한 코뿔소 새끼가 있었다. 그 작고 여린 생명은 진흙에 깊이 빠져 허우적거리며, 이 거대한 세상에 자신을 내보일 힘조차 잃어가고 있었다. 그 광경을 바라보던 코끼리 한 마리가 조용히 발걸음을 옮겼다. 포효도 없고, 경계도 없었다. 단지 조심스럽고 느리지만 분명한 걸음으로, 무언의 응답을 전하듯 그 생명에게 다가갔다. 그는 머뭇거리지 않았다. 마치 그 고통이 자기 안에서 솟구친 듯, 코끼리는 조용히 무릎을 꿇었다. 그리고 자신의 길고 단단한 코를 그 새끼 코뿔소의 배 아래로 조심스레 밀어 넣었다. 몇 번의 시도 끝에, 그는 새끼를 진흙 밖으로 끌어올릴 수 있었다. 누가 가르쳐준 것도 아니고, 어떤 보상이 따르는 행동도 아니었다. 이 행동은 오직 하나의 감정에서 비롯된 것이었다. 공감. 같은 생명으로서의 떨림, 타인의 고통이 마치 자신의 것처럼 느껴지는 본능적이고 순결한 감응이었다.

이 장면을 이해하기 위해 복잡한 개념이나 이론은 필요하지 않다. 신경과학은 이 현상을 공감 뉴런, 혹은 거울신경세포라 부른다. 이는 인간뿐 아니라 몇몇 동물들에게도 존재하며, 타인의 감정과 행동을 마치 거울처럼 비추듯 느끼고 재현하게 한다. 다른 존재의 아픔을 개념적으로 추론하기 전에, 직관적으로 '그 아픔 안으로 들어가' 함께 느끼게 되는 것이다. 코끼리의 무릎 꿇음은 단지 한 마리 동물의 이례적인 행동이 아니었다. 그것은 생명 간에 흐르는 보이지 않는 연대, 그리고 타자의 고통에 '자신의 몸'을 내어주는 깊고 따뜻한 연결의 표지였다.

새끼 코뿔소의 고통을 외면하지 않고, 진흙에서 빠져나오게 하기 위해 공감적 돌봄의 행위를 보이는 코뿔소는 공감리더십을 보여 준예가 될 수 있다. 하물며 인간은 어떠해야할까? 자신이 속한 직장 또는 공동체 내에서 동료나 지인들이 고통을 호소해 오고, 도와달라고 아우성을 쳐도 외면하고 개인주의적인 자신의 길만을 가야할까? 21세기는 제러미 리프킨의 말대로 공감의 시대이다.[9] 그리고 인간은 누구나 공감의 선한 본성을 갖고 태어났다. 이러한 시대적 흐름과 인간의 본성을 거슬리지 않고, 누구나 공감리더십을 경험했으면 하는 필자의 바램이다.

저자는 "성숙한 공감을 표현하기 위해서는 언어와 인지 발달이 정서 방정식에 대입되어야 한다"고 말하고 있는데, 공감하는 호모엠파티쿠스 역량을 지니기 위해서는 공감교육과 공감훈편 프로그램을 통해서도 상당부분 효과를 가져 올 수 있다.

또한 필자의 경험한 선천적으로 호모엠파티쿠스 역량이 탁월한 분들이 있다고 생각한다. 예전에 서대문 소방서 소방대원을 인터뷰 하면서 구조대원이었던 이길동(가명) 대원이 생각난다. 이분의 경우 태어날 때부터 이타적 성향과 공감능력이 탁월해서 소방대원이 천직이라고 생각하면서 생명을 살리는 일에 헌신하시는 분이었다. 자신의 생명과 자신의 유익 보다는 타인의 고통과 타인의 생명을 우선적으로 생각하는 분이었고, 교육과 훈련을 통해서 호모엠파티쿠스 역량을 갖춘 것이 아니라 선천적으로 공감하는 능력이 탁월했던 분으로 필자는 기억하고 있다. 공감리더 역시 공감의 시대에 호모엠파티쿠스 역량을 갖추는 것이 필요하다.

한 사람의 희생은 많은 사람들의 생명을 살리게 되고, 한 사람의 헌신은 많은 사람들에게 기쁨과 공감을 주게 된다. 자신의 생각과 행동이 온갖 이기주의에서 벗어나서 어떠한 대가와 보상도 없이 오직 생명을 살리기 위한 정직한 몸부림을 하고 있다면 그 사람은 분명히 존경받아 마땅한 공감적 리더인 것이다.

공감리더십을 집필한 저는 20대 중반부터 지금까지 줄곧 21세기 통섭학자로 성장하기 위하여 여러 가지 전공을 공부하며 석사, 박사학위를 취득하였다. 나는 내가 왜 오랜 시간 동안 공부와 학위과정을 해야 했는지 그 이유와 명분이 분명하였다. 그리고 내가 왜 열심히 돈을 벌어서 책을 사들이고, 학비를 내야했는지도 분명하였다. 내가 왜 공감리더십 책을 집필해야 할까? 내가 왜 남들 즐겁게 쉬는 시간에 잠을 줄여가면서 공부와 연구에 집중해야할까? 가끔씩 이러한 질문들이 없었던 것은 아니었다. 그때마다 나는 늘 초심으로 돌아가서 내가 왜 공부하고, 글을 써야하는지를 생각해보았다.

---

9) 제러미 리프킨.(2010). 『공감의 시대』. 이경남 옮김. 서울 : 민음사.

<힘차게 헤엄쳐 나가자>

그 이유는 간단명료하였다. 어려서부터 부모님께서 늘 저에게 하셨던 말씀은 "열심히 공부해서 큰 사람 되어 남에게 도움이 되는 사람이 되기를 바란다." 였다. 어렸을 때는 귀에 못이 박히도록 들어서 부모님 잔소리 정도로 생각했었는데, 나도 모르게 나의 비전과 나의 시선은 타인에게 도움이 되는 방향으로 향하고 있던 것이다.

공감리더십 책 역시 이러한 이유에서 집필을 시작하였다. 경영학 인사조직 박사과정 때부터 공감에 관한 연구를 시작하여 현재까지 15년 이상 줄기차게 연구를 해오고 있지만 연구하고, 논문작성하고, 책을 집필할수록 공감적인 행위와 공감리더십이 얼마나 거대한 초월론적인 힘을 발휘하게 되는지 스스로 놀라지 않을 수가 없다.

저를 비롯해서 우리 주위와 이웃들은 얼마나 많은 상처와 아픔을 갖고 살아가고 있는가? 최근 학교 내에서는 학교폭력 뿐만 아니라 새롭게 등장한 사이버 폭력으로 다수의 학생들이 육체적, 정신적 고통으로 시달리고 있다. 코로나-19 펜데믹 이후 직장인들뿐만 아니라 소상공인들은 지금까지 얼마나 극심한 스트레스로 힘들어 했었나? 뿐만 아니라 러시아 우크라이나 전쟁과 경제적, 정치적 어려움으로 인해 전 세계 국가들이 법적, 경제적, 정치적 측면에서 고통을 받고 있다.

어찌 보면 우리의 일상생활은 눈만 뜨면 고통의 연속과 아픔과 상처의 연속일지도 모른다. 이러한 고통과 아픔에 진정성 있는 돌봄의 행위로 반응하는 감정이 공감이고, 공감리더십을 보이는 리더가 공감적 리더인 것이다. 공감리더십을 통해 리더의 사랑과 진실의 목소리가 부하직원에게 전달되고, 개인과 조직은 이로 인해 서서히 치유되고, 공감적 조직문화를 형성해 나가게 될 것이다.

<감사로 시작하고, 감사로 마무리 하는 하루>

　본서를 마무리하면서 필자가 20대에 작성한 수필 중 '소리없는 소리가 되고싶다'의 일부분을 독자여러분들께 소개하려고 한다. 호모엠파티쿠스 역량을 지닌 공감적 리더 역시 아래 수필의 내용처럼 내면의 자기 변화부터 시작하는 것이 아닌가 한다.

> 　혁명은 정치체제의 변혁만을 의미하지 않습니다. 혁명은 오직 우리 삶에 대한 새로운 인식에서 완성되는 것입니다. 나무는 떨어지는 낙엽을 아쉬워하지 않습니다. 나무는 그 떨어진 낙엽을 거름 삼아 새싹을 틔울 것만을 준비하며, 새 봄을 기다릴 뿐입니다.
> 　진정한 혁명은 타인과 사회를 변화시키는 것이 아니라 '스스로가 변화되는 것이 아닐까' 라는 생각을 해봅니다. 프로이드의 심리학적인 '결정론'(determinism)과는 반대로 윤리학자 라인홀드 니버는 '비결정론적'인 입장에서 인간을 죄인(罪人)으로 파악하고 있습니다. 그렇습니다.
> 　인간은 보다 더 세련되어 질 수 있습니다.
> 　인간은 보다 더 인격적(人格的)이고 존경받는 존재가 될 수 있습니다.
> 　인간은 타인에게 사랑 받기 보다는 사랑을 줄 수 있는 인격체이기도 합니다.
> 　인간은 변화 가능한(changeable) 존재이고 창조적(創造的)인 힘을 가진 피조물입니다.
> 　인간이 참으로 인간됨의 의미를 지니는 것은 전인격(지-정-의)이 분리되어 있는 현실속에서도 가난한자와 상처입은 자들을 위해 눈물을 흘릴 수 있는 '선한 본성'을 아직도 지니고 있다는 데에 있습니다. 그러기에 우리들은 얼마든지 자신의 노력으로 내면의 혁명을 이룰 수가 있는 것입니다. 그러나 생명을 위한 함성은 '소리 없는 소리'임에 분명합니다.

참으로 역설적인 것은 거대한 울림은 '스스로 생각하게 하게 만드는 소리'에 있다라는 것입니다. 돌아간 고인들은 말없이 누워있지만 오히려 말을 건네옵니다. 그들에게는 소리가 없는 것 같지만 큰 소리로 우리에게 말을 건네옵니다.

대음(大音)은 희성(稀聲)이라 하지 않았던가? 정말 큰 소리는 소리가 없다는 말입니다. 참으로 큰 진리의 외침은 소리가 없습니다. 오히려 작은 소리, 아무것도 아닌 소리는 인간의 귀에 들리고 고막을 때리고 귀를 어지럽게 합니다. 타인을 향해 외침의 소리를 내지만 그 울림이 공허한 울림일 때가 태반임을 우리는 익히 보아 왔습니다. 진정한 울림은 밖으로 내뿜어지지 않는 '내면의 소리'이자 타인 스스로 생각하게 만드는 소리입니다.

지금까지 나는 타인과 공동체를 향해 얼마나 많은 소리를 내어 왔던가. 지금 이 글을 쓰고 있는 이 순간 역시도 나는 소리를 내고 있는 것이 아니던가. 진정 거대한 소리는 소리가 없다라는 것을 잘 알면서도 말입니다.

캠퍼스 안에 보기 드문 고목(古木)이 말없이 자리 잡고 있습니다. 뿌리가 얼마나 깊게 뻗어있을까 궁금해 한 나는 고목의 뿌리를 더듬어 끝을 바라봅니다. 말없이 꿋꿋이 서 있는 아름드리 고목. 필경 이 나무는 말이 없이 홀로 깊이깊이 뿌리를 내리며 서 있습니다. 그러나 지금 이 고목은 나에게 말할 수 없는 깨달음으로 말을 건네 오고 있습니다. '소리 없는 거대한 소리'를 냄으로 내 자신을 변화시키고 있는 것이 바로 이 나무의 자태입니다.

제 자신이 먼저 변화(Transformation)되어야겠습니다. 말없이 가야금을 뜯고 있는 악인(樂人)의 심정으로... 소리 없이 도자기를 빚고 있는 도인(陶人)의 심정으로 다시 돌아가 침묵 속에 내면의 소리를 돌아보도록 해야겠습니다.

본서를 통해 직장생활로 힘들고 지쳐 하던 일 모두를 내팽겨 치려고 했던 분들에게 조금이나마 힐링과 회복력을 드렸으면 좋겠다. 또한 공감리더십을 통해 직장 내 구성원들뿐만 아니라 모든 조직에 속한 나의 이웃들이 서로서로 사랑의 공감을 주고받으면서 공감리더십을 실천했으면 하는 바램이다. 모든 독자여러분들이 감사로 시작하여 감사로 마무리 하는 하루하루를 보내시기를 소망하며 책을 마무리한다.

참고문헌

고성훈·문태원(2012). 공감이 이직의도에 미치는 영향: 긍정적 정체성과 조직몰입의 이중매개 효과를 중심으로. 인사조직연구, 20(3), 29-76.

고성훈·문태원(2013). 기업의 사회적 책임활동 인식이 조직몰입에 미치는 영향에 관한 연구: 컴페션을 매개효과로. 경영과 정보연구, 32(3), 189-220.

고성훈·문태원. (2014). 조직미덕이 조직구성원의 태도에 미치는 영향-정서적 몰입과 집단적 자긍심을 매개로. 경영과 정보연구, 33(5), 1-34.

고성훈·문태원. (2015). 내적·외적 미덕적 행위가 업무성과에 미치는 영향-질적 연구를 통한 연구모형 개발을 중심으로. 경영과 정보연구, 34(4), 31-66.

고성훈(2018). 조직구성원들이 경험하는 컴페션과 긍정 리더십이 집단적 자긍심과 직무성과에 미치는 영향: 긍정적 조직 정체성의 매개효과. 전문경영인연구, 21(4), 39-59.

고성훈(2018). 컴페션이 정서적 몰입과 조직 동일시에 미치는 영향: 긍정적 업무관련정체성 (PWRI) 의 매개효과. 경영컨설팅연구, 18(4), 141-150.

고성훈(2018). 탈북민들이 경험하는 컴페션이 직무성과와 조직시민행동에 미치는 영향: 심층 행동의 매개효과. 디지털융복합연구, 16(11), 177-183.

고성훈(2018). 사회복지사들이 경험하는 컴페션이 집단적 자긍심에 미치는 영향: 긍정적 업무관련 정체성의 매개효과와 조직 동일시의 조절효과. 디지털융복합연구, 16(10), 179-185.

고성훈·문태원·전혜린(2018). 조직 미덕 (virtue) 과 상사-구성원 관계 (LMX) 가 무례함과 정서적 몰입에 미치는 영향-성실성의 조절효과. 경영과 정보연구, 37(3), 49-64.

고성훈·최용준(2019). 조직 내 북한이탈주민이 경험하는 컴페션이 조직시민행동과 심층행동에 미치는 영향: 긍정심리자본의 매개효과. 로고스경영연구, 17(1), 63-82.

고성훈(2019). 컴페션 (Compassion) 이 조직 동일시에 미치는 영향: 긍정적 감정과 긍정심리자본의 이중 매개효과. 디지털융복합연구, 17(6), 123-131.

고성훈(2019). 컴페션 (compassion) 이 잡 크래프팅 (Job Crafting) 에 미치는 영향: 긍정심리자본의 매개효과와 심층행동의 조절효과. 디지털융복합연구, 17(4), 57-64.

고성훈(2019). 공감 (compassion) 이 업무성과에 미치는 영향: 질적 연구를 통한 연구모형 개발을 중심으로. 융합정보논문지, 9(6), 65-74.

고성훈(2019). 컴페션 (Compassion) 이 조직 동일시에 미치는 영향: 긍정적 감정과 긍정심리자본의 이중 매개효과. 디지털융복합연구, 17(6), 123-131.

고성훈(2023). 고통에 반응하는 컴페션과 조직시민행동의 관계: 긍정적 조직정체성과 긍정심리자본의 이중매개 효과. 전문경영인연구, 26(4), 177-194.

고성훈·최용준·문태원·이승윤(2023). 기업의 사회적 책임 인식과 조직시민행동의 관계: 컴페션과 긍정적 조직 정체성의 이중매개. 로고스경영연구, 21(4), 221-240.

고성훈(2023). 긍정리더십이 잡 크래프팅에 미치는 영향: 긍정적 감정과 조직 동일시의 이중매개. 경영컨설팅연구, 23(6), 119-130.

고성훈(2023). 긍정리더십과 직무성과의 관계: 컴페션과 긍정적 감정의 이중매개효과. 비즈니스융복합연구, 8(6), 93-99.

고성훈·최용준(2023). 컴페션이 조직구성원의 창의성에 미치는 영향: 진정성과 긍정심리자본의 이중매개. 경영컨설팅연구, 23(5), 13-23.

고성훈·최용준(2023). 컴페션과 감정고갈의 관계: 긍정심리자본과 조직동일시의 이중매개. 전문경영인연구, 26(2), 235-254.

고성훈(2023). 컴페션과 직무성과의 관계: 긍정적 감정과 조직 동일시의 이중매개효과. 경영컨설팅연구, 23(4), 1-12.

고성훈·최용준(2023). 컴페션과 조직 동일시의 관계–긍정적 감정과 집단적 자긍심의 이중매개효과. 로고스경영연구, 21(2), 161-182.

고성훈(2024). 특성화고등학교 학생들이 경험하는 컴페션의 역량과 주관적 안녕감: 감사와 긍정적 감정의 이중매개. 경영컨설팅연구, 24(6), 157-166.

고성훈(2024). 특성화고등학교 학생이 경험하는 긍정리더십과 컴페션, 감사 및 주관적 안녕감의 관계. 비즈니스융복합연구, 9(6), 159-165.

고성훈·민성원(2024). 공공문화예술 기관 내 구성원들의 컴페션과 주관적 안녕감의 관계: 감사의 매개효과와 진정성의 조절된 매개효과를 중심으로. 전문경영인연구, 27(4), 273-292.

고성훈·민성원(2024). 공공문화예술 기관 내 구성원들이 경험하는 컴페션의 역량이 주관적 안녕감에 미치는 영향: 감사의 조절된 매개효과와 긍정심리자본의 매개효과. 비즈니스융복합연구, 9(5), 161-168.

고성훈·최용준(2024). 조직에서의 컴페션-자기효능감과 심리적 안녕감의 역할. 로고스경영연구, 22(2), 189-209.

김기홍(2023). 사복음서 속 예수 그리스도의 장애인 치유 사역에 나타난 통합 교육적 함의. 신앙과 학문, 28(2), 51-71.

김복리(2009). 『버락 오바마 설득의 연설문』, 서울 : 예스북.

김산춘(2021). 『아가 강화』, 서울 : 정교회출판사.

김선호·성민규(2014). 커뮤니케이션 실천으로서 공감: 시론적 고찰. 언론과 사회, 22(1), 5-34.

김성희(2013). 예수의 공감 사역: 마가복음의 $\sigma\pi\lambda\alpha\gamma\chi\nu i\zeta o\mu\alpha\iota$를 중심으로. 신약논단, 20(3), 685-720.

김지하(2016). 『타는 목마름으로』. 서울: 아칼라미디어.

김초혜(2004), 『어머니』, 서울 : 동학사.

김영천(2006). 질적연구방법론. 서울: 문음사, 463-499.

김영천(2012). 질적연구방법론 1: Bricoleur. 경기: 아카데미프레스.

김영천(2013). 질적연구방법론 II: methods. 경기: 아카데미프레스.

김영천(2003). 『교과교육과 수업에서의 질적 연구』, 서울 : 문음사.

김은식(2006). 『장기려, 우리 곁에 살다 간 성자』, 서울 : 봄나무.

김은식(2020). 『장기려 리더십』, 서울 : 나무야.

김형경(2013). 『천개의 공감』. 서울 : 사람풍경.

나카타니 아키히로(2011). 『20대에 하지 않으면 안 될 50가지』, 이선희 옮김. 서울 : 바움.

니시무라 아키라(2001). 『CEO의 다이어리엔 뭔가 비밀이 있다』, 권성훈 옮김. 서울 : 디자인하우스.

노먼베쑨(2017). 『노먼베쑨』, 허유영 옮김, 경기도 : 그림씨.

대니얼 골먼 외(2003). 『감성의 리더십』, 장석훈 옮김. 서울: 청림출판사.

데스몬드 에버리(2020). 『이종욱 평전』, 이한중 옮김, 서울: 나무와 숲.

도로시 클라크 윌슨(2010). 『하나님의 열 손가락』. 이순희 옮김. 좋은 씨앗.

로버트 퀸·킴 카메론·제인 듀톤(2009). 『긍정조직학 POS』, 박래효 옮김. 서울: POS북스.

류모세(2011). 『열린다 비유: 선한 사마리아인 이야기』, 서울: 두란노.

랜디포시(2008). 『마지막 강의』. 서울: 살림.

마커스 보그(2019). 『놀라움과 경외의 나날들』, 김기석·정준화 옮김. 경기도 : 한국기독교 연구소.

마틴부버(2001). 『나와 너』, 표재명 옮김, 서울: 문예출판사.

마틴셀리그만(2014). 『마틴 셀리그만의 긍정심리학』, 김인자·우문식 옮김. 경기도: 물푸레.

메리고든(2010). 『공감의 뿌리』. 문희경 옮김. 서울 : 샨티.

박성희(1996). 공감의 구성요소와 친사회적 행동의 관계 연구. 교육학연구, 34, 143-166.

박성희(1994). 『공감, 공감적 이해』. 서울 : 원미사.

박성희(2004). 『공감학』. 서울 : 학지사.

박성희외(2017). 『공감정복 6단계』. 서울 : 학지사.

박성희(2009). 『공감』. 서울 : 이너북스.

박재림·김수웅(2009). 『섬김의 리더십』. 서울 : 미래지식.

박지연(2015). 『장기려, 그 길을 따라』, 키아츠.

박지희(2015). 공감 (empathy) 과 동정 (sympathy): 두 개념 대한 비교 고찰. 수사학, 24, 91-

116.

박현숙(2010). 『세계의 보건 대통령 이종욱』, 서울 : 샘터사.

부산과학기술협의회(2011). 『이 걸음 이대로』, 부산 : 부산과학기술협의회.

손홍규(2012). 『청년의사 장기려』, 서울 : 다산책방.

아베 피에르(2012). 『하느님과 함께 5분』, 임숙희 옮김, 서울 : 성서와 함께.

아베 피에르(2006). 『피에르 신부의 유언』, 이효숙 옮김, 서울 : 웅진지식하우스.

아베 피에르(2004). 『이웃의 가난은 나의 수치입니다』, 김주경 옮김, 서울 : 우물이 있는 집.

아베 피에르(2002). 『피에르 신부의 고백』, 백선희·이병률 옮김, 서울 : 마음산책.

아베 피에르(2002). 『신부님, 사람은 왜 죽나요?』, 김남주 옮김, 서울 : 프레스21.

아베 피에르(2001). 『단순한 기쁨』, 백선희 옮김, 서울 : 마음산책.

아베 피에르(2000). 『당신의 사랑은 어디 있습니까』, 김용재 옮김, 서울 : 바다출판사.

안필연·고성훈(2024). 문화예술기관 조직 내 구성원이 경험하는 컴페션과 감사 및 주관적 안녕감의 관계에 관한 연구: 잡 크래프팅과 감사의 이중매개. 비즈니스융복합연구, 9(6), 257-263.

엄상현(2021). 『영원한 WHO 사무총장 이종욱 평전』, 서울 : 동아일보사.

오영석(2020). 『Who? Special 이종욱』, 서울 : 스튜디오다산㈜.

요하힘 바우어(2022). 『공감하는 유전자』, 장윤경 옮김, 서울: 매일경제신문사.

원용일(2022). 『직장인이라면 다니엘처럼』, 서울: 브니엘 출판사.

유인애·고성훈·문태원(2019). 사회복지사들이 경험하는 컴페션이 정서적 몰입에 미치는 영향-긍정심리자본의 매개효과와 조직 동일시의 조절효과. 경영과 정보연구, 38(1), 43-61.

유타루(2021). 『장기려』, 서울: 비룡소.

윤정구(2015). 『진성리더십』, 서울: 라온북스.

이기환(2022). 『성산 장기려』, 서울: 한걸음.

이병승(2011). 『톤즈의 약속』, 서울 : 실천문학사.

이성화·고성훈·문태원(2016). 조직구성원에게 인식된 조직의 미덕이 직무성과와 잡 크래프팅에 미치는 영향-긍정심리자본의 매개효과를 중심으로. 경영과 정보연구, 35(5), 81-108.

이승윤·고성훈(2017). 공유된 긍정 정서 (Shared Positive Affect) 의 기제, 선행요인과 결과에 대한 고찰 및 긍정 조직학 (Positive Organizational Scholarship) 에의 적용. 인사조직연구, 25, 159-192.

이어령(2008). 『디지로그』, 서울: 생각의 나무.

이어령(1994). 『흙속에 저 바람속에 이것이 한국이다』, 서울: 문학사상사.

이어령(203).『생명이 자본이다』, 서울: 마로니에북스.

이은서(2015).『노먼베쑨, 병든 사회를 치료한 의사』, 서울 : 보물창고.

이은순·류시원(2017). 공감리더십과 구조적 임파워먼트 중심의 지지적 업무환경이 간호사 직무만족에 미치는 영향. 보건의료산업학회지, 11(2), 43-53.

이은정(2021).『이종욱』, 서울 : 비룡소.

이원준(2011).『큰의사 노먼 베쑨』, 서울 : 자음과모임(이룸).

이충렬(2021).『신부 이태석 - 톤즈에서 빛으로』, 서울 : 김영사.

이태석(2013).『친구가 되어 주실래요?』, 서울 : 생활성서사.

이혜경·남춘연(2015). 직장인의 직무스트레스, 우울, 심리적 행복감이 직무만족도에 미치는 영향. 한국간호교육학회지, 21(4), 489-497.

장기려(2015).『역사의식을 갖고 살다간 장기려』, 서울 : 키아츠.

장지오노(2005).『나무를 심은 사람』, 김경온 옮김. 서울: 두레.

장여옥(2016). 윤리적 리더십과 공감적 리더십이 청소년지도자의 직무만족과 이직의도에 미치는 영향. 청소년학연구, 23(2), 175-197.

전광(2003).『백악관을 기도실로 만든 대통령 링컨』, 서울: 생명의 말씀사.

전혜린·고성훈·문태원(2018). 조직미덕과 상사-구성원 관계가 조직 내 무례함과 정서적 몰입에 미치는 영향: 질적 연구를 통한 연구모형 개발을 중심으로. 전문경영인연구, 21(2), 341-361.

정란희(2008).『장기려』, 서울 : 웅진씽크하우스.

정수영(2015). 공감과 연민, 그리고 정동(affect): 저널리즘 분석과 비평의 외연 확장을 위한 시론. 커뮤니케이션 이론, 11(4), 38-76.

조승원 (2019). 경찰관들이 경험하는 컴페션 (Compassion) 과 미덕 (Virtue) 이 조직 동일시에 미치는 영향: 긍정적 감정의 매개효과와 집단적 자긍심의 조절효과. 디지털융복합연구, 17(5), 1-10.

존 스토트(1998).『그리스도의 십자가』, 황영철·정옥배 옮김, 서울 : IVP.

제러미 리프킨(2010).『공감의 시대』. 이경남 옮김. 서울 : 민음사.

진재혁(2017).『영성 리더십』, 서울: 두란노.

채빈(2019).『우리 신부님, 쫄리 신부님』. 스코프.

최영준·심원술(2016). 긍정 리더십이 직무열의에 미치는 영향 및 과정에 대한 연구. 대한경영학회지, 29(5), 793-827.

최재천(2015).『통섭의 식탁』. 서울: 움직이는 서재.

최재천(2013). 『통섭적 인생의 권유』. 서울: 명진 출판사.

칼 바르트(2017). 『로마서』, 손성현 옮김. 서울 : 복있는 사람.

칼 바르트(2015). 『칼 바르트 교의학 개요』, 신준호 옮김. 서울 : 복있는 사람.

테드 알렌(2001). 『닥터 노먼베쑨』, 천희상 옮김. 경기도 : 실천문학사.

폴 브랜드·필립얀시(2001). 『고통이라는 선물(The Gift of Pain』. 송준인 옮김. 서울 : 두란노.

폴 투르니에(2014). 『고통보다 깊은』, 오수미 옮김. 서울: IVP.

프란시스 쉐퍼(2019). 『이성에서의 도피(The escape from reason)』. 김영재 옮김. 서울 : 생명의 말씀사.

프란시스 쉐퍼(2018). 『그러면 우리는 어떻게 살 것인가』. 김기찬 옮김. 서울 : 생명의 말씀사.

피터 드러커(2014). 『21세기 지식경영』. 이재규 옮김. 서울: 한국경제신문.

피터 드러커(2022). 『피터 드러커의 자기경영노트』. 조영덕 옮김. 서울: 한국경제신문.

필립얀시(2001). 『하나님이 나를 외면할 때』. 박병택 옮김. 서울: 호산나.

필립 코틀러(2012). 『마켓 3.0』. 안진환 옮김. 서울: 타임비즈.

하재성(2014). 『긍휼, 예수님의 심장』, SFC출판부(학생신앙운동 출판부).

헨리 나웬(2022). 『영적 발돋움』. 이상미 옮김. 서울: 두란노.

Abraham, R. 1998. Emotional dissonance in organizations : Antecedents, consequences, and moderators, Genetic Social and General Psychology Monographs, 124(2), 229-246.

Abrams, Ando., & Hinkle.1998. Psychological attachment to the group. Personality and Social Psychology Bulletin, 24: 1027-1039.

Ahn, P., Ko, S. H., & Choi, Y. (2024). Revisiting Compassion and Job Performance: A Constructive Study in South Korean Public Art Institutions. Behavioral Sciences, 14(10), 963.

Albert, S., & Whetten, D. 1985. Organizational identity, Research in Organizational Behavior, 7(2) : 632-695.

Allen, N., & Meyer, J. P. 1992. The measurement and antecedents of affective, continuance, and normative commitment to the organization. Journal of Occupational Psychology, 63(1) : 1-18.

Armenio, R., Neuza R., Miguel P. C., & Jorge C. J. 2011. How happiness mediates the organizational virtuousness and affective commitment relationship, Journal of Business Research, 64 : 524–532.

Ashforth, B. E., & Humphrey, R. H. 1993. Emotional labor in service roles: The influence of identity, Academy of Management Review, 18 : 88-115.

Ashforth, B.E., & Humphrey, R.H. 1995. Emotion in the workplace : A Reappraisal, Human Relations, 48(2) : 97-125.

Ashforth, E. B., & Mael, F.1989. Social Identity Theory and the Organization. Academy of Management Review, 14(1), 20-39.

Bandura, A.1997. Self-efficacy: The exercise of control. New York: W.H. Freeman.

Bartel, C. A. (2001). Social comparisons in boundary-spanning work: Effects of community outreach on members' organizational identity and identification. Administrative Science Quarterly, 46(3), 379-413.

Baumeister, R. F. 1999. The self. In D. T. Gilbert, S. T. Fiske & G. Lindzey(Eds.), The hand book of social psychology (4thed.), Boston : McGraw-Hill.

Bednar, J., Owens, B., Dutton, J., & Roberts, L. M. 2011. Finding the Positive in Individual's Organizational Identities: An Investigation of the Reliability and Validity of a Six Different Measures of Positive Organizational Identity. Working Paper.

Bluedorn, A. C. 1987. A Taxonomy of turnover. Academy of Management Review, 3: 647-651.

Blum, L.1980. Compassion. In A. O. Rorty (Ed.). Explaining emotions, Berkeley: University ofCalifornia Press.

Boyatzis, R. E., Smith, M. L., & Blaize, N.2006. Developing sustainable leaders through coaching and compassion. Academy of Management Learning & Education, 5: 8-24.

Branscombe, N. R., Ellemers, N., Spears, R., & Doosje, B. 1999. The context and content of social identity threat. In N. Ellemers & R. Spears (Eds.), Social identity: Context, commitment, content, 35-58. Oxford : Blackwell.

Brief, A. P., & Roberson, L. 1989. Job attitude organization: An exploratory study. Journal of Applied Social Psychology, 19(9): 717-727.

Bright, D., Cameron, K., & Caza, A. 2006. The amplifying and buffering effects of virtuousness in downsized organizations. Journal of Business Ethics, 64: 249-269.

Brotheridge, C. M., Grandey, A. 2002. Emotional Labor and Burnout: Comparing Two Perspectives of People Work. Journal of Vocational Behavior, 60: 17-39.

Brown, S. P. & Peterson, R. A.1993. Antecedents and Consequences of Salesperson job satisfaction: meta-analysis and assessment of causal   effects. Journal of Marketing Research, 30: 63-77.

Bruner, J. S.1986. Actual minds, possible worlds. Cambridge, MA: Harvard University Press.

Cameron, K., & Caza, A. (2002). Organizational and leadership virtues and the role of forgiveness. Journal of Leadership & Organizational Studies, 9(1), 33-48.

Cameron, K. S., Bright, D., & Caza, A. (2004). Exploring the relationships between organizational virtuousness and performance. American Behavior Science, 47(6), 1-24.

Cameron, K., & Caza, A. (2004). Introduction: Contributions to the Discipline of Positive Organizational Scholarship. American Behavioral Scientist, 47, 731–739.

Cameron, K., Dutton, J., & Quinn, R.(2003). Positive Organizational Scholarship, San Francisco: Berrett-Koehler Publishers.

Cameron, K. S., & Caza, A. (2004). Introduction: Contributions to the discipline of positive organizational scholarship. American Behavioral Scientist, 47(6), 731-739.

Cameron, K. S. (2008). Paradox in positive organizational change. The Journal of Applied Behavioral Science, 44(1), 7-24.

Cameron, K. (2013). Practicing positive leadership: Tools and techniques that create extraordinary results. Berrett-Koehler Publishers.

Chao, G. T. 1990. Exploration of the Conceptualization and Measurement of Career plateau : A Comparative Analysis. Journal of Management, 16, 181-193.

Choi, Y., & Ko, S. H. (2024). Compassion catalysts: Unveiling proactive pathways to job performance. Behavioral Sciences, 14(1), 57.

Chun, R. 2005. Ethical character and virtue in organizations: an empirical assessment and strategic implications. Journal of Business Ethics, 57, 269–284.

Cordes, C.L., & Dougherty, T.W. 1993. A Review and an Integration of Research on Job Burnout. Academy of Management Review, 18(4) : 621-658.

Coyle-Shapiro, J. 2002. Exploring reciprocity through the lens of the

psychological contract: employee and employer perspectives. European Journal of Work and Organizational Psychology, 11(1), 69–86.

Crocker, J. & Luhtanen, R.(1990). Collective self-esteem and ingroup bias. Journal of

Personality and Social Psychology, 58(1), 60-67.

Darnold, T. C., & Zimmerman, R. D. 2006. Performance and intent to quit: A meta-analysis and path model. Paper presented at the 21st Annual Conference of the Society for Industrial Organizational Psychology. Dallas, TX.

Dutton, J. E., & Dukerich, J. M.(1991). Keeping an eye on the mirror: Image and identity in organizational adaptation. Academy of Management Journal, 34, 517-554.

Dutton, J. E., Glynn, M. A., & Spreitzer, G. (2008). Positive organizational scholarship. The SAGE handbook of organizational behavior, 1, 693-712.

Dutton, J. E., Frost, P. J., Worline, M. C., Lilius, J. M., & Kanov, J. M. (2002). Leading in times of trauma. Harvard Business Review, 80(1), 54-61.

Dutton, J. E., Heaphy E. D. (2003). The power of high-quality connections. In Cameron K. S, Dutton J. E, Quinn R. E(Eds.), Positive organizational scholarship, 264-278, San Francisco : Berrett Koehler.

Dutton, J. E.(2003). Energize your workplace: How to build and sustain high-quality connections at work. San Francisco: Jossey-Bass.

Dutton, J. E. (2003). Breathing life into organizational studies. Journal of management Inquiry, 12(1), 5-19.

Dutton, J. E., & Ragins, B. R.(eds.).(2007). Exploring Positive Relationships at Work: Building a Theoretical and Research Foundation. Mahwah, NJ: Lawrence Erlbaum Associates, Publishers.

Dutton, J. E., Worline, M. C., Frost, P. J., & Lilius, J. (2006). Explaining compassion organizing. Administrative science quarterly, 51(1), 59-96.

Dutton, J. E., Glynn, M. A., & Spreitzer, G. (2008). Positive organizational scholarship. The SAGE handbook of organizational behavior, 1, 693-712.

Dutton, J. E., Roberts, L. M., & Bednar, J. (2010). Pathways for positive identity construction at work: Four types of positive identity and the building of social resources. Academy of Management Review, 35(2), 265-293.

Dutton, J. E., & Workman, K. M. (2011). Commentary on 'Why Compassion Counts!' Compassion as a Generative Force. Journal of Management Inquiry, 20(4), 402-406.

Dutton, J. E., Workman, K. M., & Hardin, A. E. (2014). Compassion at work. Annu. Rev. Organ. Psychol. Organ. Behav., 1(1), 277-304.

Diefendorff, J. M., Croyle M.H., & Gosser, R.H. 2005. The dimensionality and antecedents of emotional labor strategies. Journal of Vocational Behavior, 66, 339-357.

Drucker, P. F. (1994). Post-capitalist society. Routledge.

Eisenberger, R., Armeli S., Rexwinkel, B., Lynch, P. D., & Rhoades, L. 2001. Reciprocation of perceived organizational support. Journal of Applied Psychology, 86(1) : 42-51.

Emmons, R. A. Acts of gratitude in organizations.2003. In Cameron K. S, Dutton J. E, Quinn R. E (Eds.), Positive organizational scholarship, 81-93, San Francisco : Berrett-Koehler Publishers.

Fisher, C. D. 2000. Mood and emotions while working: missing pieces of job satisfaction, Journal of Organizational Behavior. 21(2): 185-202.

Folkman, S., & Moskowitz, J.T.2000. American Psychologist, 55(6): 647-654.

Fredrickson, B. L. 1998. What good are positive emotions? Review of General Psychology, 2 : 300-319.

Fredrickson, B. L. 2001. The role of positive emotions in positive psychology: The broaden-and-build theory of positive emotions. American Psychologist, 56(3): 218-226.

Fredrickson, B. L. 2003. Positive emotions and upward spirals in organizations. In K. Cameron, J. Dutton, & R. Quinn (eds.), Positive Organizational Scholarship, 163-175, San Francisco: Berrett-Koehler Publishers.

Fredrickson, B. L., Tugade, M. M., Waugh, C. E., & Larkin, G. R. 2003. What good are positive emotions in crises? A prospective study of resilience and emotions following the terrorist attacks on the United States on September 11, 2001. Journal of Personality and Social Psychology, 84: 365-376.

Frost, P. J. (1999). Why Compassion Counts. Journal of Management Inquiry. 8(2), 127-133.

Frost, P. J., Dutton, J. E., Worline, M. C., & Wilson, A. (2000). Narratives of compassion in organizations. Emotion in organizations, 2, 25-45.

Frost, P. J. 2003. Toxic emotions at work : How compassionate managers handle pain and conflict. Boston, MA : Harvard Business School Press.

Gavin, J. H., Mason, R.O. 2004. The virtuous organization : the value of happiness in the workplace. Organizational Dynamics, 33(4) : 379-392.

Gecas, V. 1982. The self-concept, Annual Review of Sociology, 8, 1-33.

George, J. M., & Brief, A. P. 1992. Feeling good-doing good: A conceptual analysis of the mood at work-organizational spontaneity relationship. Psychological Bulletin, 112(2), 310-329.

Geradus van der Leeuw, Religion in Essence and Manifestation, Vol. 2, p.467.

Gergen, K. J. 1998. From Control to Coconstruction : New Narratives for the Social Sciences. Psychological Inquiry, 9, 101-103.

Goetz, J. L., Keltner, D., & Simon-Thomas, E. (2010). Compassion: an evolutionary analysis and empirical review. Psychological bulletin, 136(3), 351-374.

Grandey, A. A.(2003). Surface Acting and Deep Acting as Determinants of Emotional Exhaustion and Peer-Rated Service Delivery. Academy of Management Journal, 46(1), 86-96.

Grandey, A. A., Fisk, G. M., & Steiner, D. D. 2005. Must 'service with a smile'be stressful? The moderating role of personal control for american and french employees, Journal of Applied Psychology, 90(5), 893-904.

Gross, J.1998a. Antecedent-and response-focused emotion regulation: Divergent consequences for experience, expression, and physiology. Journal of Personality and Social Psychology, 74(1), 224-237.

Gross, J. J., & Richards, J. M. 2000. Emotion regulation in everyday life: Sex, ethnicity, and social context. Manuscript in preparation.

Goetz, J. L., Keltner, D., & Simon-Thomas, E. (2010). Compassion: an evolutionary analysis and empirical review. Psychological bulletin, 136(3), 351-374.

Harvey, J. H. (2001). The psychology of loss as a lens to a positive

psychology. American Behavioral Scientist, 44(5), 838-853.

Hatfield, E., Cacioppo, J. T., & Rapson, R. L. (1993). Emotional contagion. Current directions in psychological science, 2(3), 96-100.

Hochschild, A. R. 1983. The Managed Heart : Commercialization of Human Feeling. Berkeley University of California Press.

Hogg, M., & Terry, J. 2000. Social identity and self categorization processes in organizational contexts. Academy of Management Review, 25, 121-140.

House, J. S. 1981. Work stress and social support, MA : Addison Wesley.

Hume, D. (2016). An enquiry concerning human understanding. In Seven masterpieces of philosophy (pp. 191-284). Routledge.

Hur, W. M., Moon, T., & Rhee, S. Y. (2016). Exploring the relationships between compassion at work, the evaluative perspective of positive work-related identity, service employee creativity, and job performance. Journal of Services Marketing, 30(1), 103-114.

Hur, W. M., Moon, T. W., & Ko, S. H. (2018). How employees' perceptions of CSR increase employee creativity: Mediating mechanisms of compassion at work and intrinsic motivation. Journal of Business Ethics, 153(3), 629-644.

Huy, Q. N. (1999). Emotional capability, emotional intelligence, and radical change. Academy of Management review, 24(2), 325-345.

Iversion, R. D. 1992. Employee intent to stay : An empirical test of a revision of the price and mueller model, Unpublished Doctoral Dissertation, University of Iowa.

Judge, T. A.1993. Does affective disposition moderate the relationship between job satisfaction and voluntary turnover. Journal of Applied Psychology, 78(3), 395-401.

Kahn, W. A. 1993. Caring for the care givers: Patterns of organizational care giving. Administrative Science Quarterly, 38 : 539–563.

Kanov, J. M., Maitlis, S., Worline, M. C., Dutton, J. E., Frost, P. J., & Lilius, J. M. (2004). Compassion in organizational life. American Behavioral Scientist, 47(6), 808-827.

Ko, S. H., & Choi, Y. (2019). Compassion and Job Performance: Dual-Paths through Positive Work-Related Identity, Collective Self Esteem, and Positive Psychological Capital. Sustainability, 11(23), 6766.

Ko, S. H., Choi, Y., Rhee, S. Y., & Moon, T. W. (2018). Social capital and organizational citizenship behavior: Double-mediation of emotional regulation and job engagement. Sustainability, 10(10), 3600.

Ko, S. H., Moon, T. W., & Hur, W. M. (2018). Bridging service employees' perceptions of CSR and organizational citizenship behavior: The moderated mediation effects of personal traits. Current Psychology, 37(4), 816-831.

Ko, S., & Choi, Y. (2020). The effects of compassion experienced by SME employees on affective commitment: Double-mediation of authenticity and positive emotion. Management Science Letters, 10(6), 1351-1358.

Ko, S. H., & Choi, Y. (2021). Positive leadership and organizational identification: Mediating roles of positive emotion and compassion. Problems and Perspectives in Management, 19(1), 13-23.

Ko, S. H., Kim, J., & Choi, Y. (2021). Compassion and workplace incivility: Implications for open innovation. Journal of Open Innovation: Technology, Market, and Complexity, 7(1), 95.

Ko, S. H., Choi, Y., Lee, S. H., Kim, J. Y., Kim, J., & Kang, H. C. (2022). Work overload and affective commitment: The roles of work engagement, positive psychological capital, and compassion. Social Behavior and Personality: an international journal, 50(6), 72-86.

Ko, S. H., Ryu, I., & Choi, Y. (2022). The relationship between compassion

experienced by social workers and job performance: The double mediating effect of positive psychological capital and affective commitment. The Open Psychology Journal, 15(1), 1-9.

Kornfield J.1993. A path with heart, New York: Bantam Books.

Kruml, S.M., & Geddes, D.2000a. Exploring the dimensions of emotional labor: The heart of Hochschild' work. Management Communication Quarterly, 14: 8-49.

Lazarus, R. S.1991. Emotion and adaptation. Oxford England, NY: Oxford University Press.

Lilius, J. M., Worline, M. C., Maitlis, S., Kanov, J., Dutton, J. E., & Frost, P. (2008). The contours and consequences of compassion at work. Journal of Organizational Behavior, 29(2), 193-218.

Lilius, J. M., Worline, M. C., Dutton, J. E., Kanov, J. M., & Maitlis, S. (2011). Understanding compassion capability. Human relations, 64(7), 873-899.

Luthans, F., & Avolio, B. 2003. Authentic leadership: A positive development approach. In K. S. Cameron, J. E. Dutton, & R.E. Quinn (Eds.), Positive organizational scholarship. 241-258. San Francisco: CA7 Berrett-Koehler.

Luthans, F., Avolio, B. J., Walumbwa, F. O., & Li, W.2005. The psychological capital of Chinese workers: Exploring the relationship with performance. Management and Organization Review, 1, 249-271.

Luthans, F., Norman, S. M., Avolio, B. J., & Avey, J. B. 2008. The mediating role of psychological capital in the supportive organizational climate-employee performance relationship. Journal of Organizational Behavior, 29, 219-238.

Mael, F., & Ashforth, B.E.1992. Alumni and their alma mater: A partial test of the reformulated model of organizational identification. Journal Of Organizational Behavior,13, 103-123.

Maslach, C.1982. Burnout : The Cost of Caring. Englewood Cliffs, NJ :Prentice-Hall.

Maslach, C., Schaufeli, W.B., & Leiter, M.P. 2001. Job Burnout, Annual Review of Psychology, 52, 397-422.

Masten, A.S. & Reed, M-G.J. 2002. Resilience in development. In C.R. Snyder & S. Lopez (Eds.), Handbook of Positive Psychology,74–88. Oxford, UK: Oxford University Press.

Mathieu, J. E., & Zajac, D. 1990. A review and meta-analysis of the antecedents, correlates, and consequences of organizational commitment. Psychological Bulletin, 108: 171–194.

Mayer, R. C., & Schooman, F. D.1998. Differentiating antecedents of organizational commitment a test of march and Simon's Model. Journal of Organizational Behavior, 19, 15-28.

Miller, K. I.(2007). Compassionate communication in the workplace: Exploring processes of noticing, connecting, and responding. Journal of Applied Communication Research, 35, 223-245.

Miller, J. B., & Stiver, I. P.1997. The healing connection: How women form relationships in therapy and in life, Boston: Beacon Press.

Miller, W. R.,& Rollnick, S.2002. Motivational Interviewing: Preparing People for Change, New York: Guildford Press.

Milliman J., Czaplewski A. J., & Ferguson, J. 2003. Workplace spirituality and employee work attitudes: an exploratory empirical assessment. Journal of Organizational Change Management, 16(4), 426–447.

Mobley, W.H. 1977. Intermediate linkages in the relationship between job satisfaction and employee turnover. Journal of Applied Psychology, 62, 237-240.

Moch, M. K.1980. Job involvement internal motivation and employees integration into network of work relationship. Organization behavior and human performance, 25, 17-31.

Moon, T. W., Hur, W. M., Ko, S. H., Kim, J. W., & Yoon, S. W. (2014). Bridging corporate social responsibility and compassion at work. Career Development International.

Moon, T. W., Hur, W. M., Ko, S. H., Kim, J. W., & Yoo, D. K. (2016). Positive work-related identity as a mediator of the relationship between compassion at work and employee outcomes. Human Factors and Ergonomics in Manufacturing & Service Industries, 26(1), 84-94.

Moon, T., & Ko, S. (2015). Compassion Organizing for Public-Private Collaboration in Disaster Management. In Emergency Management and Disaster Response Utilizing Public-Private Partnerships (pp. 99-120). IGI Global.

Moon, T. W., & Ko, S. H. (2017). The Effect of Acts of Compassion Within Organizations on Corporate Reputation: Contributions to Employee Volunteering. Management & Information Systems Review, 36(2), 133-156.

Morris, J. A., & Feldman, D. C. 1996. The dimensions, antecedents, and consequences of emotional labor. Academy of Management Review, 21, 986-1010.

Morse, J. M. (2009). Mixing qualitative methods. Qualitative Health Research, 19(11), 1523-1524.

Mowday, R. T., Steers, R. M., & Porter, L. W. 1979. The measurement of organizational commitment. Journal of Vocational Behavior, 14, 43-77.

Northcraft, G.B., & Neale, M. A. 1990. Organizational Behavior. A Management Challenge, The Dryden Press: USA.

Nussbaum, M. C.1996. Compassion: The basic social emotion. Social Philosophy and Policy, 13, 27–58.

Nussbaum, M. C.2001. Upheavals of thought: The intelligence of emotions, NY: Cambridge University Press.

O'Reilly, C. A., & Chatman, J. 1986. Organizational Commitment and Psychological Attachment: The Effects of Compliance, Identification, and Internalization on Prosocial Behavior. Journal of Applied Psychology, 71(3): 492-499.

Perrewé, P.L., Brymer, R.A., Stepina, L.P., & Hassel, B.L.1991. International Journal of Hospitality Management, 10(3): 245–260.

Peterson, C., & Park, N. (2003). Positive psychology as the evenhanded positive psychologist views it. Psychological Inquiry, 14(2), 143-147.

Peterson, C., & Seligman, M. E. (2006). The values in action (VIA) classification of strengths. A life worth living: Contributions to positive psychology, 29-48.

Post, S. G.2004. The tradition of agape. In S. G. Post, L. G. Underwood, J. P. Schloss, & W. B. Hurlbut (Eds.). Altruism and altruistic love: Science, philosophy, and religion in dialogue. 51-64, NY: Oxford University Press.

Pratt, M. G. (2000). The good, the bad, and the ambivalent: Managing identification among Amway distributors. Administrative science quarterly, 45(3), 456-493.

Preacher, K. J., & Hayes, A. F. 2004. SPSS and SAS procedures for estimating indirect effects in simple mediation models, Behavior Research Methods. Instruments & Computers, 36(4), 717-731.

Price, J. L. 1977. The study of turnover, Iowa State University Press Ames. Quinn, R. E. 1996. Deep change: discovering the leader within, San Francisco, California: Jossey-Bass Publishers.

Quinn, R. E., & Quinn, G.2002. Letters to Garrett: Stories of change, power, and possibility, San Francisco: Jossey-Bass.

Raufelder, D., Bukowski, W. M., & Mohr, S. (2013). Thick description of the teacher-student relationship in the educational context of school: results of an ethnographic field study. Journal of Education and Training Studies, 1(2), 1-18.

Rego, A., Ribeiro N., & Cunha, M. 2010. Perceptions of organizational virtuousness and happiness as predictors of organizational citizenship behaviors. Journal of Business Ethics, 93(2), 215-235.

Reich,W.T. 1989. Speaking of suffering: A moral account of compassion. Soundings, 72 : 83-108.

Rhee, S. Y., Hur, W. M., & Kim, M. (2017). The relationship of coworker incivility to job performance and the moderating role of self-efficacy and compassion at work: The job demands-resources (JD-R) approach. Journal of Business and Psychology, 32, 711-726.

Richards, J.M., & Gross, J.J. 2000. Emotion Regulation and Memory: The Cognitive Costs of Keeping One's Cool, Journal of Personality and Social Psychology, 79(3) : 410-424.

Rifkin, M. (2010). When did Indians become straight?: Kinship, the history of sexuality, and native sovereignty. Oxford University Press.

Rogers, C. R. (1957). The necessary and sufficient conditions of therapeutic personality change. Journal of consulting psychology, 21(2), 95-103.

Rynes, S. L., Bartunek, J. M., Dutton, J. E., & Margolis, J. D. (2012). Care and compassion through an organizational lens: Opening up new possibilities. Academy of Management review, 37(4), 503-523.

Schwepker, C. H.2001. Ethical climate's relationship to job satisfaction, organizational commitment, and turnover intention in the sales force. Journal of Business Research, 54: 39-52.

Snyder, C.R., & Pulvers, K.2001. Dr, Seuss, the coping machine, and "Oh, the places you will go." In C,R. Snyder(Ed.), Coping and copers: Adaptive process and people. 3-29, NY: Oxford University Press.

Snyder, C. R., Rand, K. L., & Sigmon, D. R. 2002. Hope theory: A member of the positive psychology family. In C. R. Snyder & S. J. Lopez (Eds.), Handbook of positive psychology. 257-276, NY: Oxford University Press.

Solomon, R. C.(1998). The moral psychology of business: Care and compassion in the corporation. Business Ethics Quarterly, 8, 515-533.

Sprecher, S., & Fehr, B.2005. Compassionate love for close others and humanity. Journal of Social and Personal Relationships. 22: 629-651.

Staw, B. M., & Barsade, S.G. 1993. Affect and managerial performance: a test of the sadder but wiser versus happier and smarter hypotheses. Administrative Science Quarterly, 38 : 304-331.

Steer, R. M., & Braunstein, D. N. 1976. A behaviorally based measure of manifest needs in work settings. Journal of Vocational Behavior, 9, 251-266.

Strauss, A., & Corbin, J. M. (1997). Grounded theory in practice. Sage.

Strauss, A., & Corbin, J. M. (1998). Basics of qualitative research

techniques.

Tajfel, H. 1974. Social identity and intergroup behavior. Social Science Information, 14: 65-93.

Tett, R. P., & Meyer, J. P. 1993. Job satisfaction, organizational commitment, turnover intention, and turnover: Path analyses based on meta-analytic findings. Personnel Psychology, 46, 259-293.

Turner, J. C. (1982). Towards a cognitive redefinition of the social group. Social identity and intergroup relations, 15-40.

Wayne, S. J., Shore, L. M., & Liden, R.C.(1997). Perceived organizational support and leader-member exchange: A social exchange perspective. Academy of Management Journal, 40(1), 82-111.

Weiss, H. M., & Cropanzano, R. (1996). Affective events theory. In B. Staw

& L. L. Cummings (Eds.). Research in organizational behavior. Greenwich, CT: JAI.

Wharton, A. S. (1993). The affective consequences of service work: Managing emotions on the job. Work and occupations, 20(2), 205-232.

Wharton, A. S. (1993). The affective consequences of service work : Managing emotions on the job. Work and Occupations, 20, 205-232.

Wiesenfeld, B., Raghuram, S., & Garud, R. M. 1998. Communication Patterns as Determinants of Organizational Identification in a Virtual Organization. Journal of Computer Mediated Communication.

Wiesenfeld, B., Raghum, S., & Garud, G.2001. Organizational identification among virtual workers: The role of need for affiliation and perceived work based social support. Journal of Management, 27(2), 213-228.

Wimmer, H., & Perner, J. (1983). Beliefs about beliefs: Representation and constraining function of wrong beliefs in young children's understanding of deception. Cognition, 13(1), 103-128.

Wispé, L.1986. The distinction between sympathy and empathy: To call forth a concept, a word is needed. Journal of Personality and Social Psychology. 50: 314-321.

Wright, T. A., & Cropanzano, R. 2004. The role of psychological well-being in job performance : a fresh look at an age-old quest. Organizational Dynamics, 33(4), 338–351.

Wuthnow, R. 1991. Acts of compassion: Caring for others and helping ourselves Princeton, NJ : Princeton University Press.